大夏教育文存

曹孚卷

主　　编　杜成宪
本卷主编　穆树航

华东师范大学出版社

图书在版编目(CIP)数据

大夏教育文存.曹孚卷/杜成宪主编.—上海:华东师范大学出版社,2017
ISBN 978-7-5675-6391-9

Ⅰ.①大… Ⅱ.①杜… Ⅲ.①曹孚(1911—1968)-教育思想-文集 Ⅳ.①G4

中国版本图书馆CIP数据核字(2017)第073699号

本书由上海文化发展基金会图书出版专项基金资助出版

大夏教育文存 曹孚卷

主　　编	杜成宪
本卷主编	穆树航
策　　划	王　焰
责任编辑	金　勇
责任校对	陈哲琰
装帧设计	高　山

出版发行　华东师范大学出版社
社　　址　上海市中山北路3663号　邮编 200062
网　　址　www.ecnupress.com.cn
电　　话　021-60821666　行政传真 021-62572105
客服电话　021-62865537　门市(邮购)电话 021-62869887
地　　址　上海市中山北路3663号华东师范大学校内先锋路口
网　　店　http://hdsdcbs.tmall.com

印刷者　上海中华商务联合印刷有限公司
开　本　787×1092　16开
印　张　22.25
字　数　356千字
版　次　2018年11月第1版
印　次　2018年11月第1次
书　号　ISBN 978-7-5675-6391-9/G·10308
定　价　105.00元

出版人　王　焰

(如发现本版图书有印订质量问题,请寄回本社客服中心调换或电话 021-62865537 联系)

《大夏教育文存》编委会、顾问名单

编委会

顾问　孙培青　陈桂生

主任　袁振国

委员　叶　澜　钟启泉　陈玉琨　丁　钢
　　　任友群　汪海萍　范国睿　阎光才

曹孚先生(1911年3月—1968年1月)

1952年7月,时任复旦大学副教务长的曹孚先生(二排右一)与同事在复旦大学新闻馆前的合影

自左至右:
前排,舒宗侨、王昌孝、陈望道、朱振华;
第二排,张允若、俞康成、曹孚;
第三排,张四维、蒋孔阳、余家宏、曹亨闻、黄纯初;
最后一排,陈望道校长的通讯员、杜月村、赵敏恒

作者与夫人严琬宜和女儿在复旦大学

五十年代初在华东师大寓所工作

前言

一

1951年10月华东师范大学建校时,也成立了教育系,这是华东师范大学教育学科之源。当时教育系的教师来自大夏大学、复旦大学、圣约翰大学、光华大学、沪江大学等高校教育系科,汇聚了一批享誉全国的著名学者,堪为当时中国教育理论界代表。如:国民政府在20世纪40年代曾实施部聘教授制度,先后评聘两批,各二三十人,集中了当时中国学术界各个学科的顶尖学者。两批部聘教授里均只有一位教育学教授,分别是孟宪承、常道直,后来都在华东师范大学教育系任教,孟宪承还为华东师范大学建校校长;抗日战争期间,国民政府出于"抗战建国"、保证中学师资培养的考虑,建立了六所师范学院,其中五所附设于大学,一所独立设置,独立设置的即为建于湖南蓝田的国立师范学院,院长为廖世承,后来成为华东师范大学副校长、上海师范学院(后为上海师范大学)院长;中国第一代社会学家、奠定中国社会事业研究的基础的言心哲,曾为复旦大学社会学系系主任,后转入华东师范大学教育系从事翻译工作;华东师范大学成立后教育系第一任系主任曹孚,后为支持中央政府成立中央教育科学研究所和人民教育出版社奉调入京;主持撰写新中国第一本《教育学》、后出任华东师范大学校长的刘佛年……就是他们,共同奠定了中国现、当代教育理论发展的基础,也奠定了华东师范大学教育学科60多年的发展基础。

然而,由于历史的原因,这批著名学者当年藉以成名并影响中国现、当代教育学科发展的代表性成果大多未能流传于世,他们中的很多人及其著作甚至湮没不闻,以至今天的人们对中国教育学科的由来与发展中的诸多重要环节所知不详,尤其是对华东师范大学教育学科对于中国现、当代教育理论和实践发展的重要性知之甚少,而这些成果中的相当部分实际上又可以看成是教育理论和实践中国化探索的代表作。因此,重新研究、整理、出版这些学术成果,对于华东师范大学教育学科的学术传承、对于中国的教育学术传承,都具有十分重要的意义。

二

华东师范大学建校之初,在教育系教师名册上的教授共有27位,包括教育学和心理学两个学科。当时身任复旦大学副教务长的曹孚被任命为教育系主任,但由于工作原因晚一年到职,实际上教育系就有教授28位。除个人信息未详的二位外,建系教授简况见下表。

出生年代	姓名(生卒年)	建校时年岁	学历、学位
1890—1899	赵迺传(1890—1958)	61	大学肄业
	廖世承(1892—1970)	59	博士
	张耀翔(1893—1964)	58	硕士
	高君珊(1893—1964)	58	硕士
	欧元怀(1893—1978)	58	硕士
	孟宪承(1894—1967)	57	硕士
	谢循初(1895—1984)	56	学士
	黄觉民(1897—1956)	54	硕士
	萧孝嵘(1897—1963)	54	博士
	黄敬思(1897—1982)	54	博士
	常道直(1897—1992)	54	硕士
	沈百英(1897—1992)	54	五年制中师
	言心哲(1898—1984)	53	硕士
	陈科美(1898—1998)	53	硕士
	方同源(1899—1999)	52	博士
1900—1909	赵廷为(1900—2001)	51	大学预科
	左任侠(1901—1997)	50	博士
	谭书麟(1903—?)	48	博士
	萧承慎(1905—1970)	46	硕士
	胡寄南(1905—1989)	46	博士
	赵祥麟(1906—2001)	45	硕士
	沈灌群(1908—1989)	43	硕士
	朱有瓛(1909—1994)	42	学士
1910—1919	曹孚(1911—1968)	40	博士
	刘佛年(1914—2001)	37	学士
	张文郁(1915—1990)	36	学士

(本表参考了陈桂生《华东师范大学初期教育学习纪事(1951—1965)》一文)

可见华东师范大学教育系初建、教育学科初创时的教授们,出生于19世纪90年代的15人,20世纪00年代的8人,10年代的3人;60岁以上1人,50—59岁16人,40—49岁7人,40岁以下2人,平均年龄50.73岁,应属春秋旺盛之年。他们绝大部分都有留学国外的经历,有不少美国哥伦比亚大学学生。其中博士8人,硕士11人,学士4人,大学肄业1人,高中2人。他们大体上属于两代学者,即出生在19世纪90年代、成名于20世纪二三十年代的一代(五六十岁),出生在20世纪、于二三十年代完成学业的一代(三四十岁)。对于前一代学者而言,他们大多早已享有声誉且尚未老去;对于后一代学者而言,他们也已崭露头角且年富力强。相比较而言,前一代学者的力量又更为强大。任何一个高等院校教育系,如能拥有这样一支学术队伍都会令人感到自豪!

三

令后人感到敬佩的还在于这些前辈教授们所取得的业绩。试举其代表论之,以观全豹。

1923年,将及而立之年的孟宪承撰文与人讨论教育哲学的取向与方法问题,提出:教育哲学研究是拿现成的哲学体系加于教育,而将教育的事实纳入哲学范畴?还是依据哲学的观点去分析教育过程,批评现实教育进而指出其应有价值?他认为后者才是可取的。理由是:教育哲学是一种应用哲学,应用对象是教育;教育哲学研究导源于实际教育需要,是对现实教育的反思与批评,而其结论也需要经过社会生活的检验。这样就倡导了以实际教育问题为出发点的教育哲学,为中国的教育理念和教育理论的转型,即从以学科为出发点转向以问题为出发点,转向更为关注社会、关注生活、关注儿童,从哲学层面作出了说明。之后,不刻意追求体系化知识,而以问题研究为主、从儿童发展出发思考教育问题成为一时潮流。1933年,孟宪承出版《教育概论》,就破除了从解释教育和教育概念出发的教育学理论体系,而代之以从"儿童的发展"和"社会的适应"为起点的教育学叙述体系。在中国,以儿童发展为教育学理论的起点,其首倡者很可能就是孟宪承。1934年,教育部颁布《师范学校课程标准》,其中的《教育概论》纲目与孟宪承著《教育概论》目录几乎相同。而孟著自1933年出版至1946年的13年里共印行50版,是民国时期发行量最大的教育学教科书之一。可以看出孟宪承教育学思想对中国教育学理论转型、教育学学科建设、课程建设、专业人才培养和理论研究的深刻影响。

1921年,创始于美国、流行于欧美国家的一种新教学组织形式和方法道尔顿制传入中国,因其注重个别需要、自主学习、调和教学矛盾、协调个体与群体等特点,而受到中国教育理论界和中小学界的欢迎,一时间,诸多中小学校纷纷试行道尔顿制,声势浩大。东南大学附中的道尔顿制实验是其中的典范。当时主持东南大学附中实验的正是廖世承。东南大学附中的道尔顿制实验与众不同之处就在于严格按照教育科学实验研究方法与程序要求进行,从实验的提出、实验的设计、实验的实施、实验结果分析各个环节都做得十分规范,保证了实验的信度和效度,在当时独树一帜。尤其是实验设计者是将实验设计为一个与传统的班级授课制进行比较的对比实验,以期验证两种教学组织形式的长短优劣。在实验基础上,廖世承撰写了《东大附中道尔顿制实验报告》,报告依据实验年级各科实验统计数据、实验班与比较班及学生、教师的问卷调查结果,分析了实施道尔顿制的优点与缺点,得出了十分明确的结论:道尔顿制的特色"在自由与合作",但在中国的现实条件下很难实行;"班级教学虽然有缺点,但也有它的特色"。廖世承和东南大学附中的实验及报告,不仅澄清了人们对道尔顿制传统教学制度的认识,还倡导了以科学研究解决教育问题的风气,树立了科学运用教育研究方法的楷模,尤其是帮助人们正确认识了如何对待和学习国外先进教育经验,深刻影响了中国教育的发展。此外,廖世承参与创办南京高师心理实验室首开心理测验,所著《教育心理学》和《中学教育》,在中国都具有开创性。

1952年曹孚离开复旦大学到任华东师范大学教育系系主任,是教育系第一任系主任。1951年,在其博士学位论文基础上撰成的《杜威批判引论》出版。书中,曹孚将杜威教育思想归纳为"生长论"、"进步论"、"无定论"、"智慧论"、"知识论"和"经验论",逐一进行分析批判。这一分析框架并非人云亦云之说,而是显示出他对杜威教育思想的深刻理解和独到把握,超越了众多杜威教育思想研究者。他当时就指出杜威教育思想的主要缺陷,即片面强调活动中心与学生中心,忽视系统知识的传授和教师的主导作用。对杜威教育思想有深入研究的孟宪承曾称道:"曹孚是真正懂得杜威的!"后来,刘佛年在为《曹孚教育论稿》一书所做的序中也评价说:"这是我国学者对杜威思想的第一次最系统、最详尽的批判。"曹孚长于理论,每每有独到之论。50年代的中国教育理论和实践界,先是亦步亦趋地照搬苏联教育学,又对包括教育学在内的社会学科大加挞伐,少有人真正思考教育学的中国化和构建中国的教育学问题。曹孚在其一系列论文中提出了自己的主张。他认为,教育学的学科基础包括哲学、国家的教育方针政策、教育工作经验、中国教育遗产和心理学五方面;针对当时否定教育继承性的观点,他提出继承性适用于教育,因为教育既是上层建筑,也是永恒范畴;对教育历史人物评价问题,他批评以唯物主义或唯心主义为标准,从哲学、政治立场出发的评价原则,主张将哲学思想、政治立场和教育主张区别而论,主要依据教育思想来评价教育人物;他认为,即使是资产阶级教育思想也不是一无是处,不能"一棍子打死",也有可以吸取和改造的。在当时环境下,曹孚之言可谓震聋发聩。

1979年,刘佛年主编的《教育学》(讨论稿)由人民教育出版社正式出版。这是"新时期"全国正式出版的第一本教育学教材。之前,从1962年至1964年曾四度内部印刷使用,四度修改。"文革"中还被作为"大毒草"受到严厉批判。1961年初,刘佛年正式接受中宣部编写文科教材教育学的任务。当年即撰写出讲授提纲,翌年完成讨论稿。虽然这本教育学教材在结构上留下明显的凯洛夫《教育学》痕迹,但也处处体现出作者对建设中国教育学的思考。教材编写体现了对六方面关系的思考和兼顾,即政策与理论、共同规律与特殊规律、阶级观点与历史观点、历史与理论、正面论述与批判、共性与特性。事实上这也可以作为教育研究的一般方法论原则。在教材编写之初,第二部分原拟按德育、智育、体育分章,但牵涉到与学校教学工作的关系,出现重复。经斟酌,决定按学校工作逻辑列章,即分为教学、思想教育、生产劳动、体育卫生等章,由此形成了从探索教育的一般规律到研究学校具体工作的理论逻辑,不失为独特的理论建构。1979年教材出版至1981年的两年间,印数近50万册,就在教材使用势头正好之时,是编者主动商请出版社停止继续印行。但这本教育学教材的历史地位却并未因其辍印而受到影响,因为它起到了重建"新时期"中国的教育学理论和教材体系的启蒙教材作用。

不只是以上几位,华东师范大学教育系的创系教授在各自所从事的研究领域都有开风气之先的贡献。如,常道直对比较教育学科的探索与开拓,萧承慎对教学法和教师历史及理论的独到研究,赵廷为、沈百英对小学各科教学法的深入探讨,沈灌群对中国教育史叙述体系的重新建构,赵祥麟对当代西方教育思想的开创性研究,等等,对各自所在的学科都产生了重要影响而被载入学科发展的史册。还有像欧元怀,苦心经营大夏大学二十多年,造就出一所颇有社会影响的著名私立高等学府,为后来华东师范大学办学创造了重要的空间条件。所有前辈学者们的学术与事业,都值得我们铭记不忘。

四

基于以上认识,我们将此次编纂《大夏教育文存》视为一次重新整理和承继华东师范大学教育学科优良学术传统的重要契机。

我们的宗旨是:保存学粹,延续学脉,光大学术。即,将华东师范大学教育学科历史上最具有代表性的学术精华加以保存,使这些学术成果中所体现的学术传统得以延续,并为更多年轻一代的学生和学者能有机会观览、了解和研究前辈学者的学术、思想和人生,激发起继承和发扬传统的自豪感和使命感。希望通过我们的工作实现我们的宗旨。

就我们的愿望而言,我们很希望能够将华东师范大学教育学科一代代前辈学者的代表作逐步予以整理、刊布,然而工程浩大,可行的方案是分批进行。分批的原则是:依据前辈学者学术成果的代表性、当时代的影响和对后世影响的实际情况。据此,先确定了第一辑入选的11位学者,他们是:孟宪承、廖世承、刘佛年、曹孚、萧承慎、欧元怀、常道直、沈灌群、赵祥麟、赵廷为、沈百英。

《大夏教育文存》实际上是一部华东师范大学建校后曾经在教育学科任教过和任职过的著名学者的代表作选集。所选入的著作以能够代表作者的学术造诣、能够代表著作撰写和出版(发表)时代的学术水平、能够为当下的教育理论建设和教育实践发展提供借鉴为原则。也有一些作品,我们希望能为中国的教育学术事业的历程留下前进的脚步。

《大夏教育文存》入选者一人一卷。所收录的,可以是作者的一部书,也可以是若干部书合为一卷,特殊情况下也可以是代表性论文的选集,还包括由作者担任主编的著述,但必须是学术论著。一般不选译著。每一卷的选文,先由此卷整理者提出方案,再经与文存总主编共同研究商定选文篇目。

每一卷所选入著述,在不改变原著面貌前提下,按照现代出版要求进行整理。整理的内容包括:字词和标点符号的校订,讹误的订正,专用名称(人名、地名、专门术语等)的校订,所引用文献资料的核实及注明出处,等等。

每一卷由整理者撰写出编校前言,内容包括:作者生平、学术贡献、对所选代表作的说明、对所作整理的说明。每一卷后附录作者主要著作目录。

五

编纂《大夏教育文存》的设想是由时任华东师范大学教育科学学院院长的范国睿教授提出的。他认为,作为中国教育学科的一家代表性学府,理应将自己的历史和传统整理清楚,告诉后来者,并使之世世代代传递下去。实现这一愿望的重要载体就是我们的前辈们的代表性著述,我们有责任将前辈的著述整理和保护下来。他报请华东师范大学校长办公会议批准,将此项目立项为"华东师范大学优势学科建设项目",获得资助。还商得华东师范大学出版社支持和资助,立项为出版社重点出版项目。可以说,范国睿教授是《大夏教育文存》的催生人。

承蒙范国睿教授和时任教育科学学院党委书记汪海萍教授的信任,将《大夏教育文存》(第一辑)的编纂交由本人来承担,能与中国现、当代教育史上的这些响亮名字相伴随,自是莫大荣耀之事。要感谢这份信任!

为使整理工作能够顺利进行,我们恳请孙培青、陈桂生两位先生能够担任文存的顾问,得到他们的支持。两位先生与入选文存的多位前辈学者曾是师生,对他们的为人、为学、为师多有了解,确实给我们很多十分有价值的指点,如第一辑入选名单的确定就是得到了他们的首肯。对两位先生我们要表示诚挚的感谢!

文存选编的团队是由教育学系的部分教师和博士、硕士生所组成。各卷选编、整理工作的承担者分别是:孟宪承卷,屈博;廖世承卷,张晓阳;刘佛年卷,孙丽丽;曹孚卷,穆树航;萧承慎卷,王耀祖;欧元怀卷,蒋纯焦、常国玲;常道直卷,杨来恩;沈灌群卷,宋爽、刘秀春;赵祥麟卷,李娟;赵廷为卷,王伦信、汪海清、龚文浩;沈百英卷,郭红。感谢他们在选编和整理工作中所付出的辛劳和努力!研究生董洪担任项目秘书工作数年,一应大小事务都安排得井然有序,十分感谢!

尤其是要感谢入选文存的前辈学者的家属们!当我们需要了解前辈们的生平经历和事业成就,希望往访家属后人,我们从未受到推阻,得到的往往是意料之外的热心帮助。家属们不仅热情接待我们的访谈,还提供珍贵的手稿、书籍、照片,对我们完成整理工作至关重要。谢谢各位令人尊敬的家属!

感谢华东师范大学出版社对文存出版的大力支持!也感谢资深责任编辑金勇老师的耐心而富有智慧的工作,保证了文存的质量。

感谢所有为我们的工作提供过帮助的人们!

杜成宪

2017年初夏

编校前言

一

曹孚(1911.3—1968.1),字允怀,生于江苏省宝山县(今上海市宝山区)罗店镇普通农家。少时,家境贫寒,幸赖在女校担任校长的姑母资助,得以读完宝山县立第二高小(1924年7月)和镇上教会所办罗店中西公学(初中部)。1926年,由于成绩优异被保送至麦伦中学高中部。1929年7月毕业时,因聪慧、勤奋,成绩优秀,校长嘱他留校任教,教授初中国文、英文,并兼任图书馆管理工作。

1931年,在麦伦中学任教期间,他考入沪江大学与《时事新报》合办的沪江大学夜大学新闻训练班学习,并开始著述与翻译。此时,翻译的作品有伦哲(Emil Lengyel)的《希特勒》、马尔腾(O. S. Marden)的《励志哲学》。前者于1935年由世界书局出版,后者于1932年由开明书店出版。

1933年,经麦伦中学沈体兰校长(解放初任华东军政委员会教育部副部长)建议,学校为曹孚提供了入复旦大学深造的助学金。当时对他提出的条件是必须就读教育专业。同年夏,他进入教育学系学习。

在复旦大学就读期间,他发表了《克伯屈的动的教育观》、《谈谈中国教育改造问题》、《中国生产教育问题》、《中国教育之生命线》等论文以及《科学发见谈》、《苏联文学诸问题》、雪莱《诗辩》等数部译著。曹孚还曾兼任《教育学期刊》和当年颇享声誉的复旦文摘社的编辑,参与教授孙寒冰主编的《文摘月刊》。

1937年毕业时,以全校英文成绩最优、文学院毕业成绩最优、全校毕业生总分第一等三项第一名,获"异等茂材"金质奖章,并留校任教。1937年6月24日《大公报》曾连载《复旦优秀毕业生曹孚访问记》,并对其倍加称道。1947年2月出国前,他已在复旦任教将近十年,其间讲授过英文、中文、教育概论和教育心理学等课程,发表了《中国教育之前途》等论文,出版《生活艺术》、《丰富的人生》以及翻译《法国失败史》(署曹元恺笔名)等著作。

1947年3月,曹孚在复旦大学校长章益教授的推荐下,赴美国科罗拉多大学教育研究院留学。在短短两年半时间里先后获得硕、博士学位,并以讲师身份担任两门课程的教学工作。其教育博士学位论文《杜威教育哲学中的个人与社会》(The Individual and Social Dimensions of John Dewey's Philosophy of Education)深得导师莫里斯(Morris, B.)博士等人好评。

1949年9月,曹孚放弃在美任教机会,毅然归国。10月,张志让、陈望道主持下的复旦大学校务委员会聘任曹孚为教育学系教授、新闻学系副教授,1951年兼任副教务长,协助教务长周谷城教授工作。此时,他还兼任光华大学、沪江大学教授。此一时期,曹孚在《新教育》发表阐述马克思主义教育原理的论文《〈关于费尔巴哈的提纲〉第三条与教育》,同时应《人民教育》之约在博士论文的基础上撰写《杜威批判引论》。此外,他还发表了《论"人"的教育》、《美国教育批判》等文。

1951年9月,华东师范大学建校、开学。原复旦大学教育学系被并入华东师大,曹孚被任命为首任教育系主任。由于原工作交接,他于1952年9月到华东师大工作。应上海教育局之邀,1952年秋,曹孚为上海市小学教师做报告,次年,报告内容以《小学教育讲座》单行本出版,年底经修订易名为《教育学通俗讲座》。

1954年9月,曹孚与吉林师范大学(今东北师范大学)教育系主任陈元晖教授等,奉调入京任人民教育出版社编审。是年,当选为第三届全国人民代表大会代表。1956年参与中央教育科学研究所筹建工作,并一直任该所研究员。

在北京期间,曹孚编审了很多教育方面的书稿,并应中央办公厅、中宣部、教育部的要求,整理、提供了大量评介国内外教育的有关资料、信息和文章,还曾受命为教育部草拟中等师范学校《教育学教学大纲》(草案)和《教育实习教学大纲》(草案)等文件。1956年参加制订《关于1956—1967年发展教育科学规划草案》的工作,并接受委托起草、修订其中"前言"、"教育学"部分的初稿。

50年代中期,他相继发表《劳动教育问题》、《实用主义教育思想批判》、《对于"全面发展的教育"问题的看法》、《"全面发展"并非"平均发展"》等诸多著作和论文。1957年,应中央行政学院之邀做报告,报告内容以《教育学研究中的若干问题》为题发表于《新建设》该年的第6期。该文对当时教育学研究中比较严重的问题提出了批判,但是在相当长的时期内却被贬为资产阶级修正主义教育思想的代表作。经中央教科所戴白韬所长等人的保护,免于公开批判,但仍在1958年做出了《对〈教育学研究中的若干问题〉一文的检讨》。虽未被戴上"右派"的帽子,但日后却在不同范围遭多次批判。

1957年,曹孚在纪念捷克教育家夸美纽斯的大会上做了《扬·阿莫斯·考门斯基生平与思想》的学术报告。1961年,曹孚委请刘佛年教授主编《教育学》教材。同年,曹孚受高校文科教材会议委托,主编《外国教育史》教材。1962年,由他汇集几种苏联教材的《外国教育史》于次年出版,以应高师教学之需。次年,他草拟《外国现代教育史》大纲初稿,并执笔撰写了"古代希腊的教育"、"罗马的教育"、"文艺复兴与教育"和"宗教改革与教育"四章的初稿。1965年,曹孚等编撰者因归原单位参加农村"四清"运动,编书工作被迫中断。后来,古代部分由滕大春教授定稿,署名曹孚、滕大春等编,人民教育出版社1981年出版。

1962—1964年期间,曹孚先后在多所师范大学(学院)、地方教育学会以及各类座谈会上做了《教育学辩》、《教育上的十个重大问题》、《教育学中的中外古今问题》、《教育科学的学习和研究》、《高等师范教育的特点和师范性》、《教育学的性质和任务》、《教学改革的历史观》、《关于教育学的编写问题》、《关于外国教育史问题》等报告。

由于长期受极左路线的迫害,教育学家曹孚的学术之路历尽坎坷,心情极其沉闷,罹患肝癌,于1968年1月15日病逝,终年57岁。教育学界损失了一位兼通中西教育的教育学家。1980年,中央教育科学研究所为曹孚平反,经胡耀邦批示,骨灰安放在八宝山革命公墓。为纪念曹孚逝世20周年,1989年,瞿葆奎、马骥雄、雷尧珠选编了《曹孚教育论稿》,由华东师范大学出版社出版。该书后被收入《中外教育名著评介》。

2011年,值纪念曹孚百年诞辰之际,岳麓书社将曹孚关于青年修养的两部著作——《生活艺术》与《丰富的人生》重新整理并总的冠以《丰富的人生》书名出版,列为《民国学术文化名著》之一。

二

曹孚视野开阔,研究的涉及面也很广,但由于本书仅涉及教育方面,加之编校者个人知识和能力的限制,在此仅对曹孚在教育方面的贡献做出述评。曹孚天资聪慧、勤奋好学,未及20岁便开始翻译写作,此后兴趣更是涉及哲学、教育、文学等诸多领域,曾教授过教育概论、教育心理学、教育学、外国教育史、现代教育学说等课程,还跨学科开设过中文、英文、哲学、政治经济学、逻辑学、新闻写作等课程。在哲学方面,曹孚通晓西方哲学、先秦诸子和宋明理学;文学方面,他的文学翻译和散文写作都深获认可,其文学作品还曾被选入香港地区语文教材。这两方面的功底,使得曹孚在教育学研究中既能够逻辑严密、高屋建瓴地俯瞰全局,又能够以通俗易懂、质朴详实的语言表达自己的思考。

作为我国著名的教育学家,曹孚在教育哲学、教育学和教育史方面都有很深的造诣,对我国建国初的教育学科的重建与发展做出了贡献。曹孚的教育研究总体而言集中在三个方面：

其一，对欧美教育思想的研究，尤其是杜威研究。曹孚有在教会学校学习的经历，加之英文水平很高，这为他研究欧美教育思想打下了很好的基础。在欧美教育家研究方面，他曾撰文介绍克伯屈、夸美纽斯、杜威等人的教育思想；在国别方面，他的研究涉及了英、法、美等国家；在内容方面，他的研究涵盖了教育哲学、教育学、师范教育、教育史等领域。在这些研究中，曹孚对杜威教育思想的研究影响最为广泛。曹孚的求学时期，正是杜威实用主义教育思想在中国文化界和教育界引发热潮的时期，这种环境引发了曹孚对杜威的关注。在美国科罗拉多大学的留学，为曹孚全面了解并开始针对杜威进行研究提供了良好的条件，它以《杜威教育哲学中的个人与社会》的论文获得博士学位并赢得了导师的赞许。1950年，曹孚在博士论文的基本观点和资料的基础上撰写了《杜威批判引论》，分上下两篇刊载在6月和7月的《人民教育》上，次年由人民教育出版社集结出版。此后，曹孚1955年在《教育工作》上连续刊载《批判实验主义教育学》。1956年，新知识出版社出版了曹孚的《实用主义教育思想批判》一书。在这些著作中，尽管受到当时大环境的影响，曹孚对杜威的批判不可避免地带有一定的意识形态因素，但是他的批判所体现出的学理性深为学界所认可。比如，在《杜威批判引论》中，曹孚将杜威教育思想分为"生长论"、"进步论"、"无定论"、"智慧论"、"知识论"、"经验论"分别予以分析批判。仅从分析框架来看，就已经显示出了曹孚对杜威思想的谙熟超越了众多的杜威教育思想的研究者；从文献来看，曹孚直接从英文原著引用观点，避免了因转译带来的误传；从文中分析来看，曹孚的批判鞭辟入里、环环相扣，直接抓住了杜威教育思想的一些软肋：片面强调活动中心、学生中心，忽视了系统知识的传授和教师的主导作用等。曹孚的这些观点在当时是属于前沿的，即使以今天的眼光来看，这种观点也不过时。当时研究杜威的著名教育家孟宪承先生曾说："曹孚是真正懂得杜威的"。后来，刘佛年教授在《曹孚教育论稿》一书的序言中评价道："这是我国学者对杜威思想的第一次最系统、最详尽的批判。"

其二，对苏联教育思想的引介。在美留学期间对马克思经典著作的阅读以及深厚的教育学功底，使得曹孚在建国后教育界全面转向学习苏联的情境下能够快速地掌握苏联教育学的精髓。1952年秋至1953年春，曹孚应上海市教育局之约为上海市中小学教师作教育学报告，报告内容在《文汇报》分八次刊载，产生了很大影响。其内容被华东和全国很多地区的小学教师用作教育学学习的参考材料。1953年，报告内容以《小学教育讲座》为名，由人民教育出版社出版。同年底,曹孚对该书进行了修改与增订,以《教育学通俗讲座》为名由人民教育出版社再版。在该书中,曹孚对"全面发展的教育"、"教育、教养与教学"的关系、"苏联的基本教学原则"、"苏联课堂教学制度"、"教学方法"以及"成绩考察与五分制计分法"进行了解读。在书中,他一方面对苏联教育学进行介绍,另一方面又对我国在实际教育教学中可能和已经出现的问题进行了分析。比如,在对智育、综合技术教育、德育、体育和美育进行介绍时,曹孚着重强调了"五育"之间的整体性和联系性;在介绍全面发展的教育时,对个性全面发展的内涵做了深入解读,着重分析国内一些教师关于个性全面发展的误读,批判了将全面发展当作平均发展的看法;在介绍教学原则时,强调教育原则之间的统一性和关联性,反对将某一原则孤立起来运用;在介绍苏联五分制计分法时,强调了要在苏联的整个教育制度中来认识,同时指出了我国在运用五分制计分法时所存在的症结;等等。曹孚对苏联教育学的总结系统而全面,提出了一些新颖见解,语言表述深入浅出,通俗易懂,受到了广大教师的欢迎,该书前后印行几百万册,在全国产生了很大影响。

其三,对我国教育学重建中基本问题的思考。建国后,我国开始了全面模仿苏联,教育学的建设亦不例外。一时之间,凯洛夫的教育学在中国大地广泛传播,其中亦步亦趋地完全照搬苏联教育学的人不少,却少有人真正思考如何实现教育学的中国化和构建本土教育学。然而,曹孚却属于例外者之一。曹孚对我国教育学的研究对象、学科性质、学科任务、学科基础等问题都有过思考。在《教育学的性质和任务》中,他将教育学的性质定位为既是一门科学,也是一门艺术,认为教育学的学科基础包括哲学、国家的方针政策、教育工作经验、中国教育遗产和心理学五方面,认为教育学的任务包括教给学生教育学理论知识、教给学生技术和方法等原则、巩固学生专业思想等。此外,他还对教育学重建与发展有直接关联的重大而基本的问题给出了自己独立的思考。在《教育学研究中的若干问题》一文中,针对教育学的继承性问题,曹孚批判了教条主义地理解斯大林从而否定教育学继承性的观点,提出继承性关系适用于教育,教育不仅是上层建筑,也是永恒范畴;在教育史上人物的评价问题上,曹孚批判了以唯物或唯心主义哲学立场和以政治立场来评价教育学家的问题,主张将哲学思想、政治立场和教育主张分开评价,尤其是要根据教育思想本身来评价教育史上的人物,而非以其哲学思想和政治立场做出进步或反动的预先判断;在处理资产阶级教育思想方面,曹孚反对将之"一棍子打死"的做法,指出资产阶级教育学并非一无成就,某些东西是可以吸取和改造。这些思想对于扭转当时僵化的教条主义来说弥足珍贵,可惜的是,在"以阶级斗争为纲"的年代,一些研究者完全迷失在疯狂的浪潮之中,以语录代替研究,最终由于僵化保守力量的过于强大,曹孚的这些观点很快被作为"奇谈怪论"受到批判,曹孚也因此屡遭批判,并被迫发表了检讨文章。然而,正确的思想却是经得起历史检验的,在当下,这些思想已经被作为常识融入了教育学的日常研究之中。

以上三个方面是对曹孚教育思想的一个总体概括,并非是曹孚教育思想的全部。此外,他还对教育学教材的编写做出了贡献。但仅就以上所述,我们就已经能窥见曹孚对教育学和教育工作的真知灼见,体会到他对教育学的热情与造诣。

三

本书编写的初衷在于整理、发掘并纪念曹孚在教育学研究方面所作的贡献。编校力图最大程度地尊重原著,试图在不改变原著原貌的前提下,按照现代出版要求进行整理。

一、本书对曹孚教育学作品的收录是选择性的,并未涵盖其作品的全部。这种选择性一方面是由于本书篇幅的限制,另一方面是由于曹孚作品甚多,有正式发表的,也有内部发表的,亦有未曾发表的,当然也有佚失的。因而,在反复思考之后,编校者确立的思路如下:(一)作品要能够代表曹孚本人教育思想的精华;(二)作品以正式发表的为准;(三)作品以著作为主,兼顾代表性的论文;(四)作品在当时产生一定影响且在当前仍具有启发价值;(五)以建国后的作品为主,兼顾建国前重要作品。在《大夏教育文存》各卷中,除了有一卷是全部编入论文外,其他诸卷均选入著作,而唯有曹孚卷既有论著,也收论文,所以是最独特的一卷。这主要是考虑到,曹孚的一些论文带有论辩色彩,所讨论的问题又多是关乎某些学科建设和发展的基本理论问题,常常是言人之所未言,见人之所未见,比较重要,也很精彩,如果不予收入,不免遗珠之憾。收录这些论文,也可以反映出一个有思想、有良知的教育学者是如何回应时代所提出的挑战的。

二、本书收录的作品依据先论文,后著作次序进行排列。其中论文的排列依据发表的时间。时间顺序的编排是一种惯例,采用这种惯例一方面可以避免重新编排带来的对作者的曲解,另一方面则便于读者能更好地理解作者教育思想的变化过程。著作的排列依据主题,前面部分为对资本主义教育学的批判,后面则是依照苏联教育学进行的社会主义教育学的建构。

三、本书的编校以最初发表的作品为底本进行编校整理,同时为保证读者的查找,编校者以脚注方式在每一作品的标题页注明了作品原出处。

四、对于人名、书名、地名等与今天有差异的,文中处理如下:人名与今天有差异的,直接在文中做出修改并在括号内添加外文名(如果有外文名字的话)和生卒年;书名则在第一次出现时以页下注方式注明"今译《……》"并添加"编校者"字样;地名第一次出现也以页下注方式注明"指××地"。此外,对于读者不甚熟悉的人名、书名、地名等,编校者以加注方式加以简单介绍,并标注"编校者"字样。

五、以尾注方式和文中夹注方式标注的参考文献,本书中均改为了页下注。同时,对于文中参考文献标注不全的,比如缺少出版社、出版年以及页码等情况,编校者予以了补充,对于部分难以查实的文献,标注为"未详",以上两种情况均不标注"编校者"字样;对于文中标注"编校者"字样的参考文献和注释则均为编校者个人根据具体情况所添加。

为方便读者加深对曹孚教育思想的了解和研究的便宜,本书后面附录了曹孚著作年表。由于曹孚一些作品未发表,再加上"文革"浩劫所造成的遗失,本书所附著作年表是根据目前所能搜索到的资料而整理的,其中未正式刊发的部分文章参照了瞿葆奎等人所编《曹孚教育论稿》,在此提出感谢。

在编校过程中,承蒙杜成宪等教授的指点与帮助,华东师范大学出版社的资深编辑金勇老师为此书的整理付出诸多精力,在此一并致谢。由于编校者经验与能力的问题,书中难免有疏漏之处,望读者批评指正。

编校者

2016.4

目 录

克伯屈的动的教育观 ······· 1

谈谈中国教育改造问题 ······· 9

中国教育之前途 ······· 28

批判实验主义教育学 ······· 34

对于"全面发展的教育"问题的看法 ······· 66

教育学研究中的若干问题 ······· 77

杜威批判引论 ······· 93

实用主义教育思想批判 ······· 127

劳动教育问题 ······· 167

教育学通俗讲座 ······· 199

曹孚著作目录 ······· 324

克伯屈的动的教育观*

美国教育学者克伯屈(W. H. Kalpatrick，1871—1965)氏，在他的《变动的文化中之教育》①(*Education for a changing civilization*)一书中，言简意赅地发挥了他的一种教育理论。全书的主旨在指出我们应该以动的观点(Dynamic outlook)去看教育、办教育的必要。社会是变动不居的，人类生活是永久变动的。教育家对于这个动的事实，必须有充分的理解与认识，并且依据着这种理解与认识，在教育的内容及设施上，努力使教育适应那由这种变动中所产生的新的局面。假使教育的目的，在给予青年人以生活的训练，在使青年具有应付社会生活的能力，那么，他们所欲学习的，不是应付"过去"的生活的能力，而是应付"现在"的生活的能力，不单是应付"现在"的生活的能力，更重要的是应付"将来"的生活的能力。本文的题目是《克伯屈的动的教育观》，因为，据我想，这种观念，别位教育学家，也许已经有过同样的发挥，虽则各家的论据、观点，乃至说明的方法，或者有所不同。在"动的教育观"上冠以克伯屈，即是在声明这个"动的教育观"，是属于克伯屈的。

克伯屈的动的教育观所根据的前提是他的动的社会观，克氏不称之为"动的社会"，而称之为"动的文化"(Changing civilization)，但在这里，"社会"与"文化"这两个名词的内涵，是没有实质上的区别的。

宇宙间的一切"存在"都是变动不居的。"太阳底下没有新的事物"，这是绝大的谬误。在自然界中有变动的事实，在生物界中有变动的事实，而在社会界中，变动的事实尤其明显。社会的制度，人类的生活方式，都是"为了"人类而产生，"由于"人类所产生的；所以在必要的时候，人类将必然，而且也应该，将社会制度、生活方式加以改变。人类的社会或文化是永久变动，而且变动的程度是在永久的扩大增加中的。

社会变动的动力是什么？决定社会变动的是什么东西？这一点牵涉到"史观"的范围，问题就复杂了。克伯屈承认社会是变动的，当然对于社会变动的动

---

* 原文刊于复旦大学教育学系校友会编《教育学期刊》第 2 卷，第 1 号(1934 年 1 月)，第 1—10 页。
① 今译《变动文明中的教育》。——编校者

力,也有他的说明。他的说明可以从他的关于社会变动的程序的划分上看出来。

克氏认为社会的变动的程序是这样的:最初是科学智识(Tested thought)的发达,接着是科学发明的成功,以及科学发明之应用于人类生活中,接着是人类物质生活的改变,最后是社会制度的改变,以及"社会道德观念"(Social moral outlook)的改变。克氏的所谓物质生活,很可以"经济生活"为替代,而所谓社会道德观念,很可以"意识形态"为替代。经济生活的改变可以引起社会制度的改变,又引起意识形态的改变,克氏是这样主张的。但克氏认定变动的最后的原因是科学智识的发达。换句话说,克氏认为历史的动力是"思想"而不是"经济",是"心"而不是物。

物质生活的改变可以引起社会制度、意识形态的改变,这中间有着因果的必然性在。人类本身对于这种事实之有无认识,以及对于这种事实的好恶心理,都不能左右或改变这种事实。但克氏认为,社会制度意识形态固然会跟着物质生活之变动而变动,但变动的速度往往不能与物质生活的变动的速度齐其步调,而常趋于落后。于是社会的制度、人类的观念与社会的物质生活就不能适调。这种情形,克伯屈称之为"社会道德观念之落后"(Social moral lag)。假使人类能够认明社会变动的趋势,使社会制度意识形态能够以相同的速率,自觉地跟着物质生活之改变而改变,使物质生活与社会道德观念之间不致失却调整;这对于人类的幸福,是很有增进之功的。

教育是为了社会而产生,并且是从社会中所产生的,所以教育永远跟着社会走。唯其教育是为了社会而产生,所以在理论上,教育不应该与社会的需要背道而驰;唯其教育是从社会中产生的,所以在事实上,教育永远受社会的决定,永远不能离开社会的影响。从横的方面说,各国在不同的社会情形下,就有各种不同的教育。从纵的方面说,在各个不同的时代,不同的社会中,有各种不同的教育。封建社会中有封建社会的教育,资本主义社会中有资本主义社会的教育。教育的内容永远受社会需要的决定,然则何以现在的教育家,要大声疾呼地指陈出教育与社会分家,教育不适社会需要的大危机呢?关于这点,克伯屈氏给予我们以一个明确的说明。

在其最原始的形式,教育是一种无组织的事业,一种不自觉的努力。教育的意义,只是未成年的青年学习群体中成人的生活方法与行为规范。教育的机关是家庭及整个群体,教育的方法是"直接参加"。在这时期中,教育与社会完全打成一片,教育的内容完全由社会的需要决定。唯其教育与社会完全打成一片,所以社会生活一有变动,教育就能立刻以同一的速度跟着社会生活之变动而变动。教育与社会,是不会不相调整,教育内容与社会需要是不会不相适应的。等到教育一经成为一种正式的制度,教育开始成为一种人类的自觉的努力,具有一种固定的形式。于是教育遂带有凝固化、组织化、传统化的趋势。至此,教育开始与人类的实际、直接生活相隔离。人类生活、社会需要变动了、前进了,但教育还是停留在原来的状态中不动,所以学校反而成为守旧的、传统的。至于教育之所以凝固不动,学校之所以守旧不进,从克伯屈说,有下述三个理由:

(一)制度的惰性作用(Inertia)动则恒动,静则恒静的法则,同样可以适用于社会界。一种制度一经确立之后,往往要故步自封,凝滞不进,非有重大的外力,不能将它推动,或改变。教育也不是例外,教育活动一经成立为正式的制度,教育的设施以及内容就有凝固守旧的倾向。

(二)教育太重外形,注重符号。形式教育、符号教育根本已经与人类的实际生活需要隔离,所以即使生活需要改变了,社会情形变动了,主持教育的人,也不会觉察到教育有跟着生活需要的改变而改变的必要。因此,在变动的社会中,教育往往不能改弦更张,去适应新的需要,应付新的局面。

(三)掌握政治权力的人或集团利用教育作政治的工具。社会是变动的,但如果现存的社会制度,是有利于某些个人或集团,则这些个人或集团,必然地要运用一切的手段,以求遏止变动,维持现状;而教育正是被利用的工具中最重要的一种。所以教育往往不是社会变动的助力,而反是社会变动的反动的障碍物,这种事实,在中外古今的历史上,例证极多。教育之所以凝固不动,学校之所以守旧不进,这是一个最重要的原因。

但社会变动了,教育不是能够永久不变动的。新的社会需要,迟早会打破上述的三种阻力,而迫着教育走上新的路向。然而这种变动是不自觉的,其过程是迟缓的、不经济的,所以它的速度赶不上社会变动的速度。预先认清社会变动的路向,看出新的社会环境的需要,使教育能够自觉地跟着社会变动,用同一的速度而变动,使教育能够很迅速地适应新的需要,应付新的局面,这是教育家应该负起的责任,也是教育家所可以做到的对于人类的伟大的贡献。

教育是以社会中的意识形态的内容为其主要内容的。意识形态应该以同一的速度跟着物质生活之改变而改变,则教育的内容,自也应该以同一的速度跟着物质生活之变动而变动。补救"社会道德观念之落后",教育正是一种有力的工具。

到今日为止，人类有组织的教育活动——教育事业——是以学校为中心的对象，而以儿童为受教者的主体的。假使学校教育的目的，在替儿童准备将来的成人生活，则这个教育目的，在事实上往往被遗忘忽略掉了。学校中往往教着许多不合时的、传统的课程，从这点上看来，仿佛学校替儿童所准备的成人生活，是"过去"的成人生活而不是"现在"的成人生活。因为这种教育给予儿童的是应付"过去"的成人生活的能力，而不是应付当前的成人生活的能力。即使教育能够给予儿童以应付"现在"的成人生活的能力，教育的目的，也仅仅实现了一部分；因为教育的最大的使命，应该在给予儿童以应付"将来"的生活的能力。"现在"的儿童，变为成人须在"将来"。但社会是永久变动的，将来的社会生活一定不同于现在的社会生活。假使教育只倾倒现在的社会需要而忽略了将来的社会需要，则等到儿童成为成人时，教育给予他的应付生活的能力，已经成为"过时"，而不能应付那时的环境了。所以教育不应该跟着过去的社会走，也不应该仅仅跟着现在的社会走，而应该跟着"将来"的社会走。开倒车向后走固然不行，亦步亦趋的跟上去也还不够。应该预先迎头赶上去才是。

社会是永久变动的，而在这 20 世纪的今日变动的程度尤其剧烈。究竟今日社会变动至何种程度呢？换种说法"现代"的社会生活是具有什么一种性质的？在谈教育应走的方向以前，这是一个先决的问题。认了社会变动的路向，然后才能决定教育应循的途径。

克伯屈氏认为"现代"生活的特征，最主要的，一是工业化，二是民主化。

跟着工业化现象而来的现象是人类的"团结"（Integration）的程度的增高。现在不再是家庭的、部落的或国家的自给自足的时代了。人类生活的单位，已经由国家而扩大为国际了。人类的社会关系日趋于复杂系统，人与人间相互依赖的程度，个人与社会间的联系的程度，是大大地增加了。这种现象的好的影响是人与人间、人与社会间之关系的日趋亲密。坏的影响，是社会关系之网布得太周密，群体的势力太巨大了，个人成为无足轻重的东西，个性常有被抹杀或压倒的危险。

民主主义在现代不仅是一种政治制度，而同时是一种生活态度。这种民主主义的生活态度，在克氏看来，是值得拥护的。民主主义的生活态度主要的特征就是权威主义的道德观念（Authoritarianim）的衰退。在以前，各种道德观念、伦理标准是种种变相的"太波"（Taboo）。人类对于它们有遵行的义务，无发问的权利。现代的人类,却随时随地以批评的眼光、怀疑的态度去估量及对付一切道德观念、伦理标准。在每个"什么"(What)之后,他们总要提出"为甚么"(Why)的问题。所谓伦理,所谓道德,不再是外在的权威,而是内发的信仰了。

以上是克氏认为现代生活的主要现象。教育对于这两个现象,以及由此两个现象所产生的各种影响,教育对于这种新的局面,是应该力求适应的。

现在的社会局面、生活需要,对于教育有些什么要求?换句话说,教育应该怎样去应付现在的社会局面,适应现在的生活需要?克伯屈氏举出了下列各点。

(一)在以前,教育的机关,除了学校,还有家庭及社会。(狭义的)教育的责任,是学校、家庭、社会共同担负的。但工业化的结果,使家庭及社会的教育功能日趋衰退,乃至消灭。女子职业的发达,减少了家庭教育的可能性。而且,现代的社会生活实在太复杂了,家庭实在肩不起教育子女的重任。至于社会呢?也正以社会生活的方面太多,内容太复杂。所以儿童决不能用"直接参加"去从社会中认识社会生活的各方面,学会成人的生活方法。于是教育儿童的责任就全部落在学校身上,因此学校不仅为授受智识的地方,而应该将应付社会生活的能力给予儿童。教育必须生活化,学校必须在真实生活的基础上活动起来。

(二)现代是科学万能的时代。但"迷信"仍然支配着大部分人类的心理——不一定是宗教的迷信——科学在学校课程中已经占着相当的地位。但成效未彰影响尚嫌薄弱。今后的学校对于科学教学必须加倍注重。而最需注重的,是社会科学。因为在过去,所谓科学,是仅仅限于自然科学的。

(三)现代文明日进,但我们受他人的宣传及偏见的影响的机会反而增加,我们的暗示的感受性反而加大。以前宣传的作用,只有在人们面对时发生。现在不然,从阅书阅报中,看电影,听无线电中,都可受宣传的影响。所以现代的青年,需要具有一种批判的精神(Critical Mindness),一种能够从许多无孔不入的宣传成见中,辨别出真伪之所在的能力。教育就应该给予学生以这种精神及能力。应该训练学生,使他们一方面具有宽大的襟怀(Open Mindness),能够接受一切新的观念及理论;另一方面具有批判的精神,可以衡量及判断这些观念及理论。

(四)现代生活之有一个特征是人类分工的专精(Specialization),分工专精的结果是人类的兴味范围的狭隘。学校就负有补救此种缺陷的职责。应该将社会生活的各方面,或者说,"人类文化的全景",显示给学生。养成学生多方面的兴味,广阔的观点,使学生感觉到个人的工作,只是整个社会程序中的一部分,与其他部分之间,有着不可分的联系。

(五)现代的人类的"团结"程度的增高,要求着学校有注重集团生活训练的必要。学校应该使学生过着集团的生活,而在这种生活中学习处理与应付集团生活的方法。在另一方面,又须使学生仍能表现自己的个性,不致为"群"所压倒或抹杀。

(六)现代的人类生活单位已经由国家扩大而为世界,所以狭隘的国家主义实在是犯着时代错误的毛病,且是人类幸福上的一种隐患。现代的人类必须是具有世界眼光、国际头脑的。而这种头脑及眼光的养成,须自儿童期间始,学校中的地理历史,社会科学的课本,应该依据着这种新的立场全盘加以改造。

(七)现代生活的主要特征是民主主义。要使儿童将来能够善于运用民主主义的生活态度,必须在学校中,先给予儿童以练习民主主义的机会。驯顺的接受,绝对的服从,这些都是专制,都是违反民主的意义的。学校对于学生的人格应该有高度的尊重。学校应该给予学生以高度的活动自由。学生应该享有自治,并参加校务的机会。

(八)现代文明发达,人类已经有控制自然的力量。但人类还不能控制自己的社会,因为人类对于社会所有的智识,远不如对于自然所具的智识的丰富。所以学校对于社会科学必须特别注重。社会科学的教学最重要的是养成学生以正确的方法研究社会问题。至于对这些问题所下的答案,反而是次要的。

(九)权威主义的道德观念是衰退的局面,也是教育所亟应起而谋适当之应付及补救的。旧的道德观念被打倒,新的道德观念未必能确立起来。这中间,就潜伏着危险。所以学校应该训练学生,使他们能养成一种正确的判断标准,具有一种解决他们自己的道德问题的能力。最重要的,是养成他们浓厚的社会性,使他们能将社会的利害,放在个人利害之前。

(十)社会是永久变动的。人类的社会制度、生活方式是随时可以改变的,人类的社会道德观念也应该以同一的速度,跟着物质生活之改变而改变。学校必须将这些动的观念,灌输于学生。学校必须扶助学生获得种种一般的、可以伸缩的、应付不可知的"将来"的能力或技能。

上述各种要求,归纳起来,可以成为简括的三点:

(一)学校应该养成学生的批判的生活态度。

(二)学校应该养成学生对于社会问题的正确的探讨态度。

(三)学校应该养成学生的健全的道德品格,这种道德品格是须包有宽大的观点、浓厚的社会观念的。

○ ○ ○ ○

怎样的教育,狭义的说,怎样的学校,才能够满足上述种种新的社会局面对于教育的要求?

第一、教育必须生活化,学校必须是给予学生以真实的生活经验的地方。所谓生活经验,当然是指社会化的生活经验,学校中的生活,应该力求与真正的社会生活相似。因为根据学习移转律(Transfer of Learning),学校生活愈与社会生活相接近,学生就愈便于应付将来的社会生活。

第二、学校应该以学生为本位。学校应该给予学生以高度的自由,学生应该有主动地从事及处理各种活动的机会。学生的活动事业,应该成为学习程序中的主要的单位;因为唯有在团体活动中,学生的健全的社会道德观念,以及探讨社会问题的正确的态度才能养成。学生是各种活动的主人,教员不过是辅助者,是参加的一分子。唯其是处于主动的地位,所以学生对于各种活动就能发生浓厚的兴趣,因之其成功的可能性也愈大。而这正是学习的最良好的条件。

第三、学校的科目与课程必须根据动的观点、变的哲学而作成。凡能够丰富学生的生活经验的,才能列入学校科目之中。新的课程的编制应该以给予学生以继续不断的生活经验为主眼。至于课程的具体内容,最好不要事先加以确定。课程应该根据当时的需要,由教员及学生临时、随时规定。这是养成学生应付不可知的将来生活的最好的方法。

第四、教员不应该包办学生的思想,强制学生的思想。讨论任何问题时,最重要的是将一种正确的研究态度、探讨方法,指示给学生,而不是将教员自己的意见或答案,强制学生接受。学生有了独立思想的能力,才能应付那不可知的"将来"的新的社会局面与新的生活需要。

克伯屈氏的理论要点,在说明社会是永久变动的,教育也应该随社会之变动而变动;学校教育的目的,在给予学生以应付及适应"将来"的能力,使学生不成为"过去"或"现在"的奴隶,而成为"将来"的主人。这种理论自然是无可非难的,虽则他对于造成社会变动的最后原因的主张,以及关于"现代"生活特征的分析,不尽能为他人所同意。本书的写定在1927年以前。那时,经济恐慌的狂飙,还没有发作;那时社会的变动的程度,也还远不如今日之剧烈。今日美国的,乃至世界的动荡的情态,更使我们感觉到教育有认清这种"变"的事实,并谋适应这种变的事实的必要。

克氏主张教育应该跟着社会跑,跟着社会的改变而改变。但没有说到教育应该推着社会跑,促进社会变。"跟"是消极的,"推"及"促进"是积极的。克氏主张学校教育所应给予学生的,不是应付"过去"的能力,也不仅是应付"现在"的能力,而最重要的是应付"将来"的能力,但克氏没有指出,教育应该给予学生以创造或建设"将来"的能力。"应付"与"适应"是消极的,"创造"与"建设"是积极的。我们不是教育万能论者,并不迷信教育有改变社会,决定历史的大力量。但是,如果教育不是改变社会的主动力,教育至少还是改变社会的一种助动力,是一种改变社会的重要工具。

克氏口口声声的主张教育应该以给予儿童以应付"将来"的能力为主要目的。但是,"将来"究竟是怎样的?"将来"对于教育,究有何种要求?对于这些,克氏没有明白的说明。他曾经分析过"现代"的生活的特征,指陈过"现代"的生活对于教育的要求;但没有预言过"将来"的生活的特征,悬拟过"将来"的生活对于教育的要求。他以为"将来"是"不可知"的。"将来"的事,到将来才能知道,所以我们在现在不能替学生预拟出答案来。学校教育所能效力的,只是养成学生的动的社会观点,健全的批判精神,正确的研究方法,使他们根据这些,去应付"将来"的问题或局面。这似乎是一种躲懒及回避的办法。"将来"的全部固然无从预知,但"将来"的大概,应该是可以窥测一二的。克氏不说教育应该给予学生以应付"将来"的能力则已,如说给予,还该请克氏提出具体的方案来。

因为"将来"是"不可知"的,所以克氏以为在讨论任何问题时,应该让学生自己找出答案来。但学生自己的摸索,能否获得良好的结果,很是一个问题。罗素也是拥护儿童个性的自由主义者,然而他也认为,假如在讨论各种政治或社会问题时,教员并不表示自己的意见或偏见,恐怕不是一个好办法。(罗素:《教育与宣传》)消灭偏见的方法不是不让儿童接近偏见,而是让儿童接近各方面的偏见;使他们在许多偏见中,选择出他们的信仰来。

教育应该跟着社会跑,甚至推着社会跑;学校应该给予学生以应付"将来"甚至创造建设"将来"的能力;在理论上,固然"应该"如此。但在事实上,这些往往都是不可能的。不可能的理由,克氏在叙述教育之守旧凝滞的缘因中,已经交代明白了。但从事教育事业的人,如果能认识了这些"应该",则对于他们的事业,多少能产生相当良好的结果的。

谈谈中国教育改造问题[*]

"中国教育改造",在今日是一个被热烈地讨论着的问题。学者为之写专书,刊物为之出专号,教育考察团以之名其报告,教育学术团体以之为讨论的专题;至于零星文字,片断主张,散见于报章杂志中者,更不知有多多少少。

这是一个好现象,证明了现在的从事教育事业的人,不再是关起门来,在校门内、书本上,谈教育、办教育,而是放射其目光于整个的社会了。

教育改造的口号是针对着过去中国教育之失败而发的;不失败,又何必改造呢?"中国教育失败了!""中国教育破产了!""中国教育走错了路!""中国教育不适应中国的需要!"以及"教育误国!""教育害人!"是谈教育者的一致的叹息。而"中国教育改造"、"中国教育出路"又是他们一致的要求。

要讨论中国教育的改造,应该先检视一下究竟过去的教育失败在什么地方,失败到何种程度。而在讨论这些问题之前,我们对教育的效能,即教育的可能性问题,更应该予以一个正确的估价,庶几从而确立一个判评中国教育成败的公正标准。

桑代克(Edward L. Thorndike,1874—1949)在同盖茨(Arthur I. Gates,1890—1972)合著的《教育学原理》[①]中,说明教育的最后目标,亦即教育的宗旨,是在满足人类最大量的欲望;所谓满足人类欲望,等于增进人类的幸福,也即是改善人类生活的别名。他们——著者——所谓满足欲望,并非指个人的欲望或某一集团的欲望,而是指全体人类的欲望,也即是"大多数人的最大幸福"的意思。所以当他们说,教育的目的是在改善生活时,他们是在说,教育的目的是在改善社会生活。

满足人类欲望,或者说,改善社会生活的方法,就是个人与环境(社会的及自然的都包括在内)相互间的关系的改变。改变的方式,亦即改变的途径有三种。第一是改变个人以适应环境,第二是改变环境以适合个人,第三是环境个人两者同时改变。

桑盖两氏以为教育对于上述的三种改变方式都应顾到,以为教育不仅是改

---

[*] 原文刊于《教育学期刊》1934年第2期,第1—24页。
[①] 今译《教育之基本原理》。——编校者

变个人本性的工具,并且也具有改变环境的效能。教育者不仅要处理怎样改变人性的问题,而同时要考虑究竟在某一特殊场合,所应改变者是个人或环境,或者环境同个人两者都应受改变,而假使要改变环境,则应该将环境改变为何种方式,假使要改变个人,则应该向着何种目标而改变着个人的这些复杂问题。假使将教育只当作改变个人本性的工具看,则教育是一种技术;假使认教育为具有改变整个的个人与环境之间的相互关系的功能,则教育是一种科学。

以上是桑盖两氏的见解。在我们看来,在全部的人类历史上,在整个的社会生活中看,这三种改变的方式固然是同时存在的;但若就教育这一方面说,则教育只能做些改变人性以适应环境的工作,而实不能生改变社会环境的功效;即使在社会环境的改变上,教育能够尽一些力,但社会改变的方向,是由别种力量——最主要的是经济与政治——决定,而是非教育者所能支配的。教育是措基于经济政治之上,而其设施内容,处处受制于经济政治的;即使对于经济政治,有时能产生些反作用、逆影响,但这种作用与影响,是十分有限制的。

就以改变人性一端而论,教育也并非万能。改变个人的方向,不能由教育者自己决定,而必须受当前的社会情形,教育以外的经济政治的力量的支配。就是改变的方向决定了,在指定的范围以内,教育对于人性的改变,其力量也不见得十分伟大。我们并不认为人性的改变,难于江山的改变。但能够改变人性的,决不限于教育一种力量。人性是可以由环境决定的,但教育只是环境中的一小部分,所以其决定的力量不是绝对的。

在这种教育效能的范围以内来批评中国教育的成败,才是一种公允的批评。

谈起过去中国教育的功罪,有一个问题也必须顾到,就是教育的"分量"的问题。在过去三十年中,中国究竟有过多少教育?教育的分量,至少在国家每年的教育经费数目,以及国民的受教者的数目统计上反映出一二。

据国联教育考察团①的估计,中国的教育经费,平均每人约占二角五分至三角,而每人每年之纳税额,平均约有三元之多。依此推算,中国现在的教育经费仅占国家全部支出经费9%至10%。中央政府的教育经费,纯百分数尚不及五,省经费可达10%,县经费可达20%。

---

① 国联教育考察团全称为国际文化合作委员会专家考察团,该团于1931年9月底到达中国上海,对中国教育开展了长达三个月的调查,之后形成报告书 The Reorganisation of Education in China,后经国立编译馆译为《中国教育之改进》一书于1932年出版。——编校者

以上是关于近年来的中国教育经费之估计。在过去的二三十年间,教育经费当比这个估计中所列的数目更渺小得可怜。

再以受教育者的数目说,据二十年度教育部统计(见廿三年《申报年鉴》),全国

小学生总数是 10,948,977 人。在全人口中约占万分之 236。

中学生总数是 514,609,在全人口中约占万分之 11.07。

大学生(包括专门学校学生)总数是 44,130 人,在全人口中,约占万分之一。

若以过去二三十年间的受教育者的总数说,则还远不如此数;而且这种数字之有无夸张,也是一个疑问。三十年来学生人数统计。

1902(光绪二十八年)　6,912

1903　31,428

1904　99,475

1906　468,220

1907　883,218

1908　1,144,299

1909(宣统元年)　1,536,909

1910—11　—

1912—13(民国元年)　2,933,387

1913—4　3,643,206

1914—5　4,075,338

1915—6　4,294,251

1916—7　3,974,454

1917—21　—

1921—22　4,987,647

1922—23　6,615,772

一种药物,即使具有治疗某种疾病的性能,但如果药物的分量是太轻了,则药物仍然是可以无效的。过去中国的教育药物的分量,轻微得如此可怜,而我们所希望它治疗的疾病又是已入膏肓的沉疴,则教育之失败,似乎也是情有可原的。

一般人所叹息的"中国教育失败","中国教育破产","中国教育走错了路",是指科学意味上的失败、破产,走错了路呢,还是指技术意味上的失败、破产、走

错了路？现在一般人盛倡的中国教育改造，中国教育出路，是指科学意味上的改造或出路呢，还是指技术意味上的改造出路？

据我看，今日一般诅咒中国教育的人，大都是将教育当作一种科学来诅咒中国教育的，他们并不在教育的技术的范围以内批评教育。他们以为教育有"救亡"的使命，有"富国强兵"的使命，教育有改造中国的使命。现在中国依然不富、不强，而且危亡之祸，迫在眉睫，于是他们齐声叹息：中国教育是失败了、破产了、走错了路了！

然而，将教育当作具有改造社会的功能看，并持此标准以批评中国教育的功罪，这不是一种过于苛刻的要求吗？

现在谈中国教育改造的人，也大都不是想在技术的范围以内改造教育；而有意或无意，都是具有以教育改造整个中国的幻想的。他们所谓中国教育之改造，其内涵实等于"中国之改造"，中国教育之出路，其内涵实等于"中国之出路"。只要一翻今日的生产教育论者，乡村教育论者，民族教育论者的议论就可以明白看出的。

这实在是一种过于夸大的壮志，难以达到的宏图！

国联教育考察团所发表的《中国教育之改进》一个报告，可批评之处自然很多；但批评它的人，大都以该报告书中之批评及建议之枝枝节节，抓不着问题的中心为遗憾。其实，平心说来，这个报告，完全是在技术的范围以内，来对中国的教育，有所批评及建议的——批评建议之正确与否是另一问题。它并不将中国现在的种种罪恶，都归在教育头上，所以对于中国教育，远不如中国的一般"教育失败论"，"教育破产论"者抨击得猛烈；而在建议中，也没有提出可以改造整个中国，可以替整个中国辟一条出路的神奇方案。"枝枝节节"，诚然！但不"枝枝节节"，又将怎样呢！在现在的中国社会环境之下，有这样的中国教育。要"根本改造"中国的教育，在事实上有此可能吗？如古楳①氏所提出的"教育革命"②的主张，那是绝对不能实现的空话！

中国之有正式的新教育，不过是三四十年来的事。新教育之产生完全不是内发而是外烁的，帝国主义者的炮火打开了中国的大门，使中国不能再闭关自守，开了数千年来未有之变局。中国最初还想抵抗，但结果终归失败。丧师失

---

① 古楳(1899—1977)，又叫李务，原名李立本，湖南常德县人(今常德市鼎城区)，中国教育经济学家。——编校者

② 古楳：《中国教育之经济观》，上海民智书局1934年版。

地，丧权辱国。于是中国人就不得不一改旧日排拒的态度，以为非接受西洋的典章文物，非步列强的后尘，非变法维新，不足以图存，而变法维新的重要的一步就是兴教育。光绪廿七①年张之洞、刘坤一两氏的变法图强第一疏中，最足以看出当时人的见解。奏折中的大意可分三要点：(一)中国贫弱忧患甚深，(二)欲图振作须除旧习，(三)欲除旧习，须兴教育。于是废科举，设学校，派遣留学生，翻译西书，以为富强振作之道，尽在于斯。所以中国教育一开头，人家对它就作很奢侈的要求。他们所要求于教育的，不是去改变个人以适应旧有的环境，而是去改造环境，超过环境以图存。在外国是先有资本主义的发达，后有资本主义教育的成立，所以教育的作用，只在适应，自然无往而不成功，无往而不顺利。但在中国，是因为受国际资本主义的压迫，想用了资本主义式的教育，去发展资本主义的。因果倒置，自然无往而不与中国的社会情形扞格不相入。如新教育之不适于国人之经济能力，新教育之偏重都市而忽略农村，而更明显的是学校毕业生的出路难。在欧美各国，资本主义教育所铸就的人才，有资本主义社会为之容纳吸收，出路比较还不成问题，个人同社会，两受其利。在中国便不然。资本主义始终未能顺利地发展，资本主义教育所铸造的人才，大都无地可以容纳。这在社会方面说，是学生所学非社会之所欲用；在学生方面说，是没有可以用其所学的地方。于是学生的最普通的出路，只有两条：做官与教书。下面一段话，是周谷城氏为留学生写的，但对于大学生、中学生也可以适用："留学国外之学生，归国之时，大抵皆有专长。惜国内经济状况过于贫弱，建设事业，多废而未举，凡学有专长者，一概无处可用。例如学医者，无医院为其服务之所，学工者无工厂为其实练之处，学农者无农场为其实验之区，其他一切专材，皆无处展其所学。夫专门人材岂甘闲散？不得已，乃于自己材力所能及之范围以外谋事。目前中国一切，需要专门人材之事业，尚未全兴。勉强可以插足之处，厥为政治界与教育界。近来留学归国之专材，无论其素所习者何科，一概皆在政教两界谋生活。于是索所学者或不能用，今所用者又非所学。扞格不入之情，到处显然。不察实情者，动辄谓留学生无用，不行。呼呜冤矣。果用得其所，人尽其才，岂真无用耶，不行耶？"②

所以中国新教育在开始之日就已伏下失败之因。中国社会不是资本主义发达的社会，而偏要推行资本主义的教育，而更妄想以资本主义的教育完成中

---

① 光绪二十七年即公元1901年。——编校者
② 周谷城：《教育新论》，载《教育杂志》第20卷第1期(1928年)，第7—8页。——编校者

国资本主义之发展。"中国教育不适应社会需要",批评中国教育的人这样说。诚然,诚然!但要知道这种"不适应",是"故意"的。中国教育并不失败于教育本身,而实失败于教育下面的社会情形。失败在误认教育不但可以改造个人以适应环境,而且可以改造环境;失败在误认教育不但可以跟着社会走,而且可以站在前面,拖着社会走。

若就教育的本身说,亦即就技术的意味上之教育说,则中国教育就不能算作全然失败,至少其罪状可以减轻大部分。国联教育考察团,在报告书中开头就说这几句话。"近年中国教育界,已显示长足之进步;学校及教员与学生之数目,逐年增加;科学机关,数多新设;课程与教授法,亦已革新"这或者不尽是"客气"之辞吧!

抨击中国教育的人的另一种责难,是说中国教育在"改变人性"一点上,也完全失败了。他们以为教育应该造就许多"贤人",有了贤人,就可成立"贤人政治",但中国教育,在这方面全然失败了。

"吾人居常以为中国国家多故,建设稽滞,实以二十年来教育失败为最大原因。今日负国家社会重要之职责者,谁非二十年前之青年?方其年少气盛,抵掌谈天下事,何尝不慷慨奋发!以为一旦斧柯在握,会当大显经纶。曾几何时,机会到来,大局变更,二十年前之志士仁人,其能不负初衷于道德功业,学术制造,卓然有所表现者,屈指计之,能有几人?而当世号为军阀政客官僚之流,乃泰半为二十年前之学生出身,以今视昔,情何以堪!……"(《大公报》)

这段文字,指出中国今日的军阀及贪官污吏都是二十年前的学生,因之断言中国教育的失败。官吏的贪污问题,在中国的确是一个最严重的问题。潘光旦氏至引证亨丁顿①的说法,认贪污为数千年自然选择中所造成的民族病。假使我们接受这种说法,则教育的责任就可以轻减多多。因为后天的教育,对于具有遗传基础的民族先天病是很难急切改变的。

但我们并不以贪污为中国人的先天性遗传民族病。贪污只是一个环境的问题。而教育只是环境中的一小部分。比起大环境来,在决定人性的力量上,教育真是微乎其微。谈训育问题的人,就常常有这种感想:

"如果现实社会奖励投机取巧,甚于奖励学术的研究和真实的努力,那么要学生潜心求学切实做事,便感相当的困难。如果现实社会奖励贪污不忠,党同

---

① 又译韩廷敦(Ellsworth Huntington,1876—1947),美国耶鲁大学教授,著有《自然淘汰与中华民族性》、《种族的品性》。——编校者

伐异,甚于奖励廉洁,忠诚,大公无私,则学校公民训练的效率,便不免要打一很大的折扣。"①

"我国社会情形复杂,是非不明。刮地皮者,有钱有势者反受人敬重。真正办事而廉洁者,反被人笑为愚蠢,故自私、卖友、散漫种种腐败现象,均反映于学校生活中。"②

"学校里教学生守秩序,但是社会上一切都不讲秩序,一切都讲捷足先登。……学校里又教学生诚实,但是一到社会,诚实的人到处吃亏,到处碰钉子。学校里又教学生廉洁,但社会上不注意这些。社会上所注意的,是某人会赚钱,某人得意了,某人不得意。至于你赚钱的方法正当不正当,当官的手段卑污不卑污,他们不来顾问。学校里又教学生见义勇为,但是社会上专讲巧诈狠毒,取媚乞怜。……学校里教师谆谆的讲,青年应该如何如何,公民应该如何如何,学生知道他是说空话,教师自己也知道他在敷衍学生……"③

廖世承在引了这段话后,加上了"出于愤激,不足为训"的按语。其实,这并非出于愤激,是颇足为训的。

在学校中如此。"出了学校,情形当然更坏。政府用人,往往只凭人情势力,钻营本领,而不选拔真才,"所以"老实人"根本就难有机会钻进政界去。一旦钻进了政界,你又将怎样呢?假使你想不贪不污,不同流合污,你根本就有站不住脚的危险。适者生存,人是必须适应环境的。进了既贪且污的环境而不贪不污,你就是不适者,你就要不生存!

现在大家都喜欢用"新士大夫"一个恶谥,加之于受过学校教育的人,"新士大夫"是只能消费不事生产的。"新士大夫"是兴波作浪的政客,是不守本分的捣乱分子,而学校是造就新士大夫的地方;所以难怪有人要以今日中国的种种不景气,都归罪于"新士大夫",也即间接归罪于新教育。例如,何思源就以为中国今日农村经济的破产,社会秩序的紊乱,政治组织的崩溃,"总括起来,都是由于过去教育错误所造成。"④所以有激于义愤的人就出而主张"学校关门论"(舒新城)。其实,我们应该记得,中国在没有"新士大夫"以前,曾经有过旧士大夫,

---

① 赵廷为:《谈谈我国学校的训育问题》,载《东方杂志》第29卷第4期(1932年10月),教育栏第6页。——编校者
② 李相勖:《训育的改进》,载《中华教育界》第21卷第7期(1934年),第130页。——编校者
③ 廖世承:《教育改造中的一个重要问题》,载《中华教育界》第21卷第7期(1934年),第41页。——编校者
④ 何思源:《士大夫教育之恶果及教育改造途径》,载《东方杂志》第31卷第6期(1934年),教育栏第13页。——编校者

所以在中国的可以产生"士大夫"阶级的社会条件没有消灭以前，学校即使关门，士大夫也还是不会没有人做的。

"新士大夫"喜欢在政治界中活动，是因为"从政"在中国是一种最有利的职业。一官到手，便可以括地皮、捞油水，宫室之美、妻妾之奉，事事可以办到；而且可以作威作福，煊赫一时。大利之所在，趋之者自必若鹜。所以要解决中国吏治的贪污问题，只能用政治的力量，而不是教育的力量。假使政治的力量能够对于贪官污吏，不管是老虎或苍蝇，一律严厉处分，不稍假借，使得从政者无油可捞，无地皮可括，无可以滥用之权威，无可以擅作之威福，使得"官吏"成为一种与其他职业相同，甚或不如其他职业的职业，则"新士大夫"固然不致再热衷于政治，而吏治的贪污问题也可以解决了。

目前在中国有三种最有力的教育思潮：生产教育思潮，乡村教育思潮，民族教育思想。不仅是思潮而已，而且已逐渐的表现为教育的运动。

我们不妨将这三种教育运动的前途，作一种蠡测。中国教育循了这三种方向而"改造"，将有何种的成就呢？

先说生产教育。

提倡生产教育的主张，不外如下的两点。第一，中国的大患在贫穷，贫穷的原因是生产的不足，而生产的不足的原因，又在生产人才的缺乏。提倡生产教育，可以作育生产人才，因之可以发达生产事业，因之可以解决中国的贫穷问题，贫穷问题解决了，中国问题，就解决了一大半。第二，数十年新教育的成绩，只造就了大批只知消费不能生产的"新士大夫"。在学生固然感出路困难之痛苦，而社会国家，受害尤深。所以中国教育，应该改弦易辙，走上生产的路向。

中国需要发达生产事业，中国不需要以造就士大夫阶级为目的的文雅教育；生产教育，是在原则上无可非难的一种教育理论，但若谓提倡生产教育的结果，就可促进生产事业，就可解决中国的贫穷问题，我们便不敢如此乐观了。

生产须有生产的条件，而生产的技术与人才，只是其中的一个条件，而且是一个比较不重要的条件。中国生产事业之所以不能发达，主要的原因，是国际资本主义对于民族资本的压迫与摧残，其次是政治的黑暗与混乱，对于生产事业的破坏与阻碍。而技术与人才，实在不是一个中心的问题。

提倡生产教育的功能，充其量，只有造就大批的愿生产而能生产的技术人才。生产的人才是造就了，但假若届时中国的社会情形、政治条件，仍不容许生产事业之顺利进行，则大批的生产人才，固然要无用武之地，而教育者以提倡生产教育为可以发展生产，可以解决中国之贫穷问题的好梦，也要破灭了。那时候我们千万不要说,"中国的教育不适社会需要,中国的教育又走错了路!"

近几年来,国内各大学理工学院的学生人数渐渐的发达起来。生产教育论者千万不要以为这是提倡生产教育的成绩。最近各省各县,多少有些建设事业——尤其是公路建设事业。对于从事建设的技术人才,有此需要,各大学的理工学院,就比较发达起来了。

社会中有了生产事业,对于生产人才有了需要,教育对于这种需要的适应与供给,不是一件艰事。反之,先来提倡生产教育,希望从而发展生产事业,就不是容易事。

在最近的将来,假使中国的社会情形、政治条件能够容许生产事业大规模的发达起来,则不待提倡,生产教育也会一日千里的蓬勃起来;文法学院,不必取缔,也必然的会相形零落下去。反之,提倡尽你提倡,生产教育还不是中国教育的出路。

何况,生产问题,又未必就是中国经济问题的全部呢?

再说乡村教育运动。

中国人民百分之八十以上是农民,而全国的教育经费,又大半取之于田赋,所以为教育机会的平等起见,以后中国教育之应该多在乡村方面下功夫,自然又是"在原则上无可非难"的了!

但提倡乡村教育运动者的抱负似乎不止此。他们要用乡村教育的力量去改造乡村、建设乡村、复兴乡村。

中国乡村之需要改造、建设与复兴,不成问题。但,中国乡村之破坏,亦即农村经济的破产,不自今日起,而其破坏与破产的程度,又已到了山穷水尽、病入膏肓的地步。凭乡村教育的力量,能够实现改造、建设、复兴的理想吗?

世界各国,现在正在闹着经济恐慌,各国的农村也不是没有问题。似乎在各国,还没有喊出以教育解决经济恐慌,救济乡村问题的口号;然而在中国,有人想以教育去改造、建设、复兴乡村!

破坏中国农村的势力主要的有四种。第一是帝国主义的经济侵略。机器商品排山倒海地泛滥中国的农村,一方面摧毁了农村中的手工业,一方面提高了农民的生活程度。第二是政治的混乱与黑暗。年年内战,岁岁干戈,田赋可以预征至民国五六十年,耕者竟至不敢有其田。农村破坏的结果使大批失地失业的农民,加入了兵匪的队伍而兵匪又转而成为破坏农村的一种力量。第三是灾荒问题。灾荒是人祸不是天灾。假使治水、治河的经费不挪移作别种用费,又何至黄河一决口,长江一水发,动辄祸被数省损失万万? 其他的旱灾蝗灾,也大都是可以用人力消弭的,至少可以减少其为害的程度。第四是农村内部的矛盾。如土地之分配问题,地主与佃农间之关系问题,商业资本及高利贷的剥削等等问题。在这些破坏农村的势力没有被排除以前,乡村教育,大约是很难深入农村,即使深入,也很难使农民愿意接受的。即使是深入了,而且为农民所接受了,乡村教育,能够抵制这几种势力所加于农村的破坏吗?

乡村教育行之不得法,固然如张宗麟所说,可以为土豪劣绅野心家所利用,以作剥削农民的工具。"一切的乡村运动都是替野心家造机会,于农民毫无益处,至多不过是乡村中点缀品罢了。"①即使行之得其道,充其量,也不过能给些小利益,小"好处",与农民而已。至于要"改造"、"建设"、"复兴"农村,则谈何容易!

"中国的乡村教育走错了路,它叫人离开乡下向城里跑……他教人羡慕奢华,看不起务农!"②看了陶行知的这段话,我们千万不要误会,以为使农民跑出乡村,全是教育的罪过。我们必须记得,大批离开田地的农民,大都是没有受过教育之恩泽的。而流入都市的,也不过是其中之一部分。有一部分的农民,是流入兵匪的队伍的。

另外有一个值得注意的问题。提倡乡村教育的人,往往是主张以农立国的人;而且他们所憧憬的乡村,往往小农经营,小国寡民的乡村。但是每个农家有了一架纺纱机,就能够抵御得住外国机器商品的侵入吗?

乡村教育是应该提倡的,但如提倡的结果,究不能挽回农村崩溃的狂澜,我们千万不要以为,又是乡村教育走错了路!

说到民族教育,我们又不得不重复一遍已经说过两次的一句老话"在原则上无可非难"了。中国民族应该"解放",应该"复兴",是没有人会持异议的。但解放和复兴民族的手段,是否就在民族教育论者所主张的所谓中国固有文化之恢复、光大或维新,这是颇有可商榷的地方的。中国的固有文化是什么? 固有文化应该恢复、光大,还是维新? 要恢复,恢复哪些;要光大,光大哪些;要维新,维新哪些? 答案是见仁见智,可以因人而不同。假使中国民族的悲惨命运,根本不是由"固有文化之失坠",或神秘的民族性所造成,则教育即使有此大力,在受教者的心中,恢复、光大或维新了文化或民族性,中国民族解放的大业,仍然

---

① 张宗麟:《中国乡村教育的危机》,载《中华教育界》第 21 卷第 2 期(1933 年),第 8 页。——编校者
② 陶行知:《中国乡村教育之根本改造》,载《中华教育界》第 16 卷第 10 期(1927 年)。——编校者

是无由实现的。中国民众应该为民族解放而战斗,教育也应该为参加此种战斗的一种力量,但我们对于他的战斗力,千万不可估计得太高!

中国教育学会上海分会出版委员会,对于"中国教育改造之理论"一题,为集中思想计,规定出五项纲目:(一)民族中心教育与儿童中心教育;(二)生产教育与人文教育;(三)教育对象之重质与重量;(四)教育行政之分权与集权;(五)教育之工具论与独立论。

我以为这五个分题的先后程序,应该作如下的排列:

(一)教育之工具论与独立论;(二)民族中心教育与儿童中心教育;(三)生产教育与人文教育;(四)教育行政之分权与集权;(五)教育对象之重质与重量。第一个问题是关于教育本身的性质的问题,第二、第三个问题是关于今后中国教育路向的问题,第四、第五个问题是教育行政亦即教育技术上的问题。

(一)教育之独立论与工具论

教育之工具论可以从广义狭义两方面讲。广义的教育工具论,是说教育是为"人生"的、为社会的,所以是一种工具。狭义的教育工具论,是认教育为政治的工具。

对于广义的教育工具论持异议的,除了少数的、极端的消极教育论者,如卢梭之流以外,大概是没有这种人的,至少在中国。假使教育不是社会的工具,则我们正可以为教育而教育,在教育中讲教育,而"中国教育之改造"的讨论,也可以毋须了。

所以现在反对教育工具论的人所反对的是狭义的教育工具论;反对以教育为政治的工具,更正确些说,反对以教育为政党的工具。主张教育独立论的,不是主张教育应该独立于社会之外,而是主张教育应该独立于政治势力,特别是政党势力之外。

教育独立论思潮之在中国,导源于民八"五四运动"以后。最初是因教育经费之拖欠,而有教育经费独立之主张,再进一步因欲谋经费独立须以教育脱离政潮为先决条件而有教育事业独立的口号,最后则在学理上主张教育之应根本独立于政治政党势力之外。教育独立论者之理论,可以蔡元培之议论作代表:

"教育是帮助被教育的人,给他能发展自己的能力,完成他的人格,于人类文化上能尽一分子的责任;不是把被教育的人,造成一种特别器具,给有他种目的的人去应用的。所以教育事业当完全交与教育家,保有独立的资格,毫不受各派政党,或各派教会的影响。

"教育是要个性与群性平均发达的,政党是要制造一种特别的群性抹杀个性……教育是求远效的,政党的政策是求近功的。中国古书说:'一年之计树谷,十年之计树木,百年之计树人。'可见教育的成效,不是一时能达到的。政党不能掌握政权,往往不出数年便要更迭。若把教育权交与政党,两党更迭的时候,教育方针也要跟着改变,教育就没有成效了。……"①

但教育之是独立的还是工具,不是一种善恶是非的问题,而是一种事实问题。就事实论,则教育从来没有不受政治的支配,从来没有离政治而独立,一部教育史,明示我们以这种事实:"在古希腊,尤其在斯巴达,公民的教育完全操在国家手里。同样的办法,——虽然不如此明显——盛行于中古时期。法国革命,对于这个问题,很直接坦白地主张把教育放在政治之下。在19世纪中,欧美各国,不也是有同样的倾向吗?"(Pinkevitch)。到了近代,教育从属于政治的形态更属露骨。意大利、苏俄、德意志是老老实实承认,明明白白主张,以教育为政治的工具的。而在其他号称自由主义,民主主义的国家,例如美国,教育能够离政治而独立吗? 教育依然是工具;它以增进、维持资本家的利益为目的,因为握有政权的人是资本家。

近来德国的教育者,公然主张历史教学之非客观性:"历史教学之客观性,是自由主义者之许多错误中之又一端。读历史的不是一般的'人',而是德国人、法国人、美国人或其他国人。自由主义者之所谓人,是一种抽象的创造。事实上这种人是不存在的。世上只有隶属于某一特定国家或民族的'人'"。"我们将永不用公正无偏的态度去教历史,而要以德国人的立场教历史。我们不管那些'客观事实'的杂琐的叙述。我们需要一种德国人的历史"②。

这一种主张与苏俄之以学问为有党派性的理论相仿佛,不过前者的立场是种族,后者的立场是阶级,自由主义者听见了党派性说,或者要摇头。但试问有那一国家的历史,甚至一切教育内容,是具有公正无偏性的,是没有党派性的?

至于教育之从属与受制于政治,究竟是一件好事,还是一件坏事的问题,我们认为,就教育的本身论,是无所谓好坏的。它的好坏,须以它所从属的那种政治势力的好坏而决定。像火一样,在作为人类的"忠诚的仆人"时,火是好的,在作为人类的"危险的朋友"时,火是坏的。像斧一样,在用以造屋子、作器物时,斧是好的,在用砍倒樱桃树,用以杀人——假定所杀的是好人时,斧是坏的。

---

① 蔡元培:《教育独立议》,载《新教育》第四卷第三期(1922年),第317—318页。——编校者
② 见 The New German Nationalism and Education, School and Sociaty, Vol. 39, 1934.

罗素是一个教育独立论者。他反对以教育为政治的工具,将教育当作政治的宣传。但在《个人本位与公民本位教育之调和》(见 Education and the modern world)一文中,他说了这几句话:"……因之,说俄国式的宣传是达到世界和平的捷径,也不是一件不可能的事。假使如此,则在现在反对那种苏俄政府所用以将共产主义教给学生的似乎粗暴的教育方法,似乎是一种短视。我并非积极的有这种主张;我不过以之作为一种假定而已……"

所以,假定苏俄的政治,是可以达到某种高尚的理想的,则对于苏俄之当作政治宣传的教育就不应该加以反对。同样,假定意大利、德意志的政治是可以达到某种高尚理想的,则意大利、德意志式的统制教育也是应该拥护的。在中国凡对于三民主义表示同情的人,对于党化教育,当然是不会持异议的。

教育是一种工具!

舒新城认为,"教育独立"根本不能成立为一个名词。现在政府当局有进行统制教育的意向。如果实行,那时的教育界,除了舒氏所谓"望风而靡"外,大概没有别的路可以走。犹如蔡元培是一个发挥独立教育理论最彻底的人,但在国民政府大学院院长任内,他就不得不竭力推行党化教育。

(二)民族中心教育与儿童中心教育

这一个问题与"教育工具论与独立论"问题是有连带关系的。教育工具论者一定主张民族中心教育,而教育独立论者,则一定是儿童中心教育的拥护者。

儿童中心教育论,可以当作一种教育方法上的主义看,也可以当作一种教育目的上的主义看。教育的设施应该参照儿童的心理,顺应儿童的本性,顾全儿童的个性,所以当作教育方法看,儿童中心教育论,大概现代的教育家是很少有人反对的。但如果当作教育上的目的看,则儿童中心教育是一种主张以养成良善的个人,而不以养成良善的团体分子,特别是政治团体的分子——公民为目的的教育。

极端的儿童中心教育论者,我们可以举自然主义大师卢梭为代表。他认为教育为儿童的天赋权利,儿童的个性应该绝对被尊重。他认为儿童有自然发展的本性,而其发展的过程,又合于自然的程序,只须顺序施以教育,便可作成理想的人。所以他反对外在势力之对于儿童本性的干涉,而主张教育应以伸张儿童的个性为职志。

卢梭的理论有两个前提。第一是他的人性论:"在大自然主宰的手里的一切,都是善的,"他明明是主张人性本善的。第二是他的社会观:"一切到了人的手里便坏了!"他认为社会是万恶的。以这两种前提为出发,他自然会下:"我们假使要造成一个公民,就不能造成一个个人"的结论。他主张人类应该脱离万恶社会的包围,而回返于"自然",他自然更主张儿童教育之应脱离社会的影响。

这种理论之为偏激不可为训,是显而易见的。人类本性是一张白纸、一团原料,抽去了社会的影响,使儿童本性在"真空"般的境界中去自然发展,则儿童的本性,将成为一种不可思议的抽象物。所谓个性,实际上也还是社会的产物。社会中诚然有许多罪恶,但人类不能脱离社会而生存,如同人类不能脱离空气而生活一样,——不管空气是怎样的污浊。人类的"返自然",既然是一种不可能的梦想,则他的消极教育的主张,在当作教育目的看时,自然是不能成立了。

也有主张比较温和些的儿童中心教育论者。他们不反对教育之着重于公民之训练,但认为健全的公民,由健全的个人所构成。直接造就了健全的个人,即间接造就了健全的公民,所以儿童中心教育与公民中心教育,是不相冲突的。这说法有相当的理由。但罗素的话是很对的。他说:"有人或者要说,在良善的个人与良善的公民两者之间,是没有对立或矛盾之存在的。良善的个人,就是那有贡献于群体之善的人,而群体之善,也即是个人之善所构成的一种模式。对于这种玄学意味的理论,我不愿加以非难或赞成;但在实际生活中,则将儿童当作一个个人而施的教育,与那种将儿童当作一个未来的公民而施的教育,是大不相同的。个人的培养并不相同于有用公民之造就。譬如说,在公民的意义上,歌德不如瓦特,但在个人的意义上,则哥德实优于瓦特……"(个人本位与公民本位——前书)所以,即使不说,儿童中心教育与民族中心教育是绝对冲突的,至少我们可以说,民族中心教育与儿童中心教育是"不相同"的。罗素的个人本位教育,其意义相当于我们所讨论的儿童中心教育,公民本位教育的意义,相当于民族中心教育。

罗素是一个拥护儿童个性的个人主义教育论者。对于公民教育的弊害,在他《教育与现代世界》这部书中,反复言之,很为透彻。他认为公民本位教育,足以抹杀人类之个性,摧残人类之创作性。国家悬一定的标准,将一切儿童,无例外地在同一的模型中,加以范铸,这种教育所能造就的,是那些整齐划一,不敢逾越规矩的平庸人;而为一般人所敬仰膜拜的,历史上的伟大人物,则恰恰是那些少数敢于超越一般社会标准,而独往独来的叛徒。"这表示出以公民本位当作一种教育理想是不够的,因为这种教育理想,包含着创作精神的缺乏,及对于任何权威——不管是贵族的或民主的——的顺从默认,而这正是与最伟大的人物的特征相反;所以,如果行得过火,是足以阻止普通人获得他们所可能获得的伟大性的。"他认为公民本位的教育，只能教人做现状(Status Ouo)的赞美与拥护者。这种教育教人对于已存制度或学说，不准疑怀，不准反抗，在这一点上，保守的政府利用教育为政治的工具，固为他所反对，就是革命的政府利用教育为政治的工具也为他所不赞同。因为在革命尚未成功时，革命的政府是革命的，但在新的政权确立之后，这革命的政府就要一变而为已存制度的拥护者了。他认为公民本位教育的最大弊害就是科学精神的否定。科学的精神就是怀疑探索，与发见的精神。而公民本位教育则教人对于权威的制度，教条与思想，不准怀疑"思想之定于一尊，(Orthodvxy)是智慧的坟墓，不管是那一种思想"。

对于公民本位教育的弊病，发挥得最透彻的，当莫过于罗素了。但就是这位个人主义的哲学家，也并未否定了公民本位教育。他承认这种教育，虽则对于个性的发展有重大的妨碍，但以时代的需要言，这种教育还是必需的。他的《个人本位与公民本位教育》一文的结语是，"就其本身价值说，在我看来，个人本位教育是比公民本位教育为一件较好的东西。但从政治方面着想，从时代的需要方面着想，则我很害怕，公民本位教育，必须位居第一。"

天下本无超越时空条件的绝对利弊与善恶，所以，"从时代的需要着想"，民族中心教育在中国，必须"位居第一"。

在教育的目的上采取民族本位，仍无碍于在教育方法上之采取儿童本位。在教育方法上的教师本位、成人本位，仍然是我们所反对的。而且，实施公民本位教育，不一定以抹杀个性为条件。即使如极端的教育工具论者为 Pinkevitch，也会这样说："苏俄教育的目的，在养成一种健康、强壮、积极地勇敢、独立思想、独立行动……的人！"

"……公民本位教育，如果是短视的话，就将摧压个人，使之成为政府的方便工具。所以，明了狭隘的公民本位教育中所包涵的危险，实在是很重要的。"我所以要援引罗素的这段话，是有鉴于近来的民族中心教育论者，也似乎有陷于狭隘的危险。老实说，将现在的民族教育论者之理论，与民十民十一、二、三年间李璜、余家菊辈之国家主义教育理论作一比较的研究，非必能看出两者之间显然的区别。假使要强为区分，只好说，民族主义的最终目的在世界大同，而且，民族主义是与民权民生相联系的。最终目的既非最近可以兑现的理想，可以不必多谈。我们只希望民族中心教育论者，不要把目光局限于民族一问题，而忽略了民权民生两问题。中国的民生、民权问题不解决，中国的民族，大致是很难有出路的。民族问题，不能包括中国问题的全部，正像生产问题，不能包括经济问题的全部。

（三）生产教育与人文教育

我们要说的第一句话，就是，人文教育是贵族阶级的教育、治者阶级的教育。

古代社会——原始社会除外——中的教育，大都是人文主义的教育。因为在古代社会中，教育权利是为少数贵族阶级、治者阶级中人所专利的。这些阶级中人，对于生活资料，不愁没有人供奉。他们毋须生产，所以他们所需要的，当然不是教人如何劳动、如何生产的教育，而是为生活点缀、生活消遣之所谓精神修养、艺术鉴赏、人格陶冶之类的人文教育。

中国历代的教育就是一贯的人文教育。孔子是一个彻底的人文主义教育论者。他以为教育的目的，在造成一般"君子"。而君子是谋道不谋食的。所以当樊迟问学为稼、学为穑的时候，他就要骂他一声"小人"。在孔子看来，君子，学优则仕，禄在其中，衣食自有那些劳力者、治于人者、食人者的"小人"供给，又何劳君子去操心？

孔子的"君子"教育理想，支配了数千年来的中国教育。就是三数十年来的新教育，在骨子里也还是人文主义的教育。教育的目的，仍在造就一批为社会领袖、国家栋梁的四民之首的"新士大夫"。关于"新士大夫"教育的弊害，一般批评中国新教育的人说得很多，毋须加以赘述了。

古希腊的教育，也是人文主义的教育。希腊的社会，是由奴隶与市民两个阶级构成的。市民的生活资料，由奴隶所供给。凡"一技之长"、"谋生之技"，是奴隶之所优为，非高贵的自由市民之所屑学。他们所受的教育，因之是与生业、实利绝关缘，而是关于精神修养的人文教育。

后代的，乃至现代的人文主义教育，其意义虽不与古代的人文主义教育相尽同，但其根本精神还是一致的。譬如英国的教育就是人文主义色彩很浓重的，而她的"公学"（Public School）教育，就是以养成"绅士"为目的的教育，是一种贵族主义的教育。罗素认英国的公学，是为维持贵族阶级生命之延续所必需的教育。（见 Aristocrats, Democrats and Bureaucrats）"每种社会制度有他相应的教育制度，在英国就是公学……"，"由于这种学校教育的施行，英国的18世纪的贵族精神，仍得经过19世纪而维持不坠……""学生在学校中时，他的志愿在权力与光荣。……""出了学校，他希望去统治人，那些将他自己看作天神般的人。"他认为贵族主义的时代已经过去了，英国还要维持贵族主义，实在是一种时代的落伍。"为了这个原因……伊顿 Eton（著名公学，为惠灵顿之母校——

注)已不再具有在百年之前的重要性了。"

假使我们所理想的中国社会,不是贵族主义社会,假使我们不愿意使教育权利为少数的占优越地位者所专利,不愿意使教育成为少数有闲者之装饰品、消遣品,假使我们不愿意中国的教育以造就批"新士大夫"、"新官僚"、"新贵族"为目的,则人文教育,决不是今后中国教育所应走的路线。

人文主义教育的辩护者一定要抗议说,人文主义教育决不能以"贵族主义"一个名词轻轻抹杀,人文主义教育是主张顾全人生各方面之圆满发展的教育,职业或生产,是人生之手段,不是人生的目的。生产教育是太狭隘了,因为它将人看作工具,而不看作目的。这是人生价值的抹杀!其实,他应该知道,所谓人生者,是一种目的,同时也是一种手段,我们要生活,我们就必须"谋生",除非我们的生活资料,可以从他人的劳动上剥夺得来,而且所谓生产教育,是应该作广义解的。它并不妨碍人生多方面之圆满发展。杜威就有"藉职业而教育"的主张,否认职业教育与文化教育两元的对立。俄国的教育以劳动为中心,而将"自然"与"社会",附丽于这中心之上。可知广义的生产教育,其内容并不如一般反对者所想象之狭隘机械。

人们谈到生产教育,往往会联想到"功利主义",而且在"功利主义"一名词之上,往往要加上"卑近的"三字,而功利主义是不利于社会国家的;例如,普法之战,法国受挫于德,菲爱就以为法国之败,是败于国民的功利主义,败于教育的失败,他反对教育之坠于卑近的功利主义,而主张高尚的人文教育之必要。但是我们现在提倡生产教育,不是教人去孳孳为利、唯利是图,而是教人去为社会创造财富,其出发点是社会的,非个人的。"王如好货,与百姓共之,于王何尤?"我们不讳言利,假使这个利,是为了大众而生产,归于大众所享用的。

"生产"对于社会文化,只有提高的作用,而决没有降低的作用。生产是社会文化之物质的基础,物质的生活相当充裕、优越之后,社会的文化水准,才能一般地提高。若使社会中的大部分人,衣食不给,而我们还耻言"乳酪面包"的教育,还侈言为少数有闲者的点缀品、消遣品的"文化",这种"文化",就同故宫国宝一样,对于大众,是没有用处的!

(四)教育行政之分权与集权

我们主张中国教育行政之地方分权。

中国地方辽阔,各区域的地方情形、社会需要悬殊太甚,严格的实行中央集权,则整齐划一的要求,必至使各地方的教育设施,缺乏自由伸缩性以适应社会的情形与需要,而又可以摧残教育上自由实验的精神。

主张行政集权的人,一定要举出"效率"两字做招牌。其实"效率"与"集权",是没有必然的关系的。中国有许多官营事业,都是失败的。"效率"与"官"仿佛是不能发生关系的。行集权制之后,教育"官"化之危险更大于分权制下之教育,我们固然不能以教育事业与普通国营事业相提并论,但"官化"过深,将见中国教育之只在奉此等因,承上启下的形式主义的圈套中讨生活!效率云何哉?

集权论的拥护者,以为教育是促成国家统一,实现政治目的的主要工具。但这种目的之实现,是无须以"集权"为手段的。苏俄是一个行极端的统制教育的国家,但在教育行政的系统上,却采取分权制。各邦各有其人民教育委员会,得自由处理其本邦的教育事务,各省各区,也复如是。但在教育的一般政策及精神上,是全国绝对一致、划一的。中国教育如果需要统一,那是一般之政策及精神的统一,决非琐屑内容之全部整齐划一也!

(五) 教育对象之重质与重量

我们主张中国教育之对象应该重量!

教育对象之重质抑重量,可以从各级教育之受教者人数之多少比例,与各级教育之经费支配之大小比例两点上去考察。以此两点为标准,则中国过去的教育对象,实在是重质不重量的,留学生人数最少,但每年留学生之所费,公私合计,竟达中央政府全部教育费之三分之二!(见国联教育调查团报告书)大学生次少。但有几个大学,每年的经常费,竟超过有些省政府的全部教育费。其他,中等教育之经费比例,相对地大于初等教育,而社会教育之经费,更少于初等教育。"……中国政府对于为大众而设之初等学校较之中等学校尤其较之高等学校实异常忽视……"(报告书)我们主张以后这种现象,应该倒一个头。留学经费,高等教育经费的分配比例,应相对地减少,而社会教育、初等教育的经费,应相对地增加。为教育机会的普及均等着想,我们主张教育对象之应重量而不重质,为国家社会的利益着想,假使我们相信"国家大事"不能由少数高级知识分子所包办,而必须"唤起民众"起来顾问,则我们必然的结论是:宁可让较多的人受较低级的教育,不可让较少数的人独占了高级的教育权利。

在指定的经费范围以内,各级学校的招收学生,究竟应该重质或重量?批评中国教育之重量不重质的人,大概是有鉴于一般私立学校之滥收学生的人。

私立学校之滥收学生全为经济事实所限,当从别论。至于国立或省立学校,则一向是重质不重量的!一个国立大学,可以岁縻国库一二百万,而得列于此大学门墙之学生数目却不到一千。平均每一学生须占经费一千元左右。国联教育调查团的报告书中,从中国各地小学校所容纳之学生人数,每一教员所教之学生人数两点上,断言中国各地的小学校设备,尚未充分被利用。依此而论,则许多官立大学之设备经费,是利用得太不经济、太不充分了。中等教育的情形亦复如此。省立中学之录取的新生,在全体投考生中的百分比是十分小的。中等学校的设备,也是未曾利用得充分的。去年中央某大学录取新生极严格,有若干系的新生人数,竟不到十人,此种办法,以之为暂时的"矫枉"的"权宜"固可,但决不是教育上应有之原则。

至于从学校的数目上谈量与质,我们认为,假使在有一地方,同时存在着许多骈枝重叠的学校,则假使事实许可,许多学校尽可合并为几个较少但较好的学校。不过我们应该注意学校之地域的分布。我们宁愿有20个设备较不完美的学校,分布在20处不同的地方,不愿有五个设备十分完美的学校集中在五处地方!

中国教育之前途

在教育的理论与实际上，有着一个最基本的对立，即文化主义与功利主义的对立。前者旨在一般文化修养，而后者则以职业效率、经济效果为主眼。

文化主义教育的典型例子是古代希腊，而希腊教育之反功利的色彩也最为露骨。音乐是希腊教育中一个重要学科，然而亚里士多德的主张：希腊青年学操琴应该浅尝而止；若至于专精，那是职业琴师之所为，即流于庸俗的功利。

在反功利的一点上，不但古希腊教育是文化主义教育，就是古希腊以后的全部西洋教育史，包括中世纪的骑士教育、寺院教育，都为文化主义所支配。功利主义的教育实萌芽于产业革命之后。工商业的发达要求着各级职工之工作效率，因而在职工阶级子弟的教育上，应该有着"职业的准备"。而其后这种功利主义也有一部分逐渐侵入上层阶级子弟的教育之中，因为随着经济、社会生活之日趋复杂，一切社会生活的领导，需有或多或少的职业准备。然而在大体上，文化主义还是西洋教育的指导精神；功利主义，只能在变轨制教育的躯壳之中，作畸形的发展：上层阶级的子弟受着一般文化教育，职工阶级的子弟则受着职业训练的教育——这种教育，可以称为职业教育，或者技术教育。

中国的传统教育一向是文化主义的。孔子对问为稼、为圃的樊迟的鄙夷不屑的态度，足以作为儒家及功利的最坦白的说明。孟子强调着劳心劳力，治人治于人，食人食于人两阶级的界限。受教育的人是那些劳心、治人、食于人的人们，他们自然不需要，也不应该有耕稼陶冶的教育。到了宋明理学家，昌言理义，讳言事功，称之为"功利之卑"。他们讲道艺精粗，讲下学上达。他们在教育上的立场是彻底的文化主义。

新教育传入中国，一开始就夹带着一些功利主义的种子。中国人最初所愿学于西洋者是他们的化电理工之学。但中国的社会气候与经济土壤还不适宜于技术教育的繁殖滋长，故中国教育还是以文化主义为主潮。直到民国二十年前后，内受农村破产、经济萧条、毕业生出路困难诸因素的刺激；外受欧美劳动教育、生产教育思潮，尤其是苏联的"多边技术教育"(Polptechnical Education)思潮的鼓荡，在中国掀起了生产教育的思潮。这生产教育，在当时是被当作文

---

* 原文刊于中华书局出版《新中华》(复刊)第3卷，第4期(1945年4月)，第26—31页。

化教育之否定而提出的。中国教育学会,曾拟就若干教育上之重要问题,在会员之间展开讨论。其中有一个问题是:中国教育的路线应该是文化教育,还是生产教育?从此以后,不但在理论上生产教育占压倒的优势,在实施上,中国教育也逐渐向功利主义的路上走;其表现在教育政策上是"宗实"的倾向:奖励理工,抑压文法。

抗战以来,教育中之功利主义,乃朝着最不健全的方向而发展。所谓生产教育,乃就社会国家之立场言生产,为社会国家之利益而生产。近六七年来中国教育界中的功利主义乃贬质为个人的私利,生产贬质为私人的货值。大学校中,学生尽向各个出路好、未来职业报酬厚的学科跑!于是大学各院系,畸轻畸重,不能作均衡的发展。廉价的功利主义吞没了整个高等教育。专科学校是职业准备的场所,大学也是的。商科固然是职业训练,文法科的指导精神也是职业准备。

世界教育,包括中国教育之逐渐走向功利主义,技术教育逐渐取代文化教育,乃为客观社会形势之必然。而中国在战后,假使国家向现代化之途迈进,建国工作一开始,那时候的中国教育,更将成为功利主义、技术教育的天下。故今后在教育上的问题,不是文化主义与功利主义、文化教育与技术教育的选择问题,而是:在功利主义、技术教育范围之内。如何兼摄一些文化主义教育的优点,并进一步谋文化与功利的调和与统一。

先说文化教育的优点:

第一,文化教育是"全人"的教育。它并不教人怎样做工人、农人、军人、商人、学人;它教人怎样做"人"。近代社会分工的结果,使人只知道运用其生命中之一小部分,去从事社会生活之一小部门。于是无形之间,人的生命被肢解为一肢一体,不复是一个完整的"人"。如像美国的爱默生说的,农人是耕田的机器,商人见金而不见人,牧师成为礼拜仪式,律师沦为六法全书;工人成为机件,水手只是船上的绳缆。而文化教育却是"全人"、"完人"的教育。农工商……诸活动,仅为整个人生活动中之一部分,应该隶属于整个人生活动,而不应以部分篡夺全体。文化教育同技术教育一样有生活准备的价值,但后者所准备的是"经济生活",而前者所准备者则为"全部生活"。

第二,文化教育是"通才"的教育。在从前,凡"人才"都是"通才"。降至近代,社会生活日趋复杂,百业专精,于是遂有"专才"的要求。"专"到极端,人们只能看到树木而不能看到森林,甚至不能看到树木而只能看到树木上之一枝一叶。譬如,在美国大学中,有专攻"旅馆管理"而得硕士学位者,有研究教育而以

"小学校工研究"为博士论文题者,有专研烹饪,于科学哲学之本无所窥而居然号称科学或哲学博士者。这类人可能是专家,但决不是通人。英国的大学,尤其两所旧式大学,比较着眼于培养通才。譬如教育行政:在美国,它被当作一门学问,而又细分为学校管理、教育经费、校舍建筑……门类繁多,竭尽专精的能事。研究结果之刊为书籍者汗牛充栋。英国人则认为这类问题,不值得在大学中研究。一个教育行政人员应该具备的最重要的条件,他们以为,就是一种"教育的政治家风度"。故教育行政人员之最好的准备就是一般文化修养,加上一些普通的教育原理原则的修养。从牛津、剑桥两所大学教育出来的是所谓"绅士"。英国的政治,乃至各界社会领袖,多由这类绅士充当。这类绅士对他们所领导的事业,往往是"业余者",而不是"专业者"。而文化教育与功利教育有一个区别,即是:前者是"业余者"的教育,而后者则为"专业者"的教育。在这一点上,美国的教育,倾向于功利主义,而英国的教育比较接近文化主义。

第三,文化教育是和谐发展的教育。因为文化教育是"全人"的教育,它要求着人生各方面,身、心、知、情、意,之均衡和谐发展。它不让某些人生兴趣畸形发展,某些人生兴趣因"失用"而枯萎。体、智、德、美四育之兼筹并顾,是古希腊文化教育的传统;就在这一点上,希腊教育应该被选定为文化教育之最优良的标本。古希腊人对体育能注重。文艺复兴时代的大师之一 Vergerives 对文化教育所下之定义,其中有一项,即为:"启发,训练与发展人的身心之最高作用。"而 19 世纪的英国学人赫胥黎,在其文化教育的定义中,也是身心之机能并举。罗素批评英国教育,说是忽视了智慧生活在教育中之位置。但过犹不及,过度的"主智主义",如像在德法两国表现者,同样有流弊。若真正的文化教育,应该是身心并举,而在心的方面,则知、情、意兼顾。这种教育才能使人格有和谐均衡的发展。

第四,文化教育是"自由的"教育。文艺复兴时代的大师将文化教育解释为"自由人"的教育。这"自由"应该是心智意义上的自由,而不是法政意义上的自由。凡一个人,能够挣脱习惯、传统、权威、迷信、偏见之羁绊而思想,而生活者,这人就是"自由人"。一种教育,能够使人获得这种心智自由的,我们称之为"解放的"(Liberalizimg)教育。文化教育即是这种自由的、解放的教育。它教人从固定的思想、生活圈子里,跳将出来,独辟蹊径。它主张启发,而反对宣传。它反对将一套固定的思想强人接受,而主张人们应善用自己的思想,以想出一套"自己发现"的东西。假使他们必须接受现成思想体系的话,那该是批判的接受,理智的皈依。

× × ×

技术教育,行之过火,定以抹杀大部分的文化教育中之优良传统。然则技术教育之如何始可兼摄文化教育中之优点?

英国当代哲学家怀特海(Whitehead,1861—1947)在其所发表的教育论文中,强调艺术与文学在"经济人民"的教育中之地位。认为其重要性仅次于睡眠与吃饭。在未来的"经济人民"——职工阶级子弟——的教育中,加进些艺术与文学,他们将来在生活上可受惠无穷,这最是一宗投资少而收获丰的事情。英国教育家芬特兰(Findlay)在讨论职工补习教育、"成人继续教育"的时候,主张其主要的科目应为文化学科、技术学科。因为这些人平日有足够多的职业生活、技术经验,他们所缺乏的是文化的修养与享受。——这是在技术经验之上敷以少许文化教育之盐的办法,是技术与文化之"机械的混合",是技术教育兼摄文化教育精神的第一种方式。

当美国的哈佛大学成立商学院之时,怀特海适在该大学讲学,曾为文论列其事,兼及大学教育之一般宗旨。他肯定大学应该培养各种专业人才。但专业之训练,必须照澈之以"想象"。什一之利的讲求,只要、也只有与其他高级人生价值联系起来;并照澈之以那高级的人生价值,则商学即可以与法、农、医、工,分庭抗礼,列为学院之一。专业的训练,照澈之以文化教育之光辉,这是技术与文化之"文学的配合",是技术教育兼摄文化教育精神之第二种方式。

在这里我们又要接触到专才与通才的问题。如前所述,专才是"专业者",通才是"业余者"。而目前的世界正是专家的世界。英国人比较信任通才,然而甚至英国人也在怀疑,居今之世,而将社会国家的命脉,托之于业余者之手,是否妥当,如像拉斯基在《绅士之危险》一文中所提出者。故今后世界教育的趋势,必然向"专才"一路走。我们的问题是:怎样在专才的训练中,保持一些通人教育的理想。怀特海指出理想的教育所应产生者应为兼备一般文化修养与某方面的特殊专门学识的人。所以他建议的课程,是文学科目、科学科目、技术科目三分天下。这种理想之实现,有赖于课程之巧为排布。将三方面的学科罗列纷陈,兼收并蓄是不够的。最最重要者为各种学科之间的联系与配合。一门学科是一棵树木,我们要从树木而窥见森林,至少应该知道某一棵树木在整个森林中的位置与方向。这种联系与配合是可能作成的。盖各种学科的最后源流,均为"人生"。若能透过各个学科之本身,层层上推,则"条条大路通罗马",最后都得汇归于"人生"。而各个学科与"人生"之联系构成了各个学科彼此之间联系的基础;但这种联系之实现,有赖于在各科之教学上"照澈之以想象"。

功利与文化之对立，并非本质的必然，而实受社会经济条件之所"制约"。功利与文化之对立即是劳心与劳力、治人与治于人、食于人与食人者两阶级之对立的反映。古希腊是奴隶经济社会：少数的"自由民"坐食多数奴隶的劳动成果，其本身无须从事功利的活动。于是功利与劳动乃与奴隶概念相联结，由贱视奴隶而贱视功利与劳动。这是希腊文化教育中之彻底而露骨的反功利主义倾向的社会背景。就是近代欧陆国家之变轨制教育，也或多或少是这种阶级关系的作祟。但目前的世界大势，正朝着"无阶级"的路上走。随着阶级距离之缩短，乃至阶级之消泯，手脑之分家，功利与文化之对立，已将失却其存在之基础。这是功利与文化，技术教育与文化教育可以统一之社会学的理由。

希腊文化教育之发言人柏拉图，在其理想人格之教育上，完全抹杀技术教育这一因素。他将身与心、思想与行动、抽象理论与具体经验，机械地对立起来。这种对立，对人类文化的发展上说，正是一个绝大的灾祸。用手而不用脑，或用脑而不用手；思想而不植基于行动，或行动而不能配合之以思想，有具体经验而无抽象理论，或有抽象理论而无具体经验——在这情形之下，所生产的文化是偏颇的文化，所产生的人格是畸形的人格。将来的新人类应该是手脑并用，行动与思想兼擅，理论与经验俱丰的人格；由那种新人类所创造的文化才是最光明灿烂的文化。这固然是一个远景，但在教育上，我们应该取法乎上，朝着这远景走。——以技术教育与文化教育之统一，去造成均衡和谐发展之新人格，创造手脑合一的新文化。

而技术活动的本身性质，也有今昔之不同。在从前，技术活动比较原始与简单，其可能实现之教育与文化的价值十分有限。但现代的技术活动，对自然科学固然有很深的依赖，对社会生活各方面也有很密的关系；这就赋予技术活动以很丰富的教育与文化价值。列宁论苏联劳动教育，主张机器工业劳动而不主手工业劳动，盖机器劳动必须以科学之原理、原则为基础，具有较丰富之教育价值也。

西洋的科学教育运动者，在 19 世纪，冒着守旧的传统主义的反对，要将科学打入学校课程之中，与古典的"人文学科"——希腊文、拉丁文、文学——并驾齐驱：其所持之理由有二。其一是功利主义的：说，近代人类生活与科学之关系太密切。教育是生活之准备，故科学应在学校课程中占一重要地位。第二个理由是文化的：说科学比起古典的人文学科，能起更大的"文化"的作用，有着更多的文化教育的价值。当年科学教育所曾走过的路程，正是今日技术教育所应重走的路程：它要证明它不但能给人"功利"，也能给人"文化"。一种学科之是否为文化学科,其关键在于教学的精神与方法。教学得法,技术科目可以起很大的"文化"作用;教学不得当,文化学科可以成为"不文化"的。在这里,我们重又回到"照澈之以想象"这一警语。

中国理学家讲道艺,讲下学上达。他们以道为精,以艺为粗,以艺之学习为下学,以道之讲求为上达。至清初的颜李学派,异军突起,鼓吹"学以致用"。他们道艺兼顾,以为讲道不讲艺,道即失之虚空;讲艺不讲道,艺即流于卑琐。他们之所谓道,即是我们今日之所谓"文化",其所谓艺,即是我们所谓"技术"。他们主张道艺之统一,故力辟朱熹以小学习艺,以大学讲道的这种机械主张。他们主张因艺而见道,道即寓于艺之中,舍艺即无所求道。不从下学,无由上达。下学与上达并不有先后的程度,而应该同时进行;下学即所以为上达者。他们的理论是最彻底的统一技术教育与文化教育的理论。

苏联之"多边技术教育"——或译生产教育——以养成"劳动者"为目的。但他们的"劳动者"这一概念,实同时包摄工人、公民、绅士、文化人诸涵义。故他们的多边技术教育不同于狭义的职业教育或技术教育,而是普通教育与文化教育之别名。他们真正的技术教育要到大学专科的阶段才开始,而其所以让这一阶段中的学生受技术教育者,盖有两个假定:第一,学生在中小学的阶段,对一般文化已修养有素。第二,大学及专科学生的课外作业及社会活动即是文化教育。虽然如此,文化教育在苏联大学中,现在也有逐渐加强的趋势。苏联的政府当局与教育界领袖,反复对世人强调其多边技术教育之教育及文化的意义。中国的生产教育思潮,受苏联多边技术教育理想之刺激与影响者不小;独于这一层最重要的意义不甚措意,故在生产教育与文化教育之间,作成了一若不可调和之对立:以为不归于杨,即归于墨,有如中国教育学会所拟之讨论题目中所显示者。而近年来教育中之贬质的功利主义——个人本位的功利主义——的趋向,则是"每况愈下",更应加以纠正。战后建国工作开始,国家需要可惊数字的技术人员与专家;今后教育之朝向技术教育功利主义路上走,是自然的趋势。但正以此故,我们要强调有被遗忘危险的文化教育理想,而指陈文化与技术、功利可以两全,乃至统一的道理。我们要因艺以见道,下学而上达。英国一所古老的技术学校的校训,可以做中国教育当局及教育工作人员之格言:"要把一个人变成一个更好的机匠,必先把机匠化成更好的人!"

批判实验主义教育学*

美国实用主义或实验主义哲学的宗师之一杜威,在1919年"五四"之前三天到中国,在中国住了两年零两月。在这期间,他足迹遍奉天、直隶、山西、山东、江苏、江西、湖北、湖南、浙江、福建、广东十一省,到处讲演,贩卖他的实验主义膏药。在中国传他衣钵的文化买办头子胡适,在杜威离开北京的一天,著《杜威先生与中国》一文,文中声称,自从中国与西洋文化接触以来,没有一个外国学者在中国思想界的影响有杜威那样大,而"在最近的将来几十年中,也未必有别个西洋学者在中国的影响可以比杜威先生还大的"。他举出了两个理由以论证自己的"似乎太武断"的"预言":

"第一,杜威先生最注重的是教育的革新,他在中国的讲演也要算教育的讲演为最多。……他的种子确已散布不少了。将来各地的'试验学校'渐渐的发生,杜威的教育学说有了试验的机会,那才是杜威哲学开花结子的时候呢!……十年二十年后的杜威,变成了无数杜威式的试验学校,直接或间接影响全中国的教育,那种影响不应该比现在更大千百倍吗?"②

杜威的教育学说就是实验主义的教育学说。假使说,在一般哲学方面,杜威是实验主义哲学的宗师之一,那么,在教育学方面,他是实验主义教育学说的独一无二的技师。他到中国来贩卖文化商品而不特别推销他的教育学说是不能想象的。

杜威是十分重视教育的;他之所以重视教育,自然是别有居心,这点,以后就要谈到。现在只说明一点,杜威是怎样理解哲学与教育学说之间的关系的。

杜威认为,在哲学与教育学说之间,存在着密切不可分的联系。每种哲学主张,必然有它相应的教育学说的结论。因为,凡一种哲学,必然对当代社会生活的问题有所主张;而一种哲学主张,假使要在人类的社会生活中产生"效果",那必须通过对人们的、对自然与对社会的基本态度的影响,那就必须假手于教育,因为教育正是形成年青一代的基本态度(思想的与感情的)的过程。譬如,胡适论证他的关于杜威在中国的影响的第二个理由是:"杜威先生不曾给我们

---

* 原文刊于《新建设》(1955年2月),第27—41页。
② 胡适:《胡适文存》第一集卷二,亚东图书馆1924年版,第199—200页。

一些关于特别问题的特别主张,——如共产主义、无政府主义、自由恋爱之类,——他只给了我们一个哲学方法,使我们用这个方法去解决我们自己的特别问题。他的哲学方法总名叫做'实验主义',……"[①]杜威正是要用教育以这种"实验主义"的方法去"影响"中国的青年的。在这种意义上,杜威说,"哲学即是一般化的教育学说","教育是使哲学主张具体化并受到测验的试验室"[②]。

从1919年到中国解放,在这三十年间,杜威的教育学说,对半封建半殖民地中国教育的直接、间接的影响的确不小。本文的目的在于清算杜威的实验主义教育学说以及这种学说对旧中国教育的毒害影响。因为杜威的实验主义教育学说跟他的实验主义哲学是密切不可分的,所以批判实验主义教育学说自然要接触到实验主义哲学。反过来说,对于实验主义教育学说本质的揭露,也将有助于对整个实验主义哲学的揭露。

一 实验主义教育学的阶级根源

美国的实用主义哲学,在19世纪70年代就开始酝酿了,但它在美国之广泛流行,以至成为哲学思想中的主流却是19世纪90年代的事情。杜威就是在19世纪末、20世纪初,开始发表他的实用主义哲学著作,"实验"与倡导他的实验主义教育学说。在这时期,美国的经济正经历着巨大的变化。用美国人自己的话来说,在19世纪下半期,美国已经完成了大工厂生产的普遍化,小企业让位于大企业的过程。事实上,美国社会所经历的是一个资本集中、资本主义独占化的过程;美国的资本主义进入了独占的阶段,即帝国主义的阶段。这阶段一开始,美国资产阶级面临着两个问题:对内是怎样对付日益壮大的无产阶级向自己的统治"直接冲击"的威胁;对外是怎样为美国独占资本的征服世界铺平道路。美国的统治阶级对他们的文化仆从所提出的任务是制造各种思想武器,用之以解除国内无产阶级反抗的精神武装,同时也解除各国人民,首先是殖民地、半殖民地国家的人民反对美帝国主义侵略的精神武装。

实用主义哲学和与之密切联系的实验主义教育学说就是美国统治阶级选定的这种思想武器中最得力的一种。

在19世纪下半期,美国的国民教育已经有一定程度的"普及"了。这是美国资产阶级对于以无产阶级为首的劳动人民的争取教育权利的压力所作的各

---

① 胡适:《胡适文存》第一集卷二,亚东图书馆1924年版,第200页。
② John Dewey,Democracy and Education,NY:Macmillian,1916,P. 384.

啬的让步。对于这种压力，美国资产阶级中的一部分人是坚决顽抗的，另一部分人则主张让步。美国19世纪中叶的一位著名教育家满恩（H. Mann）①在他所发表的无数次讲演中所说的话是有代表性的。在他恳求资本家为"公共教育"慷慨解囊的时候，他直诉之后者的本身利害：大方些吧！在教育上花钱是一本万利的投资。受过教育的工人会是最驯良的工人，他们不会不安分，如像没有受过教育的工人！这"满恩"是杜威所最推重的教育家，他尊之为"美国国民教育之父"。

列宁在"青年团底任务"这个讲演中，指出在旧社会中，资产阶级统治者给予工农青年的教育是怎样性质的教育。"教育这些青年的目的就是要为资产阶级造成适用的奴仆，他既能替主人创造利润，同时又不会惊扰主人的安宁"②。

在资本主义社会中，资产阶级就是为了这两重目的——培养具有高度劳动效率的工人，培养驯服的工人——才给予劳动人民的子女以一些学校教育的。在资本主义的上升、少壮时期是如此，在资本主义的没落垂死的时期尤其如此。杜威在自己的教育著作中赤裸地供认了这种卑污的目的。

在他的最早的教育著作《学校与社会》、《明日之学校》中，杜威悲叹着：随着美国社会之工业化、城市化，家庭已经丧失其培养年青一代的劳动技能与习惯的作用，家庭、教会、邻里已经失却其对年青一代的"道德"——不惊扰主人的安宁的道德——的"教育"影响。他认为学校应该填满这个教育上的危险的空隙。他又遗憾着当时美国的学校还没有能够很好地完成资产阶级主子所交下的"造成适用的奴仆"的任务。他主张改造学校教育：学校应使自己的工作更能符合于"工业"与"民主"的要求。杜威所讲的符合"工业"的要求，就是说，学校应很好的培养能替主人创造利润的劳动者；他所讲的符合"民主"的要求，就是说，学校应很好的培养不惊扰主人安宁的工人。

在《学校与社会》一书中，杜威指出，美国的社会已经经历着剧烈的变化；学校假如要使自己对实际生活有意义，必须经过同样剧烈而彻底的改造。他的改造的方案是：把以各种劳作活动（木工、金工、缝工、金工……）作为学生的学校生活的中心，反对过去的以学习书本知识作为学生学校生活的中心。

这就是学校教育之符合于"工业"的要求！经过这种改造的学校是能够更

---

① 今译贺拉斯·曼（Horace Mann, 1796—1859），美国教育家，公立学校制度的倡导者之一。——编校者
② 列宁：《青年团底任务》，载列宁著《列宁论马克思恩格斯及马克思主义》，人民出版社1954年版，第436页。

好地替资产阶级完成培养"能为主人产生利润"的工人的任务的。但杜威用哪一些教育诡辩去欺骗广大人民、首先是广大教师呢？

他说：在小学肄业的学生，不到百分之一将来能够获得高等教育，只有五分之一能够进入中学。杜威不用阶级剥削来说明大部分儿童之不能获得中学与大学教育的事实。他把这种事实诿过于人类的天性："在这里，简单的事实是，在人类中的绝大部分人们中间，智慧的兴趣是不突出的。他们有着所谓实际的冲动或天性"①。

杜威认为，他的这套学校改造的方案，不但能使学校符合于"工业"的要求，同时也能使学校符合于"民主"的要求；这就是说，它不但能使学校更好地完成培养能为主人创造利润的工人的任务，而且同时能使学校更好地完成培养不打扰主人的安宁的工人的任务。

我们大部分人生活于其中的世界是一个每人必须有一职业，有一工作，有事可做的世界。有的是经理，有的是仆从。但对这两种人同样重要的一件大事是，每人必须接受一种可以使他能在自己的日常工作中看出广大的、人生意义的教育。②

在这里，杜威替"经理"与"仆从"之间的阶级划分，找出了"天性"上的根据。他企图用这种谎言劝谕绝大部分的人类，安心劳动，即是安于做仆从，不去打扰主人的安宁。他承认，在目前美国社会中，大部分受雇工作的人已经沦为他们所操作的机器的零件。但杜威当然不会把这种罪恶应分地归之于资本主义的经济制度。他丧心病狂地宣称："这当然大部分由于工人没有机会发展他的对于自己工作中的社会与科学价值的想象与同情的眼光。"③他认为，假使学校能在学生的儿童与青年期间，抓住他们的生产与操作的本能，并加之以"社会方向、历史说明、科学方法的训练"，一切经济罪恶，可以迎刃而解的。

杜威一再声明，以劳作活动为学生学校生活的中心，其目的不在于劳作成品的经济价值，而是学生的"社会能力与眼光之发展"。他指责当时美国的学校，在给予年青一代以教育时，缺乏"社会精神"。他宣传用他的一套教育方案可以弥补这种缺陷。因为，他指出，以劳作活动为学校生活的中心，就有可能使学校成为一个雏形的社会。杜威替"社会"下了这样一个定义：当一群人因为朝

---

① John Dewey, The School and Sociaty, Chicago：The University of Chicago Press, 1900, P. 42.
② John Dewey, The School and Sociaty, P. 38.
③ John Dewey, The School and Sociaty, P. 39.

着一个共同的方向,用着一种共同的精神,为了共同的目的而工作的缘故而结集在一起的时候,这一群人就构成一个社会。杜威洋洋得意的宣称:"当学校能在这样的一种小社会中训练每个儿童,用服务的精神贯注他,并授予以有效的自我指导的工具,我们将有着对于一个有价值的、可爱的、和谐的大社会的最深切而最好的保证了。"①这个有价值、可爱、和谐的大社会就是杜威的所谓"民主"的社会。在这个社会里,工人是甘心情愿为资本家"服务",他们能自己"指导"自己,不听别人的鼓动去反抗资本家的统治,所以它是"和谐"的。这样的社会,对资本家当然是"有价值"的、"可爱"的。这就是杜威所说的使学校教育符合于"民主"要求的全部意义!这就是实验主义教育学中最著名的口号之一——"学校即社会"的全部意义!

受过实验主义教育学欺骗的中国教育学者与教育工作者曾经以为杜威是一个"平民主义"教育家,因为他是提倡"平民"的教育的。不错,杜威是主张"平民教育"的,但他之所以要给予"平民"以教育,是为了解除"平民"的反抗剥削者、压迫者的精神武装,为了消泯"平民"的革命。

《学校与社会》的著作年代,在 20 世纪之初。这部著作的阶级精神是相当赤裸的。到了欧洲大战结束,全世界的"平民"、首先是无产阶级,受了十月革命的鼓舞启发,阶级意识大大提高了。从此杜威的哲学说教与教育言论就变得更为隐晦与狡猾。他不再说人类由于天性不同要分成经理与仆从两个阶级;他不再说美国的"民主"社会已经是十全十美,余下来的问题是怎样使学校的教育符合于"民主"的要求。他不得不承认,美国的社会、首先是美国的经济生活还是有缺陷的,有待于进一步的"改造"。但是,他从实验主义的思想武库中,捡出了另一件"人性论"的武器,用更狡猾的诡辩对"平民"进行欺骗。

杜威说,决定人类行为的主要因素是习惯。人是习惯的动物,或者说:"人是一束有联系的习惯"。但个人的习惯是以社会的习惯——风俗、制度——为内容的,所以,人类的行为大体上决定于社会。

但习惯,个人的与社会的,一经养成之后,在本质上会趋于凝固与僵化。这是社会所以停滞不进的原因。

但杜威表示,他是相信社会的"进步"的,主张社会应该有"进步"。这种进步应该求之于决定人类行为的两个次要的因素——冲动与智慧。旧的社会风俗、制度,在新环境之下,到了不能满足人类的基本生活要求与欲望时,"冲动"

---

① John Dewey, The School and Sociaty, P. 44.

会以横决的方式，冲破习惯的藩篱。但冲动，据杜威说，是盲目的。它的力量足以打破旧习惯，但不足以保证新习惯比旧习惯更好。这冲动的横决，在政治上表现为暴动与革命。这里就有着智慧的地位：智慧指导冲动，社会就可以和和平平地向较好、较高的地步演进。

杜威开始讲的是决定个人行为的因素，但他的结论着落于决定人类社会、历史命运的因素。因为人是习惯的动物，所以社会制度倾向于保守，这是人类不能革命的人性论基础。假使人类要求得社会的进步，其动力应求之于人性中的另外两个因素：冲动或智慧。这是对于人类社会历史发展的十足的唯心论的谬说。从这唯心论谬说出发，他主观武断地得出了这样的结论：革命是不好的，因为冲动是盲目的；作为革命的结果的新制度不一定比旧制度好。那么，只能用"智慧"的办法了，而智慧的办法就是教育的办法。

夸大教育在社会生活中的作用，把教育说成人类历史发展的决定性因素，这在教育史上称为教育万能论。18世纪的法国唯物论者就是教育万能论者。他们相信"意见统治世界"。现状世界所以不好，乃因在人们的意见中充满着迷信、偏见与愚昧。因为，要把不好的世界改变为好的世界，只须"启蒙"人类，以自然、合理的意见替代迷信、愚昧的意见。这就是说，他们相信意见或观念可以决定人类的行为，从而决定社会的命运。但杜威的教育万能论与18世纪法国唯物论者的教育万能论是有区别的。这区别就是上升期间的资产阶级的进步性与没落期间的资产阶级的反动性在教育思想上的反映。法国唯物论者对于教育作用的估计是唯心的，因而是不正确的，但作为当时革命的资产阶级的代言人，他们是要求变革现状的，他们要求把教育作为反封建的武器。杜威夸大教育的作用，不是要求用教育去变革现状，而是要求用教育去维持那垂死的、腐朽的资本主义统治。

实验主义教育学说中的教育万能论，到了中国，成为教育救国论的理论基础。胡适是很重视"普及教育"的。他推崇封建奴才武训的义学，与盛赞军阀阎锡山推行的普及教育。他向国民党反动派上条陈，"必须拼命扩充初等义务教育"。他说，"五千万失学儿童的救济，比五千架飞机的功效至少要大五万倍"①。

并不是任何提倡教育的主张都对人民有利的。这要看一个人提倡教育是为了什么目的。杜威提倡教育是为了用教育去消泯革命；胡适提倡教育不是为了使教育服务于救国事业，而是用教育去取消救国。这也是胡适以外的其他受

---

① 胡适：《胡适论学近著》第一集（下），商务印书馆发行1935年版，第534页。

实验主义教育学说影响的教育救国论者的教育主张的客观政治意义。

二 "民主主义"的教育

杜威的最重要的著作之一,实验主义教育学中的最重要的著作是《民主主义与教育》(或译《平民主义与教育》)。胡适在介绍杜威的教育哲学时说:"杜威的教育哲学全在他的《平民主义与教育》一部书里,看他这部书的名字,便可知道他的教育学说是平民主义的教育。"①

所谓民主主义的教育就是符合于"民主"要求的教育。杜威提倡这种教育的阶级意义,我们在上一节里已经揭露过了。但第一,"民主主义的教育"本身是一个富于迷惑性的名词,它在过去就曾迷惑过不少旧中国的教育家;第二,在他的民主主义的教育学说里,杜威最完全地体现了他的政治社会哲学,而整个实验主义哲学的反动性在他的政治社会哲学里,表现得最为露骨;所以,进一步来暴露一下这种"民主主义教育"的真实面貌还是有必要的。

杜威说,不同的社会有着不同的教育。民主主义的社会要求着民主主义的教育。杜威毫不踌躇的肯定,美国是一个民主主义的社会,所以它的教育是,而且应该是民主主义的教育。

在资本主义社会中,所谓民主只是资产阶级的民主,即是少数剥削者的民主;这种民主是以限制被剥削者多数的权利为基础,以反对这多数为目标的。而美国资产阶级的民主比起其他资本主义国家的资产阶级民主来是更为声名狼藉。列宁曾经这样有力地斥责过美国的民主:"没有哪一个国家内的资本权力,少数巨万富翁对于全社会的统治权力,如在美国表现得这样蛮横,这样贿赂公行。资本既然存在,也就统治着全社会。所以无论什么民主共和制度,无论什么选举制度,都是不会改变事情实质的。"②

杜威对于美国"民主"的辩护是竭尽其迂回曲折的能事的。他说,民主主义不限于政治制度,甚至不限于一种政治概念。它是一个道德概念,一种社会生活的理想。它不是一种既成事实,而是一个有待于不断求致的理想。

在美国社会生活中有没有不民主、反民主的事实呢?杜威说,他并不否认有这种事实。但假使美国社会生活中还有不民主、反民主的事实,那并不说明

---

① 胡适:《胡适文存》第一集卷二,第143页。
② 列宁:《论国家》,载列宁著《列宁论马克思、恩格斯及马克思主义》,人民出版社1954年版,第420页。

美国人民应该推翻那个"民主",而是说明"民主"还不够多,有待于进一步的改进。"民主"不是一个有待于不断求致的理想吗?但总之美国的社会是一个"民主"的社会,而"民主"的社会是好的。正像他的中国门生胡适在说到教育破产时叫喊着"教育破产的救济方法还是教育",杜威对美国人民叫喊着:"民主不足的救济是更多的民主!"

杜威的这种诡辩的恶毒作用是教美国人民在路人皆见的非民主、反民主的事实的面前,死抱着资产阶级民主的腐鼠,以为还可以化腐朽为神奇!

于是杜威撇开了政治上的民主或不民主不谈,专谈他的作为道德概念、社会生活理想的民主。

杜威替所谓"民主的社会"提出了两项标准。胡适把这两项标准意译为如下两条:"(一)一个社会的利益须由这个社会的分子共同享受;(二)个人与个人,团体与团体之间,须有圆满的、自由的交互影响。"①在这里,关键字眼是"共同享受"。杜威的"民主"标准分为两部分:第一部分是关于在一个团体中的个人与个人之间的"共同享受",另一部分是关于一个团体与其他团体之间的"共同享受"。

在另外地方,杜威指出,只有这样的社群才够得上称为"民主":在这一种社群里,所有的成员有着共同的利害、共同的目标、共同的意义。或者,如像我们在上文中已经引述过的,因为朝着一个共同的方向,用着一种共同的精神,为了共同的目的而工作的缘故而集结在一起的一群人,他们的团体构成了"民主"的社会。

用这种标准来衡量,杜威心目中的纯粹形态的民主主义只见之于一团和气的家庭中,或者,如杜威所津津乐道的,典型化于农业社会中的乡党邻里关系中。杜威的结论是,民主主义的社会理想要求整个社会充满着这种休戚与共的、一团和气的社群的精神。

在阶级社会里,人们生活在一个社会中,但人们是属于敌对的阶级,他们之间的利害是有如冰炭水火的,在他们之间不可能有"利益的共同享受"。杜威倒也并不否认在美国社会中的阶级划分。他伪装公正的要求消灭阶级划分。如像胡适在介绍杜威的教育学说时所说的:"古代的社会有贵贱,上下,劳心与劳力,治人与被治种种阶级。……现代的世界是平民政治的世界,阶级制度根本

---

① 胡适:《胡适文存》第一集卷二,第144页。

不能成立。"①

根据"民主"的第二个标准,杜威反对"阶级的鸿沟",因为这是违反"团体与团体之间的圆满的与自由的交互影响"的。但杜威当然不是赞同无产阶级用一个社会主义革命来消灭"阶级的鸿沟",他要求无产阶级取消自己的阶级意识。他妄想学校以雏形的社会生活去训练年青一代,使他们充满着"共同享受"的社会精神,使他们将来对剥削阶级有着休戚与共的感情。杜威在"民主主义"的商标下贩卖的就是这种阶级调和论。

杜威在"民主主义"的谬论里同时宣扬着作为美帝国主义征服全世界的丧心病狂的企图的理论根据的世界主义思想。根据"民主"的第二个标准,杜威反对着民族与民族、国家与国家之间的"鸿沟"。他说,目前的情况是,科学、商业、艺术已经超越了国界。它们已经具有世界的性质。这就要求着世界各国人民的相互依赖与合作。在这种情况之下,坚持国家主权是一种时代错误。他认为,一种民主主义的教育理论应该以消除广大的全世界、全人类的目的与狭隘的民族、国家目的之间的矛盾为自己的任务。他惋惜着早期欧洲的世界主义的、"人道主义"的思想,失之于空洞,而且缺乏具体的执行机构与行政机关②。杜威是在《民主主义与教育》一书中发表这种宏论的。在三十几年之后,当马歇尔与杜勒斯辈鞭策着欧洲国家,放弃民族独立、国家主权,而建立受美帝国主义统治的欧洲联邦或世界政府的时候,他们弹唱的,也不外是杜威在三十多年前弹过的调子。

杜威的民主主义理论中的世界主义色彩,在中国表现得最为显著。杜威是在"五四"前三天到中国的,他妄想在如火如荼的中国人民反帝反封建的斗争上泼一盆凉水。他对中国学生作这种说教:

> 我又想到贵国的学生运动。"五四"以来,学生很难安心读书,大半因为外交紧急,也因为学生感情用事……诸君要知道,爱国是一事,排外又是一事。排外是消极的,应该积极地去保存中国的民治制度……所以我奉劝诸君,不必感情用事,徒然排外,要有更远大的目的,就是发展社会精神或博爱精神,博爱是民主制度的要素。③

杜威是教中国学生放弃反帝反封建的斗争,教中国学生"博爱"帝国主义侵

---

① 胡适:《胡适文存》第一集卷二,第143—144页。
② John Dewey, Democracy and Education, P. 113.
③ 杜威著,胡适口译:《杜威五大讲演》下卷,晨报社1924年版,第72—73页。

略者,与它们之间保持"圆满的自由的交互影响"。

在中国传播世界主义思想的毒素,杜威在胡适身上,找到了一个最得力的"代圣立言"的人物。胡适一贯反对学生的反帝、反封建爱国运动,他一向劝学生不要"排外",不要"感情用事"。凡杜威不好意思自己直说的话,胡适都替他尽情说出来了。这类话在各篇批判胡适思想的文章中,都已揭发过了,此处不再列举。

在杜威的"民主主义"理论体系中,还有所谓"民主主义的方法"这一法宝。

杜威说,在不同的社会中,社会行动采取不同的方法。有的采取"外在权威"的方法,有的采取"蹈故习常"的方法,有的采取欺骗群众的方法(名为公共福利,实则个人与阶级的自利),有的采取武力或暴力的方法,有的采取"智慧"的方法。杜威指出,在民主主义社会中,社会行动的方法是"智慧的方法"。这智慧的方法也就是实验的方法。在实验主义的词汇中,民主的方法、实验的方法、智慧的方法是同义词。杜威说,实验的方法,在自然的研究上已经取得了巨大的成果;将这种方法应用之于社会事务的研究与指导上,也将取得同样丰硕的结果。民主主义社会中所采取的社会行动方法就是这种实验的方法。

胡适曾说,"杜威先生不曾给我们一些关于特别问题的特别主张,……他只给了我们一个哲学方法"。他说这个方法总名叫做实验主义,分开来可作两步说;其中的第二步就是实验的方法。胡适这样介绍了杜威的实验方法:

实验的方法至少注意三件事:(一)从具体的事实与境地下手;(二)一切学说理想,一切知识,都只是待证的假设,并非天经地义;(三)一切学说与理想都须用实行来试验过;实验是真理的唯一试金石。第一件——注意具体的境地——使我们免去许多无谓的假问题,省去许多无意义的争论。第二件——一切学理都看做假说——可以解放许多"古人的奴隶"。第三件——实验——可以稍稍限制那上天下地的妄想冥思。实验主义只承认那一点一滴做到的进步——步步有智慧的指导,步步有自动的实验—才是真进化。①

胡适真不愧为杜威的及门弟子。杜威在讲智慧的方法或实验的方法时,针锋总是对着马克思列宁主义。但胡适比他的老师交代得更为直接痛快:"第一件——注意具体的境地——使我们免去许多无谓的假问题,省去许多无意义的争论。"在这里,"无谓的假问题"是指的马克思列宁主义、共产主义。胡适要一笔勾销关于马克思列宁主义、共产主义的讨论。"第二件——一切学理都看做

---

① 胡适:《胡适文存》第一集卷二,第201页。

假说——可以解放许多'古人的奴隶'。"在这里,胡适叫人不做马克思、恩格斯、列宁、斯大林的信徒;至于孔丘、朱熹是拉来做陪衬的。"第三件——实验——可以稍稍限制那上天下地的妄想冥思"。像打倒帝国主义、建设社会主义,这是无法可以进行自然科学式的实验的。它们就应该归入"妄想冥思"之列,应该加以限制。这个实验的方法或民主的方法把人类的社会行动限制在鸡毛蒜皮的小问题的范围以内;所以说,"实验主义只承认那一点一滴做到的进步"。

"假说"一名词是实验主义方法论——不论是研究学术的方法或社会行动的方法——中的一个关键性名词。我们必须更进一步的暴露实验主义字典中的"假说"这一名词的虚伪性与反动性。

马克思主义者在研究学术乃至进行社会活动时,并不拒绝应用"假设"。固然,实验主义者讲"大胆的假设",而马克思主义者要求谨严审慎的假设。但问题还不在假设之是大胆还是谨严;问题在于两者对于"假设"一名词的理解是完全不同的。在实验主义者的"假设"这一名词中是有着主观唯心论、不可知的涵义的。

杜威假装推崇科学,是为了去曲解科学。他说,现代实验科学研究的结论,证明了科学的法则没有客观真理的意义。因为,科学的法则,以肯定事物的因果规律性为前提;但是,杜威踌躇满志地说,现代自然科学的研究结果,证明了在自然界中,必然性——即因果规律性——是不存在的。在自然界中,一般被理解为有着因果关系的两个现象之间的关系,只是"盖然"的关系,不是必然的关系。"可能"有一千次,现象甲引起现象乙,但也"可能"在第一千零一次,现象甲不能引起现象乙。杜威的结论是,真理只是属于统计学上的概然率性质,而不是一种机械的必然性质。

既然在自然界中并不存在客观的因果规律性,那么,我们对待科学上的定理、法则,只能把它当作一种"假设",这假设是一种"观念",它是人造的,是人们在进行学术研究或社会行动时用以解决问题的方便"工具"(所以实验主义的又一个名称是"工具主义"),谁要把它当作客观真理的反映,谁就是"武断",就是反科学。

列宁在《唯物论与经验批判论》中对于杜威的哲学前辈实证论者与马赫主义者的类似的谬论,早已作了歼灭性的驳斥。列宁在这部经典著作中,引述了马赫主义者对科学法则、对自然界中的因果规律性所持的主观唯心论的谵语[①]:

---

① 列宁:《唯物论与经验批判论》,人民教育出版社1953年版,第186、188、192、196页。

马赫①:"在自然界中,既没有原因,也没有结果。""我曾屡次说过:因果律的一切形态是从主观的冲动中发生的;在自然界方面并没有与它们相适应的必然性。"

毕尔生②:"科学的规律与其说是外间世界的事实,毋宁说是人的心的产物。"

威利③:"我们从休谟时代起就已经知道,'必然性'是纯粹逻辑的(不是'超越的')表征或者如我宁愿说的和我已经说过的,纯粹言语的表征。"

普恩凯莱④:自然规律是人类为了"方便"而创造的符号、约束。

波格唐诺夫:"现代实证论认为因果律只是把各个现象在认识上结合为连续的系列的方法,只是经验排列的形式。"

波格唐诺夫⑤:"规律决不是属于经验的范围……规律不是在经验中被给与的,而是被思维创造出来作为一种手段以组织经验、谐和地调合经验为匀称的单一体的。"

列宁在《唯物论与经验批判论》中,以不可抗拒的犀利分析,揭露了马赫主义者、经验批判论者在"自然界的因果性和必然性"问题上的休谟主义的、主观唯心论的立场。马克思主义者肯定在自然界中有着因果规律性、必然性。它们是客观存在的。马克思主义者认为,科学的法则是自然界的因果规律性在人们头脑中的反映;而不像主观唯心论者所说,科学法则产生于人们的主观冲动、产生于人们的思维。主观唯心论者否认自然界中的因果规律性与必然性,其最终的目的是为了否认人类历史发展中的因果规律性与必然性,为了反对作为无产阶级利益之科学表现的马克思主义。因为马克思主义不仅肯定在历史中,如像在自然界中一样,存在着客观的、不以人的主观意志为转移的法则,而且已经找出了历史发展的法则,而无产阶级掌握了这些法则,就可以胜利地进行推翻地主、资本家的统治。

这种"实验的方法",应用在学问研究的低级阶段,即是材料整理阶段,为害还不太显,例如,在个别古籍的考证、个别字义的考订上。应用到学问研究的高

---

① 恩斯特·马赫(Ernst Mach,1838—1916),奥地利—捷克物理学家和哲学家。——编校者
② 卡尔·毕尔生(Karl Pearson,1857—1936),英国数理统计学家、唯心主义哲学家、马赫主义者。——编校者
③ 又译维利(Rudolph Willy,1855—1920),德国哲学家,马赫主义者。——编校者
④ 又译庞加莱或彭加勒(J. H. Poincare,1854—1912),法国数学家、科学哲学家。——编校者
⑤ 又译波格丹诺夫(1873—1928),俄国和苏联哲学家,社会学家。——编校者

级阶段,即是科学抽象或概括的阶段,"实验的方法"就会使人坠入于不可知论或主观武断的万丈深渊。"实验的方法"的最大的祸害,表现在它被应用以说明社会问题、指导社会行动的时候。胡适做考证工作,其目的在于在鸡毛蒜皮的问题上做出一些表面的成绩,以此为资本迷惑青年人,使他们接受"实验的方法"为社会行动的方法。他说,他要考证一个塔的真伪,为了教青年敢于怀疑上帝的有无。他是拉出"上帝的有无"做陪客。他的真正的目的是教青年人怀疑马克思主义的真理。

实用主义的全部民主主义理论,对教育得出的结论是什么呢?

一、它向年青一代,宣传阶级调和的谬论。

二、它向年青一代,散播世界主义的毒素。

三、它教年青一代相信,美国的或美国式的经济制度、政治制度是"民主"的,而"民主"是好的。

四、它教年青一代把"民主"了解为一个抽象空洞的道德概念,而不把它当作一个政治斗争的口号。

五、它要求学校用"实验的方法"去训练学生,使他们相信,在历史发展中没有因果规律性,没有必然性,因而也就取消了马克思主义理论对他们的社会行动的指导。

六、它教年青一代相信,促进社会进步有两套方法,一套是"暴力"的方法,那就是马克思主义的方法;一套是智慧的方法,那就是"民主"的方法。而"民主"的方法是好的,马克思主义的方法是不好的,因为它是不"科学"的,不"民主"的。

三 "儿童中心主义"的教育

在实验主义教育学中,有一句出名的口号:"教育无目的"(普通译为"教育无宗旨")。杜威的原文是:"教育除本身以外无宗旨。"杜威用这一连串的论证得出这个怪论:教育即生活;生活的特征是生长,故"教育即生长";生长无目的,故教育也无目的;或者说,生长的目的是更多的生长,教育的目的是更多的教育。所以,生长除本身以外无目的,教育除本身以外无宗旨[①]。

人类的教育事业永远是有目的的。在阶级社会中,教育的目的是阶级利益决定的。但资产阶级的教育家从不敢倡言自己的阶级目的,因为那种目的是龌

---

① John Dewey, Democracy and Education, P.62.

龊的、见不得人的。他们只能搬弄一些冠冕堂皇而同时是空洞抽象的词令，如德性之完善，良好公民品质等等，以掩盖自己的真实阶级目的。到了帝国主义时代，随着阶级觉悟的提高，无产阶级也要提出自己的阶级目的来，以与资产阶级的教育目的相抗衡。于是资产阶级教育哲学家宣称：教育根本不应该有目的。这是"教育无目的"说的阶级根源。

"教育无目的"说的思想根源是杜威的"生物学主义"。所谓生物学主义是将生物界的概念与规律机械地搬用于人类社会历史的领域，搬用于教育问题的说明。

胡适在介绍自己的思想时，说他的思想受两个人的影响：一个是赫胥黎，一个是杜威。赫胥黎是一个庸俗进化论者，如胡适所说，"赫胥黎是达尔文的作战先锋"①。其实，胡适大可不必特别抬出达尔文的进化论来了，因为他的老师杜威早已挟达尔文以自重了。杜威曾著《达尔文主义对哲学之影响》一书，指陈他所理解的达尔文学说对近代哲学思潮的深刻影响，隐然以自己的实验主义为独得达尔文进化论的真传。

自19世纪以来，在资产阶级思想界中，借歪曲达尔文的进化论以抬高自己的思想体系的身价的不自实验主义哲学开始。我们都知道有所谓"社会达尔文主义"。他们将"生存竞争"、"适者生存"的生物学规律，搬用于人类的社会生活，借以替掠夺性的帝国主义战争、替"优越"人种对"劣等"人种的殖民地统治作辩护。实证论的创立人孔德在动植物的器官分工的规律中找到了社会的阶级划分的"科学"根据。不可知论者斯宾塞也是"达尔文的作战先锋"，他的结论是，人类社会的进步应归结于放任经济的个人主义。

达尔文的进化论怎样影响了哲学思想的呢？据胡适说，单只达尔文的著作《物种由来》的书名，把"类"和"由来"连在一块，便是一种革命。"因为自古代以来，哲学家总以为'类'是不变的，一成不变就没有'由来'了。例如一粒橡子，渐渐生根发芽，不久满一尺了，不久成小橡树了，不久成大橡树了。这虽是很大的变化，但变来变去还只是一株橡树。橡子不会变成鸭脚树，也不会变成枇杷树。千年前如此，千年后也还如此，这个变而不变之中，好像有一条规定的路线……好像有一个固定的法式。这个法式的范围……正译为'类'。这个变而不变的'类'的观念，成为欧洲思想史的唯一基本观念。"接下去胡适说明，达尔文打破了这"类不变"的观念。他不但证明"类"是变的，而且指出"类"所以变的道理。

---

① 胡适：《胡适文存》第二集卷二，亚东图书馆发行1924年版，第241页。

最后，胡适说，这种"思想上的大革命"在哲学上有几种重要的影响。他举出了两种：第一是打破了天帝的观念；第二是"不可知论"（胡适狡猾地把它译为"存疑主义"）①。

第一种影响只是拉来陪衬，第二种才是经实验主义歪曲出来的达尔文的影响。胡适的老师杜威另外举出一种最重要的影响，那就是"过程"的观念。杜威指出，达尔文进化论对现代哲学影响之一是把"过程"（动）提放到第一位，而把"结构"（静）贬降到从属的地位。动物或植物在这个时期变为这样，在那个时期变为那样（结构），是没有一定的，是相对的；只有变的过程才是绝对的。生物并不是预定着一个目的或结果，然后才"变"起来，生物只是个"变"，至于变成这样或变成那样，那是第二义的，是过程决定目的或结果，不是目的或结果决定过程。

我们看杜威是怎样把生物学上的物种之"变"的概念编织到他自己的实验主义呓语中去的。譬如，如旅行一事，坐轮船航行是旅行的过程，到达目的地是目的或结果。神志清醒的人会一致同意，坐轮船是为了到达目的地；但杜威在《人性与行为》一书中郑重地声明：到达目的地是为了坐轮船——使坐轮船的过程更富于意义！神志清醒的人会一致同意，放矢是为了中的，但杜威郑重宣布：设的为了便利放矢！杜威就是用这种呓语来论证他的"教育无目的"说。教育的过程是第一义的，教育的目的是第二义的。教育即生长，所以教育除本身（教育过程）以外不应有目的。

我们把实验主义教育学中的"教育无目的"与"教育即生长"联系起来看，就可以了然于"教育无目的"说的生物学主义的悖谬了。生物的生长或变化，当然是没有目的的，但我们不能因之而论断人类教育之不应有目的，因为教育过程不是一个生物学的事实，而是一种社会现象。支配生物界的规律有它的专门特点，不能搬用于人类的社会现象的。马赫主义者不满意于马克思主义对待社会的"非生物学"的态度。列宁在《唯物论与经验批判论》中驳斥了这种谬论，指出这不是马克思主义的缺点，而是它的功绩。马克思主义摈弃了企图用生物学的范畴来解释社会现象的所谓社会达尔文主义。他指责了把生物社会学的标签粘在类如危机、革命、阶级斗争等等现象上面的勾当②。这种申斥对实验主义教育学中的生物学主义是完全适用的。

---

① 胡适：《胡适文存》第二集卷二，第233页。
② 列宁：《唯物论与经验批判论》，人民出版社1953年版，第359页。

胡适说到达尔文主义对哲学思想的第一个重要影响是"打破了有意志的天帝的观念"。这句话初看起来似乎是"无害"的。但正在这里，实验主义对达尔文的进化论进行了无耻的歪曲。达尔文的进化论粉碎了中世纪经过教会利用过的亚里士多德的"目的论"——说世界上万千物种是在创世之初一次被决定了的，决定于神的意志。但由此实验主义者就拟于不伦地以"目的论"的帽子按在主张教育应有目的的人们的头上。物种的由来，的确是无目的的，生物学上的目的论是反动的僧侣主义。但作为一种社会现象的教育是应该有目的的。

变化与静止是两个重要的哲学概念。古代统治、剥削阶级的哲学家曾经把世界说成是绝对静止、没有变化的。随着近代科学的进步，尤其是达尔文的进化论的提出，公然否认事物的发展或变化是不可能了。于是资产阶级哲学家们千方百计地企图歪曲"发展"的性质，并从这种歪曲中作出自己的政治结论。

第一是从生物物种变化之比较徐缓的事实中，导出一切事物的发展只能采取进化的形式、即量的增加的形式，而不能采取革命的形式、即质的改变的形式的结论，作为他们政治上主张改良主义、反对革命的理论根据。这就是胡适的一点一滴改造论。他说，"实验主义从达尔文主义出发，故只能承认一点一滴的不断的改进是真实可靠的进化。"①

马克思主义正确地指出，发展有两种形式，即进化的形式与革命的形式，而革命的形式即是事物的发展由量变到质变的飞跃。就是在生物界中，一个种到另一个种的转变也是飞跃式地进行的：植物的旧质态转化为新质态，植物的旧特性为新特性所替代。实验主义否认事物发展之革命的形式，是对生物科学规律的歪曲。

从旧质到新质的飞跃的转化又有两种形式：第一是通过"爆发"的形式，第二是通过新质要素逐渐积累和旧质要素逐渐衰亡的方式。生物界发展的飞跃现象，是以第二种形态来表现的。实用主义利用这点，主观武断地把从旧质到新质之飞跃的转化在生物界所表现的特殊形态，机械应用之于社会现象，从而否定了在阶级社会中从旧社会到新社会的改变要通过"爆发"的形式，即是用暴力推翻旧政权，建立新政权的形式。

实验主义对于发展的性质的第二种歪曲是，只认识事物的变化，而不承认任何"静止"，甚至是相对的静止，从而得出"过程就是一切"的结论。上面已经说过，实验主义者把过程提到首要的地位，把目的与结果贬降到从属的地位。

---

① 胡适：《胡适论学近著》第一集（下），商务印书馆发行1935年版，第631页。

现在要说明一下,对发展性质的这种歪曲帮助着实验主义者得出了哪一种政治结论。

它构成了美国工人运动中的经济主义或工联主义①的理论基础。所谓经济主义,就是这样一种理论,说工人运动应该限于工人不断为改进自己的日常经济生活而斗争的过程,工人阶级不应该为着一个遥远的政治目的——推翻资本主义制度——而进行斗争。

美国的工人运动就是吃了经济主义的大亏。很大一部分工人受了资产阶级思想的影响,在争取日常经济生活之点滴改善的斗争中,表现得有力量,但在为一个远大的政治目的而斗争,却缺乏兴趣。所以,如美共领袖福斯特②所说的,美国的工人阶级,在经济斗争的意义上是强大的,在政治斗争的意义上却是软弱无力。实验主义就是用了它的"过程"学说,在美国工人阶级之间,散播资产阶级思想影响的。

其实,实验主义教育学,并未否认任何教育目的。第一,它所否认的是教育过程以外的目的,即来自社会并外加于教育过程的目的;第二,它所否认的是大目的,而不否认小目的。杜威同意地引证着一位作家的说法:"……在具体教育工作中,我们事实上有着万千个目的……"③所以,归根到底,实验主义者在"教育无目的"这一标语下所隐伏的企图是取得教育的政治目的。上面已经指出,"教育无目的"的学说,是针对着无产阶级在教育中提出自己的阶级目的和要求而发的。杜威不准无产阶级按照自己的阶级利益来决定年青一代的培养方向。但在"教育无目的"的学说下面,资产阶级却照旧使学校教育服务于自己的阶级政治目的。"教育无目的"的学说,可以使资产阶级在教育中有政治目的之实而不居政治目的之名。"教育无目的"就是要求教师之超政治,而要求教师超政治就是要求教师维护现存政治。

杜威的"教育无目的"说与他的"儿童中心主义"有着密切不可分的联系。假使教育目的不能求之于教育过程之外,只能求之于教育过程本身,那也就是说,教育目的只能求之于教育活动过程的主体。而杜威宣称,教育活动过程的主体是儿童。

杜威指出,传统的学校是"成人中心"的,教育来自教科书,教育的主体是教

---

① 又称工会主义。——编校者
② 威廉·福斯特(William Z. Foster,1881—1961),美国和国际共产主义运动活动家,美国共产党主席(1928—1951)、名誉主席(1957—1961)。——编校者
③ John Dewey, Democracy and Education, P. 125 - 126.

师。反对着这种传统学校,杜威提倡着"儿童中心学校"。在这种学校里,教育来自儿童的自己的活动,而这种活动的来源是儿童的本能与需要。杜威称这个教育观念的改变——从成人或教师中心到儿童中心的改变——为一种教育上的哥白尼革命。"儿童变成了太阳,一切教育措施必须围绕着它而进行;他(儿童)是中心,而它们(教育措施)是围绕着他而组织起来的"①。

杜威嘴中的"本能"与"需要"是一个生物学的概念。他提倡"教育无目的",最后的结论原来是教人们求教育目的于儿童的本能与需要。这是生物学主义!

马克思列宁主义教育学肯定着:教育是一个社会的过程,不是一种生物学的或心理学的过程。教育是社会通过教师,有目的、有系统地形成儿童的个性的过程。教育的目的是社会决定的,在阶级社会中,它是阶级决定的。以为教育是儿童的本性(本能与需要)的自发发展的过程,并以儿童的本能与需要为全部教育工作的重心,这种生物学主义的观点是十足的主观唯心论的观点。

实验主义教育学在提出"儿童中心主义"的时候,也要攀附达尔文的"影响"的。他们说,在达尔文以前,大家以为个体有变化而类不变,类决定着个体变化的范围与方向。达尔文打破了类不变的观念。但"类"怎样会改变自己呢? 类的改变是通过个体的改变而实现的。橡树这一类假使会变成一种橡树以外的新的"类",那是个别的橡树的无数世代的"变异"的累积的结果。因此,实验主义者说,个体是第一义的,类是第二义的。不是"类"规定着个体发展的方向,而是个体的变化决定着类的变化。

现在我们看杜威怎样把这种生物学上的概念拟于不伦的搬用到教育的范畴中去:儿童是第一义的,社会是第二义的。不是社会规定儿童发展的方向,而是儿童决定着社会发展的方向。社会不应该规定儿童将来变成这样或那样。相反的,儿童的教育应该决定将来社会之是这样或那样。说来说去,还是对社会与个人之间的关系的生物学主义的解释。

照杜威的论断,社会的发展决定于儿童个人的发展,而儿童个人的发展决定于儿童自身的本能与需要。事实上,儿童的发展是由社会决定的。在 20 世纪之初,当杜威首次提出这套教育主张的时候,一部分资产阶级主子还未能体会杜威的苦心,对之表示怀疑。他们问,假使教育从儿童的冲动兴趣出发,他怎样能获得必要的"纪律"、"文化"与"知识"呢? 杜威的回答是:"我们可以指导儿童的活动,给他们以沿着一定方向而进行的练习,这样就能够引导他们达到这

---

① John Dewey, The School and Sociaty, P. 51.

些方向所必然地要达到的目的地。"①"达到这些方向所必然要达到的目的地"，这一段话说得竭尽其曚昽含糊的能事。杜威的真实意思是在说：统治阶级尽可替儿童指定目的地，他们可以通过教师，引导儿童必然地走上这种目的地，而同时又可使儿童不觉得那目的地是别人替他们指定的。

"教育无目的"，"儿童中心主义"，在杜威早期的教育著述中表现得最为露骨。在他后期的作品中，他有时不得不承认儿童的生长或发展需要"社会指导"。他企图调和儿童之自发的发展与"社会指导"下的发展之间的矛盾。他的这种企图是徒然的。而且，他始终没有放弃儿童的教育目的应内发于教育过程，而不能外加诸于教育过程的基本论点。

作为小结，我们可以说：杜威歪曲了达尔文的进化论，对教育作了生物学主义的、同时是主观唯心论的解释，得出了"教育无目的"、"儿童中心主义"的结论。这两种教育主张的政治意义是禁止劳动人民提出教育为谁服务的问题，封锁进步的政治主张在学校中的影响——杜威不准教师对学生"宣传"自己的政治主张，认为那是违背"教育无目的"的本义的——同时却让统治阶级在"教育无目的"、"儿童中心主义"的烟幕下，更有效地对儿童进行资产阶级思想的宣传。

四 "经验"的教育

经验在全部实验主义哲学中是一个最重要的名词，也是实验主义教育学中一个最重要的名词，杜威曾经把自己的教育哲学总结为"以经验为内容、经由经验来进行、为了经验的目的而进行的教育"。

实验主义赋予"经验"以一个主观唯心论的涵义。胡适吹嘘杜威在哲学史上是一个大革命家，因为他把哲学上的一切唯心论与唯物论的争论都以"不了了之"了②。究竟杜威用什么东西来"一齐抹煞"哲学上的一切唯心论与唯物论的争论的呢？就是这"经验"二字。

其实企图用"经验"的概念去"不了了之"哲学上的唯心论与唯物论之争，不自杜威开始。欧洲的马赫主义者早已先走一步了。马赫主义者说，"我既不知道物理的东西，也不知道心理的东西，而只知道第三种东西"。这"第三种东西"事实上就是他们所说的"经验"，而经验实质上是人的主观感觉。列宁在《唯物

---

① John Dewey, The School and Sociaty, P. 54.
② 胡适：《胡适文存》第一集卷二，第 110 页。

论与经验批判论》中指出,马赫主义者、经验批判论者是用"自我"与"环境"之间的不可分离的关系来说明"经验"的,而在"自我"与"环境"之间,他们认为"自我"是第一性的,"自然界"(即环境)是第二性的①。

我们看杜威是怎样说明他的"经验"的。

杜威说,经验的基本性质不是"认识"而是"活动"。人,作为一种生物,必须活动;为了要活动,他必须与环境发生交涉。这就是胡适所转述的"经验确是一个活人对于自然的环境与社会的环境所起的一切交涉"②。在这里,我们已经有了"自我"(活人),也有了环境(自然的环境与社会的环境),也有了"不可分离的关系"(交涉)。

普通人以为,经验是由外而内的印象或感受,在性质上是被动的。杜威驳斥这种"旧说",强调着"经验"之兼具主动与被动的两重性。他说,生物学上的基本事实是:有生命即有活动,生命即是活动。但活动是有后果的。譬如,小孩看见了火、用手去碰火,这是活动。火烧痛了手,这是后果,也就是感受。小孩认识了手碰火、火灼伤手之间的关系而构成了"火碰不得"的意义时,这孩子是获得了关于火的经验。活动是主动的、积极的,感受是被动的、消极的。在经验的构成上,活动是第一义。这就是胡适所转述的:经验"是主动的,不是静止的,也不是被动的"③。在这里,我们有了"自我是第一义的,环境是第二义的"。

杜威宣称,主体与客体,或者,心与物之间的对立是不真实的,他要用"经验"的概念去统一心与物。而所谓统一心与物于经验,事实上就是用心去否定物。因为,不管杜威怎样巧言善辩,他所说的经验总是"自我"或主观的感觉。正像列宁所指出的,在尽量回避关于思维与存在之间的关系这一问题的一切诡辩和狡计的后面,永远地、无例外地隐藏着对这一问题之唯心论的解决。

现在我们来看杜威是怎样把他的"经验"的概念,应用在教育问题上的。我们的讨论将要集中在实验主义教育学中的课程论与教学方法论上面。杜威声称,在他的教育哲学中,教材与教法是统一不可分割的。他的全部课程论与教学方法论可以用一句话概括出来:"从做中学"。实验主义教育学中的这一部分最具有迷惑人的力量。它迷惑过大批的美国教育家,迷惑过大批的中国教育家,甚至也迷惑过一部分苏联教育家。

---

① 列宁:《唯物论与经验批判论》,人民出版社1953年版,第171—178页。
② 胡适:《胡适文存》第一集卷二,第111页。
③ 胡适:《胡适文存》第一集卷二,第113页。

"从做中学"的理论基础是杜威的经验论。

经验首先是活动,然后才是知识。应用在教育方面,活动应该位置在学习之上。据杜威说,学校主要地应该是儿童去获得丰富经验的地方,而不是他们去求知识的地方。学校假使要让儿童获得丰富的经验,它首先应该让儿童有从事活动的充分机会与设备。学校应设立工场、实验室、学校厨房与食堂和学校农场。……另外,学校也应该设立图书馆与博物馆,以为儿童在进行活动中需要知识的帮助时去寻找知识之用。

活动的根据是儿童的天性或本能。杜威说,儿童生而有活动的要求,这是一个生物学上的事实。儿童生而有制作的本能,语言社交的本能,研究与探索的本能,艺术表现的本能,故儿童有制作(做)的活动,语文的活动,研究与探寻的活动,艺术表现的活动。如像我们在上文中已经指出过的,杜威认为,在绝大部分人类中间,"制作"的本能是最突出的,所以,杜威特别强调制作即做东西的活动。

为了进行活动,儿童必须与外界或环境发生交涉,在交涉的过程中,儿童会获得有关于外界事物的经验。经验不就是知识,但经验中包含着知识。这样从儿童的本能出发,儿童在学校中从事各种各样的活动,主要是制作活动,他们也就附带地获得了一定的知识。

这就是实验主义教育学中的课程论:教育应该以经验为内容,经验之主要构成成分是儿童的活动。活动是有目的的。为了达到活动的目的,儿童必须利用环境中的某一部分资料(事物或观念)。"教材"应该是在达成儿童的自发的活动目的上所必需的资料。譬如,儿童在进行活动的时候,需要做某一方面的算术计数。在这情况下,这一部分的算术知识就是一种资料或观念,它对于儿童之完成一个活动的目的是必要的;凭此资格,这一部分算术知识可以合法地列入教材中。

杜威在讲到经验时,常常加上"个人"两个字。他主张着"教育与个人经验的有机联系"。为了获得"个人"经验,儿童必须从事"自己的"活动,活动的目的必须是儿童自己决定的、不是别人替他代定的。这也就是说,儿童的活动,应决定于儿童的自发兴趣与需要。因此,在实验主义教育学中,我们看到"儿童自己感觉到的需要",与"儿童的直接兴趣"的说法。

从儿童的"感觉到的需要"与"直接的兴趣"出发,让儿童进行自发的活动,在活动的过程中附带地学习得一些知识,这是实验主义教育学中的课程论的全部意义。

实验主义教育学的课程论取消了"学科"在学校教育中的地位,随之也取消了教学计划、教学大纲在学校教育中的地位。实验主义教育学提倡的是"活动课程",他们反对着"学科课程"。学科课程要求着组织学生的学习于各个固定的学科(如语文、自然、数学……)之中。与此相反,"活动课程"主张打破学科的界限,而让学生在活动中附带获得一些知识。当然,学生在活动过程中可以获得一些知识,但在这种情况下,他们所能获得的知识是零星、片段的。马克思列宁主义教育学要求着年青一代掌握系统的科学知识,所以它要求着严格的分科教学,要求着各科教学按照着严密规定的计划(教学计划与教学大纲)而进行。"学科"的体系是根据"科学"的体系而来的,学生只有在学习各门学科的基础上才能掌握系统的科学知识。

其次,实验主义的课程论取消了教师在教学过程中的主导作用。实验主义者说:学生在学校中主要是去活动,不是去学习,而活动的性质与种类应该由学生自己决定;教师最多只能从旁建议。只有这样,学生才会觉得那活动是"属于他自己的"。学生在进行活动时,需要知识、技能上的帮助时,他们可以从教师方得到指导。在这里,教师是处于顾问与受咨询的地位。

马克思列宁主义教育学肯定着教师在教学过程中的主导作用。教育的目的是由国家决定的,通过教师,在年青一代人身上贯彻。学生进学校,主要的是去学习,而学习必须在有学问、有经验的教师指导之下进行。教学要进行得成功,一方面要有教师的指导作用;一方面要有学生的自觉性与积极性。但在这两者之中,教师的指导是居于主导(决定性)地位的。

实验主义的课程论,在"设计教学法"中体现得最为完全。设计教学法的体系是由杜威的学生克伯屈建立起来的,它同时是课程论,也是教学方法论。"设计"是活动计划或活动单元的意思。设计教学法的意思,是要学校在学生的有计划的活动中进行教学。这种活动又必须是"儿童起意、儿童计划、儿童执行、儿童总结"的;也就是说,应该由儿童决定活动的目的、儿童制定活动的计划、儿童自己执行活动、儿童自己评估活动的"效果"。这种设计教学是取消固定的各种分科教学的,也是降低教师在教学过程中的主导作用的;它也破坏着课堂教学的制度。

除了设计教学法,在美国还有其他形式的"活动课程"。分科教学并不取消,但在各科教学中各包括活动的成分。此外还有所谓"经验课程",顾名思义,也是在实验主义教育思想影响下产生的一种课程运动。这是一种围绕着儿童的或社会的生活经验的各个方面——例如,文娱经验或文娱生活,家庭生活或家事经验——而组织教材的主张。

在杜威来华之后,设计教学法曾经在中国小学界盛行一时。在陶行知先生的"生活教育"中,陈鹤琴先生的"活教育"中,所提倡的课程就是活动课程或经验课程。在这里,我们附带谈一下所谓"生活教育"的意义。在美国,有两派生活教育论。一派主张教育应该是学生的未来生活的准备。他们在讲教育目标与课程时,通常从分析与列举各项人生活动或生活经验的领域入手。另一派是实验主义教育学的嫡传;他们主张课程的构成,应以儿童"现在"的生活经验为主要内容。杜威说,"教育即生活"。这句话的下半截是,"教育不是生活的准备"。美国中等学校中的选科制就是以这两种生活教育理论为理论基础的。在美国的许多中学中,开设着种类繁多的各种科目,自物理、化学起至家庭簿记学、烹饪术止。学生可以按自己的"需要"分别选修。这可能是目前生活的需要,也可能是将来生活的需要;总之,需要是个别的,因人而异的,所以应该各选各的课。

杜威主张教育即生活,反对教育是生活的准备的意义是什么呢？他企图教人安于生活的现状,教人适应生活而不要改造生活。实验主义者喜欢"过程",讨厌"目的"。在儿童或成人的活动过程中的直接目的(即鼻子尖前面的目的)是可以容许的,但不能有长距离的目的。杜威的教训是,教育应该把握"现在"。他要人们相信,把儿童的"现在"作了最好的利用,也就是替儿童的"将来"作了最好的准备。

在我们的社会里,教育的目的是准备年青一代成为社会主义社会的全面发展的成员。这可以说是生活的准备,但我们不是准备他们的个人生活,而是为了集体的美好生活做准备。我们不是要教年青一代适应生活,而是要教他们创造新生活。我们经常以"明天的欢喜",鼓舞与组织年青一代的学习。

实验主义教育学有着一定的外表的引诱性,因为它是反对教育中的形式主义的。传统学校中的教育,如陶行知先生所说,是"死读书、读死书、读书死"的教育。实验主义教育学强调提出儿童的直接经验,反对传统学校中的形式主义。但假使传统学校太不重视儿童的直接经验,太依靠结果在书本中的间接经验,那么,实验主义教育学是片面强调了儿童的直接经验,并且因噎废食地抹杀了间接经验在教学过程中的重要性。

毛泽东同志在《实践论》中对于直接经验与间接经验在人类认识过程中的地位,做了明确的指示。毛泽东同志是重视直接经验的:"就知识的总体说来,无论何种知识都是不能离开直接经验的。……否认了直接经验,……他就不是唯物论者。"但毛泽东同志并不抹杀间接经验的重要性："但人不能事事直接经验，事实上多数的知识都是间接经验的东西，这就是一切古代的和外域的知识。"①

假使在一般人类认识过程中，间接经验也是重要的，那么，在儿童的学习过程中，间接经验就更为主要了。儿童的学习过程与人类的认识过程有几点是不同的。首先，儿童是在教师指导之下获得知识的。第二，人类获得知识是一个历史的过程，而儿童的学习则是要在很短促的几年中，将人类在长期历史过程中累积起来的知识，以系统化了的形式接受过来。所以，在教学过程中，间接经验的地位是必然重要的。马克思列宁主义教育学也重视学生的直接经验在教学过程中的地位；它要求教师在进行讲授时要注意学生的感性认识基础。但马克思列宁主义教育学重视学生的直接经验乃是为了替系统科学知识的掌握奠定良好的基础，不是为了直接经验牺牲了系统科学知识的掌握。

杜威为什么要提出这种不利于青年之掌握系统科学知识的课程主张呢？杜威在《学校与教育》一书中早已说明，对绝大部分人类，智慧的本能不是突出的。资产阶级不热心于让广大人民的子弟掌握系统科学知识是可以想象的。

马克思列宁主义教育学特别强调，年青一代应该自觉地、牢固地掌握系统科学知识。社会主义社会、共产主义社会要在年青一代身上最后建成；而年青一代，只有在以系统的科学知识武装了自己以后，才能胜利地完成建设社会主义社会、共产主义社会的光荣任务。

现在我们来简单地谈一下实验主义教育学中的教育方法论。

杜威说，教学的方法有两个方面：一个是教师教的方法，一个是学生学的方法。杜威认为，教的方法与学的方法应该是统一的，教的方法应该是帮助学生学的方法。学生怎样学呢？杜威认为，学生学的方法应该就是"思想"。他说，一般人都讲"思想的方法"，据他看，"思想"本身就是"方法"，思想是获得"有教育价值的经验"的方法②。

要了解这个论点，就要先了解杜威的认识论中关于"知"与"知识"之间的关系的论点。

杜威区别着"知"与"知识"："知"是认识的过程，"知识"是认识的结果。据杜威说，从前的认识论把知与知识对立起来是不幸的，他主张过程与结果之统

---

① 毛泽东：《毛泽东选集》第一卷，人民出版社1951年版，第287页。
② John Dewey, Democracy and Education, ch. 7.

一。但事实上,杜威片面强调认识的过程,忽略认识的结果。我们已经知道,杜威在一般哲学中,将过程放在首要的位置,使目的或结果从属于过程。因此,在认识论上,杜威将"知"放在首要的地位,把"知识"放在从属的地位。

应用到教育上,杜威要求学校注意学生求得知识的方法,而不必重视知识本身。什么是求得知识的方法呢?杜威说,那就是"思想"。

一个完整的思想,包括五个步骤。根据胡适的介绍,它们是:(一)疑难的境地;(二)指定疑难之点究竟在什么地方;(三)假定种种解决疑难的方法;(四)把每种假定所含的结果,一一想出来,看那一个假定能够解决这个困难;(五)证实这种解决使人信用;或证明这种解决的谬误,使人不信用①。

这几个思想的步骤对教学方法提出了什么要求呢?

第一步,思想触发于困难或问题,而学生之遭遇困难或问题是在他的活动的过程中。书本子上的或教师提出来的问题,杜威认为是假问题,不足以触发思想。学校的任务是供给学生以进行各种真实活动的设备与方便,使学生在活动中遭遇困难、碰到问题,以触发思想。

第二步,为了确定问题之所在。第三步,为了拟出解决疑难或问题的方案(假设),需要动用现存资料(知识)。传统意义上的所谓知识,只是解决问题的工具,它是"找出或学得更多的东西"的资本与资料。它必须从属于求知识的过程,本身不能成为目的。第四步,是看哪一个假设能够解决问题。

第五步,证实。杜威认为一种假设的正谬,只能在实际生活或具体经验中获得证明。这就要求教师把教学与课堂以外的日常生活或具体经验沟通起来②。

一种假设在经验中证实了,它就成为一种新的观念或一件新的知识,它可以作为新的资本与资料,可以指导今后的经验。胡适说:"思想起于应用,终于应用;思想是运用从前的经验,来帮助现在的生活,更预备将来的生活。"③生活与经验,在实验主义教育学中是同义字。

这就是杜威所说的,他所提倡的教育是"经由经验来进行,并为了经验的目的而进行"的教育。

关于知识与知之间的关系问题,在中国古代的教育思想中,就是学与思之

---

① 胡适:《胡适文存》第一集卷二,第120页。"不信用",原文如此。——编校者
② John Dewey, Democracy and Education, ch. 7.
③ 胡适:《胡适文存》第一集卷二,第126页。

间的关系问题。中国先哲很正确地处理了学与思之间的关系,他们主张"学与思洽",意思是把认识的过程与认识的结果统一起来。实验主义教育学片面强调"思"的地位,其结果就像孔子所说的,"思而不学则殆"。

其次,假使思想只能触发于学生的具体生活经验,那么思想的范围一定是很狭窄的。这种思想过程以及在这种思想过程中所产生的知识,其性质一定是零星片断的。用这种思想过程去训练学生,其结果是使学生习惯于经验主义的思维,满足于获得经验主义阶段的知识。这种思想的步骤,我们在上文已经接触过了,那叫做"实验的方法";实验的方法的政治意义,我们在上文中也已经揭露过了。

第三,我们必须从获得的过程上区别两类知识:一类是自己发现的知识,一类是接受前人或他人所已经获得的知识。在教学过程中,后一类知识,比起前一类知识来,占着更重要的地位。往往教师可以用逻辑论证的方法,直接把前人所已经获得的知识,在最短的时间内授予学生。杜威的办法是要求学生对每一个问题都进行原始的研究,对每一项知识,都成为发现人:"我们有时谈起'原始研究'来,仿佛以为那是科学家或至少是研究生的特权;但一切的思想都是研究,对于进行研究的人,都是本身的、原始的,即使除他以外,世界上的一切人都已经知道了他还在摸索的东西。"①

假使我们一定要用杜威的"五步教学法"来进行教学,那么,"吾生焉有涯,而知焉无涯",学生所能获得的知识一定是有限的,他不可能获得丰富的系统科学知识。

我们已经指出,实验主义教育学中的课程论与教学方法论都是以"从做中学"为基础的。正是在"从做中学"这个命题中存在着实验主义教育学的最大的外表引诱性。因为,它可以对马克思列宁主义中的"理论与实践的一致",起鱼目混珠的作用。在结束实验主义教育学的批判之前,区别一下"做"或"活动"与"实践"的意义是必要的。

第一,杜威的"活动"是一个生物学的概念,没有社会的内容。杜威说,人一生下来就是活动的,就有活动的要求。至于为什么人要活动,杜威认为是不能追问的,因为这是一个生物学的事实,到此为止,不能有更进一步的原因解释。譬如,杜威在讲语言的起源时说:语言、社会、意义、意识是同时产生,无分先后的。是什么东西产生这些东西的呢?那是"共同的活动"。何以人要共同活动

---

① John Dewey, Democracy and Education, P. 180.

呢？杜威认为这是不可追问的。人生而要活动，活动一定要与人"共同"，这是事实。马克思主义给予语言的起源以唯一科学的说明：语言起源于人的"劳动"。没有劳动这个概念，就不能说明为什么猿、狼乃至蜜蜂、蚂蚁都有"共同活动"而不能产生语言、社会意识，惟独人的活动可以产生这些。所以，马克思主义中的"实践"是人所独具的活动，而杜威主义中的活动乃是无所区别于普通动物的生物学现象。

第二，杜威认为人的活动必然是"共同"的，即是个人的活动必须经由社会；似乎杜威的"活动"是社会的。而其实质，杜威的活动首先是个人的，其次才是社会的。马克思主义中的"实践"，从头至尾是社会的。毛泽东同志在"实践论"中对实践的提法是"人的社会实践"。在教育思想中，杜威的"活动"是"儿童中心"的。这正足以反证，实验主义中的活动，是一种个人的生物学现象。

第三，马克思主义认为，人类的社会实践的基本形式是生产活动。除此以外，还有多种其他的形式，阶级斗争、政治生活、科学和艺术的活动①。马克思列宁主义把实践肯定为人类认识的基础，那指的是人类在历史过程中进行的生产实践、阶级斗争实践以及其他社会实践。如列宁所指示，人类的"全世界历史"的实践是认识的基础。杜威的"活动"是个别人的行为与个别人的能动性的表现。

第四，马克思主义肯定着实践是人类认识的目的。这"目的"也是就人类的历史过程意义上说的。杜威认为活动是为了满足个别的人的心理、生理需要或愿望。这是美国生意人的市侩思想的表现。

第五，杜威认为，知识的真伪要以行动的效果为测验。马克思主义也主张"实践是真理的标准"。两者的分别在于：杜威的"效果"是"直接的结果"，"最初感觉到的结果"，因而往往是个人的、至少是少数人主观所判定的结果。马克思主义认识论也讲结果，但这里的"结果"是在社会性与历史发展的背景上检查的。马克思主义认识论肯定客观真理的存在。一种理论首先因为它是真理，然后才能生"效"。马克思列宁主义是无往而不胜利的，因为它是正确的。与此相反，杜威的真理论是主观唯心论的。一种理论是正确的，因为它是"成功"的。

第六，马克思列宁主义认识论指出，感性认识与理性认识是在实践的基础上统一起来的。实验主义，如上文所述，片面强调直接经验，即是片面强调感性认识，无视在全部认识过程中感性认识有待于深化为理性认识的道理。固然，

---

① 毛泽东：《毛泽东选集》第 1 卷，人民出版社 1951 年版，第 281—282 页。

杜威主张,由行动生意义,又由意义指导今后的行动;但杜威所认可的只是"目前"的与"直接"的意义对行动的指导作用,否定高级原则性的意义(理论)对人们行动的指导作用。马克思主义讲实践时,主张"理论与实践的一致",实用主义中讲行动或实践乃是取消理论对于实践的指导。反映在教育上,即是系统理论知识之被忽视。

斯大林在《论列宁主义基础》中,论述美国人的求实精神时,指示我们:"如果不把……求实精神和……革命胆略结合起来,那它就大有可能堕落为狭隘的和无原则的事务主义。"这类人"遍身都充满着行动意志和实践决心,'干得'很'起劲',可是看不见前途,不知道'究竟是为着什么'。"斯大林告诉我们,列宁曾经痛斥过这种毛病,称之为"近视的实践主义","无头脑的事务主义"①。杜威的课程论与教学方法论的目的就在使学校在年青一代身上培养出"近视的实践主义"者、"无头脑的事务主义"者。这是符合于统治阶级的利益的:他们将来会"干得"很"起劲",所以是能够为主人创造利润的。他们在干的时候,不知道究竟是为着什么,他们的实践不受理论的指导,所以他们是不会打扰主人的安宁的。

五 肃清实验主义教育思想在中国教育界的影响

作为帝国主义时代的最大的帝国主义国家的统治阶级的哲学思想体系,实用主义是彻头彻尾反人民、反科学的。它疯狂地进攻作为人类科学的最高成就、人民最高利益的科学表现的马克思列宁主义。作为实用主义的一个分枝的实验主义教育学,也是彻头彻尾反科学的、反人民的。它的可恶之处,还在于它冒充科学,还在于它打着"平民"的旗帜。上面几段文字,就是对实验主义教育学的反人民性与反科学性的暴露。

杜威以及杜威的中国帮手胡适在中国贩卖实用主义,其矛头是露骨地对准着马克思主义的。他们妄想用他们的诡辩阻挠马克思主义在中国的传播,削弱社会主义思想在中国人民中间的影响,从而瓦解中国人民在马克思主义指导下的反帝反封建的革命斗争。但作为最高的科学真理的马克思主义是不可战胜的,中国人民选择了马克思主义,进行了并胜利地完成了人民革命的斗争;现在进一步要在它的指导之下,胜利地进行社会主义革命的斗争。胡适的关于杜威

---

① 斯大林著,中共中央马克思、恩格斯、列宁、斯大林著作编译局译:《列宁主义问题》,北京:人民出版社,1964年版,第86页。

在中国的影响的"预言"是落空了。但实用主义思想在过去的中国人民的革命事业中,阻碍作用还是发生过的;在教育方面,它曾经发生过的影响更不能算小。

胡适除了在《实验主义》一文中介绍了杜威的教育哲学以外,没有发表过有系统的实验主义教育思想谬论。这工作是杜威自己动手的。但杜威的教育文字与言论——尤其是他的《民主主义与教育》——是相当晦涩费解的。胡适替实用主义哲学做了通俗化工作,这就帮助了实验主义教育思想在中国的散布。反过来,实验主义教育思想毒素在中国的蔓延也助长了实用主义哲学在中国思想界的麻醉力量,并在一定程度内,替实用主义哲学提供了"实验室"。

在杜威的"教育无目的"的谬说的影响之下,1919年10月,中国第五届全国教育联合会通过一个议案,建议教育部废除教育宗旨,宣布教育本义。所谓"教育本义"就是"养成健全人格,发展共和精神"。在这提案中,"儿童本位"的思想已经强调地提出了。1922年,在中国全国教育联合会建议之下,北洋军阀政府公布了《学校系统改革令》。这个《改革令》集中地表现了杜威教育思想对中国教育的影响。它不提教育宗旨,而列举了七项教育标准:(一)适应社会进化之需要;(二)发挥平民教育精神;(三)谋个性之发展;(四)注意国民经济力;(五)注意生活教育;(六)使教育易于普及;(七)多留各地方伸缩余地。1923年全国教育联合会拟订的《小学课程纲要》以及1929年国民党教育部公布的《小学课程暂行标准》都是以"儿童本位"为方针的。

"教育即生活"成为教育界家喻户晓的口号。在这个口号影响之下,在教材编制方面开始强调"心理顺序",忽视"逻辑顺序(即科学系统)",并反对现成的材料,主张教材的安排应以儿童的经验活动为起点。在"学校即社会"的口号的影响之下,许多学校布置了"社会环境",提倡着学生活动,如开银行、设商店、组织清洁会、慈善团、学生会、自治会、巡察团。……还有许多学校推行学校市制,使学生"练习市民的任务"。在第二次国内革命战争时期,国民党统治区实行作为压制人民的方便工具的保甲制度,于是学校的组织一变而为"学校保甲"的组织。这样,学校就成为雏形的反动统治社会了。

在"从做中学"的教学法思想指导之下,若干著名小学,先后"实验"着设计教学法,以后又为其他许多学校所效尤。所谓单元教学法,一部分也是在"教育即生活"的思想影响下产生的。还有,就是上面已经提过的活教育与生活教育。陶行知先生在政治上是进步的,在他的教育活动中也有着积极的、人民的因素;但他的课程论与教学方法论是杜威主义的。通过陶行知先生的"教学做合一"

的主张,甚至实验主义教育学的课程论与教学方法论,部分地窜入了老解放区的教育实践中。

在"平民主义教育"的法螺的吹嘘之下,在中国出现了平民学校运动,以后演变为晏阳初所主持的"平民教育运动";它开了后来的国民党反动派的"民众教育"运动与地主阶级教育家们发起的乡村建设、乡村教育运动的先河。这些教育的用意,都在阻挠农民在无产阶级领导下的觉醒,阻挠他们投入革命战争的洪流。

在《明日之学校》一书中,杜威描写理想学校的特征是:(一)没有为学生规定的严格的生活制度和纪律;(二)学校全部工作的中心是学生的活动;(三)不检查学生的作业;(四)不要求学生就各种科目进行系统学习;(五)教师的作用置于学生课业的组织者和学生助手的地位。在这种"明日之学校"的理想的"启发"之下,中国教育界渐渐不注意课堂教学制度及课堂教学方法的研究了。似乎大家以为,课堂教学制度本身已经是一种落伍的东西。譬如,在民国十二年以前,中国教育界对复式教学是相当重视的,这方面的文章发表得相当多。在十二年之后,在杜威教育思想影响之下,大家侈谈设计教学法、道尔顿制……少有人谈复式教学问题了。其实复式教学在过去是、在今天是乃至在相当长时期的将来也是一个十分重要的问题,因为绝大部分的小学是农村小学,而在农村小学中,课堂教学主要是采取复式教学的组织形式的。

随着中国人民革命的伟大胜利,中国教育界从苏联方面接受了马克思列宁主义教育学。在这种科学的教育学的阳光照耀之下,实验主义教育学的鬼影,已经不敢在中国教育界白昼出现了。实验主义教育学作为一种体系,是被粉碎了。但这并不说明,杜威教育思想在中国教育界已经没有一点残余影响。国家在过渡时期,进行着社会主义的改造与革命,阶级斗争不是熄灭了,而是更加剧烈与复杂化。这种阶级斗争的形势,在人们的思想意识中不可能没有反映。资产阶级思想,正因为资产阶级的垂死,一定会作疯狂的挣扎的。不可能说,在中国教育界,资产阶级教育思想,尤其是作为资产阶级教育思想的集中表现的实验主义教育思想已经没有一点残余影响有待于肃清的了。

马克思列宁主义教育学教导我们:教育作为一种上层建筑,是从属于政治,为政治、经济服务的。在今天,当然不会再有人公然宣传教育与政治分离,教育凌驾于政治之上,乃至以教育取消政治了。但是在我们教育工作者中间,为教育而教育,教育不问政治的倾向是不是还有残存呢?

马克思列宁主义教育学教导我们:作为一种上层建筑,教育是阶级斗争的工具。在这过渡时期,教育是无产阶级领导全国人民消灭剥削制度、建设社会主义的阶级斗争的工具。在今天,我们不会再有人公开主张教育超阶级。但在我们教育工作者中间,有没有未能自拔于资产阶级思想影响,并以这种思想去影响年青一代的情形呢?是不是我们都已经自觉地使自己的教育工作服务于无产阶级的阶级斗争利益了呢?

马克思列宁主义教育学要求着教育工作的高度目的性。我们的教育是有目的的,它的目的是培养年青一代,使他们成为全面发展的社会主义社会的建设者与保卫者。我们今天不会再有人相信"教育无目的"的谬论了。但我们在实际工作中,是不是已经自觉地掌握了这个远大目的,还是满足于让自己的工作成为对于"千百万个具体目的"之应付呢?

杜威教育思想禁止着教师对学生宣传进步的政治思想,认为它是违反"民主"原则的。我们今天是否足够重视了对学生的社会主义思想的宣传,共产主义道德的培养了?

实用主义哲学,包括实验主义教育哲学在内,在中国散播过世界主义思想的毒素。在我们今天的思想中是否还有对中国民族、对中国民族的文化传统的虚无主义的态度?是不是还有对资产阶级文化(主要是美国文化)的卑躬屈节的阿谀与崇拜的倾向?

马克思列宁主义教育学,根据列宁的教训,要求学校内的教育与学校以外的建设社会主义的斗争联系起来。这与杜威教育学中的"学校即社会"毫无相同之处。我们在组织学生的社会活动时,是搞的杜威式的"学校即社会"呢?还是列宁式的学校与社会斗争生活的联系?

我们现在正在提倡劳动教育,并提倡其他性质的学生课外活动。所有这些活动都应该围绕着而不是篡夺掉学校的基本教学任务——以系统的科学知识武装学生。所有这些活动又必须都贯穿着社会主义政治思想性的要求。现在我们学校里学生的活动,是符合于这两方面的要求的呢,还是杜威式的"无头脑"的活动?

我们的教育学要求着教学中的理论结合实际。我们要检查一下,在我们的工作中,是不是犯着对这个正确路线的左倾或右倾的偏差?右倾的偏差就是理论脱离实际、老一套的形式主义的教学。左倾的偏差,就是近视的实践主义,脱离理论指导的实践。

马克思列宁主义教育学肯定着教师在教学过程中的主导作用。在我们的日常教学工作中,我们有没有成为学生自发兴趣的尾巴的情形?

与杜威教育学相反,马克思列宁主义教育学要求着学生遵守严格的生活制度与纪律。我们在这方面的工作做得怎样了?

马克思列宁主义教育学要求教师通过各门学科的系统讲授,以系统的科学知识武装学生。在实际教学中,我们授予学生的是系统的科学知识呢,还是鸡零狗碎的知识?

马克思列宁主义教育学要求我们对学生进行严密组织的课堂教学。我们在这方面努力得怎样了?

实用主义的方法使我们习惯于经验主义的思维,事务主义的活动。我们是不是在努力学习马克思列宁主义,在学习中不断提高自己的思想水平,逐渐学会在马克思列宁主义理论、社会主义思想的原则高度上进行我们的思想与工作?

在今天的中国教育工作者中间,直接从杜威的教育著作中接受过实验主义教育思想影响的人是不多的。但很多的人可能是从间接方面受到了这种影响:有的是读过用杜威主义观点写的教育文字;有的上过站在实验主义教育学的立场上——自觉的或不自觉的——讲教育的教育学教师的课;有的是在实际学校工作中接受了杜威教育学的影响,因为在那学校工作中有着杜威主义的毒素。用以上几个问题来检查自己的教育思想与工作,可以使我们明确无产阶级教育思想——其集中表现是马克思列宁主义教育学——与资产阶级教育思想——其集中表现是实验主义教育学——之间的界限,可以帮助我们肃清残存于自己思想与工作中的实验主义教育学的影响,不管那影响是自觉的、还是不自觉的。

对于"全面发展的教育"问题的看法

对于"全面发展的教育"问题的论争,我的意见是:"因材施教"的原则应该强调提出,但以之与"全面发展"相并列,以"全面发展、因材施教"作为方针提出来是不妥当的。那样做,在教育理论上没有根据;在实际教育中也会引出困难与偏差。但"全面发展的教育"问题的讨论,揭出了目前存在于我国教育工作中的若干重要问题,诸如学生负担过重,在集体对个人的关系上片面强调集体,抹杀个人的意志与性格、爱好与特长。这次论争,将有助于这些问题的正确解决。

我打算先谈一谈我对个性全面发展的学说的体会,在这基础上,陈述我对于在理论上应不应该将全面发展与因材施教并列,作为方针提出的意见;然后就推行全面发展的教育过程中所发现的一些实际问题,表示我的一些看法。

一

马克思、恩格斯所首先倡导而以后又经列宁、斯大林加以发展的个性全面发展的学说是全面发展的教育目的或教育方针的理论基础。它是整个的共产主义思想体系中的一个重要部分,它的意义不限于教育,但它对教育有着密切的关系。

1. 什么叫做"个性的全面发展"?个性的全面发展或称个人的全面发展或人的全面发展。称"个人"呢,还是称个性,这完全是一个翻译问题。在马克思、恩格斯的经典著作的译本中,一般译作"个人",在教育学的著作里则被译成"个性"。我个人认为,译成"个人"比译成"个性"好。第一,"个人"两字明白易晓,读者不至在名词上绕圈子。第二,"个性"两字比较费解,除了容易使读者在名词上绕圈子以外,还容易把读者的理解引入心理学的方面去。我以为在"个性的全面发展"的讨论上,牵涉到"个性"的心理学的技术定义是没有必要的。在所有的马克思、恩格斯著作中,讲到"个性(个人)的全面发展"时,只是指的个人的体力、智力,或身心才能的全面发展。我们在下面将要引证一些马克思、恩格斯的文句,这里暂时不引。

共产主义的敌人,或者由于无知,或者由于恶意诽谤,把社会主义或共产主

---

* 原文刊于《人民教育》1956 年第 10 期,第 20—25 页。

义社会,说成是抹杀个人、不要个性的。但马克思与恩格斯在《共产党宣言》中早就声明:"代替那存在有阶级以及阶级对立状态的资产阶级旧社会而起的,将是一个以各个人自由发展为大家自由发展条件的协会"。① 这就是说,在社会主义、共产主义社会中,大家(社会)的发展要以个人的自由发展为条件,这是对社会主义抹杀个人的谰言的最明白的反驳。

"因材施教"的原则要求在教育工作中照顾每一个人的个性与特长。但马克思、恩格斯的全部"个性全面发展"的学说就是讲的每个人的体智才能的发展。马克思、恩格斯有时用"全面发展",有时用"多方面的发展",有时用"自由的发展"。在"个人的自由发展"里原来已经包涵了"因材施教";若提"全面发展与因材施教相结合"而将与人印象:"个性全面发展"与个人的个性、特长的发展是不相容的,所以才补充上"因材施教"一条。为什么要"个性的全面发展"?马克思、恩格斯在谈到个人的全面发展时往往是与社会主义社会的生产联系在一起的。恩格斯在《共产主义原理》中说:"由整个社会按照计划和为了公共的利益而经营的工业就更需要各方面都有能力的人,即能通晓整个生产系统的人。"②马克思在《哥达纲领批判》中,在谈到共产主义的第一阶段过渡到第二阶段的诸条件时,曾说,"当生产力已随着每个人在多方面的发展而增高,一切公共财富泉源都尽量涌现出来时……"③这两段话的意思是一样的:恩格斯的意思是说,社会主义社会的生产要求全面发展的人;马克思所说的是,个人的全面发展是社会主义社会生产力大发展的条件。

社会主义社会,为了提高生产力,需要全面发展的人。在这个意义上,人的全面发展是"生产"的手段。但社会主义社会发展生产是为了什么呢?恩格斯在《社会主义由空想发展到科学》中回答了这个问题:"……通过社会生产,不但有可能给社会一切成员保证丰裕的和不断改进的物质生活条件,而且还有可能保证他们的体力和智力才干获得自由发展和运用。……"④社会主义社会的生产,保证社会一切成员的体智才能的自由发展与运用;在这个意义上,个人的全面发展是目的,而社会主义的生产是手段了。

个人的全面发展,不仅与社会主义社会的生产有关,在社会主义社会中,每一个人不仅要参加生产劳动,而且要参加政治活动及一般社会活动。他应该是

---

① 马克思、恩格斯:《马克思恩格斯选集》第1卷,人民出版社1972年版,第273页。
② 马克思、恩格斯:《马克思恩格斯选集》第1卷,人民出版社1972年版,第223页。
③ 马克思、恩格斯:《马克思恩格斯选集》第3卷,人民出版社1972年版,第12页。
④ 马克思、恩格斯:《马克思恩格斯选集》第3卷,人民出版社1972年版,第440页。

一个积极的社会活动家。积极的社会活动也要求个人才能的高度发展。

中国目前正在建设社会主义，我们的社会生产也在一日千里地提高与发展，因而对于个人的体智才能也提出了愈来愈高的要求。而我们教育学生，是准备他们在十年、二十年、三十年、五十年后参加生产劳动的，所以我们更要注意他们的体智才能的全面发展。当然，我们也要为了准备他们成为积极的社会活动家而给予他们以全面发展的教育。

弄清楚了"为什么要个性的全面发展"以后，我们可以进一步讨论学与用之间的关系问题了。张凌光同志主张重点学习，他们论旨是有用的学，无用的少学或不学。这是不错的。但什么是"有用"的呢？是对"未来"的社会主义社会的优秀生产劳动者有用、对"未来"的积极的社会活动家有用吗？假使这样，那么，今天中小学课程中所规定的教学内容，大多是有用的，不是直接有用，就是间接有用。必须注意，社会对"未来"的优秀生产劳动者与社会活动家所提出的文化知识方面的要求，是与国家对"今天"的工农生产者与工作干部所提出的要求大不相同的。假使用个人主义的实用主义观点来衡量，那么，今天中小学中所学的东西大都是无用的。凌光同志的这一部分主张是有浓重的实用主义气息的。实用主义者否认事物的规律性，因而也不重视作为事物规律性的反映的科学系统性。他们或则主张学生学一些对他们当前的活动"有用"的东西，或者主张学一些对他们将来的工作与生活"有用"的东西。

马克思主义教育思想从肯定客观事物运动的规律性的认识论观点出发，尊重知识的科学系统性，并坚持以系统科学知识武装年青的一代。这种系统科学知识对于劳动人民认识世界从而改造世界是"有用"的，在作为现代生产技术的科学基础的意义上讲是"有用"的，尽管它对个别的人的工作与生活，往往没有直接的功用。这是马克思主义与实用主义在教育内容问题上的基本分歧。

2. 什么是实现个性全面发展的条件？斯大林在《苏联社会主义经济问题》中，在谈到"……保证社会一切成员全面发展他们的体力与智力……"的时候指出，为了做到这点，需要缩短每天的劳动时间，要实行普及义务的综合技术教育，需要根本改善居住条件与提高工人和职员的实际工资。① 恩格斯在《共产主义原理》中，列举"……社会主义全体成员的才能……得到全面的发展"的条件是：消除旧的分工，实行工业教育，活动的变换，共同享受大家创造出来的福利，

---

① 斯大林：《斯大林文选》（下），人民出版社1962年版，第625页。

城乡的融合。①综合马克思主义经典作家的意见，人的全面发展的物质条件是：(1)消灭智力劳动与体力劳动之间的对立及其本质差别，(2)消灭城乡的对立及其本质差别，(3)实行综合技术教育，(4)自由选择与变换职业的机会，(5)改善工作条件与生活条件。

根据以上所列的实现个性全面发展的条件，显然可见，个性全面发展的理想，只有在社会主义社会中可以实现。而且这些条件也是要逐步实施的。苏联的社会发展阶段比我们高，在那里，这些条件实现得多一些、好一些，但也不是全部实现了。在中国，这些条件也已经开始在实现了。毛泽东同志在《论联合政府》中早已指出，"民族压迫和封建压迫残酷地束缚着中国人民的个性发展"，……而新民主主义制度的任务，"则正是解除这些束缚……，保障广大人民能够自由发展其在共同生活中的个性……"②建国以来，国家已经采取了一系列的措施，保障了广大人民的体智才能的发展。但整个"个性全面发展"的理想的实现是有阶段的，中国目前正在向实现这个理想的道路上跨出第一步。

"把什么是实现个性全面发展的条件"与"为什么要个性的全面发展"联系起来体会，可以看出，个性的全面发展的理想是整个的共产主义理想的一部分，其意义不限于教育，这种理想的实现也不仅靠教育，但教育应尽量服务于个性全面发展的理想的实现。

3. 在教育中怎样贯彻"个性全面发展"的要求？

第一，学校确定着以个性的全面发展为教育的目的。社会主义社会或向社会主义过渡的社会，要求着学校培养社会主义的新人或社会主义的建设者，而根据马克思主义经典作家在个性的全面发展与社会主义生产之间的关系问题上的指示，社会主义的建设者必须是全面发展的人。所以，社会主义或共产主义教育的目的是培养全面发展的社会主义或共产主义社会的建设者。社会主义社会又规定了以"五育"为社会主义或共产主义教育的内容，通过这"五育"来实现个性全面发展的教育的目的。这"五育"就是智育、综合技术教育、体育、德育与美育。

第二，在教育中反对过早的职业化或专业化。实现个性的全面发展条件之一是自由选择职业的机会。自由选择职业就是说，学生能够选择比较适合于自己的特长与爱好的工作为职业。但学生只是在长期的受教育过程中逐渐发现

---

① 马克思、恩格斯：《马克思恩格斯选集》第1卷，第223—224页。
② 毛泽东：《毛泽东选集》第3卷，人民出版社1965年版，第1058页。

自己的特长与爱好的。过早的确定了职业方向就是减少了学生自由选择职业的机会。在欧洲的资本主义国家中,学校一般是过早的专业化的;在劳动人民的反对与抗议之下,才逐步加长了普通教育的年限,延迟了开始专业化的时间。社会主义国家尤其反对过早的专业化,列宁特别强调这一点。在一切欧美资本主义国家中,中学高年级都有分科——文、哲、史、数、理、化……——或分校的办法。只有苏联是采用单一中学制度的;据我的体会,也许就是出于反对过早的专业化的原则,因为过早的专业化是不利于个性的全面发展的。

第三,在各级专业教育学校中,加强普通教育的因素,在社会主义社会的第一个阶段,中等的乃至初级的专业教育还是要发展的;这决定于社会生产发展的阶段。中学与初级专业教育意味着一定程度的过早的专业化。为了补救这种缺点,在中等与初级专业学校中要给予普通教育以适当的地位。这也就回答了这样一个问题:在初级、中等专业学校中,是不是施行个性全面发展的教育呢?高等学校的任务是培养专门人才,但对在社会主义社会中的高等学校,全面发展的教育目的仍然是适用的。

第四,在普通学校(中小学)中,注意知识教育的全面性。个性全面发展的教育不等于全面发展的知识教育,但它包涵着知识教育的全面性的要求。在《反杜林论》中,恩格斯就批评了杜林的取消"以前一切的诗",抛弃古代语言的知识与现代语言的知识的教育主张,①可见恩格斯是主张青年应接受比较全面的知识教育的。从培根、夸美纽斯开始,一切进步的思想家与教育家都主张让年轻一代占有人类知识的全部宝藏。夸美纽斯提出过他的"把一切东西教给一切人"的出名口号。马克思主义教育思想继续与发挥了这种进步传统,要求学校以自然与社会科学方面的基础知识武装学生。因此,以某些知识对学生个人不一定有用为理由而主张大加削减课程内容,与马克思主义教育思想是不相符合的。

马克思主义教育学,从个性的全面发展的教育目的出发,主张实施五育,反对学校过早的专业化,反对课程内容的片面性。但究竟五育要实施到什么程度,专业化什么时候开始才算合法,中小学学生究竟应该掌握多少知识,这是没有一成不变的指标的。我们需要用发展与阶级的观点来考虑这类问题。在中国目前实施综合技术教育应达到什么程度,中国高中可以不可以分科,中国目前的中学教学计划与各科教学大纲可不可以大加精简,这是要根据中国的此时

---

① 马克思、恩格斯:《马克思恩格斯选集》第3卷,第358—360页。

此地的具体情况与条件来决定的,因而这类问题都是可以考虑的。即以苏联而论:恩格斯主张学校中应保留古代语言,但在苏联的教学计划中没有希腊文与拉丁文的地位。马克思、恩格斯特别强调综合技术教育,但这种教育直到最近才大力推进。在开始专业化的年限上,普及七年制教育的前后是不同的,普及了十年制教育以后又将有不同。

二

因为全面发展的教育目的以马克思主义中的个性全面发展的学说为理论基础,所以我不避教条主义之嫌,引了一些马克思主义经典作家的字句,阐明我对这一学说的实质的体会。

中华人民共和国成立后不久,就确定了以"全面发展"为各级学校的教育目的。但关于全面发展的教育方针的解释,尤其是个性全面发展学说的解释,做得很不够。也许由于这种解释工作的欠缺,部分教育工作者与学生对"个性全面发展"的真义理解不尽正确,于是在过去几年中,在我们的教育工作中,发生了一些偏差与错误。这些偏差与错误,发生在贯彻全面发展的教育方针的过程中,因而在检查这些偏差与缺点时就牵涉到全面发展的教育方针的问题。

第一种偏差与错误发生在集体与个人的关系问题上。解放以来,全国学校对学生大力进行了集体主义教育,这完全是正确的,成绩也是显著而肯定的。但学校在进行集体主义的教育时,没有适当照顾学生个人,也就是说,集体要求与个人要求没有很好地结合。学校对学生的学习、生活与活动,提出了各方面的要求,这些要求都是整齐划一的,不给个人留下自由伸缩的余地。而且这些要求的贯彻,主要假手于集体或群众的压力。其结果是使得许多学生,亦步亦趋,规行矩步,缺乏青少年应有的蓬勃朝气以及健康开朗的意志与性格。

这种做法其实不是马克思主义的集体主义,而是小资产阶级的平均主义。这种做法要求把所有的人都弄成一模一样,要求"大家应当穿一样的衣服,吃一样和同量的饮食……"马克思主义经典作家,一向对这种荒谬思想痛加驳斥的。①

这种偏差与错误,其实不能由全面发展的教育方针负责。它的真正的根源是对于集体主义的小资产阶级的荒谬理解。其次一个原因是搬用搞运动的办法于学校工作中:实行"三好指标"、"先进班集体",评选"三好学生"以来,问题

---

① 斯大林:《斯大林全集》第13卷,人民出版社1956年版,第314页。

就愈来愈严重了。

所以,纠正这种偏差与错误的基本方法应该是加强对个性全面发展学说的宣传,着重粉碎小资产阶级的对集体主义的平均主义的理解,其次要停止学校工作中的搞运动的作风,而不是想对全面发展的教育方针进行什么修正与补充。

第二种偏差与错误是学生的负担太重。

负担过重的第一个原因据说是三好齐头,五育并重——到目前为止只有四育并重。我是反对这种说法的。我们当然要求我们的学生成为三好的学生,难道我们满足于他们成为一好或二好吗?五育是应该并重的。我们不应当在五育之间,按其重要性的大小而排队。马克思在提到教育的内容时,先智育,后技术教育与体育,但他没有说智育在全部教育中应占首要的地位。这句话是凯洛夫说的,苏联的有些教育家也不同意这种说法。以中国过去与目前的实际情况说,主要的缺点还是"教书不教人",还是偏重知识教育。为了纠正这种缺点,我们正应提倡三好齐头,五育并重。若在今天,我们提出反对"齐头并进"、"并重"的口号,那除了使"教书不教人"的倾向获得理论根据而变本加厉以外,再不会有别的。

当然,四育并重,并不意味着在时间的支配上,四育应各占四分之一。事实上,在学校工作中,大部分的时间、精力,都是用在智育上面的;其他三育,基本上也要通过智育,即通过"教学的教育性"来实现的;所以在理论上不致形成学生负担的过重。但在学校实际工作中,进行德育而布置过多的社会活动,这就显然会引起负担过重;其原因是搬用搞运动的方式于学校工作中;进行美育而强制人人参加集体唱歌与跳舞,这也足以增加学生的负担,而这是想把人人弄成一模一样的平均主义思想在作怪。也就是说,以上的现象都不能由三好齐头,四育并重来负责。

负担过重的第二个原因是学习分量太重。学习负担过重的现象与全面发展的教育方针在两种意义上有关系。第一,如前所述,全面发展的教育思想,要求知识教育的全面性,在这种思想指导下可能引起教学内容分量的过重。第二,在执行全面发展的教育方针时,出现了要求人人五分、门门五分的现象。

教师为了提高教学质量,想教好每门功课,教好每一学生,悬此为奋斗目标,这完全是合法、合理的。问题在于:优良的学习成绩乃是改进教学方法、提高教学质量的长期努力的结果,并非一蹴可及;而目前有些学校却企图运用集体压力,以搞运动的方式来达到这种目的,于是引起了学生的学习负担过重,同时也加重了学生的精神负担。

这中间也还有小资产阶级的平均主义思想作祟。18世纪的法国唯物论者,相信人类智力的绝对平等,其中甚至有人相信,人人可以成为天才。这种主张在当时是有它的进步的政治意义的,但在科学上没有根据。马克思主义者并不否认,在体力与智力上,人与人之间是有差异的,这种差异一部分来自遗传,更多一部分来自环境与先前的教育,这是马克思主义教育学所承认的。要求一切学生学得一样好,要求每一学生把一切学科学得一样好,这是平均主义的想法。

所以,把一切功课教好一切学生,悬为教师的奋斗目标是可以的,但教师应该有一谅解,人人五分、门门五分的要求不是在任何场合都能实现的。事实上,某个学生对某方面的功课强一些,某方面的弱一些;另一个学生又是另一种情况。但我不主张劝告教师:让大部分学生,在大部分功课上得三分,少数功课上得五分。这样的号召,我以为起着解除教师在提高教学质量的斗争中的精神武装的作用。

我以为问题的关键在于教学内容(教学计划、教学大纲)的分量过重。我们今天的中学的教学计划、教学大纲以苏联为蓝本。苏联好几年来,都嚷着学生学习负担太重,嚷着精简教材。可见今天的教学计划、教学大纲,不是尽善尽美;结合中国具体情况,尤其不一定没有问题。由于教学内容分量过重,于是教育上百病丛生,形成了张凌光同志所说的,学习好与身体好的矛盾,各科知识教学与政治思想教育的矛盾,灌注知识和培养学生自动钻研精神、独立思考能力的矛盾……

因此,我认为,纠正学生负担太重的偏差与错误的正当办法,不是修改全面发展的教育方针,而是修改学校的教学计划与教学大纲。

如上所述,全面发展的教育目的要求知识教育的全面性;但知识教育的分量,并没有固定不变的指标。苏联的学校在要求精简教材,中国的学校更应精简教材。为了解决学习负担过重的问题,可以考虑的方案是:

第一,延长修学年限。随着社会经济与文化的发展,将来我们是应该走这一路的。但在中国目前,延长修学年限是不切实际的。

第二,通过修改教学计划与教学大纲,大力精简教学内容。

第三,实行高中分科——文理分科。精简教材是有一定的限度的。精简过多,就不能满足高等学校对中学所提出的知识基础的要求;而且为了照顾科学系统性,大删减可能有一定的困难。在这种情况下,我个人倾向于高中分科制,有一部分功课是共同的,有一部分功课分途。几乎所有资本主义国家都是实行中学高年级分组乃至分校的，但我并不以为主张高中分科就是资产阶级教育思想，在不能延长修学年限的条件下，实行高中分科是解决目前困难的较好的办法。

随着学习负担的减轻，学习好与身体好之间的矛盾、掌握知识与发展认识力之间的矛盾、政治思想教育与知识教育之间的矛盾都会迎刃而解了。学习的质量将会有显著提高，这就是"宁可少些，但要好些"的辩证法。更重要的，学生将有充裕的时间与精力，在课外阅读与其他形式的课外活动中，发现与发展自己个人的爱好与特长。这样，他们的一般功课学好了，而个别爱好与特长也得到了发展。我反对用降低一般功课的学习质量的办法，来取得个别特长与才能的发展的办法。

现在来说一下我对"因材施教"这一原则的看法。

从教育史上来观察，古代的教育家都是自发地实行"因材施教"原则的，因为那时候的教育都是通过个别教学而进行。所以，把"因材施教"的著作权归之于孔子一人，我以为不尽符合教育历史事实。古代希腊哲学家们同样也采用个别教学，因而长于"因材施教"。到了近代班级（或课堂）教学制度普遍推行以后，教育家们面临着这样一种情况：在班级教学中，学生的个别照顾比较困难。于是他们开始自觉地考虑"因材施教"的原则，设计了一些所谓"教学个性化"的方法与制度，其中有些方法与制度是错误的、反动的，例如道尔顿制、设计教学法……苏维埃教育学对"因材施教"更是注意的，他们强调教师应认识与了解每个学生，在课堂教学中要注意学生的个性特征，在教育中要加强对学生的个别工作等等。不管是错误的或正确的，近代"因材施教"的原则都是在班级教学的背景上提出的。所以，我认为今天我们讲"因材施教"，不必远绍孔孟遗绪，主要是应该研究在班级教学条件下的"因材施教"。

当然，孔子是我国的大教育家，在他的教学中我们看见了"因材施教"的典范；而且中国个别教学的历史最为悠久，因而"因材施教"的传统也最为深厚，我们先人在这方面的文化遗产是值得发扬与光大的。再则，在近代学校教育中，尽管讲求"教学个性化"，但"因材施教"还是做得大大不够，新中国的教育与教育学正可在这方面多下些功夫。但我还是不赞成把"因材施教"这条原则高举到与"全面发展"分庭抗礼的地步。

而且，"因材施教"的内涵是什么呢？这需要加以具体的分析。

第一，在教学进度上的"因材施教"，就是说，对各个学生的教学进度可以不一样。这是中国蒙馆私塾的办法，也是道尔顿制的办法，在今天显然是行不得的。

第二,培养目标上的"因材施教",例如孔子著名的四门分教:德行、言语、政事、文学,这种分门法当然不一定是妥当的,而且分门培养,主要施之于高等教育阶段,对中小学是不适用的。

第三,方法上的"因材施教"。例如孔子在答弟子问时,因人而施;缺什么,补什么。这种方法是值得发扬光大的,在今天的教学、教育工作中应该大力提倡。

第四,教学内容上的"因材施教"。一种办法就是美国中学的乱七八糟的选科制,学生要什么就给什么,一似零食铺之侍应顾客。这办法我们自然是不采用的。若说学同样的东西,某人多学些,某人少学些,这办法也是行不得的,除非要打翻班级教学制度。我们的学校要求同一年级的学生学同样多的东西,至于各人学得的知识,在广度与深度上有些差别,那是另一问题。

在教育内容上更不能因人而施事。谁不应该受劳动教育,谁可以不受爱国主义教育呢?……当然,在对学生进行教育工作时也可以。而且应该采取"缺什么,补什么",譬如某人劳动观点特别差,应特别注意劳动教育。……但那是属于教育方法的范畴了。

另一种教学内容上的"因材施教"是高中分科制,这办法是可以考虑的,理由已如上述。

根据以上的分析,我同意有几位同志已经提出过的意见。"因材施教"属于教学、教育方法的范畴,而"个性全面发展"是教育的目的。因此,"因材施教"不能与"全面发展"并列,作为方针提出来。

教育目的是人的培养的蓝图,它所要回答的问题是:要把学生培养成为什么样的人?但是,如马卡连柯所指正,培养人的蓝图有两份,一份是共同的,一份是个别的。我们要把每个学生培养成为全面发展的社会主义社会的建设者,这就是共同的培养图案。至于这个人应当培养成为科学家,那个人应该培养成为教师……,那是个人的培养图案。个人培养蓝图是因人而异的;但这并不是说,它是不重要的。平时我们谈到教育目的时,往往仅指共同的培养蓝图,对于个人的培养蓝图很少注意,我虽然不赞成把"因材施教"作为方针提出,但我认为"因材施教"原则的强调是及时的、有好处的。首先,它会唤起教师对每个学生的个人培养蓝图的注意。其次,在班级教学制度之下,教学或教育工作的个性化问题,到目前为止,还不是解决得很好的。"因材施教"问题的提出,会提醒新中国的教育家和教育工作者们,在"因材施教"原则上多下些功夫,从而有所发明与创造，以丰富世界教育科学的库藏。第三，社会主义社会是强调集体主义的，因而在教育中容易为小资产阶级的平均主义的思想所沾染，而致发生在集体与个人的关系上处理不当的危险。马卡连柯曾经指出过在教育目的问题上的两种危险，第一种危险是"力图把一切的人都一视同仁，把人硬套进一个标准的模型里，培养一系列同类型的人。"①我们目前在学校工作中正是犯了这类毛病，"因材施教"原则的提出是及时的、对症的针砭。

但"因材施教"的原则也不宜把它"吹胀"的。如果把它强调到与"全面发展"的教育目的相并列，那可能会发生马卡连柯所指的第二种危险："消极地跟每一个人跑，毫无希望地企图用零零碎碎单独对付每一个人的方法来对付千千万万的学生群众"。

"因材施教"，即使不当作教育方针，而当作教育原则或方法提出来，也需对广大教师进行解释：究竟在"因材施教"的原则下，教师应该做些什么？对于一般的号召，教师会感到困惑乃至混乱的，很可能，他们会陷入儿童中心主义的泥沼。

总起来说：为了在今后更好地贯彻全面发展的教育方针，需要对个性全面发展的学说多做些理论研究与通俗解释，需要大力精简教材或采用高中分科制度，需要纠正对集体主义的小资产阶级的平均主义的理解，并停止在教育工作中的搞运动作风。"因材施教"的原则是值得强调提出的，但不宜与"全面发展"并列为教育方针。"因材施教"即使以原则或方法的形式提出来，也须多做解释功夫，明确告诉教师，在这个原则下，他们需要做些什么。

---

① 马卡连柯著，刘长松、杨慕之译：《论共产主义教育》，人民教育出版社1954年版，第40页。

教育学研究中的若干问题*

一 教育中的继承性问题

最近几个月来，在中国的哲学界，展开了关于中国哲学史的研究问题的讨论。讨论中涉及的问题之一是哲学上的继承性问题。问题不在于唯物主义哲学思想与唯心主义哲学思想之间的继承，而在于唯物主义哲学思想对唯心主义哲学思想的继承关系，唯物主义哲学能不能从唯心主义哲学中吸取或继承一些东西呢？随着哲学中的继承性问题讨论而来的，我们又看见了关于道德与法律学领域中的继承性问题的讨论。假使关于继承性的讨论，在哲学、道德学、法学的研究中是有意义的，那么，继承性的讨论，在教育学研究方面，具有更为重大的意义。

参加哲学中的继承性问题讨论的同志们大致肯定，从唯心主义方面，我们是可以吸收与继承一些东西的。争论发生在这里：继承的分量有多少？范围有多宽？标准是什么？关于教育学，我们可以预先这样肯定：我们今天的马克思列宁主义教育学，可以而且应该从过去的教育学与教育思想中吸取与继承一些东西，而且它所吸取与继承的份量要比哲学、法学、道德学方面多，范围比它们广，而且在吸取与继承的标准上也自有其专门特点。马克思列宁主义教育学一向把历代的教育学方面的文化遗产，作为自己的科学源泉之一，而教育史的研究与教育学研究之间的关系之密切也超过一般科学与其相应的科学史之间的关系，就足以说明这一点。

在过去一段时期中，由于斯大林的影响，哲学界中比较不注意否定之否定这一辩证法的规律。跟着对斯大林的个人崇拜的批判，否定之否定这一规律又被强调提出了。这一规律的主要内涵即是事物发展中的继承性。运用着这条规律，我们才能够正确地说明各种现象的发展的性质。譬如，上层建筑这一种社会现象。按照斯大林的说法，上层建筑会随着基础的变化、消灭而变化、消灭。现在大家认为，这"消灭"的提法是不正确的，因为它意味着新旧上层建筑之间的继承性的否定。根据否定之否定这一规律，旧的上层建筑不是完全与单纯地"消灭"了，它的一部分内容是要消灭的，但另一部分内容，会被保留在新的

---

* 原文刊于光明日报社出版《新建设》（学术性月刊）1957年6月号，第1—8页。

上层建筑中间，经过改造，作为新的上层建筑的构成部分。

因此新旧之间的继承性关系是作用于一切上层建筑的发展过程中的普遍规律。这条规律适用于哲学、道德、法律，也同样适用于教育。这是我们在一般的意义上肯定在教育学中的新旧教育的继承关系。但我们还应该在一种特殊的意义上来肯定教育事业与教育思想中的继承性。我们已经说过，教育学从过去的教育经验与教育思想中可以吸取与继承的分量比其他社会科学多，范围比较广，……。这是根据教育这一社会现象的特点而来的：教育不仅是上层建筑，同时也是一种永恒范畴。

在斯大林的《马克思主义与语言学问题》发表之后，在苏联教育学界曾经展开过一场关于教育这一社会现象的专门特点的争论，争论的焦点是：教育这一社会现象是不是上层建筑？假使是上层建筑，它之不同于其他上层建筑的特点是什么？有人引证了列宁在《什么是"人民之友"以及他们如何攻击社会民主党人》中的一句话，肯定教育是一种普遍的与永恒的范畴。所谓"永恒"范畴是对着"历史"范畴而言的。说教育是一种永恒范畴，就是说，人类在一切时代、一切社会中，都要对年青一代进行教育，教育为一切时代、一切社会服务，教育并不随着社会的经济基础的消灭而消灭，因而它不是上层建筑；它没有历史性和阶级性。另外的人根据列宁的其他有关教育方面的指示，论证教育是一种上层建筑，具有历史性与阶级性：在抽象的意义上说，不同时代、不同社会中，同样需要教育；但教育的具体性质，即是教育的具体目的、内容、形式和方法，却是随着社会性质之改变而改变的。在1952年4月，《苏维埃教育学》杂志，曾就这个争论做了总结。总结并没有否定教育是永恒范畴，但它更着重地肯定了教育是属于历史范畴，它反对人们"把注意力集中在教育的永恒的而不是集中在历史的性质上"。经过这场争论之后，苏联教育学界人士，似乎肯定了教育是永恒范畴，同时又是具有历史性、阶级性的上层建筑。

苏联教育家们主张把我们的主要注意力集中在教育的历史性、阶级性这一方面是完全正确的。但他们是不是对教育的作为永恒范畴的一面，注意得太少了呢？我认为：既然我们肯定教育是一个永恒范畴，同时也是一个历史现象，那么，教育中的"永恒"的或比较"稳定"的因素，在我们的教育学研究中也应占有一定的地位，即使是一个不重要的地位。说教育的性质——具体表现在教育的目的、内容、制度、方法方式等方面——是随着社会的改变而改变，是具有阶级性的，这是完全正确的。但在不同社会的教育中，在教育的内容、方法、制度方面，有没有一些共同的因素，可以为不同的社会、不同的阶级同样服务的因素呢？

在教育的内容方面，我们可以找到一些这样的共同因素。

语言、文字是没有阶级性的，它们一视同仁地可以为各种社会、各个阶级服务。而语言、文字的教学（识字），在一切社会的教育体系中，都占据重要的地位。

计算（算术、数学）在教学内容中的地位仅次于写、读。新社会中学校里所教的算术基本上跟旧社会学校中所教的是一样的。自然科学，就其内容言是没有阶级性的，因而大部分的自然科学知识，可以同样在不同的社会中，为着不同的阶级目的而服务。

社会主义社会是十分关怀儿童与青年的体力与智力的发展的。但发展体力与智力的工作并不是在资产阶级社会的学校中完全没有地位。资产阶级会关心本阶级子女的体力与智力的某种程度的发展是不足为奇的；在为劳动人民子女设立的学校中，稍稍搞一下发展学生体力与智力的工作也并非完全违反资产阶级的阶级利益。资产阶级要求他们的未来的工人，具有一定的文化，起码的体力。而且我们不能忽视：劳动人民子女的教育权利是由劳动人民向地主、资产阶级手中争取得来的。劳动人民自然不会对自己子女在学校中的体力与智力的发展，完全置之不理。

在每一个社会的学校中，都要对学生进行道德教育。在资本主义社会中，学校对学生进行的是资产阶级道德教育；社会主义社会中的学校则对学生进行共产主义的道德教育，两者之间是有着本质的不同的。但在新旧社会的学校道德教育工作中，有没有任何共同因素呢？这会牵涉到道德中的继承性问题：在人类的道德生活中，有没有一些可以为不同社会、不同阶级同样服务的道德品质或要求？就拿道德教育中的例子来说。我们的学校中要对学生进行文明行为的教育。这种文明行为的教育，就其内容说，似乎与旧社会学校中的礼貌教育相仿佛。我们怎样说明这种问题呢？苏联的教育学书本上一般是这样解释的：资产阶级社会中讲礼貌是虚伪的，还带有标榜出自己的不同于劳动人民的高贵身份的作用；而在社会主义社会中，讲礼貌乃是出发于对人的尊敬，出发于社会主义人道主义的真实感情。这种说法基本上是正确的。但问题也有另外的一面，《苏维埃教育学》杂志在一篇关于学校纪律问题的社论中接触到文明行为即礼貌的问题。社论指出，在历史上所形成起来的一些礼节上的要求，其中有许多条没有阶级性，而具有全民性。"实质上，这许多条都是由公共生活、合作的要求而产生的，它们要求关心人、尊重人。例如，给妇女和老年人让座，拾起别人失落的东西并客气地把它送还,用心听对方的谈话,没有必要不打断他,以德报德,以及诸如此类的一些行为规则的要求都是这样的"①。

假使我们在教育的内容方面,可以找出一些能够为不同的社会与阶级同样服务的共同因素的话,那么,在教育的方法方式方面,我们将可以找到更多的这类共同因素了。

五级记分制是在帝俄时代的学校中所沿用的记分方法。它过去为资本主义社会服务,现在同样为社会主义社会服务。匈牙利的记分办法是1、2、3、4、5,不同于苏联的5、4、3、2、1。解放以后,匈牙利把1、2、3、4、5改为5、4、3、2、1。这可能是因为有人错误地认为,5、4、3、2、1的记分办法是社会主义性质的;实则记分制度,不管是5、4、3、2、1,或者是1、2、3、4、5,既可以为资本主义社会中的教育服务,也同样可为社会主义社会中的教育服务。

苏联高等学校的专业专门化的设置,它们的教学计划,以及有些教学工作的方式,如毕业设计、口试等等,不是在革命以后凭空产生的,它们继承了一部分帝俄时代的教育传统。中小学中的课堂教学制度,是在资本主义社会中成长与发展起来的,今天无论在社会主义社会中或在资本主义社会中,课堂教学都是学校教学工作的基本组织形式。

在教学方法方面,社会主义社会的学校中讲直观教学,采用演述法、谈话法、实验法等等,这些教学方法在资本主义国家的学校中也是广泛采用的。在这两套学校中既然同样采用这些方法,那么,其中存在着某些共同因素是不足为怪的。

教育是一种上层建筑,教育的性质随着社会之改变而改变。新旧社会中的教育,就其整体来说,是有本质的不同的。教育目的、教育方向上的本质差异是无须说明的。在教育内容方面,新旧学校也有许多不同,尤其在社会科学的知识方面。已经说过,在资产阶级道德教育与共产主义道德教育之间有着本质的不同。社会主义学校中的教学方法,作为一个体系来说,也远比资产阶级学校中的教学方法优越。我们在上文中只举新旧教育中的相同之点,没有说明它们之间的不同,因为后者是已经受到充分注意了,对于前者,则一般注意不足。我们肯定新旧教育之间,存在着不少共同因素,即是肯定教育中的继承性。作为上层建筑,新旧教育之间存在着继承关系,何况教育除了是上层建筑之外,又同

---

① 参见《巩固学校纪律和学校秩序是当前的迫切任务》,《教育译报》1956年2月号,第8—9页。——编校者

时是永恒范畴？

教育中的继承性问题，对教育理论的研究，对教育实践的指导，都有重要的意义。列宁在《论青年团的任务》的演讲中指出，旧学校是必须改造的，但同时也指出了旧学校中的好的东西必须接受过来。我们过去几年中，在进行教学改革的时候，对我们自己的教育传统是否有了足够的注意呢？重要的问题还在今后。今后，我们对旧教育采取一笔抹杀的虚无主义态度呢，还是采取去其糟粕、取其精华的批判接受的态度？我们说，我们要用我国历史上的教育遗产来丰富我们自己的教育学，这是没有问题的。但对于近百年来的新教育这一段，包括国民党统治下的教育这一段的经验，应不应该加以总结呢？这种经验是应该总结的，假使我们肯定了新旧教育中的继承性关系。我们今后各级教育领导应该比从前更多跟老教育家商量，多向他们请教。老教育家有的是旧教育的经验。肯定我们应该更多同老教育家商量，也是以肯定教育中的继承关系为前提的。

二　教育史上人物的评价问题

在哲学史的研究中，一个基本出发点就是：一部哲学史是唯物主义与唯心主义斗争的历史。从恩格斯到日丹诺夫都是这样肯定的。他们指的是"哲学史"。在教育学史中，是否也体现着这两个阵营、两条战线的斗争呢？

我以为，在教育史中，存在着进步与反动的两条路线的斗争是没有问题的。但这种斗争是不是唯物主义与唯心主义之间的斗争呢？要解答这个问题，我们首先要澄清一点：一个哲学家或教育学家的哲学观点与他的教育主张之间究竟存在着什么样的关系？

在有的哲学家或教育学家身上，一般哲学观点与教育主张之间的关系是十分密切的。例如，杜威。他的世界观与他的教育目的论有着有机的联系；他的教学理论是他的哲学上的认识论的直接演绎。

但在有的教育学家身上，我们可以看到他的哲学立场与教育主张的不一致：他的哲学体系是错误的，但他的教育主张是正确的。在近代教育史上，夸美纽斯、卢梭、裴斯泰洛齐、乌申斯基……的哲学立场是唯心主义的，但他们的教育体系是进步的。教育史工作者将怎样说明这类现象呢？

在西洋哲学史上，唯物主义与唯心主义之间的斗争的第一回合是在德谟克利特与柏拉图之间展开的。苏联的教育史家麦丁斯基在其所著《世界教育史》中只列柏拉图而不列德谟克利特，这完全是可以理解的。德谟克利特的著作散失甚多,在保留下来的著作中,没有接触到教育问题。柏拉图的著作被后代保存了下来,其中有成套的教育理论。所以,在教育史上只列柏拉图而不列德谟克利特,并非厚彼薄此,更不意味着对于后者作为一个哲学家的伟大意义的贬损。后来同一位教育史家在康斯坦丁诺夫主编的《世界教育史纲》中撰写"古代教育"一部分时,加列了德谟克利特。作者在叙述了德谟克利特的唯物主义哲学观点之后说:"这些哲学上的原理,对于后来的教学和道德教育方面的理论,发生了莫大的作用。"①究竟发生了怎样的作用,作者却没有交代清楚。我个人是不赞成这种做法的。德谟克利特没有接触过教育问题,教育史上就不必列他的地位。作者显然是为了迁就两条战线的公式,硬拉德谟克利特出来与柏拉图对垒的,我以为这不是实事求是的做法。

  关于老子是不是一个唯物主义哲学家,在目前中国哲学界还在进行争论。有些研究中国教育史的同志,肯定了老子是一个唯物主义哲学家,从而主张在中国教育史中,列入老子或老庄这个题目。我反对把老子列入中国教育史,正像我反对把德谟克利特列入西洋教育史一样:因为在老子的五千言《道德经》中,看不到有直接触及教育的地方。

  有的同志在中国教育史讲义中把墨子与孔子列为中国古代教育思想斗争中的两造:墨子在唯物主义一边,孔子在唯心主义一边。但他们在讲义中没有指出在教育思想上——不是在一般哲学思想上——墨子与孔子是怎样交锋的,而且最后他们给予孔子在教育史上的估价并不低于、甚至高出于墨子。这就说明,把哲学史上的两条路线的斗争,套在教育史的头上的企图,是未易成功的。

  我在这个问题上的初步结论是:教育史有着不同于哲学史的特点,套用哲学史上的两条路线的斗争来说明教育史上的两条路线的斗争是有困难的。其次,一个人的教育主张与他的哲学立场之间的关系可能是密切的,在另一个人身上,在这两者之间,也可能没有什么显著的关系。一般地说,具有唯物主义思想的哲学家,作为教育学家,一定是进步的。但一个具有唯心主义哲学思想的教育家可以对教育思想作出积极的、重要的贡献,也是数见不鲜的。

  另外一种关系是政治立场与教育思想之间的关系。我觉得,一个教育家的政治立场对他的教育主张的影响,比起他的哲学观点对他的教育主张的影响更为直接与巨大。像上面所举的近代大教育家夸美纽斯、卢梭、裴斯泰洛齐、乌申

---

① 参见米定斯基:《古代教育》,载康斯坦丁诺夫主编,邵鹤亭等译:《世界教育史纲》第1册,人民教育出版社1954年版,第8页。——编校者

斯基,尽管他们的哲学观点是唯心主义的,他们的政治倾向都是进步的:他们都是伟大的民主主义者与人道主义者。可以断言,他们对人类教育思想所作出的巨大贡献,在很大的程度上,得力于他们的进步的政治倾向。

但就在这个问题上我们也不是没有困难的。柏拉图的政治倾向是反动的;但我们不能断言,他对人类的教育思想宝库,没有作出任何贡献。关于孔子的历史评价还在争论之中。但历史学家们,即使把孔子在政治倾向上划入保守甚至反动的一边,却从不吝惜给予孔子以在教育史上的崇高地位。这无异于说明了一个人的教育思想不一定与他的政治立场"正面相关"的。

在近代西洋教育史上,有两个教育家的评价是值得研究的。第一个是英国的斯宾塞(1820—1903)。他是19世纪下半期英国著名的哲学家、社会学家。他的哲学立场是实证论,即是一种打起科学招牌的主观唯心论。在政治或社会哲学上,他是资本主义制度的最狂热的拥护者。他宣称资本主义制度是一切可能的社会制度中最完善的制度。他用他的社会有机体说来宣扬他的阶级协调论。他对于社会主义、共产主义抱着极端仇视的态度。他的教育思想呢?麦丁斯基在他的《世界教育史》中,指出了斯宾塞对工人教育的反动态度——他反对工人教育之普及。但麦丁斯基对斯宾塞的整个教育思想内容是褒多于贬的。康斯坦丁诺夫在他的《世界教育史纲》中却把斯宾塞列为一个反动的教育家。我个人倾向于麦丁斯基所作的有关斯宾塞的评价。不错,斯宾塞是英国资产阶级利益的代言人,但当时他所为立言的英国资产阶级还在发展生产力。工业生产的迅速发展使当时的英国资产阶级不能满足于传统学校给予他们的未来干部与继承人的重文轻理的、偏狭的、经院主义式的教育。斯宾塞主张重新考虑学校的教学内容,要求加强实科,让学生多学些"有用"的知识,这是一种进步的教育主张,因为它有助于社会生产力的发展。当时的斗争是资产阶级的教育要求与封建残余的教育传统之间的斗争,在这个斗争中,斯宾塞站在进步的方面。在斯宾塞的论智育、论德育、论体育的主张中,我们可以找到许多精辟的议论与积极的因素;对于这些,麦丁斯基是充分予以肯定的。康斯坦丁诺夫对于斯宾塞的有关智育、体育、德育的议论是述而不断,既不肯定,也不批判,这是不能令人满意的。这两位教育史家对斯宾塞的处理上的不同是运用不同方法论的结果。麦丁斯基也注意到斯宾塞的哲学观点、政治立场,但他主要是从斯宾塞的教育思想来论述、评估斯宾塞的;康斯坦丁诺夫则把重点放在斯宾塞的哲学观点与政治立场,用这两者去推演斯宾塞的教育主张。

麦丁斯基与康斯坦丁诺夫对德国教育家赫尔巴特(1776—1841)的处理也

有类似的分歧。麦丁斯基一方面指出了赫尔巴特教育体系中的积极意义，一方面指出了他的教育学中的"保守主义"；康斯坦丁诺夫则在"赫尔巴特的反动教育观点"这一题目下，把赫尔巴特的教育思想全部否定。问题还在于哲学观点、政治立场与教育思想之间的关系。

赫尔巴特在哲学上是唯心主义的，形而上学的；在政治上，他是一个保守的普鲁士主义者。他的教育思想体系呢？资产阶级的教育学界，过去一向把赫尔巴特奉为教育科学的创立人。这种提法即使是犯了夸大的毛病，但是把赫尔巴特的教育思想全部抹杀是不妥当的。附带提一笔，德意志民主共和国的教育科学界已经出版了赫尔巴特的全集，他们正在进行关于赫尔巴特的评价的讨论。

在评价中国近代教育界人物的时候，我们也会遭遇到这个哲学观点、政治立场与教育主张之间的关系的问题。我指的是陶行知先生。几年前，大家在批判杜威的教育思想与《武训传》的同时，也批判了陶行知的"生活教育"。大家从否定陶行知的实用主义哲学观点而否定了陶行知的全部教育思想体系，甚至忘记了他在后期的政治上的进步性。目前有的同志正相反：他们强调了陶行知晚年进步的政治立场，从而把陶行知在哲学上、教育思想上说成已经超越了杜威的实用主义。我个人觉得，陶行知晚年政治倾向的进步性是肯定的，但我们不能因此"举一反三"，想象陶先生已经在哲学上从一个实用主义者变成马克思主义者，也不能想象，他在教育思想上已经离开了杜威有好远。

以上的例子无非要说明：一个人的哲学观点、政治立场与教育思想之间并不永远是"正面相关"的。在个别的情况之下，一个哲学上是错误的人，可能在政治上是进步的。我们不必因为洪秀全在政治上是进步的而把他说成哲学上的唯物主义者。同样，一个在政治上是保守或反动的人也可能提供一些教育思想上的积极东西，例如斯宾塞。我们将怎样去解释教育史上的这类现象：一个在哲学上错误、在政治上保守的人可以对于教育作出一些积极的贡献。第一个说明是，教育，作为一种上层建筑，在一经形成之后，有它相对的独立性，教育思想与教育学术的发展有它自己独特的资料与规律。但我以为，更重要的原因是，教育不仅是一种上层建筑，而且同时是一种永恒范畴，在教育中包含着一些可以为各阶级同样服务的共同因素。

在教育史的研究上，教育家的哲学观点、政治立场与教育主张之间的关系这一问题必须妥善处理。我对这一问题的初步意见是：

第一，在处理一个教育家或教育思想家时，我们可以分别叙述他的哲学观点、政治立场与教育主张，但重点应为教育主张。假使我们把三者等量齐观，甚或轻重倒置,那么,教育史将无所区别于一般思想史;这种倾向,在教育史的研究中应该防止。

第二,尽量多发掘与发扬唯物主义思想家的教育思想,但所发掘与发扬的必须是他们的唯物主义的教育思想,而不是他们的一般唯物主义哲学思想。应该指出一个教育家的世界观、认识论与他的教育主张之间的内在联系,而不是把两者机械地凑合在一起。进步的政治倾向一般会导致进步的教育结论,但也必须具体指出前者与后者之间的内在联系。

第三,在评价一个教育史上的人物时,应多从他的教育思想本身判定他是进步或保守乃至反动,而不要从他的哲学观点、政治立场上推论出他的教育思想的进步性或保守、反动性。

第四,不能预先臆断,凡具有错误的哲学观点、保守的政治立场的人在教育上一定是反动的。他们可能是反动的教育家,也可能具有进步、积极意义的教育思想。这需要作具体的分析。就是一个进步的教育家,在其整个教育思想体系中也会有不正确的、错误的成分;同样,在一个反动教育家的思想体系中,也可能包含某些合理的、积极的成分。——这也需要具体分析。

三 对当代资产阶级教育、教育学、教育家的估价问题

在资本主义上升、繁荣的时期,资本主义社会中的教育,不管有多少缺点,总的倾向还是进步的,因而在这段时期内为资本主义社会服务的教育事业、教育思想与教育学术中,我们一般可以吸取与接受很多积极的、有用的东西。但对于最近五十年来以及目前的资本主义国家的教育与教育思想、教育学术,我们将如何估价呢?

这五十年来,资本主义在世界的范围内,进入了帝国主义阶段,即是资本主义的没落垂死阶段。在这阶段中,资本主义国家的政治、经济、文化都日趋腐朽与反动,教育也不例外。但过去我们对当代资本主义国家的教育的评价,似乎做得太简单化了些。

根据列宁的关于帝国主义的理论,资本主义进入了帝国主义阶段,就要为经济总危机所困。但同时列宁指出,资本主义的总的腐朽趋向并不排除技术进步或在某一个时期、某一个国家、某一个工业部门内出现生产增长的可能性。这一指示,为赫鲁晓夫在苏共二十次代表大会的总结报告中所引述与发挥。

对于教育,我们也可以这样说,而且以加倍的力量这样说。在帝国主义时

代,资本主义国家的教育在其总的方向上日趋于腐朽与反动,这主要表现在教育目的、教育内容上。但这些国家在最近五十年间,在教育上也是有发展的。当然,这些国家的教育发展的速度远不及社会主义国家的发展速度,正像它们的生产增长的速度远不及社会主义国家增长的速度一样。但若把当代资本主义国家在教育上说成失学人数一年比一年增加,学校数目一年比一年减少,学校师资设备一年比一年退化,这是对问题的过于简单化的说明,与事实不相符合。

在关于作为社会现象的教育的专门特点的争论中,苏联教育学者们曾经接触到教育与生产之间的关系问题。有的人认为,教育直接与生产发生关系,即直接反映生产力的发展水平并直接为生产服务。有的人则认为,教育像其他上层建筑一样,它与生产之间的关系是间接的,教育是通过基础(经济制度)的折光而反映社会的生产力发展水平的。总结肯定了教育只能间接、不能直接反映生产力发展水平;但是另外也重申了教育的一切形式和形态,归根到底,都是由生产力发展水平决定的这一马克思主义真理。

我认为,教育反映社会生产力发展水平比一般上层建筑更为直接,其理由是,教育不仅是上层建筑,同时它还是永恒范畴。当代主要资本主义国家的生产发展水平是相当高的;教育反映着这种生产力,并为这种生产力服务,因而在这些国家中的教育发展的水平也一般是不低的。这才能说明,为什么在帝国主义时代的资本主义国家中,教育普及的程度一般相当高,而普及教育的年限,一般有递升的趋势。承认这些事实,并不是长敌人的气势,灭自己的威风。社会主义国家教育的优越性之一是,我们能够以十倍于资本主义国家的速度,发展我们的教育,在一个短时期内,赶上并超过资本主义国家教育的发展。

在党的"向科学进军"的号召之下,全国各科学部门在去年分别拟订了发展本门科学的十二年远景规划。在这种规划的拟订中,有一个指导思想是,要在十二年内,使自己这门科学接近于国际的水平。在教育科学的十二年规划讨论过程中,曾经发生过一个争论:教育科学上的国际水平,主要指苏联的水平,但它是不是也包括资本主义国家的水平?有人认为应该包括,有人则认为在教育科学上,接近资本主义国家水平的问题根本是不存在的。他们说,只有马克思列宁主义教育学才是真正的科学,资产阶级的教育学根本不成其为真正的科学;在这个意义上,我们在教育科学方面早已超过了资本主义国家,无所谓接近不接近了。

这问题牵涉到对资产阶级教育学的估价问题。

在资产阶级学者中间,关于教育学算不算一门科学也是有争论的。但资产阶级教育学即使不是一门严格意义上的科学,至少也算得上是一门学问。问题就是:我们马克思列宁主义教育学,从资产阶级教育学方面,是否可以找到一些有价值的、足供我们参考的东西?

列宁在提到资产阶级的教授与学者时,曾说他们在哲学上是没有一句话可信的。但他同时认为,马克思主义者的任务是要善于吸取和改造他们在哲学和经济学上所作出的成就。对于资产阶级教育学,我们也可以这样说。而且,我认为,我们所可从资产阶级教育学中吸取与改造的东西要多过于我们从资产阶级哲学与经济学方面所吸取与改造的。

我们对于资产阶级教育学的"成就",需要进一步加以具体的分析。

苏联教育学界普遍把教育学的内容分为四个部分:教育的一般理论,教学论,教育论,学校行政与领导。我们就从这四个方面来看看,在资产阶级教育学中,有没有一些可供我们参考、可为我们吸取与改造的东西。

"教育的一般理论"这一部分讨论教育的性质,教育在社会生活中的地位,教育与政治、经济之间的关系,教育与遗传、环境之间的关系,教育的目的……。资产阶级教育学是用唯心主义观点来处理这些问题的,在这些问题上,他们的话,几乎一句也不可相信。教育学的这一部分还包括儿童与青年年龄特征的研究。在这方面,我们不能说,资产阶级的教育科学一无成就;关于这点,以后再说。

资产阶级教育学中的教学论与教育论跟我们的教学论与教育论是两个不同的体系。但在资产阶级的教学论与教育论中,我们也可以找到不少"科学"的东西。例如,在我们的教育学中,有着"教学的教育性"这一条规律与原则。凯洛夫在他新编的《教育学》中正确地指出,这条规律也曾经为资产阶级的教育学者所发现,并为资产阶级的阶级目的服务。又譬如,我们的道德教育理论,根据马卡连柯的启示,重视学生集体在学校道德教育工作中的重要性,并注意游戏、传统这些心理因素在道德教育中的地位,在这些方面的规律,像英国的教育家沛西·能(P. Nunn, 1870—1944)之流也曾经摸到一点的。

我以为,在全部的资产阶级教育学中,在教学方法方面可供我们参考的成就是不少的。甚至在道德教育方法方面,他们也不是完全没有成绩,虽则他们那种方法所为服务的目的是反动的。克鲁普斯卡娅(列宁夫人)在评论德国反动教育家凯兴斯泰纳的"新方法"的时候说:"他希望学校用新方法去追求旧的目标。……他手里的新方法,不过是建立在儿童个性的知识上面的比较精巧而又比较完善的方法罢了,用这种方法去影响他们的情感和世界观,用适当的道德和思想意识去感染他们。"① 据来到中国访问的德意志民主共和国教育科学院的代表说,德国教育科学界认为从凯兴斯泰纳的教育学中,他们也可以吸取一些东西。可以想象,他们所要吸取的,不是他的教育学体系,而是"新方法"中的个别因素,这些因素同样可以为新的目标服务的。

教育是一种永恒范畴:任何社会都要以一定份量的知识与文化武装年青一代,都要在行为习惯、思想感情上影响年青一代,因而在各个社会所采取的教学方法与教育方法之间是存在着某些共同因素的。在"教学论"、"教育论"、"学校行政与管理"中包含着相当数量的有关方法与技术方面的内容;资产阶级教育学在这些方面的某些成就是可以供我们参考的。

教育学是一门社会科学,但同时它跟自然科学保持着密切的关系,因为它的基础之一是心理学,而心理学是一门介乎社会科学与自然科学之间的科学,或者是一门既是社会科学也是自然科学的科学。不论是资产阶级或无产阶级,为了对学生进行教学与教育,必须掌握一些有关儿童心理、儿童个性方面的知识。我们不能说,资产阶级教育学在这方面是一无所知的。

前些时候,有的心理学家在进行关于儿童的身高与体重之间的比例一类的研究。这种研究是儿童年龄特征的研究中的一部分,在中国很有必要进行这种研究。这种研究,在资本主义国家中进行,在社会主义的苏联也同样进行。就其内容说,这种研究,近于自然科学的性质,是没有阶级性的。

苏联教育科学中采用的研究方法,有观察、谈话、实验、文献研究等等;在资产阶级教育界也是广泛采用这些研究方法的。我们的教育科学研究方法跟资产阶级国家之间的不同,在于我们的这些方法的使用,都要受我们的最高方法论——唯物辩证法的指导。但资产阶级教育学者运用这些方法去考察与研究教育现象时,所得出的结论,有一部分也可能有些科学价值的。

我们在上面详细叙述了在什么意义上,在哪些方面,在哪种程度内,资产阶级教育学即使是帝国主义时代的资产阶级教育学中的某些成就是可以吸取的。在结束之前,应该强调指出,这吸取不是全盘接受,而是有选择、有批判的;在吸取的过程中,还应该放在我们的教育学体系中加以"改造"。

过去几年中,教育学界进行了对资产阶级思想的批判,主要是对杜威的教

---

① 克鲁普斯卡娅著,卫嘉译:《国民教育和民主主义》,载《克鲁普斯卡娅教育文集》,人民教育出版社1959年版,第249页。——编校者

育思想的批判。这种批判在划清马克思主义教育思想与反马克思主义教育思想的界限上是有重大意义的。现在这种批判还在进行中,而且逐渐由一般的报刊宣传的阶段深入到科学研究的阶段。

在"百家争鸣"的方针提出之后,在教育学界中有人提出了这样的问题:杜威的教育思想是不是应该全部否定? 在他的教育思想中有没有任何积极的东西?

在上面对于帝国主义时代资产阶级教育学的估价,对杜威是一般适用的。但对于杜威,我们还须作特殊的分析。

杜威在哲学上的观点是主观唯心主义,不可知论;在政治上,他是一个改良主义者,阶级协调论者,在晚年他企图建立一种美国式的"社会民主主义"的理论体系。在教育上,他的主要的宗旨是宣传以教育替代革命。他的"教育无目的"论的实际涵义是使学校与进步的政治影响绝缘。在教学论方面,他片面地强调了儿童的兴趣、活动在教学中的地位,从而忽视了教学中的系统性的要求,并贬降了班级教学制度的地位。他的"民主主义"的教育理论就是"阶级协调"论的教育理论。他的道德教育理论的意义就是以更巧妙、更完善的方法去用资产阶级世界观与道德行为习惯去感染儿童。所以,作为一个系统,杜威的教育思想是反动的,因而是应该全部否定的。

但是,在杜威的教育思想中,有没有任何积极的东西了呢? 麦丁斯基在他的《世界教育史》中,在批判了杜威的错误之余,也肯定了杜威教育思想中的一些积极东西。威尔斯在其《实用主义——帝国主义的哲学》一书中,在肯定了杜威的教育学说"是彻底的反动"之后,同时指出,这种学说,落在一些"诚恳的、忠实的、能干的教师"手中,也在教育方面做了一些好事。人们有权利可以追问:为什么一个反动的教育学说可以使教师们在教育上做出些好事呢? 这个问题,在我们重新估价陶行知的教育思想的时候也会遭遇到的。我认为陶行知在教育上是曾经做了些好事的,同时我认为,否认陶行知的教育思想与杜威教育思想之间的师承关系是不符合事实的。

我还是要用教育学中的继承性这一原则来加以说明:在教育学中,新旧之间的继承关系的份量要比其他社会科学中为多,其范围比它们广。

文艺复兴以降,在资产阶级教育学中,逐渐发展与形成了一系列的教育传统,如对儿童个性——包括他的兴趣与特长——的照顾,教育与经验之间的联系,儿童的积极性与主动性的强调。这些传统,一般讲是健康的、积极的;当我们记起了这些传统是在反对封建教育的形式主义、经院主义的传统斗争中成长起来的事实时,我们更要下这种判断。这些传统,杜威也是继承在他的教育思想体系中的。举一个显著的例子,杜威在《明日之学校》里所说的许多话,几乎是法国的卢梭的教育学说的译述。杜威把这类教育传统片面化了,夸大化了,造成了他的整个教育思想体系的错误,而更重要的,他把这种错误与他的反动的政治目的结合了起来。但在这些教育传统本身中是包含着一些合理的内容的。一部分"诚恳、忠实、能干"的教师们,通过杜威,接受了这些传统,摒弃了杜威对它们的片面的夸大,这就能使他们在教育方面做出一些好事来。肯定在杜威的教育思想中有某些个别的积极因素,并不会改变杜威的整个教育思想体系是反动的这一事实。这样做反而可以使得那些阅读过杜威原著或受过杜威的影响的人——批判杜威,应主要照顾这一批对象——觉得,我们的批判是"科学"的、实事求是的。

对于今后的批判杜威的工作,我的不成熟的意见是:

我们要多从杜威教育思想整个体系上来批判杜威,不要尽在杜威的片言只语上着眼。很难想象,在一个反动的学者所说的一百句话中,错误的就有一百句。往往,他会说出九十句正确的话,而在关键性的十句话上,把他的说法导向错误与反动的结论。杜威的"文风"正是这样的。我们把批判集中在那关键性的十句话上就能击中要害,不必把火力平均分布在一百句话上,把他说成每一句话都是讲错的。对于杜威著作的断章取义的引证,尤其是教育主张的张冠李戴——例如把道尔顿制说成是杜威主义的——应该避免。

我们的批判要做得更细致些。借用军事上的一句术语,我们在战略上要轻视敌人,在战术上要高估敌人。杜威的整个教育思想体系是反动的、错误的,但在个别的问题上,他的议论不是简单化的几句话可以驳倒的。不能把杜威说成是一个"常识以下"的人。我们要进行更深入、更细致的批判。

在我们的批判工作中,也要发挥我们的独立思想。参考苏联同志们的批判杜威的著作对我们是有帮助的,但我们要避免跟在苏联著作后面,亦步亦趋,不越雷池一步,使得我们的科学研究,成为苏联著作的集注。

在我们这里,并不发生从杜威的著作中吸取教育智慧的问题,因为杜威的教育思想体系是反动的,有害于我们社会主义教育事业的。至于他的思想中的个别合理部分,我们可以直接取自资产阶级的经典教育作家,而且这些合理部分,事实上已经被摄取在我们的教育学体系中了——摒弃了其中的片面性与夸大——毋须取法于杜威。但在我们总结旧中国的教育经验时,我们会碰到杜威的教育思想影响的问题。除非我们把旧中国教育的经验一笔抹杀,否则,我们就得承认,在旧中国的教育中,也曾经有过些好人好事的,而在这些好人好事里,很可能有一部分是与杜威的教育影响发生过关系。我们能不能说——像威尔斯说美国教师的——在旧中国的受过杜威教育思想的人中,有一部分"诚恳、忠实、能干"的教师,也曾经在教育上做过一些好事,积累过一些好经验？我以为,我们可以这样说的,假使我们肯定在新旧教育中有着相当多的共同因素,相当大的继承关系,其理由是,教育不仅是一种上层建筑,而且是一种永恒范畴。

杜威批判引论

* 本书由上海人民教育出版社 1951 年 2 月出版。

目　次

一　生长论 ……………………………………………… 95

二　进步论 ……………………………………………… 100

三　无定论 ……………………………………………… 105

四　智慧论 ……………………………………………… 110

五　知识论 ……………………………………………… 115

六　经验论 ……………………………………………… 120

杜威批判引论

假使我们要批判旧教育思想,我们首先应该批判杜威。第一,杜威的教育思想支配中国教育界三十年,他的社会哲学及一般哲学,在一部分中国人中间,也有一定的影响。第二,杜威的理论、立场是反动的,但他有时颇能运用左倾辞令,貌似进步,其实反动,"以紫乱朱",最足以迷惑人。他的结论是肤浅的,但他的著述披着博大的外衣,并有相当谨严的体系,最足以吓唬人。第三,杜威是当代资产阶级的数一数二的哲学家,而在教育方面,则"廖化作先锋",他是资产阶级世界中最有盛名的教育哲学家。美国人甚至侈言,杜威的《民主主义与教育》,是继柏拉图的《共和国》①,卢梭的《爱弥儿》以后的第一部教育经典。"射人先射马",批判杜威是新旧思想战线上的一个重要战场。

批判杜威不是一件太轻而易举的工作。因为,如上所述,杜威不仅是一个教育哲学家,而且是一个哲学家。在他的教育哲学与一般哲学之间,有着密切而有机的关系。单凭杜威的教育论著,譬如,《民主主义与教育》,去了解杜威的教育思想,那了解是不完全的,因而批判也不能中肯。要充分批判杜威,必须批判作为他教育思想之基础的哲学体系。那需要一本专著。因为目前手头参考资料不足,这工作有待于将来。本文只能算作一个引论。

一 生长论

在杜威的教育思想中,中国教育工作者最耳熟能详的一句话是:"教育无宗旨"。其实这句话是不完全的。杜威的原文是:"教育除本身以外无宗旨"。从一连串的前提,杜威达到了这个结论,教育即生活,生活的特征是生长(growth),故教育与生长是一而一的东西;生长无宗旨或目标,故教育也无宗旨或目标。或者说,生长的目标是更多的生长,教育的目标是更多的教育。所以,生长除本身以外无目标,教育除本身以外无宗旨②。

关键在于"生长无目标"。在资产阶级教育学者中间,对杜威教育思想批评最中肯要的是康德尔(Kandel,1881—1965)教授的一本小册子《无定教》(The

---

① 今译《理想国》。——编校者
② Dewey, Democracy And Education, Hayes Barton Press, 1926, P. 47.

Cult of uncertainty)。他对作为美国"进步教育"之理论基础的杜威学说之最尖锐的评语是："无方向的生长"①——无方向即是无目标。

杜威怎样作出这种奇怪的结论的？在这点上，杜威受了达尔文的进化论之影响。杜威有《达尔文对哲学之影响》一文，是他的重要哲学论著之一。他指陈他所理解的达尔文学说对近代哲学思潮之深刻影响，其中大部分是杜威的"夫子自道"。

据杜威说，在达尔文学说问世之前，一二千年来支配思想界的是亚里士多德的发展（development）说。——发展即是生长，杜威经常把生长与发展两个名词互相混用。

亚里士多德的发展是从潜能性转变为现实性的过程。在一枚橡树种子里一开始就潜伏着可以生长为一棵橡树的可能性。一枚橡种变为一棵橡树，这是潜能性之实现的过程，这过程就是发展。根据这个学说，发展有一定的方向，发展的目标是预先规定了的：橡种只能发展成为橡树，不可能生长为别的东西。根据这个学说，生物的个体有变化，但物种没有变化；橡树永远是橡树，现在如此，过去，未来都如此。在这个学说里，物种是第一义的，个体是第二义，物种规定着个体发展的方向与目标。

达尔文的进化论否定了这种学说。根据达尔文，物种本身也是变化的。现在我们所知道的橡树，它的祖先曾经在过去某个时期中不是橡树，它的后代可能在将来的某个时期中变成橡树以外的树木。假定橡树原来是一种矮小的树木。一枚橡种于落地之后，在某种环境条件之下，可能比老橡树长得高大一些。这是一个"变异"。经过无数世代的变异累积，橡树可能一变其祖先的面目，成为一种高大的树木；变成橡树以外的另一新物种也是可以想象的。在这里，个体是第一义的，物种是第二义。不是物种规定个体发展的方向，而是个体的变化决定物种的变化；物种以个体之方向为方向，不是个体以物种之方向为方向。对个体说，它的发展或生长是无方向、无目标的。

运用到教育方面，杜威的结论是：儿童是第一义的，社会是第二义。不是社会规定儿童发展的方向，而是儿童决定社会发展的方向。社会不应该规定儿童将来变成这样或那样。相反的，儿童的教育应该决定将来社会之是这个或那个。所谓教育无宗旨即是教育不应有社会决定或成人决定的宗旨。

世界上万千物种是在创世之初被一次决定了的，决定于神的意志，这是经

---

① Kandel, The Cult of Uncertainty, NY: Macmillan, 1943, P. 3 - 4, P. 67 - 68.

教会利用过了的亚里士多德的"有目的"发展说的基本精神。假使在自然界中，不同物种一次决定于神的意志，那么在社会界中，阶级等差也是一次决定，决定于神的意志的。

达尔文的"无目的"生长说，在其问世之初，曾被新兴的资产阶级利用为反对封建贵族僧侣特权的斗争武器：生物的物种，社会的阶级，不是一次决定于神的意志，而是自然发展的结果；生物及社会是发展的，而且并不循着一成不变的方向或目标而发展。这种说法在当时有它的进步性。但这个"无目的"生长说，到了资本主义没落阶段，却被资产阶级学者，如杜威，利用为阻碍社会革命的盾牌。

杜威也承认，现在的社会制度、经济构造，需要改造，但是他反对明确规定社会应朝哪个方向而改造，或改造成个什么样子。他承认教育应该是社会改造的工具，但是他不许可学校教师将未来新社会的蓝图预示给儿童或青年，说这是成人替儿童强制规定了社会改造的方向与目标。很显然，无方向或无目标的社会改造就是社会不改造！

生长是一个生物学的概念。将生物学的概念生硬地应用于人类教育是危险的。在无生物、生物与人类之间，不仅有着量的不同，而且有着质的差异。科学规律作用于这三者并不是机械地一致。譬如，突变这一辩证法则："自然和社会中都有飞跃(突变)的现象，但两者间却存在着重大的区别。"①

花木的生长是教育家所最爱用的比喻。比喻只是比喻而已，把它机械地理解，会得出荒谬的结论来。在《德意志意识形态》中，马克思、恩格斯在驳斥德国的所谓"真正的社会主义者"时，曾经接触到这个比喻。"真正的社会主义者"之一说："就像个别的花木要求土壤、温度、太阳、空气、雨露而生长，使得自己能长叶、开花、结果，人也要求着在社会中获得全面发展，并满足其一切需要、性向与才能的条件。"马、恩指出，乞灵于花木以为例证，是一个"最不幸的比喻"："第一，花木并不向自然'要求'上述的一切生存条件；除非它碰上业已具备的这些条件，它根本不会变成一棵花木；它只是一枚种子而已。再则，'叶'、'花'、'果'的构成，在很大的程度上，依赖'土壤'、'温度'及其他生长的气候与地质条件。不但不'要求'什么，花木是显得完全依靠着它的现有的生存条件的……"马、恩嘲笑着所谓"真正社会主义者，把对于真正的社会主义社会的要求，措基于一枚

---

① M·米丁著，沈志远译：《历史唯物论》，生活书店1947年版，第600页。

椰子树叶的想象的要求上。"①

从花木生长无目标得出儿童教育无目标的结论,其可笑程度不下于从椰子树叶的要求上找出社会主义社会的要求之根据。一棵树木长成这样或那样,从树木本身讲是无所谓好坏的。甚至,如庄周寓言中所说的樗木,树木愈不成材,对树木本身愈好,因为它无用,可以保其天年,可以免受斧斤之灾。但是人类可以要求树木长成这个而不长成那个,长为有用而不是无用。杜威或者不熟悉米丘林的生物学,但也应该知道历来家畜饲养者和栽花匠所做的经验事实:用人工培养出对人们有用的变种来。假使人类可以要求动植物按照一定的方向而生长,人类为什么不可以要求自己的儿童按照着一定的目标而受教育?

人类社会的进化与无生物界及动植物界的进化,性质不相同——这一点,连资产阶级学者中间都有人看清楚。美国的社会学家莱斯特·F·沃德(Lester F. Ward, 1841—1913)是以进化论应用于社会学的人中之一,但是他指出:无生物界与动植物界的进化是"自然"的,"自发"的,没有目的或方向;人类社会的进化却可以,因此应该是"人为"的,即是有意识与有目的的。霍华斯(Howerth)在华德的社会进化学说的基础上,建立其教育哲学体系:人类社会的进步应该是有目的、有意识的;教育应该为社会之进步服务,故教育也应有目的、有意识。教育要为社会之进步服务,首先必须确定社会进步之方向,故一切教育制度与设施必须朝宗于一个社会理想或社会目标②。

达尔文的学说曾被资产阶级学者利用来作出各种反动的政治结论。斯宾塞(H. Spencer, 1820—1903)将他的全部哲学体系建立在达尔文的进化学说上。他将生物进化的法则无条件的应用于社会的进化;而他的结论是,人类社会的进步应归结于放任经济的个人主义。所谓"社会的达尔文主义"是说生存竞争的法则作用于人类历史,也像它作用于自然史一样;因而人与人间,阶级与阶级间,民族与民族间的"大鱼吃小鱼"是合理的。杜威则利用达尔文的生长论达到教育无目标的结论,以否定教育之成为改造社会的有效工具。

甚至杜威的及门弟子也觉得难以自圆杜威的生长说。譬如,波德(Boyd H. Bode, 1873—1953)在其《十字路口之进步教育》一书内,就曾批评过生长无目标

---

① Karl Marx, Friedrich Engels, The German Ideology, International Publishers, 1947, P. 100 - 108.

② Ira Woods Howerth, The Theory of Education, Century Company, 1926.

说,他的结论是:"生长的学说,以其现有形态论,变成了教师的清明思想的积极障碍物。它阻碍着他之发现他需要一个指导性的社会哲学。"他建议教育界应将"生长"这一名词根本搁置不用——至少在相当时期以内①。

杜威自己作过牵强的辩解。他承认生长可能循各种不同的方向。一个小偷,经过多次练习,可能变成巨窃,这也是一个生长的方向。这种生长当然是不好的。为什么不好呢?据杜威说,那是因为这一个特殊方向的生长足以阻碍其他各方面的生长:"只有当一个特殊方向的生长能促进继续生长者,它(生长——笔者)才能符合教育即生长的准绳。"②

这种辩解没有把原来的生长说推动一步。假使你承认,在各种不同的生长之中,有着质的不同,即是有好有坏,那么你必须承认有一种可据之以决定好坏的标准或方向。杜威说,这标准就是"更多的生长"。这等于说:生长需要有一个标准,而这标准就是生长!

在杜威的后期著作中,有时也承认生长应该有方向,而那方向应该是"社会"决定的。但杜威的"社会"是一个空洞抽象的名词:是法西斯主义社会?还是社会主义社会?杜威希望一个"新的,更正义的,更人道的社会"③。但在"社会"上面冠以一连串的形容词并不曾赋予"社会"以更具体的内容,因为杜威是反对教师将未来新社会的具体图案以及争取那新社会现实的政治纲领揭示给学生的。

美国的"进步教育"(Progressive Education)是以杜威的教育哲学为理论基础的。在1941年,进步教育协会曾经发表一项重要文件:《进步教育,它的哲学与挑战》。这文件承认,生长这概念是不够的,生长必须有方向;它声明它愿意为教育指出一个方向。它区别"自然"、"自发"的生长与"受社会理想指导的生长",主张"自然"、"自发"的生长,在教育思想上,应该让位于受社会理想指导的生长。但最后它表示,它的主张与那些想首先确立一个新社会蓝图,然后毅然趋向那目标的主张,截然不同。它指出,美国的民主传统,经过一番精炼之后,即可提供教育所应遵循的方向④。在名词上转了一个大圈子,在本质上原封未动:杜威的生长无方向论!

---

① Boyd Henry Bode, Progressive Education at the Crossroad, Newson & Company, 1938, P. 78.
② John Dewey, Experience and Education, Macmillan, 1951, P. 29.
③ John. Dewey, Education Today, Putnam's Sons, 1940, P. 298.
④ 见"Progressive Education",1941年5月号附册,作者、文章名、页码未详。

二 进步论

在开始的时候,美国的"进步教育"是美国的教学方法上的革新运动,在它的后面没有整套的理论体系。发展到后来,杜威的教育哲学取得了主导思想的地位。因此,要评估杜威的教育思想,"进步教育"的理论与实际是很重要的参考资料。直到现在,美国教育家还没有确立"进步教育"的定义。但在本质上,我们可以说,"进步教育"是以杜威的"进步论"为理论基础的教育运动。

杜威的进步论与他的生长论是密切不可分离的。以个人言是生长,以社会言是进步。康德尔批评杜威的生长论是"无方向的生长",他对杜威的进步论也有一个一矢中的的评语:"混进步与变动为一谈"①。

进步首先必须是变动。社会没有变动,自然无进步之可言。但并不是所有社会变动都是社会进步。社会变动可能朝向好的方面,也可能朝向坏的方面。社会向好处变,称为进步;向坏处变,称为退步。问题在于:判定某种社会变动是进步,某种社会变动是退步的标准是什么?

杜威的回答,凡一种变动能加丰与扩大"现在"活动之意义者是进步:"进步是现在的改造,足以增加意义之丰满性与明确性者,退步是现在的意义、判断与掌握之逸失。"②这条定义是很费解的,我们必须用另外一种方式去说明它的意义。关键在于"现在"两字。杜威的意思是:进步是"现在"之发展,不是向"将来"之靠近。初看起来,这两句话似乎没有区别;但在杜威的心目中,这两句话有着天大的区别。向"将来"靠近意味着社会之应该朝向预定的目标而移动,"现在"之发展则是社会在现有基础上之改变。杜威主张"将来"服从"现在",反对"现在"服从"将来"。在教育上说,将来服从现在的主张是杜威的"教育即是生活而不是将来生活之准备"的理论基础;在社会方面说,杜威认为社会进步应该是连续的,不应该有中断。归根结底,杜威主张改良,反对革命!

相当于杜威的"生长无方向"是他的"进步无目标"。既然进步无目标,则一切变动均可称为进步。康德尔的"混进步与变动为一谈"的评语是公正的。

而且,如上所述,我们不能把杜威的生长论与进步论看成两件事。他的进步论是他的生长论的继续;从他的生长论里,必然会引出他的进步论的结论。华德在杜威之前,预先道破了这一点。在讨论到自然的或自发的社会进化之特征时,华德指出:"……产生的变动是徐缓的,那过程是一个发展或进化的过程。

---

① Kandel, The Cult of Uncertainty, P. 10.
② John. Dewey, Human Nature And Conduct, Henry Holt And Company, 1948, P. 283.

在这方面,社会进步与生物进步,甚至宇宙进步相类似。它永远不是突然的或迅速的。它不会以飞跃的方式而出现。"①

如斯大林所指示,达尔文否定激变(突变),承认渐次的进化②。杜威的进步论,像他的生长论一样,受过达尔文的影响。他认为进步应该是个别、特殊事项的改良,而不是全盘与根本的制度之改造。他承认渐变,否认突变。

仅仅用达尔文的进化论去说明杜威的进步论是不够的。我们必须挖掘他的进步论的社会根源。

美国社会学家林德(Robert S. Lynd,1892—1970)氏等曾著《转变中的中间城》③一书,是一个典型的美国城市之社会调查报告;立场是"居中偏左",而功力颇深,被推崇为同一类著作中之经典。林德列举作为典型的美国人的"中间城"住民的信仰多项,其中有一项是他们信仰"进步"。他们认为进步是生命之法则。但他们所理解的进步是自然而然的,即进步之为物是水到渠成,无须人力之勉为推动,而其方向与目标也无须作事先之规划与决定。"中间城"的住民相信,美国的社会结构与文化类型,基本上是健全而合理的。缺点还是有;但他们相信,这些缺点可以在"迟缓但是可靠"的改良中获得纠正。他们坚信,进步应该循着自然而按部就班的程序,而突然的改变或以计划和决心去速成改变是不自然的④。

这种进步观念,如像林德批判地指出来的,是一种挨分挨寸的作最小限度修改的办法。这也就是杜威的办法。可以说,点唱杜威的进步论曲子的就是那些以学校、教堂、报纸,支配着"中间城"人民的思想,使他们相信上述的那种进步观的美国统治阶级。

一个社会的进步究竟应该采取渐变的方式或突变的方式,是决定于特殊的时地条件的。斯大林指示我们,运动有双重的形式,进化的与革命的:

"当进步分子自发地继续着自己的日常工作并且把小的量的变化输入旧秩序的时候,运动就是进化的。

当同样的分子联合起来,渗透着统一的思想并且冲向敌人的营垒,以便根本消灭旧秩序并且把质的变化输入生活中间,建立新秩序的时候,运动就是革

---

① Lester F. Ward, Dynamic Sociology, D. Appleton And Company, 1915, P. 56.
② 斯大林著,曹葆华译:《无政府主义还是社会主义》,华中新华书店1949年版,第16—17页。
③ 今译《转变中的中镇》。——编校者
④ Robert S. Lynd, Helen Merrell Lynd, Middletown In Transition, NY: Harcourt, Brace and Company, 1937, P. 405.

命的。"①

在一个社会之中,当它的生产力与生产关系之间,矛盾还不厉害,即是生产关系还能给予生产力以相当发展余地的时候,社会的进步可以采取渐变,即进化的方式。到了生产关系与生产力处于不可调和的矛盾地位,即社会生产力必须打破了现存社会生产关系的桎梏才能获得发展余地时候,社会进步只能采取突变的,即革命的方式。

在一百年前,乃至在五六十年前,资本主义在美国,还在走上坡路,还具有相当的生产性、积极性与进步性。在那种情形下,渐变或进化的社会进步论是说得过、行得通的。杜威是在19世纪末年开始著书立说的。那时候,在世界的范围内,资本主义已开始走入没落的阶段,即帝国主义的阶段;但由于资本主义发展之不平衡性,资本主义在美国的败象还未显露,甚至还有些欣欣向荣的表象;杜威在那时候提倡渐变的进步论是可以原谅的。到了20世纪的20年代,美国资本主义的败象已露,乃至杜威在他自己的著作《新旧个人主义》一书中,也已承认美国的个人主义、放任政策的经济制度已经到了必须根本改弦更张,让位于集体主义的、社会主义的经济制度的时候,但他还是死守他的渐变论不变,不管其主观企图怎样,其客观意义是反动的,是阻碍历史之真正进步的。

《新旧个人主义》一书出版于经济恐慌之前。那次的经济恐慌着实使杜威苦恼了一下。在30年代的著作中,他被迫声明,他的实验主义并不是无条件的枝枝节节改良论,或无原则的和平主义论。他说,他的哲学对社会进步之方式并无成见;在时间和地点条件上应该改良的时候主张改良,需要革命的时候主张革命②。拿这种话断章取义来读,似乎杜威已经超越了自己的渐变论。但我们把他的全文连贯起来看,把这种议论与他以后发表的著作联系起来看,则杜威在这问题上还是原封未动。他不说反对革命,但他反对有"暴力"的革命,即是突变的革命!

中国近百年来的局面,明明是突变而不是渐变的形势。胡适之流连这点都看不清楚,死守着一百年前的美国环境中产生而现在已经不再适用的进步论,在中国翻版为一点一滴改良论。这是买办文化人低能短视的一个鲜明例子。

杜威的进步论,在美国的"进步教育"上有些什么反映呢?

美国的一位居中偏左的教育家,杜威的信徒之一,拉格(Harold Rugg,

---

① 斯大林著,曹葆华译:《无政府主义还是社会主义》,华中新华书店1949年版,第8页。
② William H. Kilpatrick, The Education Frontier, NY: The Century Co., 1933. 页码未详。

1886—1960),在第二次世界大战年间,曾经访问过许多"进步学校"。他最深刻的印象是所有"进步学校"对现实政治、社会问题之超然与漠不关心的态度。

杜威是主张学生讨论社会、政治问题的,包括有争辩性的问题。他认为这类讨论可以培养学生对社会、政治问题之敏感及判断,使得他们长大后可以和和平平,按部就班的改良社会。但是他主张"多谈问题,少谈主义",所以讨论只能停滞于枝节、个别的问题上,而不能深入到大原则、大主张。再则,杜威反对"宣传",反对"灌输",教师在指导学生进行问题讨论时,当然有他自己的看法、主张与结论。把这种看法、主张与结论讲给学生听,在杜威看来是"宣传"及"灌输"。这禁忌对不进步的教师不严重,因为他们是现状之维持者,没有什么特殊的主张或结论,即使有之,也触不到根本大原则。进步的教师则不然。他们对社会、政治问题有新的看法、主张与结论,而且结论总是牵涉到大原则的。故杜威的反对"宣传"与"灌输",事实上封锁住了进步教师对学生的政治影响。不进步的教师没有问题可以讨论,进步的教师不敢讨论问题,结果自然只有大家对现实的社会政治问题超然与漠不关心了。

杜威的另一信徒胡克(Sidney Hook,1902—1989)曾经这样评估"进步教育":"进步教育"的哲学在改良现存社会实践上可以有些用处;但要促成基本的社会改变,"进步教育"必须与真正进步的社会哲学与社会运动联系起来。事实上,"进步教育"并没有做到这种联系,故它成为一种聪明的小康家庭父母为其子女谋取较好的学校的奢侈品①。波德对"进步教育"的批评更为尖锐:"进步教育对于我们的文化中的混乱是显著的不关心;它一向是个人主义的,一向对社会改革的需要麻木不仁"。"进步教育"对社会改革也会夸夸其谈,但它"……并不认真想'图谋不轨'。除了止于散布一些更多的甜美与光明以外,它无意于改变社会的现存价值标准。"②

波德、胡克、拉格之流对于"进步教育"之未能结合于一个进步的社会哲学表示遗憾。他们相信在杜威的教育思想体系中有着一个真正进步的社会哲学,过失在于"进步"教育者未能认真体认力行。其实,"进步教育"在其他方面,容有夸张谑画杜威主张之处,但在不与真正进步的社会哲学相结合一点上,如我们在上文中所分析,完全是杜威主义的。所谓"社会哲学",或者,如波德所说,"特殊的生活方式",是笼统的名词。要改造社会,必须有一个具体的政治行动

---

① Sidney Hook, Education for Modern Man, NY: The Dial Press, 1946, P. 54.
② Boyd Henry Bode, Progressive Education at the Crossroad, Newson & Company, 1938, P. 57.

纲领;而这个,杜威自己以及他的门生是坚决反对的。

在1929年经济恐慌以后,在他发表的关于社会、政治、经济问题的文字中,杜威运用了相当分量的右倾辞令。他反复指陈,自由企业、放任政策的经济制度的日子已经过去;居今之世,只有集体主义或社会主义的经济制度才能保证个人之最大限度的发展。他对于资本主义制度在工人阶级的文化生活上所造成的祸害的控诉,使人会误会到,杜威会走上真正社会主义的结论。他提倡一种"激烈的自由主义",认为在今日的局面下,自由主义要起一点作用的话,它必须是"激烈"的。①

当然,杜威所贩卖的是社会民主主义的膏药,而自由主义本质上是激烈不到什么地方去的。退一万步讲,即使在杜威的社会思想中真有一点点的社会主义或激烈主义,学校可以不可以对学生提倡这种社会主义或激烈主义呢?杜威的基本立场否定着这一点:将新社会的图案提示给学生,在杜威看来,是强立一个固定目标,要学校与学生向之靠近,这是违反他的生长论与进步论的基本精神的。

这里面存在着杜威社会哲学中最大的矛盾。一方面,杜威及他的门人希望教育结合于一个进步的社会哲学;一方面,他们害怕着那社会哲学之太具体,太肯定。胡克的话和盘托出了这种心事。他说,"进步教育"应该与"使美国文化民主化的伟大任务"联系起来,但同时"不要将这进步的社会哲学与任何特殊的社会与政治纲领结合起来"。②

这种矛盾而模棱的主张,其最后的作用是麻痹教师与学生为争取旧社会之推翻,新社会之建立而作的政治行动。

美国的"进步教育"在20年代,经济恐慌爆发之前,发展得最为蓬蓬勃勃。那时候的美国人,目眩于表象的经济繁荣,幻想着资本主义在美国有着万年不拔之基础。经济恐慌一爆发,"进步学校"开始受到左右的夹攻:真正进步的人士反对它,因为它是"假进步",实质上阻碍真进步。极端反动派、财阀及工商大资本家也讨厌它,因为到了自己的统治受到根本威胁的时候,他们连"假进步"的玩意都不敢领教了。"进步学校"的主顾大多是小资产阶级的自由职业高级知识分子的子女。这也许说明着这一点:杜威的进步论,以及建立在杜威进步论的基础上面的"进步教育"是小资产阶级的第三条路线幻想。在社会到了非

---

① John Dewey, Liberalism and Social Action, G. P. Putnam's Sons, 1935, P. 62.
② Sidney Hook, Education for Modern Man, NY: The Dial Press, 1946, P. 55.

根本变革不可的时候,第三条路线是不存在的;非倒向极端反动的一边,即倒向真正进步的一边。杜威不肯倒向真进步的一边,事实上即是倒向极端反动的一边。中立是不可能的,因为中立是对于"现状"之原封不动。

三 无定论

康德尔将他批判"进步教育"哲学的小册子定名为《无定教》,这选择是聪明而恰当的,因为了解了杜威的无定论(Theory of uncertainty),就是抓住了全部杜威哲学乃至其全部哲学的中心环节。

杜威的本体论是肯定变动,否定静止与永恒。在杜威看来,存在的第一特征是变动,那万事万物的无尽的流转。在人类生活中,就像在生物界,无生物界,乃至整个的宇宙界中一样,永远有着变迁,即是有着进化——杜威将"进化"定义为变动之延续。就像他相信生物的进化不循预先固定的目标或方向,他相信宇宙之演变并不循预定的图案或意匠。这个世界会变成这样而不变成那样,在杜威看来,是一种偶然而不是必然。今后我们的世界,会朝向哪一方面发展,没有人能够"确定"。在存在或世界的变化中,永远有着"新奇",或"出人意料"。用杜威自己的话,世界或存在是不稳的、无定的。

在这个无定论里,我们也可以看出达尔文的进化论之影响。如杜威自己所指出的,达尔文进化论对现代哲学影响之一是把"过程"(动)提放到第一位,而把"结构"(静)贬降到从属的地位。但杜威的无定论有它更重要的社会根源。

杜威生活的时代与国土是多变的。在20世纪之初,杜威看到美国的生产技术在三年一小变,五年一大变,随之而或快或慢,或多或少在变的,是社会的道德标准,风俗习惯以及一般生活方式。——但是杜威没有看出美国的生产关系也需要变!因为杜威深深感觉到美国正在经过一个剧变的时代,他才提出反对以教育为未来生活之准备的主张。假使你根据目前的成人需要而准备儿童的未来,你会发觉,到了儿童长大成人时,他们事实上是受了错误的准备,因为那时候的世界与人生,一定已经大大地改头换面了。用杜威的话,未来是朝三暮四地无定的,在教育上即使想准备未来而亦无从准备起。于是杜威得出结论,教育应该把握现在,把儿童的"现在"作了最好的利用,也就是把儿童的未来作了最好的准备:"这样,当现在不知不觉地渗入于未来时,未来也已获得照顾了。"①

---

① John Dewey, Democracy and Education, Hayes Barton Press, 1926, P. 53.

杜威强调"变"的主张没有错。他的错误在于认为变无定向，变不循一定的规律，变是不可知的。

社会的存在决定社会的思维，杜威的无定论显然是美国的物质生存条件的反映。在过去全部人类历史上，社会的发展受着"自发"的力量与影响的支配，而不受人类自己意志的控制。在近代，人类逐渐发现了自然界的"一定"的规律，随而利用这些规律替人类自己的目的服务，这就是说，人类已经学会了用自己的意志去驾驭自然，而不让自己受自然界的"自发"力量的支配。但社会的发展，对于人类，还是"自发性"的，不受人的自己意志的支配。在资本主义制度下，社会发展的自发性达到了最高的阶段。在这里，社会生活，尤其是经济生活，对于人类是一种外来的、强制的、敌对的、盲目的力量。人类站在这种力量的面前是完全无办法的。自然而然地，他们会觉得社会的变化是神奇莫测的，是无定的、不可知的。

杜威想给予这种心理以哲学基础：社会的变是无定的、不可知的，因为宇宙的变也是无定的、不可知的。这是存在之本质！

无产阶级的革命导师指示我们，自然的发展，社会的变化，同样有着必然性，是循着一定的规律，是可以预知的。在资本主义经济制度下，"必然"要有周期性的经济恐慌，资本主义"必然"要没落，"必然"要让位于社会主义，从资本主义过渡到社会主义"必然"要经过一个革命。而到了社会主义时代，则人类根本制服了社会生活中之"自发"性，使社会的发展服从人类自己意志的支配。世界开始由"盲目需要"的，转变为"自由"的。

对无产阶级说，无论在从资本主义转变到社会主义的过渡时期，或者在社会主义的建设时期，未来完全是确定的，因为教育可能、也应该，为那种未来服务与准备。但资产阶级却看不清楚未来，或者，更正确地说，不敢正视未来，因为今日的资产阶级统治已临日暮途穷的境地，未来是不属于他们的。这种悲观失望的心情反映在杜威的无定论中。在1946年出版的《人的问题》一书中，杜威写着：

"甚至最有远见的人们，也不能够在不过是五十年前的样子预见到事件的进程。怀抱着希望的有广大世界眼光的人们看到了事件的实际进程是指向相反方向的。"[①]

但马克思与恩格斯远在一百年前就已预见了资本主义之必然没落，确定了

---

① John Dewey, Problems of Men, Philosophy Library, 1946, P. 23. ——编校者

社会主义之必然胜利。《共产党宣言》中所作的预言，一百年来正在世界范围内不爽毫厘的证实。要驳斥杜威的无定论，难道需要比这更多的论据吗？

杜威的知识论将在另一节内加以讨论。在这里，我们只要提一下杜威的无定论在他的知识论上的结论。假使"本体"是不稳的，那么，绝对的客观真理或知识是不可能的，因为真理是对本体之认识。真理是无定的，是相对的、假定的、暂时的。真理需要用适当的方法，如像在自然科学实验室中所用的，经常加以检查与考验。

在伦理的领域内，杜威的无定论引出了他的工具主义的价值论。天下没有绝对的，只有相对的价值；没有最高的，只有多种多样的价值。一件事情是好是坏，决定于它之能否达成一种目的。问题在于：有什么目的？是谁的目的？假使甲事是达成乙事目的之工具，乙事又是达成丙事目的之工具……这样一步一步推上去，我们永远达不到一个绝对的、最高的价值标准。

马列主义者是承认绝对真理、绝对价值的。马列主义者认为，真理是"存在"的规律性在人类头脑中的反映。"存在"的规律性是客观地存在于我们的头脑或主观以外的。而承认了客观真理，如像列宁所说，就是适当地承认了绝对真理。马列主义者也承认有相对真理，但对于他们，绝对真理与相对真理并不彼此排拒。人类的头脑不可能一下子正确地反映了全部的客观真理。人类对于客观真理的认识，受着历史发展阶段的限制。在各时代人们的认识中，有真理的部分——也有错误的部分。在这意义上说，这些认识都是相对真理。但将许许多多的部分真理或相对真理累积起来我们就可以逐步接近绝对真理。这是相对真理与绝对真理的辩证的统一。最重要的一点是：真理是客观存在的，因而是"一定"的、"绝对"的，而且是可以知道的。

在价值判断上也是一样。譬如，用发展的观点看，资本主义有它好的方面，也有它坏的方面。在它的少壮期间，资本主义虽则已经有好有坏，在总的方向来说，比起它所替代的封建主义来，它有进步性，它是好的。但到了没落的阶段，资本主义是反动的，是坏的。这个价值判断是绝对的！

相对主义者否认绝对真理与绝对价值，他们即是否认客观真理，他们是主观主义唯心论者。这是杜威的无定论在知识论与价值论方面所达到的最后结论。

杜威承认，人类在真理与价值的事情上有着要求"一定"，要求"绝对"的心理。他打算满足人类的这一项合法要求。他的建议是，用"绝对的方法"去代替"绝对的目的"。我们的世界是不稳的，我们的知识是无定的。但是，运用着一个绝对的方法去应付"推陈出新"的变局,我们是可以把握住未来的。——杜威的绝对方法是"智慧的方法"(method of intelligence)。

这一点让步没有在基本上修改了他的无定论。假使,由于运用"智慧的方法"的结果,我们在某一社会问题上达到了某一个结论,如像马克思在科学地分析了资本主义社会之后而得出了资本主义必然没落,共产主义必然代兴的结论。在以这种方法得出的结论中有没有绝对性或"一定性"呢？杜威不能承认这一点：这结论是相对的、暂时的,必须继续运用"智慧的方法",根据新的形势加以检查与修正。转了一个圈子,我们又回到了原处！

杜威无定论的反动性,在社会实践上表现得最为露骨。显然,相对性的真理,工具性的价值,是不足以引出人们的热忱,使之锲而不舍、择善固执的。如康德尔所指出,"无定教"会引起犬儒主义、怀疑主义乃至虚无主义。波德也作过类似的自供："进步"学校的学生"踏进生活时没有一个一以贯之的信仰,没有一个依据之以决定他行为的效忠目标。"①"我们没有认真努力给予我们的年轻人以一个生活的福音(宗旨——笔者)。"②

杜威并不是不知道这种缺点。在他的《共同信仰》一书中,他想给"信仰"留出一席位置。读过全书,你获得的印象是,杜威并没有自他的老主张走远了一步！他坚持着"对于那达到真理的方法之无上忠诚",他还是将对于"智慧的方法"的忠诚与"即使是最低限度的一点信仰(只要是事先这样决定,以至永远不能修改的)"对立起来。他的办法是将他的绝对方法奉为宗教。他说,对于作为一种社会行动力量的智慧之笃信,可以热忱以宗教性的地步③。

杜威承认信仰在理想的构成上的重要性。但他指出,对于理想的信仰只是相信其在未来有此可能;至于可能之能否成为现实,是"不一定"的。"而且这信仰的推动力也并不依靠着理智的保证或确信,说我们所努力的事情必然会胜利,必然会获得具体的实现。"④就在讲信仰的时候,杜威的无定论又抬头了："至于结果,不管我们怎样努力,是不由我们支配的。"⑤

这种半心半意,将信将疑式的信仰是"不行"的。譬如哥伦布,首先,他必须有一个理智的保证与确信：地球"一定"是圆的,向西航行"一定"会到达东方的

---

① Boyd Henry Bode, Progressive Education at the Crossroad, Newson & Company, 1938, P. 57.
② 同上。
③ John Dewey, A Common Faith, Yale University, 1950, P. 79.
④ 同上,P. 23.
⑤ 同上,P. 25.

大陆。他必须把这种"一定"保证人们,人们才肯做他的水手。假使他用实验主义哲学家的口吻讲话,反复指陈,未来是无定的、不稳的,向西航去可能找到大陆,也可能找不到大陆,说那只是一个实验。——那么,在到达新大陆之前,他早已被他的水手抛入大西洋中了。

中国自鸦片战争以后,连续的在列强手中吃了几次败仗,大家感觉到中国要生存,必须要变。但变得有个变的方向。如像哥伦布的水手们置身于一个渺无涯际的大海洋。中国人要求着一个"一定"的航行目标,"一定"的航行方向——循着这方向"一定"可以达到目标的理智保证。杜威的哲学没有给予中国人民以这个方向与目标。此所以杜威学说在中国虽曾热闹一时,但他的政治影响却不成大气候。马列主义的哲学替我们指出了一个"一定"的目标,正确的方向。中国人民确信着这目标,坚持着这方向,结果,果然得救了。

在狭义的教育方面说,杜威的无定论也有不好的影响。我们说过,杜威强调变动的主张不能算错;但他在教育上所作的结论是太牵强了。因为世界不稳,知识无定,所以杜威轻视现存的知识体系与科学结论。这就意味着对系统知识之重要性的抹煞。一个古代的希腊哲学家可以觉得,当他以同一只脚有两次放入同一条河流时,他事实上是以两只不同的脚,放入了两条不同的河流。对于普通人,扬子江永远是同一的扬子江。从宇宙的观点说,过去曾经有过扬子江不存在的时候,将来可能有扬子江不复存在的日子。但一位地理教师,在教学扬子江时,不妨肯定扬子江的绝对性与固定性。数学教师手中的九九表也是绝对的,他不必顾虑在哲学上这说法有没有妥当的保证。

美国学生之系统知识不足,基本学科训练不够,是大家公认的事实。杜威的教育思想对此不能说没有责任。一部分美国教育家曾经发表宣言,强调基本学科训练之重要性,——他们自称为"基本主义者"①(Essontialists)。杜威的门徒们嘲笑基本主义者,说他们迷醉于"永恒的真理"。不错,基本主义者要求教师多教一些"打上'永恒'的烙印的价值",但他们之所谓"永恒"不是绝对意义上之永恒,只是指着比较有久远价值的东西而已。杜威的门徒们说,这"永恒价值"是超经验的;其实基本主义者所强调的只是前人遗留下来的经验总结,即是种族经验。再则,基本主义者并没有说,一切先人经验都有久远价值,只是说某些先人经验有久远价值而已。基本主义者在这方面的立场,大体上是正确的;但杜威的门徒们却鸣鼓而攻之,谥之以"反动"的恶名。

---

① 今译为"要素主义者"。——编校者

四　智慧论

杜威替自己的一本伦理学著作《人性与人类行为》，题了一个副书名：《社会心理学教程》。在那本书里，杜威指出，人性与人类行为，基本上决定于社会。他反对流行于英、美的个人心理学，提倡社会心理学。

决定人类性行的主要因素，据杜威说是习惯。人是习惯的动物，或者说，"人是一束有联系的习惯"。但个人的习惯是以社会的习惯——风俗、制度——为内容的，所以，人性与行为大体上决定于社会。

但习惯，个人的与社会的，一经养成之后，在本质上会流于凝固与僵化。这对个人讲，是生长之停止，对社会讲，是进步的不可能。

事实上，社会是进步的，也应该有进步。这进步，杜威归功于决定人类性行的两个次要因素——冲动与智慧。旧的社会风俗制度，在新环境之下，到了不能满足人类的基本生活要求与欲望时，"冲动"会以横决的方式，冲破习惯的藩篱。但冲动，据杜威说，是盲目的，它的力量足以打破旧习惯，但不足以保证新习惯比旧习惯更好。这冲动的横决，在政治上表现为暴动与革命。这里就有着智慧的地位：智慧指导冲动，由冲动提供动力，由智慧提供眼睛，社会就可和和平平的向较好较高的地步迈进。

所以，在杜威的人性论中，习惯是保守的原则，冲动与智慧是变革的原则；最重要的是智慧，冲动必须受智慧的指导。

杜威把智慧当作一种"社会行动"的方法看。不同的社会有不同的行动——处理与解决社会问题——的方法。据杜威说，在"民主"主义社会中，社会行动的方法是上面说过的"智慧方法"。杜威指出，民主主义社会之有别于其他形态社会的特征就是这个智慧的方法。

智慧的方法就是"实验"的方法。杜威往往把这两个名称，等同起来应用。实验的方法，应用之于自然科学，已经产生了辉煌的成就。杜威确信，用这种实验的方法或态度去处理社会问题，一切问题会获得最好的解决。自然科学上发生不同的意见，最后是在实验室中决定是非真伪。争执的两方会心平气和地进行实验，也心平气和地接受实验的结果。杜威在这种实验室方法与态度上面，寄托着他的人类拯救的希望。——杜威甚至主张把智慧的信仰提升到宗教的地位，如像我们在上文中所提到的。

且不说这种理论显然是对社会历史之唯心论的看法。问题不在于这种方法好不好，而在于，作为一种社会行动，尤其是社会变革的方法，它行得通行不通?资产阶级说,资本主义好;无产阶级说,社会主义好。作为统治阶级的资产阶级,肯心平气和地让无产阶级来进行一个社会主义的实验吗?事实上,伟大的社会主义实验,已经在六分之一的地面上进行了三十多年,而且已经得出了绝对肯定的结论。一切资本主义国家的统治阶级,肯心平气和接受那个实验的结论吗?

值得注意的是,每当杜威提起智慧的方法或实验的方法时,他总是连带提起马克思主义的暴力方法(method of violence)。他将智慧的方法与暴力的方法对峙起来。

杜威对马克思主义的"社会行动"方法论,尤其是社会变革方法论的批评有四点。

第一,马克思主义相信历史发展的必然性,而杜威认为,在自然与社会的发展中,只有或然性而没有必然性。资本主义可能为社会主义所替代,但不必然为社会主义所替代。凡必然要到来的事情,杜威说,用不着人类操心。人类所应关心、所能关心的,只是"可能"发生的事情。再则,历史的必然性否定了人类的自由选择,即是否定了人类智慧的运用。

第二,马克思主义主张一元论的历史哲学;据杜威说,那就是经济决定论。杜威自己相信多元论的历史哲学:人类历史决定于人性诸因素与文化(社会)诸因素——经济是其中之一——之相互影响。

第三,马克思主义主张用暴力革命的手段达到无产阶级社会中的真自由与真平等。杜威认为,马克思主义的目的是民主的,但实现目的之手段却是"非民主"。杜威相信目的与手段之间的一致性。杜威预言,马克思主义以非民主的手段始,必将以非民主的目的终,结果是"以暴易暴"。

最后,杜威指责马克思主义是一种抽象概念的逻辑。马克思主义者并不把辩证法、阶级斗争……当作臆说,而把它们当作真理,而且要把这种真理,不顾特殊时地的需要与情况,普遍应用于一切场合。

在许多不重要的地方,杜威颇能显出渊博与公平的面貌。但在紧要关头,例如在对马克思主义的评价上,即使是对马克思主义文献涉猎不多的人,也可以看出,杜威表现的是惊人的无知与胆大的捏造。

第一,马克思主义者相信历史的必然,但他们并不否定人为的努力。没有人为的努力,历史的必然,不会自然而然地实现。其次,如像杜威自己所承认的,关于自由的概念,有两个不同的传统:盎格鲁·萨克逊传统与大陆传统。后者由斯宾诺莎到黑格尔,把自由理解为必然的认识。也像杜威所指出,马、恩是属于这大陆传统的。认识了历史的必然，按照着必然规律而行动，是自由的肯定而不是它的否定。至于历史有没有必然性，或者只有或然性，这只有在历史的实践中去考验。过去人类的历史已经证明历史有必然性；今后的历史，将要提供我们以更多的证据。

第二，马克思主义者主张的不是经济决定论而是历史唯物论。社会的存在，即社会的物质生活条件，固然决定社会的意识，但马克思主义者并不否定社会意识对社会存在的影响。他们强调观念，尤其是先进的观念，在人类历史中的作用与地位。

第三，历史上已经有过了大大小小的几次革命，譬如美国独立革命与法国大革命。在哪一次大革命中，是以暴力的手段始，以暴力的目的终的？说到手段与目的之间的统一与矛盾问题，我们可以以杜威之矛，攻杜威之盾：杜威在批评今日之自由主义时，承认旧时自由主义的目的，在今日只能以与旧自由主义相反的手段去达成①。凭什么逻辑，杜威肯定自由主义可以运用相反于目的之手段的权利，而否定马克思主义以同样的权利？

第四，马克思主义者相信辩证法、阶级斗争……是真理。但这些并不是"先验"的公式，硬按在自然与社会身上，而是从自然与社会中所抽出的客观规律。在实践中，他们已经被证实为具有普遍妥当性。但马克思主义者始终反对视马克思主义为教条，而主张马克思主义的普遍革命真理与特殊的时空条件下的革命实践相结合。

不可能有更无稽的谰言，说马克思主义的方法是反智慧的。是马克思主义第一次把历史与社会学提升到精准科学的地位。像资本主义必然会被社会主义所替代的理论，是马克思从对于资本主义的精密科学分析中所得出的结论。假使马克思主义者坚持基本社会变革必须经由暴力革命，那是因为他们接受历史发展的客观规律。马克思的社会主义有别于从前的社会主义，正是前者是"科学"的，而后者是空想的。

杜威要我们相信，解决基本的社会问题是一件简单事情。通过自由研究，自由发表，不同的政治主张可以用"臆说"的方式提出来，让大家心平气和地讨论，也让大家心平气和地接受讨论的结果。你，马克思主义者，说社会主义好吗？说出它好的道理来，拿出它好的证据来！等到大多数人接受了你的主张，你就可以在选举中获得多数票；你掌握了国会中的多数，你就是获得了实验你

---

① John Dewey, Liberalism and Social Action, G. P. Putnam's Sons, 1935, P. 54.

的政治主张的机会。

所以,杜威的智慧的方法,归根就是议会政治的方法。群众即选民,一定会接受正确的政治意见与主张吗?杜威说,凡受过智慧的方法的教育,而习惯于用实验的态度处理社会,也像处理自然一样的人,一定会作智慧的决定。杜威的"智慧的方法"的净的结论是:用教育替代革命!

"智慧的方法",是一种空想的方法。在阶级矛盾还没有深刻化到不可调和的程度,也许还能欺骗一般的人。等到政治主张的分歧代表着敌对阶级间之不可调和的矛盾的时候,这种分歧不能在议会政治的框子中解决而只能用革命或战争,即是杜威所说的暴力去解决。假使美国的国会可以解决一些政治纠纷,那是因为美国两个所谓反对的政党所代表着的是同一个资产阶级而不是两个敌对阶级。他们在大原则上原是一致的,枝节上的纠纷,自然可以拿议会方式解决。在美国历史上曾经有过一次政争,代表着两个敌对的经济利益,北方的工业资本家利益与南方的奴隶所有主利益。那次政争不是在国会中而是在沙场上解决的——南北战争。而当时南北经济利益之矛盾,其不可调和的程度,哪能与今日独占资产阶级与无产阶级之间的矛盾相比拟!

不是无产阶级不想用"智慧的方法",而是统治阶级不让用"智慧的方法"。美国的统治阶级控制着报纸、学校、教堂、电台、电影,无产阶级首先没有向大众说出社会主义的好的道理来的机会。统治阶级经常不断在对进步力量应用"暴力",譬如,用监狱对付"激烈"分子,用解聘威胁思想"有问题"的教师。但是杜威的"不要用武力"的说教,是对着进步力量发的!

在目前的情况下,要美国的进步政治主张获得选举票中的绝对数字上的多数是不可能的。退一步讲,假使无产阶级在选举中获得了多数,统治阶级会心平气和地交出政权,让无产阶级进行社会主义的实验吗?统治者会撕破议会政治的面具,用法西斯暴力对付无产阶级。现在美国已经开始在向这条路上走了。

杜威的智慧论是18世纪法国启蒙哲学的余音。那些哲学家们相信"意见统治世界"。现状世界所以不好,乃因在人们的意见中充满着迷信、偏见与愚蒙。因而,要把不好的世界改变为好的世界,只须"启蒙"人类,以自然、合理的意见替代迷信、愚蒙的意见。这些哲学家们的乐观主义是著名的。他们确信知识与理性之普及可以保证"人类之无限制的完善",即是人类社会之无穷进步。历史证明,这种乐观是没有根据的,因为它是从唯心论的社会历史观所得出的结论。

启蒙运动哲学家们相信意见或观念可以决定人类的行为,从而决定社会之命运。杜威曾经批评过他们(还有培根及洛克)的观念或知识万能论,说他们是大大地低估了旧制度、旧风俗对人类行为之决定力量的顽强性①。这批评不同样可以适用于杜威吗?法国哲学家们称为知识的,杜威称为智慧。

杜威对智慧的灵物崇拜,其逻辑的结论是教育万能。因为,智慧的方法,就是教育的方法。只有教育才能将实验的态度与方法,普及于人间,使人们习惯于用智慧的方法去处理社会生活,解决政治问题。如像有一位批评家所指出的,"智慧的信仰最后归结于对婴儿院、幼稚园、学校的信仰。"②

在这种信仰的后面还有杜威的一套心理学。人是习惯的动物,即是环境的奴隶。他们很难打破旧习惯的硬壳,很难改造旧环境。但是人类的婴儿期特长,在这期间人类的可塑性特大:"他们的冲动活动的生命是生动的、富伸缩性的、实验的、好奇的。"③习惯或环境对他们的决定力量还不是绝对的。成人一辈愿望着下代子孙过较好的生活,他们就要"创造一种特殊环境,其主要职能是教育。"④

已经说过,历史否决了法国启蒙哲学家的盲目乐观主义。类似的乐观主义存在于杜威的智慧论中。法国哲学家代表着新兴的资产阶级,他们的整个哲学体系是进步的;他们的乐观,虽然盲目,还是由衷。杜威是立言于资本主义垂死时代,他的乐观不得不是"故作镇定","色厉内荏"的。如前文所述,杜威是不敢正视未来的,他没有社会主义教育家所有的"明日的欢喜"⑤。

在教室实践上,杜威主张教师应该让学生讨论当前的社会问题,但是他不允许教师在讨论中提出自己的结论。要那样做时,杜威以为,教师是强迫学生接受教条,并且预先为学生规定一个社会进步的方向,这是他的"生长论"所不许可的。假使教师必须说出自己的意见,那意见只能作为一种"臆说"而提出,不能作为独一的真理而提出。这禁令的实际意义是冻结住教师与学生对现实政治问题之认真讨论。其结果,如上文所述,是所有的"进步学校"对重大政治问题之回避不谈!

---

① John Dewey, Freedom and Culture, G. P. Putnam's Sons, 1939, P. 141.
② Irwin Edman, The Contemporary and His Soul, J. Cape & H. Smith, 1931, P. 63.
③ John Dewey, Human Nature and Conduct, Modern Library, 1950, P. 127.
④ John Dewey, Human Nature and Conduct, Modern Library, 1950, P. 128.
⑤ 特尔·盖文江著,张章立译:《马卡连柯的生平及其教育学说》,新华书店1950年版,第14—15页。

杜威的智慧论的另一反动作用是让教师与学生相信一种神话：马克思主义的革命方法是非智慧的、反科学的！

五 知识论

从杜威的生长论、进步论、无定论与智慧论中，我们明白地看出，在社会哲学方面，马克思主义与杜威主义是冰炭水火的。那么，为什么在某一段时期中，杜威的教育理论也曾影响过苏联教育呢？我的臆说是：在杜威的认识论与"经验论"中有些貌似进步的东西，以至"杜威的反科学的理论曾经被一系列的苏联教育家们不加批评地引用着，并且拿来在我们学校里实用。"[①]

据我们所能获得的有限资料，苏联教育家对杜威主义的批判，主要的集中在他的知识论与"经验论"上；他们不大讨论到他的社会哲学，因为苏联教育从来没有在这卜面受过杜威主义的有害影响。假使笔者在讨论杜威的与教育有更直接关系的知识论与"经验论"之前，先以很多的篇幅，批判杜威的一般哲学及社会哲学，那是因为杜威在这两方面的理论，也曾迷惑过颇大一部分中国的教育工作者乃至一般知识分子。

现在我们依次检讨杜威的知识论与"经验论"。

知识论或认识论上的第一个问题是知识的起源。杜威认为，知识并不起源于感觉素材，如像洛克辈的经验论者所主张的，也不起源于理性，如像笛卡尔辈的理性论者所想象的。知识是，杜威说，起源于行动或活动。人基本上是一种行动或活动的动物，而不是"知识"的动物。知识是活动的副产品，是为活动的需要服务，是达成活动的目的之工具。所以，杜威称他的知识为"实用主义"的知识论[②]。

杜威称旧式学校为"静听学校"（listening school）：教室内的课桌椅是钉死的，教室中没有供学生活动的设备，也不让学生有活动的机会。学生的生活是在固定的座位上，静坐静听[③]。这种"静听学校"，据杜威说，是措基于一种荒谬的人性观："人是学习的动物"。

杜威要求着学校教育的这样一种改造，学生进学校，主要的是去活动，不是去听讲，是去"做"事情，不是去"学"东西。教室中的座位应该是活动的，因为学

[①] H·T冈察洛夫著，华北大学译学馆集体翻译：《实用主义与实验主义的教学论批判》，载《人民教育》第一卷第一期（1950年5月），第40页。
[②] John Dewey, Democracy and Education, Hayes Barton Press, 1926, P. 400.
[③] John Dewey, The School and Sociaty, University of Chicago Press, 1900, P. 48.

生在"做"事情时需要搬动座位。教师应该允许学生在教室中自由走动,自由谈笑。学生进行活动,"做"事情时需要知识与技能的帮助,只有在这情形下,学校给予学生以知识才是合法的。因为生命的基本事实是:活动是第一性的,知识是附属性的,所以学校教育的内容,应该以"做"为主,以"学"为辅。

这是在"做"中学,为"做"而学的主张。陶行知先生的教育体系,最后是超过杜威主义的,但其早期主张,例如:做、学、教、合一的主张,显然是受过杜威的影响。

杜威的教育理论之"外在的引诱性"在于它是对于传统教育中之形式主义的抗议。据杜威说,旧式教育是建立在这样一种解误基础上的:静观的或旁听的知识论。针对着这个,杜威提倡一种动作的(operative)或动手的(manipulative)知识论。当然,杜威也承认,除了"动手"的活动以外,儿童还有语文的活动,研究与探寻的活动与艺术表现的活动①。但因为旧式学校全部抹煞儿童的"动手"活动,所以杜威特别强调它。

这学与做的问题,在较高的教育阶段上,就是理论与实际的问题。杜威教育方法论有它的外在引诱性,因为它似乎是主张理论与实际之一致的。其实,假使旧式教育犯着理论与实际绝缘的形式主义或教条主义,那么,杜威犯的是把实际提升到第一位的狭隘经验主义或实用主义的毛病。新中国的教育是以理论与实际之一致为方法的。我们一方面要向传统教育中的形式主义、教条主义斗争,一方面也要向另一种偏向,即忽视理论的重要性,堕落为杜威式的经验主义或实用主义作斗争。

面向死亡的资产阶级是害怕理性的。这害怕反映在哲学思潮上,是"反理智主义"(Irrationalism)的猖獗。反理智主义在美国教育中占主导地位。在美国教育界中,"理智主义"(Intellectualism)被理解为一个骂人的名词。这种反理智主义的教育以杜威的"动手"的知识论为哲学保镖!

知识从实践中产生,杜威说。他举出几何学的例子。几何学产生于埃及人的尼罗河泛滥后的丈量土地的实践。这例子是举得正确的。但杜威忘却了这一事实:几何学在埃及,只停滞在感性的、技艺的阶段,到了希腊人手中,才由感性的、技艺的阶段,提升到理性的、科学的阶段;而从感性到理性,从技艺到科学是人类文化上之一大进步。关于几何学的实践经验,理性化为科学,以学科的方式教给学生,使学生有可能用一二年的时间,获得前人几千年间累积起来的

---

① John Dewey, The School and Sociaty, University of Chicago Press, 1900, P. 24.

实践经验的结晶。杜威将知识之实践起源论，机械地运用于他的教学方法论中，仿佛是想象个别儿童认识的过程要重复全部人类的认识历史似的。譬如，杜威要求每一学生，在每一门学科上做一个发明家或发现家。他不要学生接受现成的科学结论或体系，而要学生原始地得出自己的科学结论与体系！

"我们有时谈起'原始研究'来，仿佛以为那是科学家或至少是研究生的特权。但一切的思想都是研究，而一切研究，对于进行研究的人，都是本身的、原始的，即使除他以外，世界上一切的人都已经知道了他还在摸索的东西。"①

感性与理性是认识过程中之两端；他们之间，应该有辩证的统一。旧式学校全部抹煞了知识的感性基础是不对的。但杜威过分夸张了感性的比重。这夸张反映在课程论上，用教育学的术语说，是注重心理程序，忽视逻辑程序。当然，杜威也承认，儿童与课程（系统知识）是教学过程之两端。但杜威方法论的重心放在儿童这一端，结果是忽视了知识之系统性与逻辑性。

活动(activity)，在杜威的字典中，不是单纯的行动(action)。我们可以有两种不同的行动，一种是强制的行动，即是被动的行动；一种是自发、自愿，即是自动的行动。杜威之所谓活动，是指自发、自动的行动。为了强调这自发性与主动性，杜威有时在"活动"两字上冠以"自我"(self-activity)。

杜威批评洛克的感觉主义经验论，说它把认识的主体——人——错看为消极的、被动的。杜威强调着认识之积极性与主动性。

马克思在《费尔巴哈论纲》第一条中，对于包括费尔巴哈在内的唯心论的直观认识论，也有类似的批评。他指出，关于认识的积极性方面，反而是由唯心论中发展出来的。马克思指的是德国古典哲学。从莱布尼茨开始，经过康德、谢林、费希特而到黑格尔，德国唯心论哲学家一贯地主张认识之积极性与主动性。

德国古典哲学之教育学代表是福禄贝尔。他的教育学的基础是儿童本性之活动性（积极性与主动性）。作为一个唯心论哲学的信徒，福禄贝尔把儿童之活动天性看作绝对观念的活动性之表现。杜威追随着福禄贝尔，强调儿童之活动性，但他把那活动性理解为一种生物学的、心理学的概念。你从旁观察任何一个儿童半小时，你看他怎样片刻不停地在活动，你可以知道，儿童的天性是活动的！

马克思批评德国唯心论者，说他们只能抽象地理解"活动"，而不懂得真正的、感觉的活动（论纲第一条）。这批评同样可以应用于杜威。马克思主义中的

---

① John Dewey, *Democracy and Education*, Hayes Barton Press, 1926, P. 153.

活动是有社会内容的,它是人的生产劳动,以及人在生产关系中的活动。杜威的"活动",如上所述,只是一个生物学的、心理学的抽象概念。反映在教育方法论上,是儿童为活动而活动。

杜威的认识论的一个特征是他重视知识的方法论。普通认识论上讨论得最多的问题是:知识是什么?知识是可能的吗?杜威的知识论提出的是另外一类问题:知识是怎样获得的?

我们首先应该区别"知"(knowing)与"知识"(knowledge)两个字。"知"是认识的过程,"知识"是认识的结果。据杜威说,从前的认识论,把知与知识对立起来是不幸的;他主张过程与结果之统一。但仔细检查一下杜威对"知识"两字的用法,我们可以断言,杜威是偏重认识的过程,而忽视认识之结果的:"接受已经知道的或指出已经知道的不算是知识,正像从工具箱中取出锯子来算不得是制造工具一样。"①

杜威区别"知识的内容"与"知识的动向"(reference of knowledge)。用杜威的话,知识的内容是指已经过去、已经结束、已经不成问题的东西,知识的动向却是向前的、面向未来的。杜威注重知识的向前的一面,即是注重认识的过程,而不重视知识的结果。

应用到教育上,杜威要求学校注重求知识的方法,而不必重视知识本身。那么,什么是求知识的方法呢?据杜威说,那就是"思想"。思想触发于遭遇困难或问题,故问题或困难是第一步。为了要解决问题,需要动用现成资料(知识),故搬出知识来是第二步。第三步是利用现成知识来拟出一个解决问题的方案(臆说)。最后一步是将臆说付之实行,看它能不能真正解决问题。假使能够,那臆说就构成一个新的知识项目。因此,思想的全部过程,就是"知"的全部过程;因此思想的方法就是求知识的方法。

显然可见的,传统意义上的所谓知识,在杜威的认识过程中,只是四个步骤中之一个步骤——第二步骤。知识(传统意义上的)是不可缺少的,但它只是"找出或学得更多的东西"的资本与资料②。它必须从属于整个的学习过程。假使我们把"知识"看作一次完成,本身自足的东西,而不与其他步骤结合起来,那反而是有害于思想,亦即是有害于学习的。

---

① John Dewey, The Quest for Certainty, Gifford Lectures, 1929, P. 188.
② John Dewey, Democracy and Education, Hayes Barton Press, 1926, P. 185–186.

旧式学校中,教师把各种"知识"填塞在学生头脑中的办法,杜威称之为"冷藏的教育理想"。他警告教师,不要把对于问题的现存答案告诉学生,要让学生在解决问题的尝试中,摸索出自己的答案。

要批评杜威的这种理论,我们找不出比孔子的话更好的话来:学而不思则罔,思而不学则殆!用杜威主义做教学方法论指导原则的学校,教出来的学生,一定犯着"思而不学"的毛病。美国的师资训练,以注重教学方法而忽略教学内容著称的。欧洲人挖苦美国教师,说他们知道怎样去教他们自己不知道的东西。对于这种滑稽现象,杜威教育理论应该负一大部分责任的。

杜威认识论中讨论的第三个问题是知识的功用。如上文所述,对于杜威,知的过程就是从问题之遭遇到问题之解决的过程;因此,知识的功用在于帮助活动的人解决问题。知识从属于活动,为活动而服务。这就是杜威的知识功用论。

这就使我们接触到杜威的真理论,知识的测验是什么?对于杜威,真理的测验并不是认识与客观实在之是否符合,而在于效果或功用。假使知识的作用在于帮助人解决问题,那么,凡有助于问题之解决的是真理,反是者为虚伪。观念、意义、概念、科学的结论、政治的主张,都是工具。假使利用这些工具而能够达成生活上的目的,这些全是真理。上帝的观念是真是假呢?杜威的前辈实用主义哲学家詹姆斯肯定上帝的存在,理由是:上帝存在的假定,有助或有益于人类生活,所以上帝的存在是真理!马克思主义者说,马克思主义是无往而不利的,因为它是正确的。实用主义哲学家作一种倒果为因的说法:一种道理是正确的,因为它是行得通的。

马克思主义者把真理之绝对性与相对性,理解为辩证的统一。杜威全部否定绝对真理。恩格斯在《反杜林论》中曾经举出一些绝对真理的例子:二乘二等于四;三角形的三角之和等于二直角;巴黎在法国;不吃东西的人要饿死;拿破仑死于1821年5月5日。杜威连这些都不肯承认为绝对真理。另一当代资产阶级哲学家罗素曾经诘难杜威,难道像"哥伦布在某年某月某日在新大陆登岸"这一类命题,也不可能有绝对的真或绝对的假吗?在这类问题上,杜威还是不肯认输。他有一套诡辩,答复这一类问题。我毋需用冗赘的引文烦渎读者了。

杜威不承认绝对真理,因为他不承认客观真理。像一切唯心论哲学家一样,杜威不承认有独立存在于人们意识(在杜威说是经验)以外的"实在"或客观世界以及它的规律性。在杜威的语汇中,有"创造的智慧"(creative intelligence)一名词,意思是说:人在活动中创造"实在"、创造真理。这就是希腊诡辩哲学家们的"人是一切事物之尺度"的主观主义说法。

真理是相对的,杜威说,相对于功用。但功用不是因人而异的吗?杜威未尝不感觉到这种真理观的困难。他曾经做过牵强的弥补。他说,作为真理尺度的功用,不是"私人"的功用而是"公共"功用。譬如,一条公路的功用,不是对拦路行劫的盗匪而言,而是指便宜交通而言。但杜威主义真理论的主导精神是主观主义的相对论。罗素这样挖苦杜威,有人问你,今天早上有没有喝咖啡。假使你是一个普通人,你会觉得这问题是一个事实问题,喝过或者没有喝过。假使你是一个实用主义哲学的信徒,在回答之先,你会考虑,说喝过对你有利或有害,假使有利,你就说是喝过咖啡的。

杜威、詹姆斯辈的真理观,最足以暴露实用主义的市侩性。美国教育的有一个特征就是它的赤裸的市侩性。美国人大都是以金钱价值(cash salue)衡量教育价值。凡能使你赚钱最多的学科就是最有价值的学科。美国人有信仰教育的传统,但他们所信仰的是教育的金钱价值。多受些教育比少受些教育好,因为多受教育的人可以多赚些钱!

"功用"的知识论在教育上的另一种反映是理论之受忽视。这是我们在讲理论与实际之一致时,所以要防止流入狭隘的实用主义的第二重意义。

六 经验论

在杜威的教育哲学乃至一般哲学中,"经验"是个最最重要的名词。杜威说明他的哲学立场是"经验的自然主义论"或者"自然主义的经验论"①。列宁在《唯物论与经验批判论》中,曾经提到美国的实用主义:"实用主义嘲笑着形而上学,唯物主义和唯心主义,赞扬的是经验,而且也仅仅是经验……"②

哲学上的基本问题,如恩格斯所指示,是思维与存在,即是心与物的关系问题。对于这基本问题的答案只能有两个,而这两个相反的答案划分了哲学上的两大阵营,唯物论与唯心论。列宁在《唯物论与经验批判论》中指出,凡想跳过哲学上这两个基本方向的企图,是除了"调和派的欺诈术外一无内容"的。③

列宁的话完全适用于杜威。他们,主体与客体,或者,心与物之间的对立是不真实的,他要用"经验"的概念去统一心与物。而所谓统一心与物于经验,事

---

① John Dewey, Experience and Nature, Open Court, 1929, P. 1.
② H·T冈察洛夫著,华北大学译学馆集体翻译:《实用主义与实验主义的教学论批判》,载《人民教育》第一卷第一期(1950年5月),第38页。
③ 博古编译:《辩证唯物论与历史唯物论基本问题》,新中国书局1949年版,第537页。

实上就是用心去否定物；因为，不管杜威说怎样相反的话，经验总是意识。正像列宁所指出的，在尽量回避关于思维与存在之间的关系这一问题的一切诡辩和狡计的后面，永远地、无例外地，隐蔽着对这一问题之唯心论的解决。

实用主义可以说是马赫主义的一个变种。列宁对经验批判论与经验一元论的批评，大体上适用于杜威。但与我们的题目有直接关系的是杜威的教育哲学中的经验论。

杜威指出，"进步教育"需要一个建筑在"经济的哲学"基础上的教育哲学。杜威对经验的教育哲学所下的定义是："经验所原有，经验所自营，经验所必需的教育。"(education of, by, and for experence)① 陶行知先生的生活教育的定义："生活教育是生活所原有，生活所自营，生活所必需的教育"②，似乎是承袭杜威的定义而来的。

什么是经验呢？普通人以为，经验是由外而内的印象或感受，在性质上是被动的。杜威驳斥这种看法，强调着经验之兼具主动与被动的两重性。这里，我们又得回复到杜威的活动说：人是生而活动的，生而有活动的要求。生物学上的基本事实是：有生命即有活动，生命即是活动。但活动是有后果的。譬如，小孩看见了火，用手去碰它，这是活动。火烧痛了手，这是后果，也就是感受。小孩认识了手碰火，火灼伤手之间的关系，而构成了"火碰不得"的意义时，这孩子是获得了关于火的经验。活动是主动的或积极的，感受才是被动的与消极的。

因为在经验的构成中，包含着活动与后果之间的关系（意义）之认识，所以经验即是教育。教育，作为一种过程，是经验之不断扩大、加丰与加深。在这意义上，杜威宣称："教育是经验之继续不断的改组或改造。"③

因为在经验的构成上，活动是第一义的，感受与意义之认识是第二义的，所以在教学方法上，活动应该位置在学习之上。据杜威说，学校主要地应该是儿童去获得丰富的经验的地方而不是他们去求知识的地方。学校假使要让儿童获得丰富的经验，它首先应该让儿童有活动的充分机会与设备，学校应该设立工场、实验室、学校厨房与食堂和学校农场。这些是供儿童活动的设备。学校也应该设立图书馆与博物馆，以为儿童在进行活动中需要知识的帮助时去寻找

---

① John Dewey, Experience and Education, Macmillan, 1951, P. 19.
② 陶行知著，方与言编：《陶行知教育论文选辑》，生活·读书·新知联合发行 1949 年版，第 1—2 页。——编校者
③ John Dewey, Democracy and Education, Hayes Barton Press, 1926, P. 72.

知识之用。

活动是有主动性的,或者,如上所述,活动是富有自发、自动性的行动,所以,以活动为主的教育法是儿童中心主义的教育法。

在这里,我们要接触到杜威的关于"兴趣"的学说。作为一个教育哲学家,杜威是以他的兴趣学说起家的。在19世纪末期,在美国教育界中,对立着两种思潮。一派承德国赫尔巴特的影响,提倡"兴趣",一派则不满意所谓"软性教育学",强调"努力"。杜威指出,这两派在表面上是反对的,但在本质上却建立于同一错误的理论基础,即是儿童之与生俱来的消极性与被动性:儿童生性不肯动,必须有外力推他动。用欺骗的方法推他动是"兴趣",用强制的办法推他动是"努力"。

照杜威看来,儿童根本是喜欢动的,无需外力的推动。但儿童不能在真空中活动,只能在环境中活动。为了达到活动的目的,儿童必须利用环境中之某一部分资料。只要儿童在进行着他认为属于他自己的活动,而又看到某些资料是与他活动之进行有密切的关系,那么,他与那些资料之间,一定会达到物我一体,主客两忘的境界,这境界就是兴趣:

"真正的兴趣是在动作中自我与外物或观念之同一(因为那外物或观念在维持一个自发的活动上的必要性)的伴随情形。"①

当儿童在活动的过程中,达到了主客、物我的同一时,努力自然会应运而生。所以,真正的兴趣与努力并不对立,而是一致的。关键在于活动。假使你对某一项活动的结果是密切关注的,那么,在活动进行过程中遭遇困难时,你一定会使出你全部的"努力",去胜利地完成那活动。

根据这种兴趣学说,学校中应该注意的是:让学生进行他认为"属于他自己"的"自发活动"。这就是"设计教学"(project)的理论基础。"设计教学"同时是课程论和方法论,与"学科教学"相对立的。学科教学,就像在普通学校中采用的,要求着组织学生的学习于各个固定的学科中(例如,语文、算术、自然……)。与这相反,设计教学是让学生在活动中进行学习。那活动的种类与性质应该由学生自己决定,教师最多只能从旁建议;因为只有这样,学生才会把那活动认为"属于他自己的",那活动对于学生,才是有意义与有目标的。学生在进行活动时,需要知识技能上的帮助时,在教师指导之下,他们从事那些有关的知识技能的学习。在这里,活动是第一义的,知识与技能的学习是附带的、

---

① John Dewey, Interest and Effort in Education, Houghton Mifflin, 1913, P. 14.

"偶然"的;学生是自己的总司令,教师的指导作用,贬降至最低限度。

设计教学的缺点是显然的。第一,它否定了教师的领导作用。学生"自发"的活动,不一定是最富有教育价值的活动;对于学生最有意义的活动,不一定是在久远的考虑上最为重要的活动。第二,它抹煞了知识的系统性与完整性。在活动中附带地、偶然地、学习到的知识——只是片段的、零星的知识。学生在从事于制造飞机模型的活动时,可能会附带地、偶然地、学得一些几何学的、物理学的、语文学的东西,但他们决不能在活动中获得整套的几何学、物理学、语文学。这缺点连设计教学的创始人——杜威的及门弟子克伯屈也是承认的。在讨论中学课程之改造时,他主张双轨的课程,以设计教育为主,辅之以基本学科的分门学习。

杜威的全部教学方法论,可以简化为下列一句杜威自己说过的话:"教育与个人经验之间的有机结合"①。在这里,应该注意的是"经验"上面的"个人"两字。普通学校课程中所列的学科,代表着他人的经验或前人的经验。杜威主义者所要求的是"个人"的经验,即是直接的、目前的经验。他们有"直接兴趣"(immediate interest)一说。

杜威未尝不意识到这种"直接兴趣"说在教学实践上的流弊。在他后期的教育论著中,他企图用"连续性原则"加以补救。所谓连续性原则即是说:经验固然是"现在"的,但它是从"过去"中来,向"未来"中去的。将现在的经验孤立起来看是不对的,杜威说;应该注意现在经验发展为将来经验的可能性。儿童的眼光往往局限于目前,不易看出经验之发展方向;这方向应该由拥有更丰富的经验基础的成人或教师把握②。所以,在这"连续性原则"中,杜威提高了一些教师的指导地位。但"个人经验"是基本概念。以这个概念做指导原则的学校,逻辑地会流于现在经验或直接兴趣。这影响还不限于小学、中学。有些美国教育家对他们自己的高等教育的批评之一,是它犯着"现在主义"的毛病。

杜威提出的第二个经验的原则是"交互作用原则",是企图补救他的经验哲学的另一流弊的。教育包含着学习的人(儿童)与学习的东西(课程)两端。教育的过程是从儿童这一端走向课程这一端的过程。旧式的学校太不照顾儿童这一端——他的能力、兴趣与需要,是所谓"课程中心主义"的。现代资产阶级教育理论家,从卢梭到杜威,抗议着课程中心主义的传统;但他们矫枉过正,堕

---

① John Dewey, Experience and Education, Macmillan, 1951, P. 12.
② John Dewey, Experience and Education, Macmillan, 1951, ch. 3.

入于"儿童中心主义"。课程中所包含的知识,也许合乎儿童将来的需要,但杜威主义者所要求的是儿童目前感觉到的需要(felt need)。

杜威在他的"交互作用原则"中说,经验的构成,包括两种条件,内部的与外部的或客观的。儿童的冲动、能力、兴趣、需要,构成着经验之内部条件;上面说过的外物或观念,被包括在课程中的,构成经验的外部条件。① 杜威警告他的"进步学校"中的信徒:假使旧式学校中太不照顾经验之内部条件,他们是犯了抹煞经验之外部条件的毛病。

但杜威的经验论的全部精神是指向儿童中心主义的;活动必须是自发自动的,兴趣出发于儿童认为属于自己,对自己有意义的活动。应该附带指出,他的"生长论",也是归结于儿童中心主义的。

"生长"是生物学中移借过来的概念。草木花卉的生长,固然也依靠着环境条件,但其生长的过程,基本上是内发的,而不是外烁的。从卢梭开始,近代教育思想家多喜欢引用花木生长的例子,以证实教育过程性质之为内发而不是外烁。所以,引用生长的概念于教育就是意味着内部条件的强调。它的基本精神是儿童中心主义的。儿童中心主义在过去的反形式主义的斗争中,曾经起过进步的作用。现在它是应该批判的,因为它是个人主义的。

杜威的"个人经验"即是建立在感性基础上的经验。知识到了理性的阶段,必然包含着大量的非个人经验的成分。旧式教育太忽略了知识之感性的阶段,杜威他们则矫枉过正,过分强调了感性的成分,相对地贬降了理性的作用。在低年教育阶段上,在正课之外,补充些设计活动是可以的,因为那是有助于感性的认识;但全部教学,决不能以设计活动为主。

有人总结了杜威、波德与拉格对"进步教育"的批评为十条②。因为,如前所述,"进步教育"以杜威的教学哲学为理论基础,对"进步教育"的批评即是对杜威教育哲学的批评。其中有几项是与杜威的知识论与经验论有关的:

一、学校工作缺乏制度与组织;这事实反映在学生身上,他们在大体上是心猿意马的,而不是认真而独立的思想者。

二、对于有组织的知识的价值之藐视,引起对于不相连贯的、浮华的"计划"与活动之浅尝;他们的用处,不超过对于儿童之一时兴致之目的满足。

三、忽视教师的指导与教导职能,使教育成为一种近乎混乱与无政府状态

---

① John Dewey, Experience and Education, Macmillan, 1951, P. 39.
② Orata:《进步教育家看进步教育》, Progressive Education, Nov. 1938.

的儿戏事情。

四、限于动"手"做的活动不能做任何需要运用想象的思想活动。

五、进步教育是无计划的或凌乱的急就篇,结果是,它不能发展稳固而坚毅的人格与品格。

苏联教育史家麦丁斯基,在批判杜威学说之后,肯定了杜威在反对教育中的形式主义上的若干积极方面。假使陶行知先生在早期,曾经在他的教育理论与实践中,接受过大量的杜威主义的话,他是拿它来同中国教育中之形式主义斗争的。杜威的教育理论可以分为两方面,他的社会哲学与他的方法论。他的社会哲学的反动性是显而易见的,如像我们在"生长论"、"进步论"、"无定论"、"智慧论"中所详细指出过的。他的方法论,主要的以他的知识论与经验论为基础的,却有着外部的引诱性,甚至还包有某些在反形式主义的意义上的积极东西。苏联在革命建国的早期,教育中的反形式主义斗争一定是很尖锐的。也许就为这个缘故,在苏联教育中,曾经发生过引杜威主张为同调的倾向;也为这个缘故,虽则杜威的社会哲学是与马克思主义冰炭水火的,杜威的方法论,对于苏联教育界还有过一定的影响,曾经被苏联教育家们引用过,并且在学校里实行过。这是我的一种臆说,愿意就正于苏联教育家们的。到了30年代,苏联已经在经济建设的大路上迈进,需要大量的科学家、工程师、技师;而这些人才的培养要求着系统学科知识的严格训练,于是杜威方法论的及时清算,被列上了议事日程。

在中国,杜威的社会哲学,对于中国教育界乃至一般思想界,曾经有过一定的毒害影响,所以首先我们应该批评杜威的社会哲学,如像我们在第一、第二、第三、第四段中所做的。中国旧教育中的形式主义还有待于逐步肃清,但我们无须运用杜威主义为武器,因为,杜威方法论中的反形式主义部分是建立在不正确的儿童中心主义基础上的。儿童中心主义是个人主义的,我们反对个人主义。最后,中国经济建设的高潮就要到来,建设人才的培养,现在就该着手了。我们应该接受苏联的先进建国经验,从现在起就加强学校中的系统学科知识之严格训练!

实用主义教育思想批判[*]

[*] 本书由上海新知识出版社 1956 年出版。

前 言

1955年5月,作者在南京对全市教育界作了一次批判实用主义教育思想的报告,报告的记录稿发表在江苏教育厅内部发行的学习刊物上,后来又为文汇报刊载一部分。现在把全部讲稿,加以整理,以单行本出版,其中第二节"批判实用主义的教育作用论"是补写的。

目 录

一 必须批判反动的实用主义教育思想 …………………… 130
二 批判实用主义的教育作用论 …………………………… 133
三 批判实用主义的教育目的论 …………………………… 140
四 批判实用主义的教学理论 ……………………………… 147
五 批判实用主义的道德教育论 …………………………… 155
六 怎样肃清教育工作中的实用主义教育思想 …………… 165

一　必须批判反动的实用主义教育思想

目前在全国范围内，正在开展无产阶级思想对资产阶级思想的斗争。为了进行这种思想斗争，一方面我们要开展无产阶级思想的宣传，另一方面要展开对资产阶级思想的批判。为了宣扬无产阶级思想，我们就要宣扬作为无产阶级思想理论基础的唯物主义哲学。为了批判资产阶级思想，我们就要批判作为资产阶级思想系统理论表现的唯心主义哲学。资产阶级的唯心主义哲学有很多派别，实用主义是各种资产阶级唯心主义哲学中的一种。我们要批判资产阶级的唯心主义哲学，首先要集中力量来批判实用主义哲学。我们批判资产阶级的唯心主义哲学思想，以批判胡适的哲学思想开始；而胡适所贩卖的哲学思想就是他的老师——美国的哲学头子杜威的实用主义。

为什么批判资产阶级的唯心主义哲学，首先要集中力量来批判实用主义呢？

唯心主义是资产阶级的哲学思想，而杜威的实用主义则是资产阶级在帝国主义时代的一种唯心主义哲学。我们知道，资本主义到了帝国主义时期，无论在政治上、经济上都表现得穷凶极恶，在学术思想方面也表现得最为反动。实用主义作为一种哲学体系，开始流行于19世纪末期。从19世纪末叶到20世纪初期，资本主义已经进入垂死、反动的帝国主义阶段，而杜威的实用主义就是这个帝国主义时代的资产阶级哲学思想。

我们要批判实用主义，不仅因为它是帝国主义时代的资产阶级哲学思想，更重要的还是因为从五四运动开始，在传入中国的各种资产阶级思想当中，以实用主义哲学思想的影响最为深广。五四运动以后，从资本主义国家传到中国的思想，当然不止实用主义一种，但其他各种思想的传播都不像实用主义那样广泛。一般人对于其他各种思想派别的名称都比较生疏，对实用主义的名称却比较熟悉。这是因为，就在五四运动开始前三天，杜威亲自到中国，在中国停留了两年多，宣传他的实用主义，而且他还有一个美帝国主义忠实的走狗胡适，作为他在中国的传声筒。因此我们要开展对资产阶级哲学思想的批判，就要首先集中力量来批判对中国最有影响的实用主义。

我们要批判实用主义，不仅因为实用主义是最反动的、最穷凶极恶的、对中国影响最为深广的，而且也因为它是最狡猾的。实用主义是彻头彻尾地反科学的、反人民的。实用主义反对科学,可是它偏要打着科学的招牌,把自己说成"现代的科学在哲学上的结论"。而胡适更把实用主义称为"实验主义",吹嘘所谓"实验室的方法",表示自己是"科学"的。实用主义是反人民的,可是他们偏要挂起"民主"的招牌。杜威曾经说,他的实用主义哲学是"民主主义社会中的哲学思想"。他有一本著作,叫做《民本主义(或译为民主主义)与教育》,在中国传播的相当广泛。实用主义者在本质上是反科学、反人民的,可是他们挂起"科学"、"民主"的招牌,容易迷惑人们的认识,因此,流毒也最深广。正是由于这个缘故,我们需要集中力量来批判杜威的实用主义。

通过对胡适思想的批判,我们已经初步清算了实用主义的一般哲学思想,以及实用主义思想在文学、历史、社会、政治各方面的影响。现在我们要批判的是实用主义的教育思想,即实用主义哲学在教育方面的影响。

为什么要批判实用主义的教育思想呢?在一切哲学思想中,实用主义最为重视教育问题。每一派哲学都有一个理论体系,从这个理论体系中,可以得出关于教育方面的结论。但实用主义却下了更大的功夫,建立了一个有系统的教育哲学体系。杜威常常说,哲学就是广义的教育哲学,或者反过来说,"教育哲学就是广义的哲学"。他认为一种哲学的主张要发生影响,最好是通过教育。因此他又说,"教育是一种哲学主张的实验室","哲学就是一般化的或概括化的教育哲学"。他的意思是说,要决定一种哲学思想能够产生什么影响,必须从教育上去看。这几句话说明了,实用主义是把哲学和教育哲学密切联系在一起的。我们为了批判实用主义哲学,必须批判实用主义的教育思想;反过来,通过对实用主义教育思想的批判,就能够更好地批判实用主义的哲学思想,帮助我们解决思想问题。

实用主义教育思想在中国的影响是非常深广的。杜威曾走遍中国十一个省份,在各大城市作演讲,其中以教育方面的讲演为最多,直接散布了实用主义的教育思想毒素。在以后的二三十年中,这个影响一直是存在着的。这也是我们为什么要批判杜威实用主义教育思想的一个原因。

实用主义传到中国来,一开始就是跟马克思主义对抗的。十月革命以后,中国人接受了马克思主义的真理,同时实用主义也浸入中国。我们有了科学的马克思主义思想,就很容易在政治、哲学、历史等等方面发现实用主义的反动性和反科学性。但在教育方面,就不太容易发现。过去我们有许多教育界前辈,对于实用主义在政治、哲学等等方面的反动性,已经看得比较清楚,可是对于实用主义在教育方面的反动性还是看不清楚,甚至认为实用主义在教育方面并没有坏的影响。这是因为马克思列宁主义的教育科学传到中国的时间比较迟。以后苏维埃的教育思想传播进来了,可是那时苏维埃的教育思想中有一些地方受了资产阶级思想的影响,甚至采用了一部分杜威的东西。

实用主义是最狡猾的,它的狡猾性的最高度的表现是在教育思想方面,因而这方面也最容易使人受它的迷惑。我们曾经听到苏联的教育专家讲过,不仅是苏联的教育界在革命以后受过杜威实用主义教育思想的影响,就是在欧洲的人民民主国家里面,情形也一样。捷克斯洛伐克就曾经出版过一本书来批判杜威的实用主义思想。在我们中国教育界,受到实用主义思想毒害,当然更加厉害,因此就要针对杜威的实用主义教育思想来加以深刻的、集中的批判。

二 批判实用主义的教育作用论

教育在任何时代的人类社会生活中都起着重大的作用,没有教育,人类的社会生活是不可能的。对于这类一般的提法,没有人会产生异议。但具体地讲,教育同经济、政治比较起来,在社会生活中所起的作用,究竟是孰大孰小呢?不同的意见就发生在这个问题上。

实用主义者夸大教育的作用。他们把教育在社会生活中的地位放在政治、经济的上面,宣称教育可以决定政治与经济。这种主张有它错误的哲学根源,有它反动的政治意义,在中国曾经有过广泛的恶毒影响。

一、实用主义的世界观的批判

实用主义者夸大教育在社会生活中的功用,有它的哲学根源,那就是它的主观唯心主义世界观。

我们在学习辩证唯物主义的时候,知道主观唯心主义是与辩证唯物主义敌对的。主观唯心主义认为世界上的一切都是存在于我们的感觉中。假如没有"我"的感觉,就不会有世界的存在。举例来说,我能够看到窗子外面的一棵树。根据唯物主义的看法,那是首先有了客观存在的树木,然后反映到我的脑子里,才产生了一棵树的观念。这棵树是客观存在的,不是从我的感觉中产生出来的。可是主观唯心主义却认为,这棵树的存在是由于我看到它的原故。假使我不看见它,这棵树就不存在了。这显然是反科学、甚至违反常识的。

南京有一个古迹胭脂井,我这次到南京来才看见的。但我不能说,在我没有看见这口井以前,它是不存在的,因为它事实上已经存在一两千年了。那末,主观唯心论者怎样说明长江、大河,乃至日、星、山岳的存在问题呢?他们的诡辩是:即使张三没看见它们,李四是看见了的,它们也就算"存在"了,即使今人没看见过,但古人看见过的事物,也应该算是"存在"的。至于在地球上还没有人类之前,地球、太阳……存在不存在呢?近代主观唯心论大师,英国的巴克莱①主教回答说:是存在的,因为在没有人看到它们之前,上帝是看到了

---

① 贝克莱(George Berkeley,1685—1753),又称贝克莱主教,英国近代经验主义哲学家。——编校者

的……。

实用主义也是一种主观唯心主义,是一种最狡猾的主观唯心主义。它并不用"感觉"来说明世界,但它换汤不换药地用"经验"两字来说明世界。它并不直接提出客观事物不能独立存在于人们的意识之外,但它却强调主观和客观的不可分离的关系。他们说,我们不能决定先有这棵树还是先有树的观念,因为主观和客观是分不开的。说客观和主观分不开,实际上是说客观要依靠我们的主观而存在。他们说,这种主客观的统一或"交涉"就是"经验"。世界就存在于我们的经验之中,经验以外的世界是不存在的。

辩证唯物主义教导我们:世界上的形形色色的事物是客观地、独立地存在于我们的意识之外的。这就是说,事物并不因人们意识到它们而获得了存在,也不因没有人意识到它们而失却其存在。人类关于事物的观念与概念,乃是客观存在的事物在人们头脑中的反映。没有客观存在的事物,也就没有关于事物的观念与概念。这是"存在决定意识"的辩证唯物主义的科学公式。而主观唯心主义者却否认世界事物的客观存在,认为世界存在于人们的主观感觉或经验之中,这是头脚倒置的"意识决定存在"的公式。例如,唯物主义者认为,新大陆是客观存在的,不是因为被哥伦布发现以后才存在的。而杜威对于新大陆在哥伦布发现它以前是否存在这一问题,支吾其词。他不敢直说它是不存在的,但是他说,在那种情况下,提出那样的问题是没有意义的。这就足以看出主观唯心主义世界观的理屈词穷了。

唯心主义世界观的政治意义是什么呢?它的政治意义在于阻碍人们不要去认识世界,从而去改造世界;也就是说,要人们安于现状,而不要打破现状。那是有利于剥削阶级对被剥削者的继续统治的。

唯心主义世界观的政治意义最明显地表现在它的历史观上面。

用唯物主义的观点去说明社会或历史问题,就是历史唯物主义或唯物史观;用唯心主义的观点去说明社会或历史问题,就是唯心史观。唯物史观的基本论点是,社会存在决定社会意识;唯心史观的基本论点是,社会意识决定社会存在。

二、实用主义的历史观的批判

实用主义的世界观是唯心主义的,它的历史观自然也是唯心主义的。而在实用主义的唯心史观理论体系中,关于教育的功用的学说占有一个十分重要的地位。所以，我们要批判实用主义的关于教育功用的学说，同时需要对实用主义的全部唯心史观谬论加以批判。

杜威的中国门徒胡适在介绍杜威的教育哲学时曾说，根据杜威，"教育乃是社会进化和改良的根本方法"。杜威凭什么逻辑对教育的功用这样夸大其词呢？他的前提是：人类的社会生活决定于社会成员的态度与习性，具体地说，决定于社会成员的兴趣、习惯、态度、信仰、理想……。杜威认为，社会只有通过其成员的态度与习性之改变而改变。而态度与习性之改变，尤其是年轻一代的态度与习性的形成，是教育的工作。因此，掌握了教育，也就是掌握了解决社会问题，包括政治问题、经济问题的根本办法。

以为人类的社会生活决定于社会成员的兴趣、习惯、态度、信仰、理想，这显而易见地是社会意识决定社会存在的唯心主义公式。从这公式出发，杜威自然会得出教育是解决社会问题的根本方法的结论。

历史唯物主义教导我们：人类社会生活的基础是人类的物质生存条件，主要是经济，而文化、教育乃是以经济为基础的上层建筑；它是产生于经济，同时又转而为经济，以及作为经济的集中表现的政治服务的。毛泽东同志在《新民主主义论》中对文化同政治、经济之间的关系所作的指示，对教育是完全适用的："一定的文化（当作观念形态的文化）是一定社会的政治和经济的反映，又给予伟大影响和作用于一定社会的政治和经济；而经济是基础，政治则是经济的集中的表现。这是我们对于文化和政治、经济的关系及政治和经济的关系的基本观点。那么，一定形态的政治和经济是首先决定那一定形态的文化的；然后，那一定形态的文化又才给予影响和作用于一定形态的政治和经济。"[①]

实用主义者的唯心史观，是直接与马克思主义的唯物史观为敌的。首先，他们用自己的多元史观来反对马克思主义的一元史观。1923 年，在我国所进行的一次科学同人生观的论战中，胡适明白提出了实用主义的多元史观。胡适不敢明目张胆地反对以客观的物质的原因来解释历史，但他企图使用偷天换日的手法，宣称在"客观的物质原因"中"似乎包括一切'心的'原因"，"即是知识，思想，言论，教育等等"[②]。

胡适的这套谬论，自然是来自杜威的。杜威在《自由和文化》一书中，曾经集中火力攻击马克思主义的历史唯物主义。在这部书中，杜威声称，历史的发

[①] 毛泽东：《毛泽东选集》第 2 卷，人民出版社 1952 年 8 月第 2 版，第 656—657 页。
[②] 胡适：《胡适文存》第二集第二卷，上海亚东图书馆 1931 年版，第 51 页。

展是"人性的因素"和"文化的因素"交互作用的结果；而在"文化的因素"中，他列举了法律、政治、工业、商业、科学、技术、文学、道德、人们的价值标准和社会哲学等等。

和胡适一样，杜威也不敢否认经济在历史发展中的地位；但是他说，各个文化因素对人类历史都起着作用，其中却没有一个因素是起着决定性的作用的。

这是资产阶级思想中卑鄙的折衷主义伎俩。马克思主义者并不否认影响历史发展的各种条件，但马克思主义者不是简单地罗列并陈社会发展的各种条件，而要寻找出其中具有决定意义的主要条件，这个主要条件或因素就是经济。

杜威宣称，各个文化因素（即社会因素）之间是互相影响、互相作用的，而各个文化因素同各个人性因素之间又互相影响与作用。在这里，杜威一方面抨击马克思主义"忽视"经济以外的其他社会因素，一方面攻击马克思主义"抹杀"人性因素在人类社会生活中的地位。那么，到底有哪些人性因素呢？杜威在这个问题上是矛盾百出的。但他在《人性和人类行为》一书中正式提出了三个决定人性和人类行为的因素，就是习惯、冲动和智慧。

据杜威说，决定人类人性与行为的主要因素是习惯——"人是一束有联系的习惯"。但个人的习惯是以社会的习惯——风俗、制度——为内容的，所以，人性和行为大体上决定于社会。但习惯，不管是个人的还是社会的，一经养成之后，在本质上会趋于定型化，不易改变。杜威用这种人性论的根据反对社会制度的改变。

但杜威也不得不承认，社会是有进步的，也应该有进步。这进步的原因，杜威归之于决定人类人性与行为的两个次要因素——冲动和智慧。旧的社会风俗制度，在新环境之下，到了不能满足人类的基本生活要求和欲望时，"冲动"会以横决的方式，冲破习惯的藩篱。但冲动，据杜威说，是盲目的。它的力量足以打破旧习惯，但它的力量并不足以保证新习惯比旧习惯更好。

在这里，杜威指的是社会革命。他的意思是说，革命是盲目的，革命的结果不能保证比不革命好。他主张冲动要受智慧的指导。他的意思是说，要用和平的改良替代暴力的革命。

杜威把智慧视为一种"社会行动"的方法。用"智慧的方法"去处理和解决社会问题，即是用实验的方法去处理和解决社会问题。在30年代之初，当美国的资本主义制度为经济恐慌震荡得摇摇欲坠的时候，华尔街的御用学者杜威及其徒众们声嘶力竭地号召美国人民，要采用"智慧的方法"去挽救这种经济大灾难。他们说，由于"实验的方法"应用于自然的研究，社会的技术和生产力大大发展了，但人们还没有学会用"实验的方法"去运用或处理高度发达的技术和生产力。原来杜威宣传"智慧的方法"，是为了迷惑美国人民，不让他们发动一个暴力革命，推翻那同生产力已经发生了不可调和的矛盾的生产关系，即经济制度！

杜威已经把智慧的方法当作社会变革的决定性因素了，再进一步，他把教育肯定为社会变革的基本因素。杜威说，年轻一代的思想方法、行动习惯尚未定型，学校教育可以使他们习惯于使用实验的方法；他们将来参加社会生活的时候，自会以这种方法处理和解决社会问题，那时的社会问题就可迎刃而解了。

实用主义在开始时是把知识和教育作为影响历史发展的诸因素之一，但其最后的结论则是把知识和教育肯定为决定社会发展的最基本的条件。原来他们所反对的一元史观只是唯物的一元史观。他们所提倡的多元史观实际上只是唯心的一元史观！

对于教育的功用的夸张的学说，在教育思想史上一般称为"教育万能论"。在法国大革命前夕的18世纪，法国唯物论者也曾经是教育万能论者。虽然同样对教育的功用作了片面的夸大，但18世纪法国唯物论者与20世纪的美国实用主义者是有着本质的差别的。18世纪法国唯物论者代表着当时上升中的资产阶级，他们是为反对封建主义而斗争，是号召着资产阶级革命的。他们虽然夸大教育的功用，但他们是主张教育服务于革命的。20世纪的美国实用主义者代表着没落、死亡期间的资产阶级，他们主张维持反动的现状，他们誓死反对革命。他们夸大教育的功用是妄想以教育替代革命，取消革命！

历史唯物主义教导我们：在目前的资本主义社会中，生产力与生产关系之间的矛盾已经发展到不可调和的程度，只有通过暴力革命，推翻了地主阶级与资产阶级的统治，建立起一个为生产力开辟无限广阔前途的新生产关系，社会生活中的一切问题才能获得根本的解决。实用主义者却企图使人相信，教育是救治现代社会的一切病患的万应灵膏。他们无法讳言现代社会中的缺陷与病患，但他们声称，教育比起革命来，是救治一切社会病患的更好方法。他们无法讳言现代社会中阶级对立的事实，以及阶级之间的不平等的现象，但他们声称，教育是消灭阶级对立和消除社会不平等现象的手段。杜威在中国演讲时曾说："现在要想纠正社会之不平等，……教育乃是其中最好的方法。"这正是用教育取消革命的主张。社会不平等的根源是阶级制度，只有通过社会主义革命才能消灭阶级，从而根本上铲除一切社会不平等现象。但杜威却要他的中国听众相信，能够消除社会不平等现象的，是教育而不是革命！

杜威一再说：教育对人的影响比政治、法律还要大。因为，政治、法律的力量，一般施之于成人，而成人的思想、感情已成定型，改变不易；教育则一般施之于年轻的一代，他们的思想情感，正在形成之中，可塑性较大。杜威说这话的意思是替他的资产阶级主子策划：为了维持自己对劳动人民的统治，除了要对他们施以政治、法律的镇压外，还要对他们施以教育的麻醉，以解除他们精神反抗的武装。杜威夸大教育在社会生活中的作用，其全部反动的政治意义就是这样。

三、实用主义的教育作用论在中国的影响

实用主义对教育作用的唯心谬论，在中国的表现是教育救国论、读书救国论。杜威在五四运动声中到中国，明目张胆地阻挠学生参加爱国运动。他认为要是学生不专心读书，"教育一定要瓦解了"。他还对学生作这种说教："学生啊！你们以各人的知识，一点一滴的去改革，将来一定可以做到我们理想中的大改造"①。胡适自五四运动开始，一贯破坏学生的爱国运动，企图叫学生埋头读书、不问政治。自胡适以下，旧中国很多所谓教育家们，也都高唱教育救国、读书救国的论调。他们标榜教育救国、读书救国，并不是说读书为了救国、教育应该服务于救国事业；而是说，读书就是救国，有了教育就可以取消救国的政治斗争。因此，在客观上，他们所起的作用是阻挠广大青年学生走上政治斗争的道路，从而削弱了中国人民反对帝国主义、反对封建主义的革命力量。

一切形式的教育救国论、读书救国论的思想根源，就是对于教育作用的唯心主义的观点。

当然，教育救国论这一类唯心思想，并不作俑于实用主义。但实用主义之侵入中国，大大增长了这种唯心思想的影响。在旧中国，很多所谓教育家们接受了实用主义教育学的影响，从而也从实用主义教育学中接受了这种谬论的影响。这种影响在他们的实际工作中表现为"为教育而教育"、"教育不问政治"的倾向。

马克思列宁主义教育学用基础同上层建筑之间的关系的学说正确地阐明了教育同政治、经济之间的关系，同时也给教育在社会生活中的作用，作了正确的估价。一方面，它粉碎了对于教育作用的唯心主义的夸大；另一方面，它充分肯定了教育之服务于政治、经济的积极作用，尤其是在新社会中，这种积极作用

---

① 见"杜威五大演讲集"。

是庞大的。但首先是有了新的政治和经济,然后才有为之服务的新教育;并不是先有了新教育,然后用新教育来创造新政治、新经济的。

中国近百年来的历史就以无可抗拒的雄辩力量,证明了这种马克思列宁主义的真理。近百年来,中国的教育是不发达的、落后的,这是因为中国人民处在两座大山的高压之下。在这些年代里,也曾有过部分"知识阶级和所谓'教育家'者流,空唤'普及教育',唤来唤去还是一句废话"①。在俄国十月革命以后,中国人民在马克思主义的普遍真理指导之下,进行了伟大的人民革命斗争,推翻了帝国主义、封建主义、官僚资本主义在中国的统治,建立了新政治与新经济。革命胜利以后,新政治与新经济为教育的迅速发展提供了条件,同时也对教育提出了迅速发展的要求,于是我国的教育事业一日千里地发展起来了。我们将在很短的时期内扫除全国的文盲,普及小学的乃至初中的义务教育。其他各级各类的教育事业也在以惊人的速度进行着。教育的迅速发展,一方面是为了供应国家各建设部门以大批的干部与人才,一方面也满足人民日益高涨的文化需要。这不是说明了教育是政治、经济的反映,同时又为政治、经济服务的马克思主义真理吗?

在今天,当然不会再有人公然宣传教育决定政治和经济,乃至以教育去取消政治的主张了。但在各级学校的教育工作者中间,"为教育而教育"、"教育不问政治"的倾向还是存在的,教育服从政治、教育为经济服务的思想还不能说已经牢固地树立起来了。因此,在教育同政治、经济关系问题上的资产阶级思想,首先有待肃清的是实用主义思想的残余影响。

---

① 毛泽东:《湖南农民运动考察报告》,载《毛泽东选集》第1卷,人民出版社1952年8月第2版,第42页。

三 批判实用主义的教育目的论

实用主义在教育目的问题上的主张,基本上可以用杜威的一句口号——"教育无目的"来代表它。但杜威的教育理论是矛盾百出的。基本上,他主张"教育无目的",但在他的教育著作里,又常常谈到教育有目的。所以,我们批判实用主义的教育目的论,就要分别从"教育无目的"与"教育有目的"两方面来进行批判。

一 "教育无目的"论的批判

中国教育界比较熟悉杜威的"教育无目的"(或译"教育无宗旨")之说。这句口号的意思就是说,教育是不应该有目的或有宗旨的。这句话是怎么讲法的呢?有什么理论根据呢?谈到这里,我们就要稍为讲一讲哲学上的问题。因为,杜威讲这句话,有他的哲学的诡辩。在哲学上有一个问题就是"过程与结果之间的关系"的问题。杜威企图用"过程与结果之间的关系",移花接木地去说明"过程与目的之间的关系"。问题是过程重要还是目的重要?就像我这次从北京坐火车到南京来,要经过一段很长的路程(过程),最后到达目的地南京。就我来说,旅行的目的当然是更重要的,可是杜威却认为旅行的目的并不重要,只有旅行的"过程"才是重要的。这是一种违反常识的说法,但是要批判它,就牵涉一个哲学上的问题。用中国古代哲学上的语汇来说,那是"动"与"静"的关系问题。在哲学思想上,有一派认为,世界上一切事物都是固定的、静止的,只是在表面上有变化。另一派认为,世界上一切事物都是在不断变化、发展的。旅行的"过程"意味着变动,而旅行的"目的"却意味着静止。实用主义玩弄玄虚,声称他们强调变化,强调过程。他们说,从整个宇宙的眼光看来,一切事物都是变动的、不固定的。所以,过程是重要的,目的是次要的。这些话听起来好像很有道理,容易混淆我们的视听,因为辩证唯物论也是认为世界上的一切事物都在不断地变动的。那末实用主义的错误在什么地方呢?

首先,我们要从哲学上揭露杜威这种理论的谬误性。第一,过程与目的之间是可以互相转化的。到达南京对坐火车来说是目的,而到达南京又是为了另一目的。……,但过程与目的之相互转化是一件事,而过程与目的之间的区别又是一件事。杜威的荒谬在于从过程与目的之转化的事实上,作出了取消目的的结论。第二,辩证唯物论认为事物不断发展着,绝对静止或固定的事物是没有的;同时它肯定着事物有相对的静止与固定性。譬如,在宇宙的发展历史中,曾经有一个时期,太阳是不存在的;而据天文学家的预言,将来到了某一时期,太阳又将丧失其存在。但太阳从不存在到存在,再从存在到不存在,这是几万万年的事情。在这几万万年中,太阳的存在是肯定的;在这意义上,太阳的存在是有相对的静止与固定性的。第三,固然,实用主义与辩证唯物主义同样讲发展,但赋予"发展"这一概念的涵义是大不相同的。其中最重要的不同之点是:我们认为,事物的发展是有规律的。而杜威之强调过程,抹杀结果,其恶毒的用心,在于否定事物发展之规律性。他说事物之发展是无目的的、无方向的,可以发展成这样,也可以发展成那样,意思是说,事物的发展是无规律的。第四,自然界事物的运动与发展,像无生物与植物,乃至动物,固然不能说是有目的,但人类的行为是有意识、有目的的。人类从有教育的一天开始,教育事业就是有意识、有目的的事业。第五,结果与目的不是一件事情,而杜威把这两者混同起来了。譬如,工人阶级的目的是推翻资本主义,建设社会主义,他们最后推翻了资本主义,建立了社会主义,这是"目的"与"结果"相符的一例。资产阶级的目的是维持资本主义制度,但最后资本主义制度必然要灭亡,这是"目的"与"结果"不一致的例子。所以说,用"过程与结果之间的关系",去说明"过程与目的之间的关系",是一种移花接木或偷梁换柱的手法,是哲学上的诡辩。

其次,让我们从政治方面来看看杜威谬说的反动性。在欧洲的工人运动中曾经产生过马克思主义的叛徒,叫做"修正派",提出了一种"修正"马克思主义的谬论。"修正主义"派的理论家认为,在工人运动中,过程就是一切,而目标等于零。换句话说,只应有过程,不应有目的。根据这种理论,工人和资本家进行斗争,今天来一个罢工,明天又开一次劳资谈判,通过这个不断发展的斗争过程,最后工人会自然而然地达到社会主义的目的地。假如有人要提出社会革命的口号,主张推翻资产阶级统治,实行无产阶级专政,建设社会主义社会,他们就会认为这是很遥远的、不能肯定的事情,而只有今天的斗争才是肯定的。工人们只要今天进行斗争,明天进行斗争,从斗争中得到实际的利益,经过一个相当的过程,社会主义就会自然地来到。工人们只应为今天的利益而斗争,不应为明天的社会主义而斗争。这种第二国际的修正主义的思想,成为工人运动中"经济主义"倾向的理论基础。所谓"经济主义",就是说,工人们不应为了远大的政治目的,即推翻资本主义制度,建立社会主义制度来进行斗争,而只能为了目前的"经济"利益进行斗争。这种经济主义曾经给全世界的工人运动带来了极大的损害。

美国的工人运动,在政治方面讲,力量是比较薄弱的;他们就是吃了经济主义的大亏。在美国工人中间,传播经济主义思想毒素的倒不是第二国际的修正主义派论客,而主要是实用主义哲学家。在目的与过程问题的见解上,实用主义与修正主义是一个鼻孔出气的。

最后,从教育方面来谈。杜威的教育无目的论,是以他的"教育即生长"说为基础的。他说,生长是一个"过程"。植物是自发、自然地成长,并不是为了预定的目的而生长。例如一棵桃树,从发芽到开花结果,都是自己生长起来的。不断生长的结果,桃树最后一定会结出桃子来。他把教育比做植物的生长。植物的生长是一个不断发展的过程,而且其生长是无所谓目的的,于是他认为,教育除了生长的过程以外,不应该加上"目的"。我们只要一天天不断地进行日常的教育工作,经过这种不断的教育过程,就自然会达到教育的目的。因此,他认为"教育的目的就在教育的过程之中,而不是在教育的过程之外"。这就是"教育无目的"、"教育无宗旨"或"教育即生长"。根据这种说法,我们一天又一天所做的教学、教育工作,都只是一种过程,至于我们的教学、教育究竟是为了达到一个怎样的目的,那是不必问、不该问的,这就是"教育无目的"的谬论。

我们应该怎样批判这种谬论呢?上面已经初步说过,自然界无生物的运动、植物的生长,乃至动物的行动,是无目的的,但人的行动是有意识、有目的的;人类对年轻一代的培养也是有目的、有意识的。杜威是把生物学的概念与规律,硬套在人类社会现象上去应用了。杜威曾经嘲笑过一种农人,不顾作物的性能与土壤、气候条件,主观决定作物应生长成这样或那样。他是把成人比作农人,把儿童比作作物,以此来说明成人不应替儿童规定生长或教育的目的。我们正可"以子之矛,攻子之盾"。农人当然要照顾作物的性能,考虑土壤、气候的条件,但农人的耕作一定是有目的的。天下决没有一个"但问耕耘,不问收获"的傻农人。

二 "教育有目的"论的批判

第一,他认为,教育应该有具体的、个别的、特殊的目的,但不该有一般的目的。换句话说,教育应该有小的目的,不该有大的目的。他说,我们有具体的教师、具体的学生在具体的课堂里面上课,就应该有具体的教育目的。这种具体的教育目的不是只有一个,而是有一百万个。大家知道,胡适有一个口号,"多研究些问题,少谈些主义"。实用主义者强调过程,取消目的,是与他们的强调个别,取消一般,取消普遍的主张有连带关系的。根据他们的反动理论,如果我们提出教育的目的是为了培养社会主义社会的建设者,那是"一般化"的目的,是应该反对的。杜威认为教育可以有一百万个小目的,不能有一个大目的。

在一切形态的社会中,教育都有一个总的、即一般的目的。在资本主义社会中,教育的目的是培养年轻一代成为资本家的有效率而驯顺的工人,能够为资本家生产利润,而又不致打扰资本家的安宁。这种教育目的是见不得人的,于是杜威来一个弥天大谎:教育根本没有、也不应该有总的或一般的目的。

我们的教育是有一个最高的目的的:培养年轻一代,成为社会主义社会的建设者与保卫者!

第二,杜威认为教育可以有目前的目的,但不能有将来的目的。要说明这一点,我们就要指出杜威的另一个反动的教育口号,"教育即生活"。我们认为,对儿童进行教育工作是为了准备他们将来的生活。可是杜威却认为,教育不应该是生活的准备,教育的本身就是生活。教师进行教育工作只能照顾儿童目前的生活,不必问儿童将来的生活。教育应该以丰富儿童现在的生活为目的,而不应以准备他们将来的生活为目的。

有人把杜威的这种教育主张,称为"现在主义"。这种"现在主义"反映着没落的资产阶级对于未来的绝望。他们不敢正视未来,也不让别人正视未来。"教育即生活"这一口号的政治意义无非是阻挠教师与学生正视未来而已。

与杜威相反,我们是敢于面对未来的,因为未来是属于我们的。在教育上,我们肯定教育是儿童的未来生活的准备,准备他们将来成为社会主义社会的新人。

第三,教育应该有个人的目的,不应有社会的目的。根据杜威的基本看法,教育只能有个人的目的,不能有社会的目的。因为教育是一种"过程",过程就是运动,运动必须有动力,这种动力就是儿童的本能、兴趣和需要。教育的目的就在帮助儿童的本能、兴趣和需要的发展。美国的教育界,有很长一段时间,根据杜威这种教育理论,办了许多"儿童中心学校"。

这里牵涉到儿童的发展方向问题。"儿童中心"就是说,儿童的发展是没有方向的,或者说,发展的方向是决定于儿童本身的。事实上,儿童的发展是有方向的,这方面永远由成人即社会决定。加里宁说:教育是教育者对受教育者的精神所施的固定的、有目的的、系统的影响,以养成教育者所希冀的那些品质。这是教育的正确的定义。从这一定义中也可以看出,教育的方向或目的永远是由成人即社会决定的,不是由儿童决定的。

第四,教育应该有"社会"的目的。在1929年,美国发生经济恐慌以后,这些"儿童中心学校"又改为"社会中心学校"。对于这种"社会中心"的提法,他们在杜威的学说里面也找到了根据。因为杜威是矛盾百出的,一方面讲教育无目的,有时又讲教育有目的。一方面讲教育应以儿童为中心,另一方面又说社会环境对儿童的教育很重要。一方面他说教育应以个人的生长为目的,另一方面又说教育应有社会的目的。他在中国演讲时就是这样说的。他说,"教育的目的是社会的","教育应该以儿童的本能为基础,以社会需要为目的。"但他的"社会的目的"是什么呢?他说,"教育的目的在于培养年轻的一代成为社会中有用的公民"。原来他的意思是要培养一种具有适应当前社会环境能力的人来维持现存的资本主义制度。他要使儿童能适应环境,而不是要他们去改造环境。他的教育目的只是为了适应旧社会,而不是为了推翻旧社会,建设新社会。这和我们的教育目的刚刚相反。我们的教育目的是为了改造世界,为了培养社会主义社会的建设者与保卫者。

三 杜威的教育目的论的反动性在什么地方?

第一,它的反动性在于阻止进步思想在学校中的传播。他认为,在学校中不应该做政治宣传。他说,如果在学校中做政治宣传,叫儿童信仰一种主义,就会使教育成为有目的的了。根据他的谬说,如果我们明确我们的教育目的,是为了建设社会主义和共产主义社会,他就认为不符合他所说的"教育即生长"、"不应该在教育过程之外加上一个目的",而应该加以反对。这就是杜威的"教育无目的论"真正的政治意义。

杜威用他的"教育无目的"论来反对学校中的政治宣传,可是我们要问他,他是否反对做反动的政治宣传呢?事实上不是这样。因为在资本主义社会里,资产阶级的反动思想已经是统治思想,它对人们的影响是自发的,用不着大张旗鼓去宣传,这种资产阶级的思想就会无孔不入。而无产阶级的社会主义思想却不是自发的,需要大力宣传才能普遍地传播开来。杜威要学校教师"保持中立,不宣传任何政治主张",实际上他是要求教师宣传资产阶级的思想。在思想战线上是不会有真空的,如果我们不宣传这一种思想,就必然会滋长另一种思想。如果有人说他自己不宣传资产阶级思想,也不宣传马克思主义思想,结果他一定是在宣传资产阶级思想。杜威用"教育无目的"论来阻止进步思想在学校中的传播,不是很明显的吗?

第二,这种"教育无目的"的谬说,可以欺骗广大教师,使他们产生一种幻觉,以为教育是超政治、超阶级的。这就起着粉饰与掩盖资产阶级的不可告人的教育目的的作用,使教师们事实上按照资产阶级的目的而进行教育,还自以为他们的教育是超政治、超阶级的。

在揭露实用主义的教育目的论的反动性的时候,我们要把火力集中在"教育无目的"论身上,因为这是杜威的基本主张。他的"教育有目的"诸说,事实上只是他的"教育无目的"论的变形或化装。批判了杜威的"教育无目的"论,也就是批判了实用主义的全部教育目的论了。

四 杜威的教育目的论在我国的影响

这种"教育无目的"的理论,在中国过去究竟有什么影响?在今天的中国,这种残余的思想影响又以哪种方式表现出来?上面已经讲过,中国教育界过去曾经深受杜威教育哲学思想的影响。在过去北洋军阀政府时代,教育界认为应该取消教育宗旨,当时的教育法令中也不提教育宗旨。这种"教育无目的"论影响到教科书的编写。有人指出,在当时所出版的小学教科书里面,没有提到国家和民族,看不出是中国小学生用的还是世界各国学生通用的课本。这种办法究竟对谁有利呢?当然是对帝国主义者有利。其次,"教育无目的"的思想曾经麻醉了广大教师,使他们相信,教育是超政治、超阶级的。

目前我们绝大部分同志认为,教育应该有目的、有宗旨。还有些同志是在今天第一次听到杜威的"教育无目的论"。但这不能说明我们没有受到杜威思想的影响。在实际工作中,我们还常常表现出一种教育无目的的思想,那就是,我们教育工作的目的性不明确。马克思列宁主义教育学教导我们,做教育工作应该有高度明确的目的性。我们的教育应该有一个总的、明确的目的,那就是培养年轻一代,使他们成为全面发展的社会主义社会的建设者和保卫者。这个目的,不是从儿童的本能、兴趣或需要中找到的,是党和政府根据社会发展的规律和需要而制定的。这个目的不可能在教育过程中自发地实现。它是要通过教师的自觉努力才能实现的。有些同志虽然没有在理论上提出教育应有一百万个目的,但在实际的教育工作中,却成为"一百万个目的"论的信徒。他们天天忙于"应付"上这堂课与那堂课,批改这类卷子或那类卷子,处理这个或那个学生纪律问题。他们的教育工作,只有目前的许许多多的目的,而没有一个最高的目的,不受那最高目的的指导。这也就犯了"教育无目的论"的错误。仔细检查起来,可能许多同志都犯这种错误的。还有许多同志可能是以"超政治、超阶级"的态度对待自己的教育工作,这也是实用主义教育思想的反映。

　　杜威主张"教育无目的",是有他的一套反动理论的。我们许多同志没有读过杜威的著作,不知道这套理论,也不是有意识、有目的地照着杜威的话去做,但在实际工作中却走了杜威所指的方向,做了"教育无目的论"这种反动思想的俘虏。因此,我们要求所有教育工作者,在今后的教学教育工作中,必须有一个高度明确的目的——为了培养年轻一代使他们成为社会主义社会的建设者和保卫者。当然,我们在日常工作中应该照顾目前的目的、个别的目的,但必须受一个远大的总目的的指导。我们必须明确教育必须服从政治的原则,克服我们教育工作中的非政治倾向。这样,才能搞好我们的教学、教育工作。

四　批判实用主义的教学理论

我们知道,在教育学中有一个构成部分称为"教学理论"——这一部分教育学讨论教学过程、教学原则、教学内容、教学方法、教学组织形式、教师与学生在教学中的地位等等问题。

每一种有系统的教学理论,都有它一定的哲学基础。杜威的教学理论也有他的哲学基础,就是"实用主义哲学",特别是实用主义哲学中的认识论。下面分几点来说明。

一　实用主义的认识论

在认识论上,实用主义是一种"不可知论"。他们认为,人们只能知道在人们的经验范围内的东西,即只能知道事物的现象。而事物的内在规律性、事物的本质,是超过人们的经验范围的,那是"不可知"的。实用主义叫人满足于事物的现象,不要接触到事物的本质,不要去认识事物内在的规律性。

马克思主义教导我们,事物的发展有一定的客观规律,社会的发展有一定的方向。资本主义必然会消灭,社会主义必然要兴起。这种科学理论,对资产阶级是不利的。因此,资产阶级的御用学者——实用主义者们拼命否认客观事物的因果规律性。他们要人们相信,人类社会的发展并不受客观规律的支配。实用主义者甚至否认自然界中的因果规律性。怎样否认呢?他们说,一切自然科学中的规律都只是一种"假设",没有客观的真理意义。今天说得通的,明天就不一定说得通。根据这一点,他们得出了结论,就是说,在自然界中并没有客观的规律,科学上的规律或理论,只是主观的"假设",是人们应付与解决问题的"工具"。在这点上,他们的主观唯心主义的世界观,跟他们的不可知论的认识论汇合在一起了。他们提出这种荒谬主张,目的在于说明人类社会历史的发展是没有规律的。既然世界中没有规律,那么,世界就是不可认识的;既然世界不可认识,那么,世界就是不能改造,就是不必改造的了。

二　实用主义所谓"经验"的意义

实用主义者认为,知识渊源于经验。但经验是怎样构成的?这个问题和教育有最密切的关系。实用主义者认为,经验首先是一种活动,在活动的时候,一定产生一种后果。活动的人在进行活动以后，认识到自己活动的结果，明了活动的意义，就得到一种经验。杜威常常引用这样一个例子：小孩子第一次看见火，不知道它会烫手，就用手去抓它，产生了烫痛手的结果，于是他就把玩火和烫痛手的后果联结起来，得到了玩火会烫痛手的经验。这一个例子说明，人是在活动中获得经验、获得知识的。必须先有活动，然后才有知识。因此，活动是主导的，而知识是附带的。假使我们问一句，"人为什么会有活动呢？"杜威认为这是不必问的，凡是孩子都要活动，这是一种事实。总之，人是要活动的。从活动中明了活动的意义，获得知识，因此他说，"经验"不是被动的而是主动的，是从我们的积极活动中得来的。

其次，杜威认为，经验不但记录过去，而且指导将来。过去的经验指导了今后的活动。小孩子经过玩火获得了烫手的经验，下次就不敢再玩火，而要害怕和躲避火了。他认为首先是活动，其次才是知识，然后用知识去指导今后的活动。这是杜威对经验概念的解释。

三　实用主义的教学理论

杜威把"经验"的概念应用到教育上，得出了他的实用主义的教学理论，概括地说，就是"从做中学"。从活动中获得知识，再用知识来指导活动。这好像跟我们所说的"从实践到认识，再从认识到实践"和"理论与实践一致"的提法有点相同。正因为这样，这种理论具有很大的迷惑性。

"从做中学"在教学上的具体表现是：

1. 设计教学法——"设计"就是"活动计划"的意思，所谓设计教学法就是通过学生自己选定的活动来进行教学，在活动中附带地学习知识与技能。例如，学生选定了做一个飞机模型的活动或"设计"，为了顺利地进行这个活动，学生需要多方面的知识与技能。首先要画图，要美术，也需要计算，还需要语文（像写一封信去借某一样工具，或者拟一个开展览会的通知，都用得到语文）。这样就能够把一切学科都结合在一种中心活动当中去教学。严格地说，设计教学法要求在活动中获得知识与技能，它反对语文、算术、地理、历史等等学科的分门教学。即使在形式上没有取消且还保存着各门学科的教学，但它们也处于附庸的地位，必须服从着"活动"。过去，南京高师附小曾经试验过这种教学法，我不清楚在南京高师附小里面，他们是否取消了各学科的教学。但无论如何，他们教学工作的中心是活动，学科只是起了配合的作用。设计教学法是杜威教学理论最具体、最完全的表现。

2. 问题法——设计教学法要求教师辅助学生从实际的活动中来获得知识，实行起来，在技术与方法上很不简单，不是一般学校所能做到的。因此，杜威的信徒们又搞出了一种"问题法"。他们主张保持各科的教学，但是各科教学应该配合一些中心问题来进行。例如，在五月份，各种学科可以围绕着"学校夏令卫生"这个中心问题来进行。这一套方法比设计教学法要容易一点。在美国，采用设计教学法的学校比较少，但采用问题教学法来进行教学的学校就比较多。在我们中国，有没有采用过问题法来进行教学的学校呢？有的。有些学校采用了"单元"教学法，这种"单元"不是根据学科本身的系统来划分，而是根据一个又一个的"中心问题"来划分、来进行各科教学的，这就是"问题法"的一种具体表现。

过去陶行知先生所提倡的"教学做合一"，陈鹤琴先生所提倡的"活教育"，都是受了杜威的教学理论的影响，是设计教学法的变种。我们为什么说杜威的这种教学理论是错误的、反动的呢？

第一，马克思主义的认识论教导着我们，人们是从实践到认识，再实践、再认识。……这里所说的实践和认识，是在整个人类历史过程的意义上说的，不是指个人的实践和认识。古代人类从测量土地的实践中，产生了初步的几何学，又用这几何学来指导建筑工程、测量等等实践。那是一个人类历史的过程。对于个别的人来说，实践和认识之间的关系，并不完全是这样的。

在这里，就牵涉到直接经验和间接经验的问题。人类是从实践中获得知识的。就整个人类讲，认识的最初一步是直接经验，可是，从个别人获得知识的过程来说，就不是完全从直接经验出发。他必须依靠大量的间接经验——接受别人的经验。毛主席在《实践论》中教导我们，有许多知识是从间接经验中得来的。学生在学校里，只要花几年的时间就可以学到许多系统的科学知识——像物理学、化学、几何学等等，这在时间上是很经济的。这些科学知识是人类在几千年的实践中积累起来的，但学生可以在几年之内，把它们作为间接经验接受过来。实用主义教育学，片面地强调活动，认为每一种知识都是从活动中来的，他们就是片面地强调了直接经验，而抹杀了间接经验的重要地位。我们认为，在一个儿童获得知识的过程中，从间接经验中得来的知识必然要占很大的一部分。我们不能要求儿童事事都从直接经验中获得知识，而必须让儿童接受大量的间接经验，从间接经验中来扩大和丰富自己的知识。

第二，杜威"从做中学"的教学理论，片面地强调感性认识，而抹杀了理性认识。前面已经讲过,实用主义者在认识论上是一种"不可知论"。人类的理性知识往往是以概念、原理、法则的形式表现出来的,而实用主义者认为这些原理、法则是超过了我们的经验范围的东西,是不能肯定的,只能作为一种"假设"。他们让儿童们在学校里的各种活动中学到一些知识。这些知识大多是零星的、片段的、没有系统的、偏于现象的。而科学的知识是从事物的现象里面找出其本质,找出其内在联系或规律,是有系统的、整个的、全面的,同时也是抽象的。如果学生只是从自己的活动中来获得知识,他们的知识就很难提高到理性认识的阶段——系统理论的阶段。

四 杜威的教学理论和我们的教学理论在各方面的对比

第一,关于教学过程——实用主义认为,教学过程是"从做到学",从活动产生意义,从了解活动的意义中获得经验或知识。马克思列宁主义教育学认为,人类的认识过程是从具体的、生动的、直接的感觉到抽象的思维,再从抽象的思维到实践。这里所说生动的"直觉"就是感性的认识,"抽象的思维"就是理性认识阶段。首先,请大家注意一点,"抽象的思维"这个阶段,在实用主义教学理论里面实际上是没有的,它片面强调在活动中获得的经验,即是片面强调认识的感性阶段。

其次,马克思列宁主义教育学教导着我们:儿童获得知识的过程同整个人类认识历史的过程比较起来,有相同的地方,也有不同的地方。上面批判杜威的教学理论的错误时已经间接指出一部分了;在下面,在我们讲到有关"教学方法"的部分时,还要具体指出这种不同的地方来。

第二,关于教学内容——实用主义者宣称,教学应以经验为内容,而要得到经验,首先就要进行活动。以经验为教学的内容,就是围绕活动来组织教学内容,而活动应该由儿童自己决定,所以教学不能有事先规定的内容与固定的范围。马克思列宁主义教育学的正确看法,认为教学内容是从人类历史过程中累积下来的,提炼出来的有系统的科学知识、文化知识,以儿童和青年可以接受的形式把它规定下来。而我们的教学内容又必须服务于我们的教育目的。因此,在我们的教学工作中,对于教学内容有着严格的规定,规定在教学计划和教学大纲中。我们必须遵照教学计划和教学大纲的规定来进行教学,才能达到我们的教育目的。但实用主义的教学理论要求从"活动"或者"中心问题"中来进行教学,轻视学科的分类,否定了教学计划和教学大纲的重要地位,不主张有明确的教学内容,甚至不主张用教科书。这和我们对教学内容的看法完全相反。

第三,关于教学组织形式——马克思列宁主义的教学理论肯定教学工作的基本组织形式是课堂教学,在课堂里面进行上课。实用主义的教学理论认为,课堂教学的制度太老了、落伍了,要求打破课堂教学的形式。他们说,一般学校采用的课堂教学制度,并不能适应儿童的需要。因为根据实用主义的教学理论,教学的基本内容就是活动,而这种活动是不可能用固定的课堂教学形式来进行的。实用主义教育学者对于课堂里面的桌椅,主张不要固定。根据杜威派的看法,课堂里面的桌椅不能钉死,因为他们要使课堂成为儿童的活动场所或者工作室,如果桌椅钉死了,在进行各种活动的时候,搬来搬去就不方便。他们认为课堂的主要用途是进行活动,求知识只是附带的。

在课堂教学中,我们重视课堂纪律,要求学生在上课的时候严格遵守秩序,不要随便行动或讲话。但杜威却认为学生本来就是要活动,而活动时必然要说话的。我们不应该限制学生的活动,因之也就不应限制学生在课堂上的彼此交谈。这是他否定或削弱课堂教学制度的谬说的一部分。

第四,关于教学方法——谈到教学方法,需要首先说明一下,杜威所讲的教学方法是与教学内容分不开的。他的教学方法,我们假定要给它起个名称,可以叫做"五步"教学法。是哪五步呢?第一步是让儿童从事活动,在活动中碰到问题或困难;第二步是明确问题症结之所在;第三步是提出一种或几种解决问题的方案(假设);第四步把各种已经提出的方案在想象中分析推演一下,看哪一种方案比较好;第五步是行动,在行动中证验"假设"的效果。如果某一种方案解决了问题,那么它就是对的,否则就是不对的。这种五步教学法也就是胡适所贩卖的杜威的思想方法论。胡适称之为"实验的方法",有时也称为"思想方法"。

马克思列宁主义教育学中所规定的教学方法是多种多样的。我们可以从直接的观察导向理论概括,也可以从过去已经获得的经验或者从已经掌握了的概念出发。这和杜威的五步教学法是完全不同的。

第五,关于教师和学生在教学过程中的关系——在教学过程中,一方面是"教",另一方面是"学",这两方面的活动都是必要的,单有一方面是不行的。但这两方面比较起来,究竟是哪一方面,是教师的活动还是学生的活动更加重要?马克思列宁主义教学理论肯定教师在教学中的主导作用。这就是说,学生的活动虽然也很重要,但更重要的还是教师的活动。这叫做教师的主导作用(所谓"主导"就是第一位或起着决定性地位的意思)。实用主义教学理论的看法就完全相反。他们认为教学首先是活动,这种活动必须是儿童自己的,因此主导作用应该放在儿童方面。教师只是从旁帮助儿童的活动,处于顾问的地位,不能起主导的作用。他们把教师在教学中的主导作用否定了。

第六,关于教学原则——杜威的教学原则和我们的教学原则有什么不同的地方？在理论上,实用主义教育学并没有提出什么明确的教学原则,这样就很难用来和我们的教学原则作比较。但我们也可以就下面的几点来加以说明:

1. 在我们的教学理论中,有着系统性原则。我们在教学内容、教学方法、教学组织形式各方面,都贯彻着系统性原则的要求。这原则甚至在幼儿园的教学中便已经开始体现出来了。例如在幼儿园中,关于语言的培养和良好习惯的养成,知识技能的传授,都是按照一定的计划来进行的。可是在实用主义教育学中,就没有系统性原则的地位。他们主张教学以活动为中心,儿童在活动中附带地学到一些东西；他们不要固定的教学计划、教学大纲,忽视教科书的作用,反对严密的课堂教学制度,自然是谈不到系统性原则的。

2. 我们有巩固性的教学原则,而实用主义教育学最不重视学生的知识的巩固。照杜威的话说,儿童从本能和兴趣出发,可以自己从事活动,在活动中得到知识与技能。因此他不主张采用练习、复习或者考试、检查等方法来巩固学习成绩。我们过去的教学,巩固知识的工作做得很差,这是受了杜威的谬说的影响。

3. 我们有自觉性、积极性的教学原则,而杜威提倡他的"兴趣"学说,两者有什么不同呢？我们知道,在杜威教育思想影响之下的学校教学是极其重视儿童的学习兴趣的。应该指出,杜威的兴趣学说跟他的"从做中学"是分不开的。他说,儿童进行活动,为了完成活动的目的而去学习一些知识与技能,儿童对这些知识与技能,一定感到"兴趣"。在这种情况下,儿童的学习态度一定是积极的。儿童在活动中获得知识,应用知识,儿童一定会"理解"知识的。显然可见,杜威说的"兴趣"是活动中的兴趣。我们的自觉性、积极性原则主要是认识从感性提高到理性的要求。杜威所讲的兴趣局限于活动,因此基本上局限于认识的感性阶段。其次,我们所说的自觉性、积极性不单指动手、动眼睛,而最主要的是指动脑筋。杜威讲兴趣,主要的是动手而不是动脑筋。最后,我们的教学原则中也讲兴趣,但兴趣应该与努力相结合。杜威声称,在儿童的活动中,兴趣与努力获得了统一。事实上,他是片面强调儿童兴趣,抹杀了努力。

4. 可接受性原则和直观性原则：我们一方面讲可接受性原则,一方面也讲系统性原则。我们主张教学中的直观性,但更主张直观原则应服务于自觉性、积极性原则，反对孤立地讲直观原则。实用主义的"从做中学"是孤立地讲直观原则，他们的"兴趣"学说是片面的强调可接受性。

五 实用主义的教学理论的反动性究竟在什么地方？

第一，实用主义教学理论的反动性，就在于反对人民掌握系统的科学知识。他们在教学内容上反对系统性，在教学原则上片面强调儿童的感性认识，在教学制度上反对严密的课堂教学制度。所有这一切，都妨害着学生对系统科学知识的掌握。实用主义的世界观否认世界事物的客观存在，它的认识论否认事物的因果规律性，两者同样是导向否定与抹杀真正科学的。它在教育学上的结论自然是反对学生掌握系统的科学知识。他们为什么反对人民掌握系统的科学知识呢？因为，没落的阶级是害怕科学、害怕真理、更害怕人民掌握科学知识的。他们的教学理论是使人民不要接近科学真理的恶毒办法。

第二，他们以经验主义毒害年轻的一代，使学生在处理问题时，习惯于只看现象，而不能深入到现象后面的本质。马克思主义是讲理论与实践一致的。一方面理论必须服务于实践，在实践中受检验；另一方面，实践必须受理论的指导。实用主义强调活动，这和我们的"实践"是完全两样的。我们讲"实践"是要接受理论的指导的，而实用主义讲"活动"则取消了理论对于实践的指导。杜威常讲经验对活动的指导作用，像小孩子从玩火中得到烫手的经验以后就不敢再去玩火，他认为这种经验是很有用的。但他反对科学的高级的理论，认为这些理论是抽象的、没有用的。在实用主义教学理论指导下的教学，培养着儿童习惯于从眼前的具体活动中摸索"经验"，再以那经验去指导第二步行动。他们将不习惯于向前看得远一些，看到原则性的、基本的问题。实用主义者认为，凡理论都是超过自己的目前的经验的范围的，因而是不可相信的。杜威的教学理论要求学校培养出哪一类人物来呢？要求把学生培养成为没有头脑的事务主义者。美国资本家所需要的正是这类无头无脑的事务主义者。像这样的人才是美国资本家最欢迎的。实用主义的教学理论要求学校以经验主义的思想训练学生，使他们成为无头无脑的事务主义者。他们干得很起劲，却不知道为什么要这样干，他们看不见、甚至不愿看见远大的前途。实用主义教育学替美国统治阶级培养出大批的奴才，这就是杜威对美国反动统治阶级的最大贡献。

我们现在进行教学工作，有一个口号，就是要求学生自觉地而且巩固地掌握有系统的科学知识。这一句话有非常丰富的内容，应该仔细加以体会。实用主义的教学思想、教学方法，正是和这句口号中所包含的要求背道而驰的。我们的教育方法是理论与实践一致，而杜威的教学理论实质上是取消了理论对实践的指导。这是我们对杜威实用主义教学理论的总的批判。

五 批判实用主义的道德教育论

一 实用主义的道德学说的批判

在杜威的著作中,一部分是直接讲道德教育问题的,这当然是我们批判的对象。除此以外,杜威还有一套一般的道德理论或学说,虽没有直接触及道德教育问题,但是与道德教育问题有关,因为它构成杜威的道德教育论的理论基础。所以要批判实用主义的道德教育论,先要批判实用主义的一般道德学说。

第一,实用主义认为善恶是非的标准是相对的,不是绝对的,它的判断标准就是"实用"——实际的效用。如果一种行为能够产生令人满意的效果,那么它就是好的,假使产生了不愉快的效果,那就是不好的。说到效用,问题在于对谁有用?因为对于无产阶级有利的事,对资产阶级是不利的;对于贫农有利的事,对富农就不会有利。如果以效用来判断,究竟是指对谁的效用,在实用主义的道德学说中,那只是对"我"的效用。一件事对"我"能发生好的效果,那么这件事就是"善的",否则就是"恶的"。这种说法,显然是主观唯心主义在道德论方面的反映。杜威当然不敢明目张胆地讲,一种行为对"我"有利就是好的,但他的道德学说,实际上的结论正是这样,因为他取消了道德的客观标准,剩下来的就只有主观的标准、"我"的标准。他有时很狡猾地抬出"社会"来,说什么"一种行为被社会所公认有良好的效果,才能说是善的"。他所谓"社会",实际上是资本主义社会。在资本主义社会里,资本家认为好的,工人阶级一定认为不好。那么,所谓"社会公认"究竟是什么一回事呢?美国的社会操纵在资产阶级手里,美国的统治阶级便可以强制与欺骗人民接受统治者的善恶标准为自己的标准。

实用主义认为善恶是非,只有相对的标准,没有绝对的标准。而所谓"相对"就是相对于个人的利益和功用。这就是"道德无原则"论。

杜威是这样恬不知耻地宣扬他的"道德无原则"论的:他说,原则是为了便利行动的;因此,原则应该服从行动,不是行动服从原则。他反对"按照原则行事"。他说,假使按照原则行事而效果不好的话,那么按照原则行事是罪恶而不是道德。他又说,"一个以按照原则行事自豪的人,往往是一个一意孤行,不能从经验中学会什么是更好的方法的人"。他的意思是说:不要坚持原则,要从经验中学乖,否则就要碰壁!

资产阶级,尤其是帝国主义时代的资产阶级,为了追求最高利润,一向是不择手段、不讲原则的。杜威的道德无原则论一方面是为资产阶级行事的无原则性辩护的;一方面又是为了腐蚀年轻一代的心灵,使他们习惯于无原则地生活与行动,这是有利于独占资本家对劳动人民的统治的。

马克思主义教导我们,道德是发展的、变化的。例如,奴隶社会有奴隶社会的道德,封建社会有封建社会的道德,资本主义社会有资本主义社会的道德,共产主义社会有共产主义的道德。同时,马克思主义更指出道德的阶级性。资本家有资本家的道德,工人阶级有工人阶级的道德。加里宁说,过去在帝俄时代,一个工人在资本家的工厂中,如果热爱工作,爱护机器,不肯参加罢工,甘心替资本家效忠,从工人阶级的利益来说,这就是不好的事。但是在革命以后,工人成为国家的主人,一个工人能够爱护机器,积极生产,那就是一件道德的事情了。这也就说明了,善恶是非的标准是相对的。但马克思主义与实用主义不同,它除了承认道德的相对性以外,同时也承认道德的绝对标准。在封建社会末期,资产阶级起来革命,当时的社会存在着资产阶级道德和地主阶级道德。资产阶级当时代表着人类发展的方面,代表着进步的生产力,因此,服务于资产阶级利益的道德和服务于封建地主阶级的道德比较起来是好的、进步的。这一点是肯定的、绝对的。在资本主义社会里,无产阶级有无产阶级的道德标准,资产阶级有资产阶级的道德标准。因为无产阶级是人类历史上最进步的阶级,代表着最进步的生产力,所以,凡是为无产阶级利益服务的道德标准就是好的。资产阶级阻碍着历史的进程,阻碍着生产力的发展,所以,为这个反动阶级服务的道德是不好的。我们说,无产阶级的道德是好的,资产阶级的道德是不好的,这不是一个"公说公有理,婆说婆有理"的问题,这是有客观标准的,因而,是肯定的、绝对的。

由此可见,道德不是没有标准的,那标准又不是凭个人主观决定的。人们的行为与品质的善恶是非的标准不是个人的利害,而是阶级的利害。至于为哪个阶级的利益服务的行为与品质才算是真正的"道德"的呢?那要看哪一个阶级代表社会进步的生产力,代表历史的发展倾向,因为代表社会的进步生产力与发展倾向的阶级的利益同时能够代表全人类的利益。无产阶级道德之所以为最高的道德,因为它服务于无产阶级所领导的社会主义或共产主义事业,而这种事业同时也是全人类的最高利益。资产阶级是不敢让人民接触这个真理的,所以实用主义理论家把道德说成没有任何客观、绝对标准的东西,那就是主观唯心的东西。

马克思列宁主义是最讲原则性的。共产党人的典型品质之一，就是他们在行事中的高度原则性。为了革命的利益——那就是阶级的利益，同时也就是全人类的利益——他们会毫不犹豫地牺牲个人的一切利益而坚持原则、英勇奋斗。新社会的学校要在年轻一代身上培养的优良品质之一，正是这种高度的原则性。因此，我们必须坚决肃清教育工作中的任何道德无原则论的思想影响。

第二，实用主义认为，善恶是非是具体的、个别的，不是"笼统"的、"一般"的。比如，我们认为在帝国主义时代，资产阶级是罪恶的阶级。实用主义者反对这种"笼统"的提法。他们认为只有个别资本家（张三或李四）不好，就是一个所谓"不好"的资本家，也只有个别的行为不好，而不是所有行为都不好，因此，不能笼统地说某某资本家不好，更不能说整个资产阶级都不好。他们甚至要否认有所谓"资产阶级"，说那是一个抽象的概念。又如我们说富农阶级不好，根据杜威的道德论逻辑，只能说个别富农不好，而不能笼统地说整个富农阶级都不好。我们认为资本主义不好，他们就说：资本主义有57种，其中有好的资本主义，也有不好的资本主义。今天的资本主义不好，明天的资本主义就可能是好的。

实用主义认为，善恶是非是没有等级的，没有高下的，一杯水和一餐饭都是同样的好。——对于一个吃得很饱和很口渴的人来说，一杯水就是非常好的；可是对于一个很饥饿而喝饱了水的人来说，一餐饭又成了最好的东西了。他们用这种不伦不类的比喻，企图说明善恶没有大小、没有高低。

我们的道德，当然要表现在具体事物、行为上面。但是我们的道德有一个最高的标准，那就是，一切对共产主义和社会主义建设有利的行为和品质都是好的、善的，一切对共产主义和社会主义建设不利的行为和品质都是不好的、恶的。我们不是从个别的行为上孤立地来判断是非，我们在判断个别行为的时候，不都忘记最高的标准。我们认为善恶有大小，有高低。低级的善，小的善应该服从大的高级的善。实用主义者否认"一般"的善或恶，主张善恶无大小，目的在于叫人们不要接触道德上的大原则或基本问题。

第三，实用主义认为，"善"是对于"恶"的具体的补救。他们说资本主义有不好的地方，但那是可以补救的。但补救只能从具体的事项上下手。比如某厂工人工作时间太长，可以减少一些工作时间。某厂工人工资太低，可以给工人增加一些工资。他们认为，能够做到比不好的好一点，就算是好了。因此，对一切社会中的罪恶，用不着根本解决的办法。这完全是一种点滴改良主义的道德，是为了反对社会的根本改造或革命的。

关于实用主义的点滴改良论,我们在批判胡适思想的许多著作中,已经读过很多,可以不再重复;现在只要举一个例子来说明问题。孟子曾有一则寓言,说齐国有一个偷鸡贼,人家劝他不要偷,他说,他本来每天偷一只鸡,现在改为每月偷一只吧。实用主义的点滴改良道德论,事实上就是这种齐人的偷鸡道德,从多偷些改为少偷些。按照杜威的道德逻辑,从多偷改为少偷就是比不好好一些,就是道德的了。而且,应该指出,实用主义者所以主张资产阶级剥削者要像那齐人一样,从多偷改为少偷,不是为了被偷的人的利益,而是为了偷鸡贼的利益,怕偷得太凶,引起被偷的人的提防与反抗,那对于偷鸡贼反而是不利的。

第四,实用主义认为,道德应该是"社会"的,不是"个人"的。杜威是一贯地用"社会"两字来装潢他的道德学说的。杜威认为,在社会生活中,人与人相处,这才发生道德与法律。他甚至把"社会的"与"道德的"等同起来,说"道德的"就是"社会的"。

杜威在他葫芦里藏的是什么药呢?

在阶级社会里,道德是阶级斗争的工具。资产阶级一向在宗教道德上欺骗与麻痹劳动人民,以解除他们精神上的反抗武装。但到了帝国主义时代,随着无产阶级力量的壮大,阶级斗争的尖锐化,劳动人民的阶级觉悟日益提高了,传统的宗教说教与以个人人格完善为标榜的道德,已经在许多人中间丧失了它们的欺骗与麻醉的作用。于是实用主义哲学家杜威,出而提倡"社会"的道德,企图以所谓"社会精神"麻醉下一代。

杜威说,在一个团体之中,假使各成员之间,痛痒相关,利害与兴趣一致;而这个团体与其他团体之间又能沟通无碍,这样的团体生活就是"社会"的,同时也是"道德"的,这种团体的成员就是充满了社会精神的。反之,假使一个团体,各成员之间,利害、兴趣不一致,与其他团体又不能沟通声气,这样的团体是"非社会"的,也就是"不道德"的,这种团体中的成员就是缺乏"社会精神"的。

现在我们知道杜威葫芦中藏的是什么药了。那就是阶级调和论的毒药!我们知道,资本家与工人,地主与农民,虽然生活在一个国家、一个社会中,他们的利害与兴趣是对立的,他们之间的痛痒是无法相关的。在资产阶级与无产阶级,地主阶级与农民阶级之间,是壁垒森严,无法沟通声气的。杜威却正是要求劳动人员跟剥削者利害一致、休戚与共,要求无产阶级与农民阶级在思想、感情上与剥削阶级打成一片。杜威的意思就是要叫劳动人民甘心于替剥削阶级制造利润,而又不去打扰主人的安宁。杜威不但要求阶级与阶级之间充满"社会精神",他也要求国家与国家、民族与民族之间充满"社会精种"。他的毒辣的用心是叫殖民地与半殖民地的人民,把帝国主义侵略者看成自家人,与他们保持"沟通无碍"的关系!

杜威说过,道德与法律都是由于社会团体对个人的要求而产生的。人生活在社会中,与人相处,不得不尊重别人对自己的行为所提出的要求,否则将有不好的后果。在这里,杜威又是用效果或实用来说明道德了。而且,杜威在说到"社会"时,他是在提倡一种所谓社会的多元论。他说,所谓"社会",不只是一个,我们有多种多样的社会,家庭、学校、里弄、邻里、城市、学术团体、工会、教会、同业公会、国家,都是一个个的"社会"。他认为,过去一般人们的错误是把"国家"这一种社会的地位提得太高,压倒了其他种类的"社会"。他说,家庭、学校、社团、……和国家,作为"社会",地位都是平等的。家庭、学校、社团……和国家,都同样的对"我"提出要求,因此国家对我的要求并不是最高的。

对这个问题,我们怎样看法呢?我们当然也重视家庭、学校或社团的要求,但最重要的是必须服从国家对我们所提出的要求。可是根据杜威的道德学说,在家庭的要求与国家的要求之间发生矛盾的时候,我们可以不服从国家的要求,因为家庭与国家,作为"社会",是地位相等的。如果国家要求你到农村去工作,你的家庭却要求你留在城市里,在这种情况下,究竟是到农村去,还是留在城市里?根据我们的道德标准,那就只有服从国家的最高要求,服从社会主义建设的需要。

总体来说,实用主义的道德学说,否认了道德标准的客观性,以这种精神去"教育"年轻一代,即是以道德上的无原则论或"非道德论"的精神毒害年轻一代的心灵。

其次,实用主义的道德学说是要麻醉学生,使他们自幼习惯于只在小事情上讲道德,而不会在大事情、大问题上讲道德。

最后,实用主义的道德学说的反动意义是以阶级调和论的毒素麻醉学生,培养他们拥护资本主义社会制度的"社会精神"。

二 实用主义的道德教育论批判

我们已经批判了实用主义的一般道德理论,现在我们可以进一步批判实用主义的道德教育理论了。应该注意,在实用主义的道德理论与道德教育理论之间,是存在着密切不可分的联系的。

在道德教育方面，杜威提出了三种重要的主张：第一，取消学校中独立的宗教、道德学科——修身或伦理科；第二，每一门学科都应该起道德教育的作用；第三，道德教育应该在学生的活动中进行。

先说取消学校中独立的宗教、道德学科。这些学科在19世纪末期以前的美国学校中是相当普遍的。杜威为什么要主张取消这些学科呢？因为，在资本主义的美国，到了帝国主义时代，随着科学和唯物主义思想在人民中间的传布，那些充满着迷信以及唯心主义胡说谎言的宗教、道德学科，在麻醉年轻一代的意识这一件事情上，收效已经不大。而且，在这类学科的教学中，有时多少要暴露出资产阶级社会的满口仁义道德、满肚子男盗女娼的这种言行不一致的虚伪性。于是杜威向统治阶级主子献计，取消这些不中用的学科，用更狡猾，同时更有效的方法对年轻一代进行道德麻醉。

杜威的取消学校中的宗教道德学科主张和他的一般道德理论是分不开的。我们已经指出过，杜威只承认有个别的、特殊的道德，不承认有一般的道德。他主张拿行为的效果去判定道德上的是非善恶，反对用道德的原则去判定行为的善恶。既然如此，他自然不赞成在学校中对学生进行系统的一般道德理论的教学。因为在这种教学中，即使教师讲的是唯心主义的反动理论，有时候还是不免要接触到大的道德原则问题的。

在我们今天的学校中，并不把道德或伦理当做一门独立的学科来进行教学。我们和杜威之间的不同之处，在于杜威是不敢让学生接触道德上的大原则、大道理，我们却是要跟我们的学生讲大原则、大道理的。我们把道德思想意识的培养列为道德教育的首要任务。为了培养学生的道德思想意识，我们要在各科教学中、在课外活动中，适当地进行道德概念与道德理论的教育。

其次，杜威要求每一门学科都应该起道德教育的作用，他的用意显然是反动的。

在资本主义社会的学校里，在每一门学科中都对学生进行着资产阶级思想的宣传，就是都起着资产阶级道德教育的作用。但在资产阶级社会里，资产阶级思想对教师与学生的影响是无孔不入的，所以资产阶级可以满足于资产阶级的思想或道德教育在学校中自流自发地进行，而不必大张旗鼓地加以提倡。这就给人们一种幻觉，仿佛在资产阶级社会的学校里，在各科的教学中是并不进行政治思想宣传或"道德教育"的。而杜威要求在学校中的每门学科的教学都起道德教育的作用是什么意思呢？他是看到了劳动人民阶级觉悟的提高，资产阶级精神统治的动摇，于是大声疾呼：在学校中以自流自发的方法让学生接受资产阶级思想或道德教育已经不够了,要变本加厉,更加有目的、有计划地对学生进行资产阶级道德的麻醉!

由此可以看出,教学工作是无法"超政治"的,不是对学生进行资产阶级的政治思想教育或道德教育,就是对学生进行无产阶级的政治思想教育或道德教育。我们也是主张在一切学科的教学中进行道德教育的,但我们主张的是在一切学科教学中对学生进行无产阶级思想、共产主义道德的教育;我们反对杜威在各科教学中散布资产阶级思想毒素的企图。

第三,通过学生的活动来进行道德教育,这是杜威的反动道德教育学说中的最重要的一个部分。这种主张是从他的所谓"社会"的道德学说中得出的结论。上面已经说过,杜威标榜着"社会"的道德,主张以"社会精神"培养年轻的一代。他感慨着在"传统"的学校中缺乏"社会精神",因而不起道德教育的作用。在他的"新学校"中,他主张,应该充满着"社会精神",因而充分起道德教育的作用。怎样使学校充满着"社会精神"呢?他主张,让学校布置多种多样的具有"社会"性质的活动,使学生在这些活动中获得"社会精神"的教育。我们知道,杜威曾经提出过一个臭名远扬的教育口号:"学校即社会",他的意思是要把学校办成一个小规模的社会。在学校里最好办一间食堂,开设一个银行,有市政府,由大家选举市长,有学生自治会,还有警察站岗和审判员审案。杜威说,这样,学生在学校里面,可以在具有"社会意义"的具体活动中来锻炼"社会精神"。在中国,过去也有不少学校受了杜威道德教育理论的影响,在学校里办起合作社"学校市"、"小银行"。过去国民党曾经实行过镇压人民、维持反动统治的保甲制度,也曾把这种保甲制度搬到学校里,选举一些学生做"保甲长",学习做反动统治阶级的帮凶。由此可见,实用主义者要求学校给予学生的"社会精神"是什么一回事。那就是使学生能够适应现存的社会制度——在美国就是资本主义制度——的精神。

学校即社会,就是把学校办成一个雏形的社会,使学校儿童反映着并逐渐习惯于成人社会中的种种活动。杜威企图用这套手法使他的学校替资产阶级统治者培养出一批又一批现存社会制度的忠顺拥护者。

三 实用主义的"民主主义教育"理论的批判

在批判了杜威的反动道德学说与道德教育理论以后,我们应该附带的揭露一下杜威的"民主主义教育"理论的性质。因为,如像我们即将指出的,在杜威的道德学说、道德教育理论与民主主义教育理论之间,是存在着最密切的关系的。

杜威最重要的教育著作《民主主义与教育》,在中国教育界传播得相当广泛。这部书集杜威教育思想之大成,而这部书却以"民主主义与教育"命名,可见"民主主义教育"理论在杜威的全部教育思想中的地位了。

杜威说,不同的社会要求着不同的教育,因为美国的社会是"民主主义"的社会,所以他所提倡的是"民主主义教育",他所讲的教育哲学是"民主主义"的教育哲学。

杜威声称,"民主主义"不仅是一种政治组织的形式,更重要的,它是一种社会生活的理想。什么样的社会生活才算是"民主主义"的呢?

杜威认为,"社会"是一个笼统的名称。它事实上是由许多社会团体构成的,如宗教团体,职业团体,学术团体,政治团体等等。一个社会团体,假使(1)各成员之间,痛痒相关,利害兴趣共通;(2)团体与其他团体之间声气沟通无碍,这样的团体就是民主主义的。以上两点,我们在上文已经接触过,是杜威用以说明"社会"与"道德"的。现在怎样又用以说明"民主"呢?原来杜威是把"民主"同"社会"、"道德"等同起来的,认为只有"民主"的社会是最富于"社会"意义的社会,也就是最道德的社会,而"民主"的社会必须符合于上述两项标准。

杜威的这种"民主主义"理论的反动意义在什么地方呢?

第一,民主主义是一个政治问题,经济问题;杜威却把它说成一个道德问题、生活理想问题,这显然是为了转移人民的视线,使他们放弃在政治上、经济上争取民主的斗争。

第二,民主问题是一个有关整个社会的问题,杜威却把它说成这个或那个个别的社会团体的问题。他的意思是说,所谓民主或不民主是不能一概而论的,我们只能说这个团体民主,那个团体不民主。杜威这样讲,也是为了在人民中间玩遮眼手法,使他们不想从根本上去解决民主的问题。

第三,也是最重要的一点,杜威在他所列举的两项"民主标准"中,散播着阶级调和论的毒素。照他的这两项标准来说,在工厂这样一个团体中,工人与资本家应该痛痒相关、休戚与共。工人应该放弃自己的阶级立场,因为阶级立场意味着团体与团体之间声气不能沟通,同样,殖民地与半殖民地国家的人民对宗主国家的统治者与侵略者不应另眼相看,因为这意味着民族与民族之间的声气不沟通,因而是不合于他的民主的第二项标准的。前面已经说过,杜威到中国,是在我国五四运动爆发前三天;他在中国两年多,极力诽谤与反对中国青年的爱国运动,他教中国学生不要"排外",要发挥民主与"博爱"精神!

杜威告诉我们,民主主义社会是特别重视教育的。为什么呢?首先,在民主社会中,据说政府是民选的,对被统治者不能施用强制服从的原则,而应代之以心悦诚服的原则,而被统治者的心悦诚服只能产生于教育。其次,更重要的,只有教育才能打破社会中的阶级、种族、民族国家的界限。原来杜威的意思是要教育在年轻一代身上做功夫,使他们心悦诚服于资产阶级的统治。他赋予教育以这样的使命:在年轻一代身上,取消他们思想意识中的阶级意识与民族意识。杜威要求全部教育都起这种作用,尤其是道德教育应起这种作用。

我们已经暴露了杜威的民主主义理论的反动意义,这是问题的一面。另一方面,我们也应批判一下在杜威的民主主义理论中的主观唯心主义的谬误性。

历史唯物主义教导我们,迄今为止的人类历史是一部阶级斗争的历史。阶级的对立,首先是一种"社会存在",其次才是一种"社会意识"。这就是说,首先因为在社会生活中,客观地存在着阶级的剥削与被剥削、压迫与被压迫的事实,然后人们才有阶级对立的思想与感情。同样,殖民地与半殖民地国家人民之所以"排外",决不是单纯的"感情用事",而是产生于帝国主义国家侵略与掠夺殖民地与半殖民地的国家和人民的客观事实的。杜威却荒谬绝伦地把阶级的对立、民族的对立,归之于人们思想感情的隔膜,并从而得出结论,只要通过教育,尤其是道德教育,消除了人们之间的隔膜或障碍,阶级的对立、民族的对立就会不成问题的。

杜威认为,阶级与阶级之间的此疆彼界是不好的、不道德的。他主张用社会精神去替代阶级意识,他主张取消阶级的对立。马克思主义是主张消灭阶级的。但马克思主义教导我们,消灭阶级是无产阶级的历史使命,而无产阶级为了完成这个历史使命,首先要提高自己的阶级觉悟,对地主和资产阶级进行坚决的阶级斗争,通过一次革命,推翻地主阶级和资产阶级的统治,建立起一种新的经济制度,这样才能从根本上消灭阶级压迫和阶级剥削,从而消灭阶级。杜威的反动理论却是叫人们放弃阶级立场、阶级意识、阶级斗争,事实上不是要取消阶级,而是要维持阶级,维持地主阶级、资产阶级对劳动人民的统治。

杜威的全部教育理论都是为资产阶级服务的,但这种反动的阶级本质在他的道德教育论中表现得最为集中和露骨。他把民主和道德等同起来,说:凡是"民主"的就是"道德"的。他又把道德和教育等同起来,说:凡是真正的教育必定要起道德教育的作用,就是要对学生发生道德的影响。由此可以看出,杜威对道德教育在全部教育中的地位的重视。杜威所希望在学生身上产生的道德教育的影响是什么呢？那就是麻醉他们的阶级意识的阶级调和论。杜威的道德教育论与民主主义教育理论就是用阶级调和论连贯起来的。杜威一贯用"民主"两字标榜美国的教育、标榜他自己的教育哲学体系，而这种教育哲学体系的本质就是这样。

六　怎样肃清教育工作中的实用主义教育思想

我们怎样在实际工作中批判实用主义教育思想？

第一，我们批判实用主义教育思想，应该联系我们自己。我们批判杜威的反动教育思想，就要批判我们自己的反动教育思想，批判杜威的反动教育思想对自己的思想和工作的影响。

有人认为，自己没有受过实用主义反动教育思想的影响，因此用不着去批判。当然，在今天到会的各位同志中，过去曾经学过有系统的实用主义教育学说，或者看过杜威作品的人并不很多。但我们可以肯定地说，受过杜威教育思想影响的人是很多的。上面已经指出杜威在中国的"讲演"所产生的影响。还应该指出，旧中国的师范大学、师范学院、普通大学中的教育系里面的教育学教授，大多数是从美国哥伦比亚大学教育学院留学回来的，他们大多是杜威的弟子或再传弟子，或者他们在杜威的著作中接受了实用主义反动教育思想。这些教授们回到中国，培养出许多中学教师或师范学校教师。这些师范学校又以实用主义教育思想毒素影响了更多的学生及大量的小学教师。此外，在旧中国的教育书刊中，杜威的实用主义教育思想也有广泛的传播。我们有些同志虽然没有读过杜威的著作，但是可能会从这些书刊中间接受了实用主义教育思想的影响，应该加以检查与批判。

第二，怎样来检查这种反动教育思想的影响呢？应该把日常教学、教育工作中的具体问题提到思想原则和哲学理论的高度上来加以分析批判。比如，关于"课堂中的桌椅究竟要不要钉死"这个问题，就不要仅仅看成是一个事务性的问题，而应该看成是一个教育思想问题。

第三，我们应该从哪些方面检查实用主义反动教育思想？我们的检查，应该是多方面的。举例说，我们可以从教育的目的上来检查在我们的日常教学、教育工作中，我们是否满足于应付一百万个目的？还是受一个最高目的的指导？其次，我们可以检查一下自己的教学理论。我们究竟是怎样对待教学计划和教学大纲的？有的教师教了一年的书，直到一本书已经教完了，还没有想过教这本书究竟为了达到什么目的。再扩大一点说，我们有没有考虑过在整个小学或中学六年的过程中，我们应该以哪些知识和品德武装和培养学生？要把他们培养成为哪一种人物？在教学的原则方面，可以检查一下，我们对于巩固知识的工作做得够不够？怎样对待学生的兴趣问题？在我们考虑教学方法的时候，我们是不是片面地从儿童的兴趣出发的？在实际教学教育工作中，我们是否发挥了教师的主导作用？……

关于道德教育方面，我们应该检查一下，我们对于儿童进行共产主义道德教育，有没有把这个问题提到思想原则的高度上来看？我们有没有以学生可以接受的方式，对学生进行了共产主义道德教育？我们是不是听任我们的儿童在旧思想旧习惯的影响之下，自发地接受了资产阶级的道德教育？还是有系统、有目的地来对学生进行共产主义的道德教育，培养学生的共产主义道德品质？

第四，我们要学习辩证唯物主义。如果我们对于辩证唯物主义有了一定的认识，在批判的时候，就有了尺度。反之，如果我们不学习辩证唯物主义，就不容易进行分析批判。同时我们还要以马克思列宁主义的教育科学理论为尺度来检查自己的工作，要把许多教学、教育工作上的具体问题提到教育科学理论的高度来检查自己。如果我们不学习马克思列宁主义教育学，在检查的时候就没有标准，甚至不知道如何着手来进行检查与批判。

目前，在我们的一部分学生中，忽视理论的倾向是相当严重的，他们片面地强调"实用"，忽视理论的学习。这也是实用主义思想恶劣影响的一种表现。教师有责任纠正学生中的这种倾向。但教师首先要克服自己身上的轻视理论的倾向，因为我们中间也有不少人认为，教育科学理论、哲学理论是不解决问题的、是没有用的。

今后我们只有加强辩证唯物主义的学习和教育科学理论的学习，才能从思想上、工作上肃清实用主义反动教育理论的影响。

劳动教育问题[*]

[*] 本书由湖北人民出版社 1955 年出版。

内容提要

本书主要阐述劳动教育的意义、任务、手段,及其在全面发展教育中的地位和实施的条件等,可供中、小学教师参考。

作者小识

一九五四年六月中,作者曾在上海某次教育专题讲座上,对中、小学教师作了"劳动教育问题"的报告。报告的速记稿,经过整理后,发表于同年十一月的文汇报上。现在再度加以修订,以单行本出版。

在这个报告里,我只谈了一些劳动教育上的理论问题,没有接触到实施劳动教育的具体方法。这是一个很大的缺点。这缺点就是在出版这个单行本时也未能加以补救,这是应该向读者致歉的。

一九五五年二月

目 录

一 为什么要提倡劳动教育 …………………………… 171
二 劳动教育的意义 …………………………………… 174
三 劳动教育的任务 …………………………………… 180
四 劳动教育的手段 …………………………………… 184
五 劳动教育在全面发展教育中的地位 ……………… 190
六 实施劳动教育的条件 ……………………………… 195

一 为什么要提倡劳动教育

现在我们要对我们的学生,不论是小学生或中学生,进行全面发展的教育。在全面发展的教育中,共产主义道德教育是一个重要的构成部分。所以我们的党和政府要求我们重视对年轻一代的共产主义道德教育。而劳动教育是共产主义道德教育中的一个重要部分。

在阶级社会里道德是有阶级性的。不同的阶级,对事情的是非、善恶有着不同的标准或看法。敌对的阶级有着敌对的道德标准或观点(看法)。同一行为,统治阶级认为是不道德的,对于被统治阶级说,恰恰是道德的。但统治阶级总是要以自己的道德标准或观点影响被统治阶级,使统治阶级的道德标准或观点成为全社会的统治道德标准或观点。所以在封建社会里,占统治地位的道德是地主阶级的封建道德;在资本主义社会里,占统治地位的道德是资产阶级的道德。

在社会主义社会中,无产阶级成为领导的阶级,它就要以无产阶级的道德教育全体人民,而无产阶级道德就应成为全社会的道德。无产阶级道德就是共产主义道德。

共产主义道德是人类历史上最崇高伟大的道德,资产阶级道德与无产阶级道德是不可同日而语的。因为,不同阶级的道德都是服务于本阶级的经济利益与政治目的的。资产阶级的经济利益是什么呢?它是剥削与奴役别人以取得利润。它的政治目的是压迫被剥削的广大人民。这种经济利益与政治目的是卑鄙的,所以为它们服务的道德也是不高尚、不干净的。而无产阶级的阶级利益或政治目的是什么呢?它是建设一个没有人剥削人、人压迫人的富裕、幸福的社会主义社会或共产主义社会。这种目的是崇高伟大的,所以为这种目的服务的道德也是崇高伟大的。

由此可以得出结论,共产主义道德是服务于无产阶级所领导的社会主义或共产主义建设事业的。凡帮助着社会主义建设事业的思想与行为是道德的,凡对社会主义建设事业有妨碍、有害处的思想与行为是不道德的。所谓共产主义道德就是那些有助于社会主义或共产主义建设事业的道德品质。

究竟哪些道德品质是有助于社会主义或共产主义的建设事业的呢?这里不必一一列举。但我们可以指出一点,就是在共产主义道德品质教育之中,有一项重要的品质,就是培养学生对劳动的共产主义或社会主义的态度。所谓培养学生对劳动的社会主义的态度,简单说来,就是要教育学生热爱劳动,对劳动有高度责任感,在劳动中有高度积极性与创造性。显然可见,这种态度是有助于无产阶级所领导的社会主义建设事业的;而与此相反的态度,将会妨害社会主义建设事业。

中国是一个新民主主义社会。在新民主主义社会中,领导阶级也是工人阶级;工人阶级正在领导着全国人民,根据总路线、总任务,把中国建成为一个伟大的社会主义国家。所以我们的国家,也要以共产主义道德,即是那些有助于社会主义建设事业的道德品质教育全体人民,尤其是教育年轻的一代;因为社会主义社会与共产主义社会,主要是依靠年轻一代的人建成的。

我们的国家也是极其重视以劳动的社会主义态度教育全国人民,尤其是年轻一代的。在我们的共同纲领中,规定着全国人民必须遵守的五项国民公德,其中即有"爱劳动"一项。我们的国家是极其重视年轻一代的劳动教育的,在《中学暂行规程草案》与《小学暂行规程草案》中,都曾规定着要对学生进行"五爱"国民公德的教育,其中包括"爱劳动"的教育。还有,爱人民、爱护公共财产,也是与爱劳动教育有密切关系的,这点将在下面加以说明。

但我们全国的教育工作者,包括教育行政领导干部在内,在过去对劳动教育是重视不够的,以至于有一部分学生进了学校以后,养成了轻视乃至鄙视劳动,轻视与鄙视劳动人民的思想感情。其具体的表现是:一部分小学生与中学生在毕业的时候,片面地要求升学,以参加工农业生产劳动为不幸、为耻辱,因而造成了初中与高中在暑假中招生时的困难。这是我们过去几年来教育工作中最严重的缺点与错误,必须要加以纠正的。

自从国家在过渡时期的总路线、总任务提出以后,全国人民在思想上明确了,我们的国家,正在工人阶级领导之下,进行着社会主义的建设事业。这就要求着全国学校重视对年轻一代的共产主义道德品质的培养,尤其是爱劳动的道德品质的培养。由此可见,劳动教育是直接根据总路线、总任务而提出的。我们的宪法①第十六条规定:"劳动是中华人民共和国一切有劳动能力的公民的光荣的事情。国家鼓励公民在劳动中的积极性和创造性。"这个条文对于全国教育工作者提出重视劳动教育的要求。

以上的话说明了这一点:劳动教育不是一个为了应付学校招生、学生升学

---

① 指1954年宪法。——编校者

问题而采取的临时措施与突击任务。它是我们全部教育工作,尤其是全部道德教育工作中的一个重要部分。对学生进行劳动教育是全国教育工作者的长期的、经常的任务。为了把劳动教育工作做得好,我们需要对劳动教育的意义、任务、内容、方法,以及它在全面发展的教育中的地位……这一系列的问题,有一个轮廓的认识。

二 劳动教育的意义

首先，我们要对劳动与教育两者之间的关系，作一个简单的历史叙述。在原始共产主义社会中，教育是产生于劳动，直接为劳动服务的；劳动与教育之间，存在着密切不可分的关系。到了阶级社会中，劳动与教育开始对立起来；有劳动就没有教育，有教育就没有劳动；它们之间从此就不发生关系了。可是今天在新社会里，在社会主义社会里以及在向社会主义过渡的新民主主义社会里，我们又要把劳动跟教育结合起来，提出了劳动教育的要求。

在阶级社会里，剥削阶级本身是不要劳动的，所以对自己的子女没有从事劳动准备的要求。但他们却垄断了教育，独占了教育的权利。在另一方面，被剥削阶级，无论是奴隶或农奴，他们只有劳动，而教育的权利却被剥夺掉。也许大家要问，在资本主义社会里，劳动与教育有没有发生关系呢？它们是发生过一些关系的。在资本主义社会里，也曾经提出过劳动教育这个问题。但是无论过去和现在，他们所讲的劳动教育跟我们今天工人阶级领导的社会里所讲的劳动教育有本质上的不同。这一点留在后面加以说明。

现在分两方面来说明劳动教育的意义：

（一）劳动是教育的主要目的

作为教育的目的来说，我们怎样领会劳动教育呢？首先，我们应当明确，无论中学教育或小学教育，其目的都是为了培养我们的年轻一代，使他们成为全面发展的、社会主义社会的、自觉与积极的建设者。

我们知道，社会主义社会是以劳动人民的劳动建设起来的，所以培养一个建设者首先是培养一个劳动者。绝大部分的劳动者是工业劳动者和农业劳动者。我们的劳动是为了建设社会主义社会和共产主义社会。那么，什么叫做社会主义、共产主义社会呢？加里宁同志曾经说过："有些人总想抽象地来对待共产主义，而不把具体内容加进这一概念中去。什么叫做共产主义呢？共产主义就是：产品尽量多，质量尽量好。"① 这也就是说，能够生产出数量多、质量好的东西，以更好地满足人们的生活需要，使人们过着富裕幸福的生活，这就叫做共

---

① （苏）加里宁著，陈昌浩译：《论共产主义教育》，中国青年出版社1950年版，第82页。——编校者

产主义。加里宁的话说明了社会主义社会和共产主义社会是建筑在高度发展的社会生产基础上的,而社会生产的发展,有赖于劳动生产率的提高。以同样的人,花同样的时间进行劳动,要生产出数量更多、质量更好的东西,这就需要有高度发展的劳动生产率。

我们新的社会制度能不能胜利,其决定的关键之一,在于以它跟过去任何社会制度比较,有没有更高的劳动生产率。以我们新的社会制度跟封建社会、半封建社会比较,要有高度发展的劳动生产率,以它和资本主义社会比较,也应该有更高的劳动生产率;这样,能够比过去任何一个社会生产出更多的东西和更好的东西,我们新的社会制度的胜利才能获得保证。为什么资本主义能够在反对封建主义的斗争中获得胜利呢?斯大林同志告诉我们,这是因为它创立了比封建制度更高的劳动生产率,它使社会有可能得到比在封建制度下更多得无比的产品,因为它使社会更加富足了。为什么社会主义能够、应当,而且一定会战胜资本主义制度呢?因为它能建立比资本主义制度更高的劳动生产率,因为比起资本主义制度来,它能给予社会以更多的产品,使社会更加富足起来。所以说,社会主义胜利的主要保证就是要有高度的劳动生产率。

怎样才能提高劳动生产率呢?一方面要有更好的生产技术设备,但更重要的因素是要有积极参加劳动生产的劳动者。要提高劳动生产率就要提高劳动者的品质。我们为了生产更多的东西,更好的东西,就需要有更好的劳动者参加劳动生产。这样,我们才能提高劳动生产率,提高社会生产水平,才有可能过渡到社会主义和共产主义。

一切劳动者要具有哪些品质,才能保证高度的劳动生产率呢?当然他需要掌握高明的劳动技术,但更重要的,他应该具有良好的劳动习惯与劳动态度。在这里,劳动态度是最为重要的。假使我们的劳动者有社会主义的劳动态度,能够像在上面所说过的,热爱劳动、对劳动有高度的责任感、在劳动中表现高度的积极性与创造性,那么,他们是不难掌握高明的劳动技术的,培养良好的劳动习惯,对他们也是容易的。反之,劳动态度不端正,良好的劳动习惯、劳动技术不易养成,即使有了高明的劳动技术与良好劳动习惯,也还是难以保证高度的劳动生产率的。

在过渡期间,我们的党与政府领导着全国人民,要贯彻总路线、总任务,把我们的国家建设成为一个社会主义国家。要建设社会主义,就要有高度的劳动生产率;为了提高劳动生产率,就需要具有优良劳动品质的劳动者。学校的任务,尤其是小学、中学的任务是以大批的具有优良劳动品质的劳动者源源输送给各种工农业生产部门。这是总路线、总任务对我们学校所提出的要求。

小学教育是我们的基础教育。绝大部分的小学毕业生必须在毕业后直接参加工农业生产劳动,只有一小部分毕业生可以,而且应该升入中学学习。初中毕业生、甚至高中毕业生的情形也是这样。既然小学生与中学生绝大部分都要在毕业后直接参加生产劳动,那么,显而易见,培养他们优良的劳动品质,应该是小学与中学的主要培养目标了。以上我们从培养社会主义社会的建设者和全面发展的成员两方面来说明劳动教育的意义。

这样,我们就可得出一个结论:劳动应该是社会主义教育、共产主义教育中的主要目的。劳动教育的任务是培养具有优良劳动品质的优秀的生产者、劳动者。我们所培养的生产者、劳动者要能提高劳动生产力,生产出更多、更好的东西,在目前为建成社会主义社会而奋斗,在将来为建成共产主义社会而奋斗。

(二)劳动是教育的重要手段

对年轻一代进行劳动教育,是为了提高社会的劳动生产率,这就是说,我们是为了劳动而进行教育;在这个意义上,劳动是教育的主要目的。进行了劳动教育可以促进全面发展的人的培养,这就是说,我们是通过了劳动而进行教育;在这个意义上,我们说,劳动是教育的重要手段;它是对年轻一代进行全面发展的教育的重要手段。

全面发展的教育是在一百多年以前由马克思、恩格斯提出的。他们提出教育与劳动生产相结合的原则,作为全面发展教育的主要内容。

在阶级社会中,教育跟劳动是两回事。这表现在体力劳动与脑力劳动的对立,教育与劳动的分离上面。马克思、恩格斯指出,要培养全面发展的人,体力劳动与脑力劳动的对立必须消灭,两者之间的界限必须消灭。

列宁和斯大林继续和发展了这种思想。他们要求教育跟劳动生产相结合。这种结合的结果,正如马克思所讲的,一方面可以提高生产力,因为,如我们所已经说过的,它能培养年轻的一代,使他们能生产出更多、更好的东西。另一方面,它能帮助人的全面发展。至于教育与劳动的结合怎样能帮助人的全面发展,这在后面要加以说明的。

劳动与教育结合的意义还不是劳动与教育的拼凑。在学校中,使学生从事一些劳动,还不一定是真正的有了劳动教育。在学校中我们可能有劳动,但这种劳动不一定是有教育意义的。我们所讲的劳动教育,不但要有劳动,而且劳动的结果必定要有教育意义、起教育作用。

马卡连柯特别强调着这一点,即是:孤立地讲劳动,是无所谓好坏的。我们的学校中可能有劳动,但假使在劳动的同时,没有进行教育,没有与之平行的政治思想教育,那么,劳动就成为一无可取的东西。马卡连柯指出,这种没有教育意义的劳动,不过是一种"筋肉的活动",并不等于劳动教育。我们要求学生进行的劳动一定要能够起教育的作用和意义。

马卡连柯指出,劳动固然能够帮助着人的筋肉的发展,但更重要的,它应该,而且可能帮助着人的精神的发展,智力的、政治的、道德的发展。能够起这种作用的劳动,才是我们所要求的劳动教育。通过这种劳动,我们可以培养年轻一代的种种优良品质,包括体力、智力各方面的品质。通过这种劳动,我们可以培养我们年轻一代身体上和精神上的种种为我们新社会所要求的品质。在这种意义上,我们说,劳动是教育的重要手段,并不是任何劳动都能发展年轻一代的种种体力、智力方面的才能;这就是说,并不是任何劳动都能成为教育的手段。只有在社会主义社会中,在过渡到社会主义的社会中,劳动才是对青年一代进行全面发展的教育的手段。

要明了这点,就要首先明了在社会主义社会中劳动的性质。固然,在一切社会中,劳动都是物质生活和文化生活的基础;但在新社会里,劳动有着特殊的意义和性质。

劳动的性质和意义是随着历史的发展而改变的:在原始共产主义社会里劳动是一种性质,在阶级社会里劳动又是一种性质,在新社会里劳动又有一种性质。

在阶级社会里,劳动对于人是一种负担,一种苦役;一般人都想躲避劳动,不想迎接劳动。因为在阶级社会里,劳动的成果是被别人剥削,为别人所享受,人们不是为自己而劳动的,所以劳动就被人认为是耻辱的事情。新社会里劳动再也不是一种耻辱,而是一种光荣的事情。到了共产主义社会中,劳动将要成为人们的一种生活上的需要;那时候,人们要求劳动,要求工作,就像要求吃饭、要求休息一样。

人们在旧社会里,不喜欢劳动,一部分是由于错误教育的结果,更大部分是由于过去劳动的性质和意义所决定的。

在新社会里,劳动的意义和性质改变了,劳动成为光荣的事情,劳动是为了创造共同的幸福生活。在这种情形下,马卡连柯告诉我们,每一种劳动都是创造性的劳动。什么是创造性的劳动呢?据马卡连柯的分析,在人们对一件工作发生爱好,在工作中感到愉快的时候,在人们认识到自己工作的重要性与必要性的时候,在工作成为发挥与表现自己的才能的时候,这类工作就是创造性的劳动。我们要强调指出,只有创造性的劳动,才能成为年轻一代的全面发展的教育的手段。

是不是在新社会里,每种劳动一定能够发挥我们身体上和精神上的才能?是不是在新社会里,一切劳动都是创造性的呢?像我们在苏联电影"走向生活"中所看到的劳动生产,是在高度发达的技术基础上进行的。这种劳动当然能发挥劳动者身体和智慧方面的才能。但在我们今天,有许多劳动生产是各种笨重的体力劳动,能不能发挥劳动者的体智才能呢?这些笨重的体力劳动慢慢地会减少的。到了社会主义社会建设成功,许多工作,要越来越多地使用机器了。但我们今天还在向社会主义过渡的时期,工农业生产部门中还有许多笨重的、机械的体力劳动。这些劳动能不能说是创造性的劳动呢?

加里宁对这个问题,曾经给我们做了答复。他说,有一部分青年,不肯做狭隘的技术工作。用我们的话来说,这类工作就是笨重的或机械的体力劳动。他们要求参加带有思想性、组织性的劳动。加里宁指出,这是把技术工作和"较大的事情"分离开来。他举出两个例子说明这种想法是错误的。一个鞋匠,每天的工作是钉鞋子。加里宁说,在资本主义社会里,鞋匠钉鞋子是为了生活,为了挣面包,他的工作没有思想政治内容。但在社会主义社会里,他就会想到这一部分工作在建设社会主义中也是重要的。他每天劳动的结果,也是加入到社会主义总的财富里去的。因此,这种工作也是社会主义、共产主义建设事业中的一部分。这样来了解,他的工作就有了丰富的政治思想内容。有了这种工作态度,我们的一切劳动都是具有政治思想因素的。工作中的组织因素和政治思想因素是分不开的。担任领导工作的人,在他的工作中有着较多的组织因素。就是普通工作人员,只要自己的部分工作跟许多人的工作结合在一起时,他的工作就含有或多或少的组织因素。此外,一种工作,假使是有远景的,需要定好计划、安排步骤的,在这类工作中,也有着组织因素。当然,在我们过去的个体农业生产里,组织因素是很少的;以后就要多起来了,因为互助组、农业生产合作社一天比一天增加起来了;参加这种组织的农民,在他的劳动里就是有很多的组织因素的。

这说明了,在社会主义社会里,一切的工作、劳动都是有高度的思想政治内容,也都可以有高度的组织因素,因而这种工作就是创造性的工作。

除了以上所讲的两个因素之外,还有一个知识因素。在目前,有些工作是很简单的体力劳动,似乎用不着知识。将来,我们的工作要对我们提出愈来愈高的知识要求。过去进行农业生产时,不大需要知识。现在的农业要进行社会主义改造,对农民就要有愈来愈高的知识要求。其他的一切工作也莫不如此。

由此可见,在新社会里,劳动的性质改变了,一切劳动,均将成为创造性的劳动,均将有助于我们的体力和智力的发展。我们明确了这点,可以帮助我们更好地了解劳动教育的意义。这也附带说明了我们在上面已经提出来过的问题:为什么在资本主义社会中所提出的劳动教育与我们今天所讲的劳动教育有着本质的不同。在新旧社会里劳动的性质是不同的,在资本主义社会中,劳动不可能是创造性的,因而劳动不足以促进人的全面发展,劳动不足以成为教育的手段。资本主义社会中的统治者讲劳动教育,跟我们的目的是不同的。他们的目的是培养廉价而熟练的劳动者,以为剥削的对象。这个分析也提醒我们,要进行劳动教育,必须注意劳动中的政治思想因素、组织因素和知识因素。

三 劳动教育的任务

劳动教育的任务,总的说来,是培养年轻一代的劳动态度、劳动习惯与劳动技能,其中最重要的,是培养年轻一代的劳动态度,培养他们对劳动的社会主义的态度。

人们对劳动的态度基本上是决定于劳动的性质的。在旧社会中,劳动是一种苦役,劳动被认为是一件耻辱的事情,反之,不劳而获,被认为是光荣体面的事情。在这种情形下,人们不可能以主动、积极、自觉的态度对待劳动,人们对于劳动不可能有荣誉感与责任感。到了新社会中,劳动成为光荣的事情,劳动是为了自己的、同时也是为了大家的幸福生活,人们才有可能以主动、积极、自觉的态度对待劳动,才有可能以高度的荣誉感、责任感对待劳动。

但可能只是可能而已,还不是现实。劳动的性质改变了,人们对劳动的态度,不会随之而很快的改变过来的。因为,思想意识的改变,总是落后于存在的改变的。从旧社会中遗留下来的坏思想、坏态度,尤其是剥削阶级的厌恶劳动、鄙视劳动的坏思想、坏态度,在人们的头脑里,还会保持很强的生命力;对于年轻一代人的思想还会起着很大的腐蚀影响。何况在我们今天的"社会存在"中,剥削阶级还没有完全被消灭呢!

所以,年轻一代的对劳动的社会主义态度,不是自然而然地形成的,而是有目的、有意识的教育工作——劳动教育——的结果。为了培养年轻一代的社会主义的劳动态度,我们需要对他们进行下列四方面的工作。

(一) 认识的方面

对学生进行劳动教育,首先要进行劳动观点的教育,使学生明确认识:劳动创造世界、劳动创造人类、劳动创造社会、劳动创造社会的物质财富与文化;使他们明确认识:劳动人民是人类历史真正的创造者;也要使他们明了:劳动的性质是有着历史的变化的。在旧社会里,劳动曾经被认为是可耻的,在新社会里,劳动是光荣的,是英勇而豪迈的事情;同时在新社会里,劳动是每个人的应尽的义务。贪吃懒做,寄生虫行为是不道德的、可耻的。还应该使学生明确:社会主义社会和共产主义社会的生活是无限美好的,但这种社会要靠艰苦的劳动、忘我的劳动建立起来。这一系列的观点、认识,教师主要通过教学,帮助学生在思想中明确起来。

（二）情感的方面

有的人明明知道劳动是光荣的、伟大的，但往往还会躲避工作，即使着手工作了，但对工作并不发生爱好，并不在工作过程中感到愉快，在工作中并不表现主动、积极、自觉的态度。这说明仅有劳动观点是不够的，还必须有爱好劳动的感情。爱恶是一个感情的问题。爱劳动的感情在知识分子中是不多的，尤其是爱好体力劳动的感情。相反的，我们中间，不少人至今还厌恶体力劳动。

与厌恶体力劳动平行的是一种轻视体力和劳动人民的感情。甚至有一部分小学生，父亲是个体力劳动者，进学校以后，他们就看不起父亲的工作。

毛泽东同志在延安文艺座谈会上的讲话中，号召知识分子出身的文艺工作者，把自己的思想感情来一个变化，来一番改造。毛泽东同志举自己的例子来说明问题："我是个学生出身的人，在学校养成了一种学生习惯，在一大群肩不能挑手不能提的学生面前做一点劳动的事，比如自己挑行李吧，也觉得不像样子。那时，我觉得世界上干净的人只有知识分子，工人农民总是比较脏的。知识分子的衣服，别人的我可以穿，以为是干净的；工人农民的衣服，我就不愿意穿，以为是脏的。革命了，同工人农民和革命军的战士在一起了，我逐渐熟悉他们，……这时，拿未曾改造的知识分子和工人农民比较，就觉得知识分子不干净了，最干净的还是工人农民，……这叫做感情起了变化，……"

劳动教育的重要任务是培养学生爱好劳动以及热爱劳动人民的真实感情。培养这种感情的最好办法是使学生参加一定的实际劳动，接近劳动人民。当然，这种爱劳动、爱劳动人民的感情，是以正确的劳动观点为基础的。认识与感情虽然不是一件事情，但它们是不能分离的。

学生对劳动有了正确的认识，他们就是有了劳动"观点"；学生对劳动起了感情上的变化，他们就是有了劳动的"信念"。仅仅"观点"，还不足以构成"态度"。对于劳动的认识，加上对于劳动的感情，再加上劳动的实践，学生才是有了对劳动的社会主义态度。

（三）实践方面

我们整个的教育是理论与实践一致的。我们的劳动教育，也要理论与实践一致。我们要组织与指导学生从事一些实际的劳动。

第一，劳动实践是使劳动的观点转化为劳动的信念，转化为劳动的态度的重要因素。这一点我们在上面已经说明过了。

第二，劳动实践可以养成学生一定的劳动技能和熟练技巧。当然，比较复杂的、专门性的劳动技能与熟练技巧的培养,学校与家庭是不可能也不必要负责的。但学校与家庭可以教学生从事比较简单的劳动,从而培养一定的劳动技能。举一个例子,衣服破了要自己补,这就是一种劳动技能。女同学一般有这本领,男同学不一定掌握了这项技能。在学校中究竟应该教学生参加哪些劳动,从而培养出哪些劳动技能,这点留在后面讲。

第三,在劳动实践中,学生可以养成优良的劳动习惯。首先是肯劳动、乐于劳动的习惯。这种习惯是与好逸恶劳的习惯相反的。其次是对劳动要认真负责的习惯。在进行劳动时要养成有条理、有系统的习惯。一件工作交下来要做得很认真、很精确,而且要做得有条理、有系统。有的人把劳动工具到处乱放,到工作时就要遭受损害。这情形在《走向生活》的影片中我们看到了。至于工作不负责、不精确的习惯,那是更坏了。

更重要的是培养学生在劳动中的创造性。有的人依样画葫芦的做工作,要他想办法、改进就困难了。学生在从事劳动时,叫他做什么就做什么,还是不够的。最好指定了任务以后,要他主动的想出办法,做得更好。这就是劳动中的创造性(或创始性)。现在为我们大家所敬仰的并要学习的那些生产技术革新家、劳动模范和劳动英雄,他们在工作上都发挥了高度的创造性;并不是告诉他们怎样做就怎样做,而是他们自动找窍门、想办法。这种工作中的创造性,最好在小学中就注意培养:指定工作任务后,要求学生们自己打主意,想办法。这种习惯养成后,将来到了工作岗位上,他们就有更多的机会成为王崇伦、郝建秀、徐建春式的劳动模范。

(四)意志的方面

儿童从小就喜欢活动的。幼儿的主要活动是游戏。但劳动和游戏并不是对立的。幼儿在游戏中常常有劳动的成分和准备劳动的意义。例如,小孩子堆积木、盖房子,把凳子翻过来开汽车,这些都是劳动的准备。劳动和游戏同样是有目的的,不过游戏的目的比较是自发的、不固定的,而劳动是有更明确的目的和任务,而且在进行劳动的过程中,可能遭遇的困难较多。在劳动时,要克服种种困难才能完成任务,达到目的。儿童在进行劳动时,需要明确目的,坚持计划,克服困难,顽强工作到底。因此,在进行劳动教育时,要注意培养学生在劳动中的坚韧性与顽强的意志。

例如工厂里的工人,尤其是技术革新家,像王崇伦同志,在发明万能工具胎的过程中,遭到过很多的困难。这些困难必须有很大的坚强意志才能克服。因此,指定儿童劳动任务时,应当包含一点困难,要使他们能够坚持下去,借以培养他们在劳动中的坚强意志和性格。

苏联的教育学告诉我们,进行劳动教育,除了培养学生对劳动的社会主义态度以外,还要培养学生对公共财物的社会主义态度。爱劳动的道德品质与爱护公共财物的道德品质是密切不可分的。凡爱劳动的人才最懂得爱护财物,尤其是公共财物,因为财物是劳动的成果。学生在进行劳动时,要养成他们爱护劳动工具、爱惜器材的习惯。可以说,爱护公共财物的教育,就是爱劳动教育的一部分。

要培养学生爱护公共财物的道德品质,像培养学生爱劳动的道德品质一样,首先要由教师通过课堂教学或通过各种集会与谈话,向学生说明为什么他们必须爱护财物,尤其是公共财物。教师要以学生可以接受的形式,使学生明了宪法第一百零一条的规定意义:"中华人民共和国的公共财产神圣不可侵犯。爱护和保卫公共财产是每一个公民的义务。"

培养学生爱护公共财物的感情与态度,像培养爱劳动的感情与态度一样,必须通过实际行动。教师要培养学生爱护公共图书、保护学校桌椅用具、保持校舍清洁、不攀折花木、不践踏农作物等等习惯。在这方面如有违反校规的行为,教师要随时批评纠正。

四 劳动教育的手段

我们已经讨论过劳动教育的任务和内容了,现在我们要讨论的问题是进行劳动教育的手段和方法:怎样去进行劳动教育,通过什么去进行劳动教育呢?

对学生进行劳动教育,主要是通过两方面来实现。第一是通过教师的课堂教学,第二是通过学生的各种形式的劳动。

劳动教育的认识方面的任务,如上所述,主要是通过各科教学而实现的。有些学科中的有些课文是直接以劳动或劳动人民的种种为题材的。教师自然应该抓紧这些课文,对学生进行劳动观点的教育。有些课文在表面上与劳动没有关系,但假使教师能够很好地钻研教材,也会发现其中的劳动教育的因素。在一切学科的教学中,我们都应适当地联系国家建设实际。而国家的建设事业是通过劳动人民的劳动而实现的。所以,在联系到国家的建设实际时,教师就可以对学生进行关于劳动教育方面的政治思想教育。在学生对祖国建设中的伟大成就而感到骄傲的时候,他们对于使这些伟大成就成为可能的劳动人民的忘我的劳动会发生爱戴;在他们为了祖国建设的伟大远景而兴奋时,他们对于劳动的重要性与必要性会有深切的体会。

在课堂教学中对学生进行劳动教育,其效果不尽决定于教材,而更决定于教师怎样教这个或那个教材。在这里,教师讲话时有没有真实感情,教师是否言行一致,是决定教学效果大小的重要关键。也应该指出,在教学中对学生进行劳动教育,不可牵强附会,而要根据教材的性质,结合得自然。并不是在每一堂课上都可以进行劳动观点的教育的。有的课上,可能进行劳动观点教育的因素多一些,有的课上少一些,有的课上甚至没有。

在下面,我们要分别讨论,怎样通过学生的各种形式的劳动进行劳动教育。

(一)学习

在苏联的教育学中,肯定着学习是学生劳动的主要形式。学习需要学生有高度紧张的脑力劳动和体力劳动。例如,学生搜集标本、制作教具、做实验、实习乃至绘图、写字等工作,都需要一定的体力劳动。学习以外的劳动也是要提倡的,但苏联教育学中肯定着,在学校中,劳动应服从学校教育的目的,要围绕着学习,不能影响与妨碍学习。离开了教学任务,片面的组织学生份量过重的劳动,这是受到批判的。

假使学习是学生劳动的主要形式,为什么今天还要提倡劳动教育呢?学生在学校中,反正是在进行学习。但就是在学习这一件事情上,我们还是要提倡劳动教育,因为学校的学习可以具有劳动教育的意义,也可以不起劳动教育的作用。怎样使学习起劳动教育的作用呢?我们应该注意三点:

1. 应当使学生认识,学习不是游戏而是一种紧张严肃的劳动。要培养学生认真的学习态度。学习不能片面的讲兴趣。当然,教师在讲课时,要注意到引起学生的兴趣,更要照顾学生的接受程度。但假使我们片面的了解兴趣与可接受性,结果会使学生感觉到有兴趣的学习,没有兴趣就不学习。学生应该明确,在学习中,有许多功课初学时是没有兴趣的,有许多地方是并不愉快的;有时候学习不完全是顺利的,是有困难的,要加以很大的努力才能克服。假如教师能使学生树立这种学习态度,并在这个基础上养成勤奋学习的习惯,这就是在学习中有了劳动教育的因素。

2. 应该重视学生的家庭作业。教师指定学生做作业,要使他们认识,这是一种工作,一种任务。必须要他们如期完成,而且完成得很好很正确。这种习惯养成以后,将来学生到了工作岗位上,也会表现这种态度,他们一定能够完成任务,保证规格。

假如有的学生没有及时完成作业,应当认为这是严重的劳动纪律的问题,要随时指出纠正。如果他的作业不合要求,一定要向他提出严格的要求,要求重做。否则,这种习惯养成后,将来他对工作的态度就会是敷衍塞责、拖拉、草率。

3. 要发挥学生在学习中的自觉性与积极性。在学习中多动脑筋,多想办法;不要过度依赖老师,要主动的克服困难。凡是先进工人或者技术革新家,他们在工作上一定有高度的自觉性和积极性的。在学习中应当培养学生自觉地、积极地克服困难,完成任务的精神。这样,他们将来在生产岗位上也会发挥他们的自觉性和积极性。

(二)自我服务

尽量使学生多做些替自己服务的工作。例如,上面讲过的衣服破了、钮扣掉了,自己补缝。再譬如,学生整理自己的床铺、书桌、书包,自己削铅笔、洗衣服,……都是属于自我服务的范围。

组织学生的自我服务,不但是学校的责任,家庭也有责任,因为儿童的生活的一部分是在家庭中过的。

有些家长溺爱子女,过多的替子女服务,不让子女替自己服务,这种情形很不好。马卡连柯发表了一些关于家庭教育的文章以后,苏联许多父母觉得马卡连柯对这方面很有研究,纷纷的去找他谈自己子女的问题。其中有一个父亲是工程师、母亲是教师,他们对自己的儿子一切都照顾得很好,但是儿子的品质很不好,甚至还要打母亲的嘴巴。他们去请教马卡连柯。

马卡连柯问:"你每天都替孩子铺床吗?"

"是的。"母亲回答。

"你是不是替他擦皮鞋?"

"是的。"父亲回答。

于是马卡连柯对他们说:"你们不必再来请教我。你们在林荫道上散散步,想一想儿子为什么这样坏的原因。"这说明父母对于儿女太照顾了是不好的。有些简单、容易做的事应当让儿童自己做。不但是中小学,就是幼儿园、托儿所,已经要注意培养儿童自我服务、自我照顾的习惯了。

培养儿童自我服务的习惯,家庭的责任比学校还要大一些。但学校还是应当注意这一工作。我们不能说:那是家庭的责任,我们不必管。教师可以在这方面对学生进行教育,同时可以通过家长工作,建议乃至要求家长注意这方面的工作。

苏联学校要求男孩子学会补衣服、钉扣子的本领。列宁夫人克鲁普斯卡娅同志很强调这一点,认为这是男女平等关系的原则问题,不能让男孩子觉得有些事情自己不屑做,要由女子替他做。其次,这种本领,对实际生活上是有益处的。例如,苏联在卫国战争中,男子到前线去作战,或者到遥远的地方参加建设工作,母亲不在身边,也不一定有爱人跟着去,衣服破了,就得自己补。

过去中国在这方面的偏见很深,认为那是女孩子们做的事情,今后应当尽很大的努力去打破这种偏见。

(三)家庭服务

应当教育孩子替家庭里做些力所能及的工作。马卡连柯曾经列举若干种儿童在家庭中可以做的工作,如替父亲整理书桌,浇家中的花草,揩拭窗台上的灰尘,替父亲整理报纸,喂家畜,洗衣服,电话来了接电话,扫地抹桌,诸如此类,一共有二十几个项目,其中有些在我们的家庭中也可做的,有些和我们今天的条件有距离,不一一列举了。总之,家庭服务的项目是很多的,在农村、在城市,家庭服务的机会都是很多的。

我们要学生进行的家庭服务并不是单纯的筋肉活动,而应该是具有教育意义的劳动。首先,在劳动中,应该使学生有着集体主义的感情,使他认识到,家庭是一个集体,而自己的工作是为集体所需要的。这对培养学生的集体主义观念是有帮助的。其次,要这样组织儿童的家庭服务,使它带有组织的因素。例如,要儿童负责经常打扫房间。应该告诉他,这事以后由他经常负责,至于采用什么方法,使用什么时间,由他自己去决定,让他自己去计划去想办法。这种家庭服务就不仅是筋肉活动,而是马卡连柯所说的组织任务了。

组织家庭服务,家长应该负重要责任,但学校教师还可以,而且应该做许多事情。例如,在一个苏联学校中,一位教师以"我怎样帮助母亲?"为题,举行一次伦理(道德)谈话。事先教师用这个题目叫学生做了一次作文,教师根据作文中的初步材料,组织了这次谈话。在谈话时,学生自己报道怎样在家里帮助母亲做事,并在不同的意见上展开了论争,最后由教师做出总结。事后通过家庭访问,教师发现经过这次谈话,学生原来在家不做事情的做了,原来少做的,现在多做了。

(四)学校服务

学校服务又可分为两类,一是替班级服务,一是替全校服务。

1. 班级服务。——叫学生做值日生,让他擦黑板、扫地、保持课堂的整洁、管理班级的小图书馆、标本、仪器等等。

2. 全校服务。——如操场的大扫除,校园的整理,植物园的浇水、拔草、施肥、耕作,帮助学校制作或修理教具、校具等都是。

在苏联学校里还有叫学生修理图书的,叫学生把旧书贴补起来。这样可以培养学生对公共财物的爱护,引起他们对破坏公共财物的人们的愤怒。

苏联在卫国战争期间,学校的物质条件是比较困难的,因此要求学生量力参加有关学校建设、整理方面的简单工作。这就是我们所知道的劳动建校,如学生在学校中帮助辟场地、搬砖瓦。目前我们学校的物质条件一般是困难的,特别在广大农村,物质条件较差,要学生做这些工作,只要不影响学生的正常学习,而且为学生之体力所能胜任,是必要的、有好处的。这类工作,不仅在战争年代、在困难的情况下有好处,就在平时也是有好处的,带有教育的意义。

(五)社会服务

这是指的学生离开学校大门,到社会里去参加服务工作。这类工作,在苏联称为社会公益活动。上面所讲的家庭服务、学校服务,连同现在所讲的社会服务,在苏联学校里都称为社会工作。在学校里怎样组织学生的社会公益劳动呢?例如,上海建筑中苏友好大厦,就曾动员了一部分青年学生参加义务劳动。苏联的学校常常组织学生们到农村去参加农业劳动生产,帮助农民收割、捕虫、除草等等。关于这种工作的重大意义,列宁在《论青年团的任务》这一演讲中早已指示过了。他号召青年们,每天在任何乡村、任何城市里,都要做一些实际解决公共劳动中的某种任务,哪怕是最微小、最平常的任务。列宁教导着青年,只有在劳动中与工人农民打成一片,才能成为真正的共产主义者。

(六)实习工作

中学里的理化学科要求着实习工作,在小学里的自然科里也可以做这些工作。在农村学校中,实习工作的一种主要形式是农场的实习,即是农艺、园艺方面的实习劳动。我们看到苏联教育学书本中,在劳动教育方面,谈到农业生产劳动实习的比较多。但必须指出这种实习劳动就是在城市中也可以而且应该进行的,因为在任何学校中,总有一点空地的。

为什么苏联学校要强调进行农业生产劳动呢?因为它最适合于儿童,式样较多,进行起来也比较简便。苏联今天已经是一个高度工业化的国家,但在进行劳动教育时,还是把农业生产劳动放在第一位,在中国更应如此了。但这并不是说,学校中就不要工业生产劳动的实习。学校要尽可能有实验室和实习工场,备一些简单的工具,如锯子、斧凿、刨、锉等,使学生有机会做一些简单的工业劳动生产方面的实习。

在以上几种劳动中,"学习"主要是脑力劳动,显然其中也有体力劳动的因素。其他几种劳动,主要的是体力劳动,虽然其中也有脑力劳动的因素,尤其是实习工作,它与"学习"是直接联系着的。在进行劳动教育的过程中,我们所提倡的劳动应以体力劳动为重点。这是因为:

第一,目前社会中的工农生产劳动,绝大部分还是体力劳动,虽然这些劳动也将一天比一天更多的带有脑力劳动的因素。在社会主义社会中,尤其是在共产主义社会中,笨重的体力劳动将大部分为机器劳动所代替。机器操作需要高度的脑力劳动,但就在机器操作中,体力劳动的地位还是不能取消的。苏联在今天,已经从社会主义社会逐渐过渡到共产主义社会,他们的生产技能已经达到高度发展的技术水平。但就在今天苏联学校对学生进行劳动教育时,还在强调体力劳动的重要,何况今天的中国呢?社会主义与共产主义社会的理想之一是消灭体力劳动与脑力劳动之间的对立,是体力劳动与脑力劳动的结合与统一,并不是用脑力劳动去取消体力劳动。

第二,旧社会中人们厌恶劳动、鄙视劳动与鄙视劳动人民的剥削阶级思想,主要是表现在对待体力劳动的态度上。所以培养学生的社会主义劳动态度,主要是培养学生的对体力劳动的社会主义态度。在目前中国,厌恶体力劳动、鄙视体力劳动与鄙视体力劳动者的思想是特别严重的,所以我们讲劳动教育更要以体力劳动为重点。

目前我们一部分学生及其家长,片面强调升学。学生在小学或中学毕业后,不愿直接参加工农业劳动生产,希望由小学升中学,由中学升大学,将来好当工程师或高级技术干部。他们说,当工程师也是参加国家的工农业建设,而且对工农业建设的贡献更大。这中间其实还是反映着厌恶体力劳动、鄙视体力劳动与鄙视体力劳动者的剥削阶级思想。

到了共产主义社会中,普通工人的技术与文化水平将要达到工程师、技师的水平。但就在今天的苏联,这个理想还没有完全实现呢!至于在目前的中国,绝大部分的劳动者应该是工人与农民,只有一小部分人能够而且需要成为工程师或其他技师与管理干部。而且就说工程师吧,他们固然要从事脑力劳动,但在他们的工作中,难道就没有体力劳动了吗?就是对工程师来说,体力劳动的教育,对他们的工作也是一种必要的准备。

以上所说的学生的各种劳动,除了学习以外,都是以课外、校外活动的形式出现的。他们往往要通过各种课外活动小组来进行。团队在这种小组活动中应该起重要的组织作用。

除了通过课堂教学、通过学生的各种劳动来进行劳动教育以外,还可以用其他方式进行劳动教育,例如:组织以爱劳动、爱护公共财物为主题的报告、座谈、队会或班会,组织到工农业生产场所的参观,与工农业劳模或先进工作者会晤与座谈等等。

五 劳动教育在全面发展教育中的地位

一般地讲，全面发展的教育就是智力与体力全面发展的教育。全面发展的教育的具体内容，包括德、智、体、综合技术教育、美育等五方面。劳动教育在全面发展的教育中，占着极其重要的地位，因为劳动教育可以将体力与脑力劳动结合起来，它可以打破旧社会学校中的用脑不用手的片面教育。脑力劳动与体力劳动的结合，尤其是劳动生产与教育的结合，正如马克思所指示的，不但帮助了生产的提高，而且也帮助了人的全面发展。在下面我们还要从劳动教育与五育的关系上来考察劳动教育在全面发展的教育中的地位。

（一）体育

劳动教育的意义固然不应限于筋肉活动，但它必然包涵着筋肉活动，而筋肉活动是能够直接促进身体健康的。学校里要为学生组织各种形式的筋肉活动，如游戏、体操、远足、旅行、运动、体格锻炼，但我们不要忘记了劳动这一种重要的筋肉活动。体育的目的在于培养学生健壮的身体，作为他们从事劳动与保卫祖国的准备。劳动教育和体育是有密切关系的。有了健康的身体，才能更好地从事劳动。反过来讲，劳动能够促进身体的健康发展。

（二）智育

1. 劳动，特别是围绕着教学目的而组织起来的劳动，能够帮助学生的认识。因此，劳动教育有认识上的意义，就是说，劳动能使学生获得更多更好的知识。学生在劳动过程中接触事物，对事物的认识就更深刻、更全面、更具体。例如，在进行自然科的教学中，能够拿一些标本给学生看是好的，但假如学校里有植物园或农场，叫学生在上面实习，那么他们对于植物的性能、特征、发展规律的认识就更深刻、更全面。苏联的教学工作中的经验证明：凡是学校中有植物园，组织学生在其中实习的，所有学生的生物学科的成绩都很好。这说明了农业劳动不但不影响教学质量，而且提高了教学质量。同样，物理、化学等学科，也有适合于他们性质的实习，同样也能促进学生更好地掌握这些学科的知识的。

2. 在学校中进行劳动，帮助着学生知识的应用。学了物理学、化学等知识，通过劳动应用到实际工作中去。例如装置电灯、修理无线电，植物园地上的操作，这都是知识的具体应用。只有能够实际应用的知识才是自觉而巩固地掌握了的知识。

3. 适当的体力劳动对我们的脑力有帮助。我们从事了一个相当时间的脑力劳动以后,来一下体力活动,对于脑力的帮助相当大。苏联科学家巴甫洛夫每天总有一定的时间进行体力劳动。他认为,脑力劳动进行一段时间后,再进行一些体力劳动,对他所进行的科学研究工作很有帮助。适当的体力劳动,对于学生的功课学习也是有帮助的。"健全的精神寓于健全之身体",这句古老的话是没有说错的。

（三）德育

在苏联的教育学中,劳动教育本来是共产主义道德教育的一部分。共产主义道德教育的主要内容是爱国主义与国际主义教育、集体主义教育、劳动教育、自觉纪律教育、意志与性格教育。这些也同样是新中国道德教育的内容。我们的道德教育的内容是培养"爱祖国、爱人民、爱劳动、爱科学、爱护公共财物"的国民公德,也要培养集体主义的精神,自觉的纪律,及坚韧、勇敢、谦逊、诚实、节俭、朴素等品质。培养坚韧、勇敢的品质,就是意志与性格教育的任务。以下分别讲讲劳动教育与它们之间的关系:

1. 爱国主义教育。爱国主义的具体表现应该是自觉而积极地参加祖国的建设事业。那就是用自己的劳动去有所贡献于社会主义建设的共同事业。社会主义社会是要用我们的艰苦的,同时是创造性的劳动建立起来的。如果我们不愿参加或不能很好地参加农业、工业生产劳动或其他劳动,那么所谓爱国主义是空洞的,没有内容的。反过来讲,我们要学生从事的劳动,必须是以爱国主义思想为指导,受爱国主义思想所鼓舞的劳动。否则,劳动就是一种没有思想内容的、机械的、强迫的、旧式的劳动。而我们所要求的劳动应该是自觉的、积极的。这种自觉性积极性出发于对劳动之重要性与必要性的认识。要使我们的学生明了,劳动是为了把祖国建设成为一个社会主义的国家。一切的劳动都应受这种思想所鼓舞。只有这样组织的劳动,才是真正有教育意义的劳动。

2. 集体主义教育。在学校工作中,我们可以通过各种方式来培养学生的集体主义思想与感情。我们也可以通过劳动培养学生的集体主义思想与感情。例如,家庭服务可以使学生感觉到自己的工作是为家庭集体所需要的,为集体成员所欣赏的,是对家庭的集体有所贡献的。他在自己的工作上感觉到了对家庭集体的责任感。为班级服务,为全校服务的工作也一样能培养学生对全班或全校的集体主义观念。而社会公益劳动则能够培养学生对社会的集体主义感情。另一方面:劳动往往要通过集体来进行。在集体劳动的过程中最容易培养学生过集体生活的习惯。

3. 自觉纪律教育。在学校中对学生进行自觉纪律教育,目的在于培养学生自觉地遵守纪律、主要是学习纪律的习惯。在学校里培养好了这种习惯,他们将来在劳动岗位、战斗岗位上,就可以有高度的组织性与纪律性;而这种品质是一个社会主义社会的建设者与保卫者所必须具备的。所谓自觉纪律,主要的是自觉的劳动纪律,学习是学生在学校中的主要劳动形式。遵守纪律的自觉性,出发于对劳动的意义,对劳动的重要性、必要性的认识,出发于对劳动的自觉态度。

在另一方面,实际的劳动过程最容易培养学生在工作上的组织性与纪律性。这种组织性与纪律性在完成一件劳动任务上的重要性、必要性是显而易见的。所谓自觉纪律,据马卡连柯的指示,应该是一种克服困难,达成目的的战斗纪律。劳动任务最容易使学生有这种感觉。因此,组织得好的劳动教育是养成学生自觉遵守纪律的习惯的有力手段。

4. 意志与性格教育。意志与性格教育的目的,在于培养年轻一代,使他们具有勇于迎接困难,并把困难克服的那种坚定顽强的品质,这种品质对社会主义建设的任何部门的劳动者都是绝对必要的。建设社会主义社会的劳动一方面是伟大的,一方面也是艰巨的,只有具有坚强意志和性格的人,才能胜任社会主义建设的任务。用什么方法去培养学生的坚强意志和性格呢?有一本苏联的教育文艺《少年们》,其中提到一位集体农庄的主席,批评学校里对劳动教育重视不够。他说,坚强的意志和性格,决不可能用奖励、惩罚这一类方法培养出来,只能在实际的劳动过程中可以把它培养出来。劳动以提出目的任务开始,以产生符合于目的任务的结果告终。要转化劳动目的为劳动结果,中间有或长或短的一段劳动过程,在这过程中要遭遇到或多或少的障碍与困难的,必须加以克服。这里面可以培养学生的细心、精确等道德品质,尤其重要的,可以培养他们的坚强意志和性格。中国人一向有一种传统的看法,就是纨绔子弟是最不中用的。这种看法是正确的。纨绔子弟从来不接触劳动、参加劳动,不能从劳动过程中获得意志与性格的锻炼,因此他们往往是意志最薄弱的人,最不中用的人!

(四)美育

在学校组织学生进行的劳动中,有种形式是称为艺术性的劳动,如做泥工、塑石膏像、刺绣等等,这类劳动与美育之间的关系是显而易见的。自我服务、家庭服务一类的劳动也能促进学生的美育。举几个小例子讲:学生经常把书桌和卧房或书房整理干净,结果房间里窗明几净,学生生活与工作于其间,就有了美感。再如,在学校里布置校园或进行扫除整洁,使学习环境美化,这也是有助于学生的美感的。农业劳动生产的实习使学生多接触自然,会帮助他们更好地体会自然美。手工业品一方面有使用价值,一方面也有艺术价值,所以手工品制作的劳动也可起美育的作用。那么,从事机器生产劳动与美育有什么关系呢?马卡连柯一向主张劳动或工作的美化。他说,应该让学生感觉到车床是庄严的、美丽的;它全身发亮,它有着金属之美。要理解这一点是比较困难的。我们看看"走向生活"这类影片,也许可以有一些体会。另外,所谓劳动的美化,要求着学校教师尽可能把劳动组织得美好而有趣味,以引起学生内心的愉快。

(五)综合技术教育

在苏联讲全面发展的教育,一向包括综合技术教育这一项内容。目前他们正在普通教育学校(中小学)中全面推行这种教育。在中国,到最近才提出推行综合技术教育;可能大家对这个名称,还比较生疏,需要简单地介绍一下。

"综合"两字是对着"单一"而言的。我国目前有着许多中等技术学校。在这类学校中,对学生进行着的是单一的技术教育,例如纺织学校给予学生以纺织这一种职业方面的技术训练。这就不能称为综合技术教育。综合技术教育是在普通教育学校(中小学)中进行的,作为普通教育中的一部分内容。它并不给予学生以某一种特定职业方面的技术教育,而给予学生以一般的技术教育,这种技术教育,不论他日后从事哪一种生产部门的工作或职业,都是有帮助的。综合技术教育的任务是:

1. 给予学生以关于现代各主要生产部门的科学原理的基础知识;

2. 给予学生以从事一般的现代化生产部门的劳动所必需的一些基本的劳动技能与熟练技巧。

综合技术教育所要给予学生的知识是现代化生产部门的科学原理的基础知识,一般应该是与机器生产结合起来,或是与在科学知识的基础上进行的一些生产劳动结合起来。所以,它与劳动教育是有区别的。洒扫房间、洗衣服、缝纫、修建操场、搬运砖瓦……这些都是劳动教育,但不是综合技术教育。木工、竹工以及其他手工生产劳动,或不与科学知识结合起来的农业生产劳动,就"知识"的角度上看,只能算劳动教育,不能算综合技术教育。

但综合技术教育与劳动教育的一部分内容是相同的。学校中的农场或植物园地的实习,应该、也可以与米丘林生物学结合起来的,它是劳动教育,同时也是综合技术教育。作为一种社会公益活动,学生帮助国营或合作农庄的农业生产劳动,是劳动教育,也是综合技术教育;假使在这种劳动中应用拖拉机、收割机……应用化学肥料,那它的综合技术教育的作用就更大了。化学、物理方面的实验、实习工作是劳动教育,同时也是综合技术教育。参观工厂、农场,看有关现代技术的电影,阅读有关现代技术的书刊是综合技术教育,但这种教育措施也有助于学生的劳动观点、劳动热情的培养。有许多手工劳动,从"知识"的角度上看,固然与现代化生产没有直接的关系,但就"技能"的角度上看,则学生在这些劳动中所获得的技能与熟练技巧,对于他日后掌握现代化的生产技术是有直接关系的。所以目前苏联学校中实施综合技术教育,规定学生的实际劳动作业,从一年级至四年级(相当于我们的小学)完全是手工劳动,要求学生使用纸、黏土、硬纸板、布、木料、软铁片、铁丝等材料,制作最简单的教具、玩具、学习用品及简单的技术模型,并用手工工具栽种植物。从五年级到十年级(相当于我们的中学),应用机件工具的劳动的成分逐渐增加了,但手工劳动的成分还是存在的。

在中小学中,进行综合技术教育的目的,一方面是给予中小学生以基础而一般的劳动技术训练,以准备他们在毕业以后,直接参加劳动生产,成为具有高度劳动生产率的工人或农民。更重要的一方面的目的是促进学生的全面发展,而只有全面发展的人才能成为社会主义社会与共产主义社会的建设者。

斯大林在《苏联社会主义经济问题》一书中指示着:从社会主义社会逐步过渡到共产主义社会,其基本先决条件之一是全面发展的人;而培养全面发展的人,其条件之一是实施普及、义务的综合技术教育。这指示有力地说明了综合技术教育在全面发展的教育中的重要地位,也就是说明了劳动教育在全面发展的教育中的重要地位,因为劳动教育与综合技术教育是密切不可分的。在我们所接触的苏联的教育书刊中,讲劳动教育时,往往也就讲了综合技术教育,因为两者的一部分内容是相同的。

以上我们分别就劳动教育与五育的关系来说明了劳动教育在全面发展的教育中的重要地位,也就是更进一步的说明了为什么我们说劳动是教育的重要手段的道理。从以上的阐述中,我们能得出什么结论呢?第一,不要孤立地看劳动教育,要从劳动教育在全面发展的教育中的重要地位来理解劳动教育的意义。第二,在对学生进行劳动教育时,要有目的、有计划地实现劳动教育在学生的智、德、体、综合技术、美育的培养上的巨大作用。这一点,跟我们在上面所说过的要注意劳动中的政治思想因素、组织因素、知识因素,是有密切关系的。

六　实施劳动教育的条件

我们推行劳动教育不是一件短期突击,一个月、两个月的工作,而是经常的、长期的工作。实施之前,首先要解决一个问题:"我们今天实施劳动教育,有没有条件呢?"尤其是城市里的学校,容易提出这个问题。我想,所谓条件有三个方面,一个是物质条件,一个是技术条件,另一个是思想条件。

(一)物质条件

一般感觉,乡村里的学校,进行农业劳动的物质条件比城市学校条件好。这是肯定的。但这并不是说,城市学校就没有任何实施劳动教育的条件,主要问题是怎样利用已经存在的条件。像我在前面所讲的自我服务、家庭服务、学校服务一类的劳动,城市学校与乡村学校的条件是相等的。有的条件也是可以创造的。例如,至少在一部分城市学校中,有足够多的空地可以开辟生物实习园地的。至于实验室、工作室、实习工场,这些设备,城市学校的条件比乡村学校好多了。参加社会公益劳动,城市学校不会没有条件的,问题在于怎样很好的利用条件。

实施综合技术教育,对物质设备的要求是比较高的。但这方面的条件,是会逐步创造、逐渐提高的。至于实施一般的劳动教育,例如,要学生自己整理床铺、修补图书、美化环境、洒扫等等工作,所谓物质条件是决不困难的。

(二)技术条件

所谓技术条件,我们指的是教师的教学与教育技术修养。教师主要通过课堂教学与学生的实际劳动进行劳动教育的。在课堂教学中对学生进行劳动观点的教育,要求教师正确掌握课文内在的思想性,贯彻教学原则,他才能很好地体现教学中的教育性,即是在教学中贯彻政治思想教育。这是劳动教育对教师所提出的教学技术方面的要求。

更重要的是教育技术方面的要求。劳动教育是一种道德教育。为了要进行劳动教育,教师应该善于运用道德教育的一般原则与方法。例如,启发学生自觉性的原则,照顾年龄特征的原则,人格尊重与严格要求相结合的原则,依靠与发扬优点以克服缺点的原则,教师威信与学生的独立精神相结合的原则,……对劳动教育也是同样适用的。关于德育的方法:譬如说,有一种道德教育的方法叫做"说服",其方式之一是举行队会或班会。假使教师要组织学生以

"爱劳动"为主题的队会或班会、座谈会,他就应该知道教师组织与指导这种集会的方法。另一种重要的道德教育方法叫做"练习"。显然,在进行劳动教育时,组织学生参加劳动作业(练习)是一种十分重要的方法。道德行为的一般的"练习"程序是:说明动作的意义,做出动作的榜样,提出动作的明确的要求;在动作过程中,教师实行监督、检查与评定,这对于劳动教育也同样是适用的。学生的实际劳动作业主要以课外活动的形式出现,这就要求教师明了课外活动的特征及其指导的原则。劳动主要是通过集体来进行的,这就要求教师知道怎样培养学生集体与指导集体生活的方法。

关于在劳动教育中怎样运用道德教育的一般原则与方法,这里不多谈了。但我们可以指出一些怎样使学生的劳动作业进行得好的条件:第一,必须使学生明确他们所要参加的劳动的目的与要求。第二,劳动必须是学生力能所及的,即是符合于学生的体力与智力发展水平的;在某种程度上,并应照顾学生的兴趣。第三,劳动的性质应该使学生在做出一定的努力条件之下易于取得成功,因而使他们能够感到成功的愉快。第四个条件,也是最重要的条件,应该使学生对于所从事的劳动有着高度重要感与责任感。

劳动作业必须是有组织、有领导、有计划、有检查,才能收到劳动教育的效果。学生的劳动应该配合着教学目的,尤其应该服从教育目的。在学生的劳动中必须有着政治思想因素、组织因素、知识因素。这样,学生的劳动才构成劳动"教育",而不是单纯的筋肉活动。这一切都强调突出了教师的指导作用的重要。假使为了做好课堂教学,教师需要研究"教学理论",那末,为了做好劳动"教育"工作,教师也需要研究"教育理论"。以上就是我们所说的教育技术条件。

(三)思想条件

这是实施劳动教育的主要的和决定性的条件。没有物质条件,如果有思想条件,物质条件是可以创造的。反之,没有思想条件,光有物质条件,那么物质条件也不能被利用。思想条件对于技术条件的关系也是这样。假如在思想上真正认识了劳动教育的全部意义,我们劳动教育的进行就有了保障。方法、技术可以研究,那并不困难;物质设备可以逐步充实,也不太困难。

教师同志对劳动教育的意义要有充分的认识:认识到劳动在人类生活中的意义,尤其在新社会中的意义;认识到社会主义社会是从艰苦的劳动中得来的;认识到社会主义的基础就是人们的艰苦的、创造性的劳动;认识到我们重视劳动教育，就可以为祖国培养更好的劳动者，也就是培养更好的社会主义社会的建设者，因此我们的工作是符合于总路线的精神，为总路线服务的；认识到劳动教育在人的全面发展的教育中的重要地位；——如果我们的认识提高到这一步，劳动教育的推行就有了保障了。

在政务院的《关于改进和发展中学教育的指示》[①]中，把劳动教育，列为我们政治思想教育工作中的重点。劳动教育，归根到底是一个政治思想认识问题，首先是教师的政治思想认识问题。在全部教学、教育工作中，教师应该起主导作用，在劳动教育方面也是如此。进行劳动教育也是思想领域中的一种阶级斗争，那是对劳动的社会主义态度，与对劳动的资产阶级剥削阶级的态度之间斗争。教师要教育学生用爱劳动的社会主义思想去克服厌恶与鄙视劳动与劳动人民的剥削阶级思想，难道教师自己不要克服这种思想上的阶级敌人并树立对劳动的社会主义的态度吗？

---

① 该《指示》1954 年 4 月 8 日由中央人民政府政务院第 212 次政务会议通过。——编校者

教育学通俗讲座[*]

---

[*] 本书由人民教育出版社 1953 年 12 月第一版,1955 年 8 月第三版,1955 年 11 月第九次印刷。

教育学通俗讲座

（原名小学教育讲座）

曹 孚 著

北京市书刊出版业营业许可证出字第二号
人民教育出版社出版
北京景山东街
新华书店发行　新华印刷厂印刷
书号：叁0114　字数：126千

开本：787×1092　1/32　印张：$5\frac{7}{8}$

1953年12月第一版　1955年8月第三版
1955年11月第九次印刷
293,001—343,000册

定价(5)四角九分

增订版序言

我现在修改与增订了"小学教育讲座",并把书名改为"教育学通俗讲座"。

部分读者反映:"小学教育讲座"这本书的书名与它的内容是不相称的。从它的书名上看,读者以为,这是一本讨论小学教育问题的书。事实上,它是一种介绍苏联教育学的通俗读物。

读者反映的这种意见是正确的。根据这个意见,我把书名改为"教育学通俗讲座"。

增订本添列了"教育、教养与教学"这一讲。教育、教养、教学是苏联教育学中的三个"基本概念";我们在阅读教育书刊时会经常接触到它们的。在第二讲里,我简单而通俗地介绍了这三个名词的意义。

在苏联教育学中,论述共产主义道德教育的部分,所占篇幅很大;而本书对这一部分没有介绍。为了局部弥补这个缺陷,我在"全面发展的教育"这一讲里,扩大与改写了"全面发展的教育的内容"这一节;同时在"教育、教养与教学"这一讲里,比较多的篇幅,讨论了怎样在各学科的教学中贯彻政治思想教育的问题。

目前我们的教学改革,应以教学内容的改革为中心,在改革教学内容的基础上相应地改革教学方法;而本书却偏重教学原则、教学组织和教学方法,对于教学内容反少讨论。为了局部弥补这个缺陷,我在"教育、教养和教学"这一讲中介绍了教学计划、教学大纲的概念和几门学科的教养、教育意义;在"苏联课堂教学制度"这一讲中,我增加了教师怎样备课、教师怎样钻研教材的一部分材料。

除了添写以外,修改的地方也是相当多的。因此,在再版的时候,本书的名字固然改变了,内容也颇有所改变。但这本书的性质仍然是供小学教师参考的介绍苏联教育学(主要是教学论这一部分)的通俗读物。

作者

初版序言

一九五二年秋季和一九五三年春季，我曾应上海市教育局之约，对上海市的小学教师作教育学的学习报告。报告的记录稿曾在上海"文汇报"发表。这些讲稿，除供上海市的小学教师学习外，又曾为华东各地乃至国内其他地区的部分小学教师，用作学习教育学的参考资料。

这几篇讲稿是不成熟的，因为我对苏联教育学也是初学；它也是粗糙的，因为是就速记稿修订发表的。作为单行本出版，我未尝不想加以彻底的修改。但一则是学力的限制，二则是教学工作繁忙，抽不出更多的时间，同时各地读者又来信表示急需参考，为了应急，只好略加修改，仍旧以不成熟和粗糙的形态与读者见面。假使这本小册子能够配合其他书籍与文章，对于广大的小学教师学习苏联先进教育科学，能有一点点帮助，那么，就算是完成了它应有的任务。

在这几篇讲稿起草时，我曾获得各方面的帮助与指教。首先是上海市教育局与上海市教育工会。负责同志经常以学校工作中存在的问题和教师的思想、学习情况，供给我参考，同时对各个报告的结构、体裁乃至内容、提法，也有很多的建议与指示。其次是华东师范大学教育系的教育学教研组诸同志；教研组的集体讨论大大帮助了我对苏联教育学的理解。而且，在许多疑难问题上，我得到大家的帮助而解决了。最后是上海市第一师范学校的教育学科的教师同志与一师附小的教师同志。在这几个报告的准备期间，他们提了许多宝贵的意见，并指示了我许多与小学实际有关的材料。对于以上三方面的同志，我都要表示衷心的感谢。

作者

目 录

第一讲	全面发展的教育	204
第二讲	教育、教养与教学	225
第三讲	苏联的基本教学原则	235
第四讲	苏联课堂教学制度	258
第五讲	教学方法（上）	281
第六讲	教学方法（下）	296
第七讲	学业成绩考查与五级制记分法	311

第一讲　全面发展的教育

一　为什么要研究全面发展的教育？

目前全国人民正在各方面大力展开学习苏联先进经验。对我们教育工作者说来，我们要学习苏联的先进教育工作经验。苏联的先进教育工作经验，集中总结在苏联的教育学中。我们要学习苏联的先进教育工作经验，就要学习苏联教育学。

在苏联教育学中，有一章专门讨论"共产主义教育的目的与任务"。从这一章中，我们知道了，苏联的教育是共产主义教育，而苏维埃学校是以培养年青一代，使他们成为全面发展的共产主义社会的自觉的、积极的建设者与苏维埃祖国的保卫者为自己的目的与任务的。

我们正在各方面学习苏联的先进工作方法。苏联工作方法有一个特点，就是有明确的目的性与高度的计划性。要工作做得好，一定要有计划，而定计划首先要明确工作目的；目的明确了，然后决定工作步骤，将来工作终了时才能检查我们的工作是否达到原来所规定的目的。对于我们教育工作者来说，我们在学校里上一堂课，应该明确这堂课的目的是什么；进一步，教一学期的课，应该达到什么目的；再把范围推广一点，我们全部六年的教学工作对每个儿童要达到什么目的。这些都应该明确起来。我们担任一部门的教学工作，要明确一部门的教学工作目的；而我们更要明确整个教育工作的总的目的，因为部分教育工作的目的，是产生于、服务于整个教育工作的总目的。最后，我们更要明确教育的目的是怎样与一个更大的目的，即建设社会主义社会的总目的联系起来，并作为那个大目的中间的一部分的。

什么是我们的教育工作的总目的呢？已经指出，苏联的学校教育的目的是培养年青一代，使他们成为全面发展的共产主义社会的建设者与苏维埃祖国的保卫者。我们新中国学校教育的目的是什么呢？中国中小学教育的目的和任务是培养年青一代成为社会主义社会全面发展的成员，即社会主义社会的自觉的、积极的建设者和伟大祖国的保卫者。可以看出，新中国的教育跟苏联的教育一样，是以全面发展的新人的培养为目的的。在苏联，学校教育培养的目标是共产主义社会的建设者和保卫者，因为在苏联，社会主义社会已经建成，目前正在逐渐向共产主义社会过渡。在中国，学校教育的培养目标是社会主义社会的建设者与保卫者,因为中国正在由新民主主义社会逐渐过渡到社会主义社会。社会主义社会与共产主义社会是属于同一类型的,共产主义社会是社会主义社会的较高的阶段。

苏联的和中国的教育的目的,在文字上可以分成上下两橛,"全面发展的""共产主义社会(或社会主义社会)的建设者与祖国的保卫者"。但这上下两橛是绝对不能分开的。我们要把年青一代培养成为全面发展的人,就是为了要他们成为共产主义社会或社会主义社会的建设者和祖国的保卫者;反过来讲,也只有全面发展的新人,才能担当共产主义社会或社会主义社会的建设和祖国的保卫的伟大任务。我们的国家在过渡时期的总任务,是要把中国建设成为一个伟大的社会主义国家,这是全国人民的共同愿望,已经规定在中华人民共和国的宪法中的。这个伟大的总任务对学校教育提出的要求是培养全面发展的新人,以担当起建设社会主义社会和保卫伟大祖国的任务。

明确认识全面发展的教育的意义:什么是全面发展的教育?为什么要对年青一代进行全面发展的教育?怎样去进行这种教育?这种教育的具体内容是什么?全面发展的新人是怎样一种面貌的人?——这对每个教育工作者都是十分重要的。我们常说,教师是人类的灵魂工程师。难道一个工程师对于他所要建筑的东西可以心中无数吗?不说工程师,就是普通建筑工人,他可以不按建筑图样盲目施工吗?新中国的人民教师要把儿童或青年,培养成为全面发展的社会主义新人,这是我们的教育目的,也就是我们教育工程的图案。每个人民教师必须明确认识这个目的,用对于这个目的的认识来指导自己的日常教育工作。

这是我们所以要研究"全面发展的教育"的理由。

二 什么叫做个性的全面发展

什么是全面发展的教育?对年青一代进行全面发展的教育就是对他们进行智育、综合技术教育、德育、体育、美育。这一点,教师同志是容易领会的。但在教育书刊上,提到全面发展的教育时,往往提到"个性的全面发展"。这"个性"两字容易引起大家的困惑。

马克思与恩格斯在一百多年前,提出了"个性全面发展"的学说,这个学说,经过列宁、斯大林的发展,成为共产主义或社会主义教育目的的理论基础。什么叫做个性的全面发展呢?马克思、恩格斯的意思是指人的或个人的全面发展,是指人的或个人的体力、智力或身心才能的全面发展。

苏联教育学,根据马克思、恩格斯的"个性全面发展"的学说,以及列宁、斯大林对这个学说的发展,把全面发展的教育理解为使年青一代的体力、智力或身心才能获得全面发展的教育。苏联教育学又根据了马克思、恩格斯、列宁、斯大林对年青一代的教育问题的指示,参照了苏联教育机关的多年工作经验,把全面发展的教育的内容规定为智育、综合技术教育、德育、体育、美育。关于这五育,下面会详细讨论到的。现在先就"个性全面发展"这一概念的意义加以说明。

有些教师同志在最初接触到"个性的全面发展"这一提法时,思想上曾经有过混乱:第一,我们要提倡集体主义,反对个人主义,为什么又讲个性?第二,他们以为发展个性就是照顾特殊。例如,儿童甲特别喜欢美术,但不喜欢体育活动,儿童乙特别强于语文,而弱于算术,……这就是他们的个性。他们把发展个性理解为放任儿童发展其偏好的方面。那么,讲"全面"发展,岂不与"个性"相矛盾吗?——这是由于对个性的全面发展的意义没有明确的概念之故,正是我们要在下面讲清楚的。

个性与个人主义不同。马克思主义者反对个人主义,但肯定个性,而且尊重个性。马林科夫在第十九次党代表大会上关于联共(布)中央工作的总结报告中,这样声明:"社会主义的敌人和他们的形形色色的应声虫们把社会主义说成是压制个性的制度。再没有比这种说法更幼稚,更粗鄙的了。事实已经证明:社会主义制度能够确保个性自由、个人和集体创造力的发展,并且创造了从各方面发展隐藏在人民群众深处的才干与天才的有利条件。"[①]

我们所以会在"个性"两字上感觉困难,也是因为在过去旧社会的资产阶级的教育思想中,是把个性与社会性(当时称为群性)对立起来的。但在新社会中,社会公众利益与个人利益是一致的,因而个性发展与集体利益之间也就没有矛盾。既然我们把个性的全面发展,理解为个人的体力、智力或身心才能的全面发展。那么,个人的身心发展得愈全面,他愈能成为社会主义社会的自觉而积极的建设者。

其次,儿童与儿童之间有相异,也有相同。每个儿童都有一定的体力、智力、才能。我们平常说某人是人才,某人不是人才,这句话说错了。凡是人都有

---

① 马林科夫:《在十九次党代表大会上关于联共(布)中央工作的总结报告》,人民出版社1953年版,第65页。——编校者

体力、智力、才能，凡是人都是人才。过去我们说人才少，这是因为旧社会不给人们以发展他们的才能的机会，因此而糟蹋了人才。我们现在讲个性全面发展，就是要消除这个罪恶。每个儿童都是人才，都有各方面的才能。如果他后来没有成为人才，那是我们没有把他教好，没有帮助他的个性的全面发展。人与人之间才能是有差异的，有高有低。苏联教育学告诉我们，我们不能要求每个人都成为天才音乐家，但我们应该肯定，每个人都可以有学习音乐、欣赏音乐的才能。我们在小学教唱歌，不是要求每个儿童将来都成为天才音乐家，而是为了发展儿童的一般音乐才能。人不是生下来就不能唱歌。这方面的才能是每个人都有的，都应该给他发展。学习数学也是这样。我们不可能要求每个人都成为天才数学家，但是每个儿童都有学习数学以掌握现代科学知识的才能。这方面的才能应该加以发展。

所以，"个性的全面发展"对小学教育提出的要求是注意培养或发展儿童各方面的才能，首先是一般的才能。只有在这个基础上，教师才可以培养或发展儿童的某一方面的特殊才能。儿童各方面的才能都有，都应该加以发展，但在各种才能之中，可能某一方面特别强，我们做老师的就应该加以鼓励与培养。在不妨碍一般才能的发展的限度下，加以鼓励与培养。这种特殊才能的发展，与一般才能的发展一样，能使个人成为更好的社会主义社会的建设者。

三 个性全面发展的学说

上面已经说过，全面发展的教育的理论基础，是由马克思、恩格斯首先提出，而以后又经列宁与斯大林加以发展的个性全面发展的学说。为了帮助大家更好的了解"全面发展"的意义，我们要把这种学说加以简单的说明。

（一）人的全面发展是针对着阶级社会、尤其是资本主义社会中人的片面发展而讲的。在阶级社会、尤其在资本主义社会中，人是不可能全面发展的。为什么呢？

马克思告诉我们，这是由于劳动的分工。分工有几种形态，主要的一种是体力劳动与脑力劳动的分工，另一种是乡村与城市的分工。我们说体力劳动与脑力劳动之间的分工，乡村与城市的分工，我们也可以说体力劳动与脑力劳动之间的对立，乡村与城市的对立。因为前一种"分工"的基础是剥削阶级与被剥削阶级之间的对立，后一种"分工"的基础是城市对乡村的剥削关系。因此，我们要说明一下，马克思所用"分工"两字的意义，跟我们普通所理解的是不同的。

我们应该记住,这"分工"就是"对立"的意思。斯大林在他的伟大著作《苏联社会主义经济问题》一书中,对于消灭脑力劳动与体力劳动、城市与乡村间的对立问题,作了天才的发挥与指示。

先讲城市与乡村的分工或对立。大家都知道,在资本主义社会里,在乡村里的人,一般的比在城市里的人接受科学文化教育的机会要少得多。所以马克思说,乡村的生活是愚昧的生活。这并不是因为乡村里的人天生比城市里的人愚蠢,而是因为城乡的分工或对立剥夺了乡村里的人们发展其体力、智力、才能的机会。在社会主义社会中,情形就完全不同了。乡村中的人民,工作与生活在集体化、机械化的农业之中,就取得了发展自己的体力、智力、才能的机会,对于他们,"愚昧的乡村生活"这一说法是不适用的。

再讲脑力劳动与体力劳动的分工或对立。这个分工或对立的存在使人的发展带上了片面性。专门用脑筋的人发展智的方面,专门用体力的人发展体的方面。这种分工或对立使脑力劳动者与体力劳动者都不能得到全面发展,但是吃亏更大的是体力劳动者。因为,体力劳动者是一个被剥削的阶级,他们被剥夺了享受文化教育的权利。他们的生活条件,包括居住与衣食条件是悲惨的。他们的工作条件是恶劣的,包括工作的时间太长与工作设备的简陋。在工作条件方面,马克思、恩格斯特别提到在资本主义工厂制度下的分工。

资本主义生产与封建主义生产,其不同点之一就在它的分工的精细。比如从前一个木匠,他可以说这张桌子是他做的。在资本主义社会里,就没有一个工人可以说这只灯泡是他做的。因为,在资本主义社会里,灯泡厂的每个工人都只做灯泡的极小一部分。分工的精细使人的发展更加片面。恩格斯说:"随着劳动底分工,人本身也起了'肢解'。"在资本主义国家的大工厂里面,人不是机器的主人,而是机器的奴隶。不是工人在使用机器,而是机器在支配工人。工人成为机器上的零件,因为他所做的工作就是一个零件的工作。这对于他的聪明才智的发展当然是不利的。

(二)人的全面发展有什么条件?如果过去人不能全面发展是由于体力劳动与脑力劳动的对立,那么我们今天要全面发展,就要消灭体力劳动与脑力劳动间的对立。如果说那是由于城乡的对立,那么我们现在就要消灭城乡的对立。这种对立的消灭,只有在社会主义社会中才有可能。所以要消灭这种对立,就必须要有一个社会主义革命,建立起社会主义社会。在这种社会里,人的全面发展才有了可能。恩格斯说,社会主义的生产不仅能保证社会一切成员丰裕的不断改进的物质生活,而且也保证他们体力、智力、才能的自由发展。"这样的可能性现在第一次达到了,而且它是确实地达到了。"列宁也曾说过,在社会主义制度下,人"才能表现自己,展开自己的能力,显示出蕴藏在人民中间而为资本主义摧残、压迫、窒息的成千百万的天才"。人才浪费是资本主义社会的最大罪恶之一。在资本主义社会里,多少劳动人民的天才不能获得发展。在社会主义社会,他们的才能、智慧都能得到充分、全面的发展。斯大林在《苏联社会主义经济问题》的伟大著作中,也指示我们,社会主义生产的目的是"保证最大限度地满足整个社会经常增长的物质和文化的需要"。① 这意味着人的聪明才智之充分而全面的发展。

在社会主义社会中,人的全面发展所以有可能,更具体的讲,是因为:随着阶级剥削制度的消灭,脑力劳动与体力劳动之间的对立,城乡的对立也逐渐消灭了。其次,劳动人民获得了他们久被剥夺了的文化教育权利;他们的生活条件逐步改善;随着社会生产之提高,他们的物质需要与文化需要获得与日俱增的满足;最后,工作的性质改变了。这又可分两方面来说:

(1)在新社会里,劳动成为光荣的事情、英勇豪迈的事情。人们做工或种地,不是为了剥削者、压迫者,而是为了建设社会主义社会,即是为了替大家、也替自己建设美好的生活。有了这种认识与感情,他们在劳动时就会用思想,动脑筋。这样的劳动是能促进他们的聪明才智的发展的。

(2)劳动带有愈来愈多的科学性。在一张苏联影片《顿巴斯矿工》里,我们可以看到,矿工用铁铲挖煤时,工作的科学性是不大的;运用康拜因②,需要有科学基础,工作就带有高度的科学性。这种工作并不阻碍人的全面发展,而是促成人的全面发展。农业也是一样。在个体耕种的农业生产里,工作的科学性是不大的。但在集体化的农业生产里,应用机器、采用科学的耕种与经营方法,工作就带有科学性了。

(三)在社会主义社会里,人的全面发展不但有可能,而且有必要。这是因为:

第一,社会主义社会一定要建立在大规模工业生产的基础上,而现代工业生产一定要建立在高度的技术水平上。技术需要科学,而科学又与一般文化分不开。社会主义要求着生产力的不断提高,生产力的提高又要求着文化、科学、技术水平的不断提高。这个道理《顿巴斯矿工》那部影片也很清楚地告诉我们

---

① 斯大林:《苏联社会主义经济问题》,人民出版社1952年版,第36页。——编校者
② 英文单词Combine的音译,指联合收割机。——编校者

了。老井长领导这个矿很有成绩,可是后来他干不下去了。国家要求产量的增加,采用康拜因以后,矿上一天到晚发生的都是技术问题,他没有办法解决。在顿巴斯的矿工中展开了学习的高潮,甚至女孩子们也唱出"学会康拜因,再向我求婚"的歌来。社会主义生产要求每个工人的技术、文化水平都能逐渐提高到一个工程师、技师的水准。这样才能逐步过渡到共产主义去。一个工程师、技师当然需要有高度的文化科学修养。这就是在社会主义社会中,人必须全面发展的第一个理由。

第二,在社会主义社会,人不仅是工人或农民,而且是一个社会活动家。他除了做工种地以外,还要参加社会、政治活动。要很好地参加社会活动,参与国家大事,那就非要有高度的政治水平以至一般文化水平不可,尤其是做一个如斯大林所说的"积极的社会活动家"。

在社会主义社会里,人的全面发展已经有必要;到了共产主义社会,这个必要性更大了。因为从社会主义社会到共产主义社会还有一个很大的改变。社会主义社会的分配原则是"各尽所能,按劳取酬",到了共产主义社会是"各尽所能,各取所需"。实行这种办法的条件,马克思、恩格斯、列宁、斯大林都曾指示过。第一是体力劳动与脑力劳动的界限已经消灭。第二,那时候社会所生产的社会财富是不可想象的丰富。这以什么为条件呢?就是以人的全面发展造成生产力之大大提高为条件。生产力提高了,社会财富增加了,到那时候就可以实行"各取所需"的办法。还有一个条件,到那时候工作已经不是谋生的手段,而是成为生活的第一需要了。斯大林在他的伟大的著作《苏联社会主义经济问题》中指示我们:要过渡到共产主义,至少必须实现三个基本的先决条件。其中第三个条件是:"必须使社会达到这样高度的文化水平,以致能保证社会一切成员全面发展他们的体力和智力,使社会成员都能获得足以成为社会发展中的积极活动分子的教育,都能自由地选择职业,而不致由于现存的劳动分工而终身束缚于某一种职业。"①

四 全面发展的教育的内容

社会主义社会要求着每一成员成为全面发展的人;社会主义社会尤其关怀年青一代的全面发展。因为,社会主义社会、共产主义社会,最后是要靠年青一代建设起来的。列宁曾说,老一辈人的任务是推翻地主、资产阶级的统治,为共

---

① 斯大林:《苏联社会主义经济问题》,人民出版社1952年版,第61页。——编校者

产主义社会的建设扫清道路,年青一代的任务就是把共产主义社会最后建成。年青一代必须成为全面发展的人,才能担当起建设社会主义社会、共产主义社会的伟大任务。新中国对年青一代的全面发展也是高度关心的。毛泽东同志号召年青一代做到"身体好,学习好,工作好"。我们的宪法明文规定着:"国家特别关怀青年的体力和智力的发展。"①

社会主义社会制度,以及向社会主义社会过渡的新民主主义社会制度,对于人们的,尤其是年青一代的身心全面发展,提供了愈来愈多的可能性。但可能性毕竟只是可能性,要把这种可能性变为现实性,需要通过我们艰巨的努力,主要的要通过学校教育的努力。苏联教育学中肯定着,在年青一代的全面发展的个性的培养上,学校教育起着决定性的作用。这一点,我们必须牢牢记住,因为肯定学校教育在人的全面发展中的决定性作用即是肯定了:把年青一代培养成为全面发展的人,学校应负主要的责任。在新社会里,没有学校教育的有意识、有系统的进行工作,年青一代不会自然而然地长大成为社会主义社会的全面发展的成员的。

怎样的人才算是全面发展的人呢？或者说,怎样的个性才算是全面发展的个性？一个社会主义社会、共产主义社会的全面发展的成员：第一,他必须具有健壮的体魄；第二,他必须具有现代科学知识与文化修养以及高度发达的智力；第三,他不仅掌握一般的知识与文化,而且通晓现代生产部门的科学与技术原理的基础,并具有将来在这些生产部门中从事劳动时所需要的一些基础技能与熟练技巧；第四,他必须具有社会主义的政治觉悟,共产主义的道德品质；第五,他必须是具有健康的审美兴趣,有欣赏各种形式的艺术并初步创作它们的能力,能欣赏各种形式的美,并力求周围生活以及自己的行为的美化的人。

为了把年青一代培养成为具有上述条件的人,学校需要对年轻一代,同时进行智育、德育、体育、美育、综合技术教育。这五育就是社会主义教育的内容,也就是全面发展的教育的内容。对年青一代进行这五种教育,可以使他们的体力、智力或身心才能,获得全面的发展。在下面,我们进一步来说明这五育的意义和内容。

(一) 智育

在全面发展的教育中,智育的任务是什么呢？它有三项任务：第一,以科学知识与文化武装学生；第二,发展学生的认识力；第三,初步培养儿童的科学世

---

① 1954年宪法第九十四条。——编校者

界观的基础。在这三项任务之中,第一项任务对大家是熟悉的;对第二、第三项任务,一般注意不足,甚至根本缺乏了解,所以要特别加以说明。

认识力也可叫做智力,发展儿童的认识力或智力,即是发展儿童的观察力、注意力、记忆力、想象力、思考力等等。

知识与智力虽然是密切联系着的,但是它们是有区别的。在正确的教育之下,有知识的人即是智力发达的人。但在错误的教育之下,有知识的人不一定是智力发达的人。在日常生活中,我们可以碰到一些书呆子、学究。他们读书很多,还能记住,他们似乎是有知识的人。但他们头脑不清楚,不能应用知识去解决问题,对事情缺乏分析、综合的能力。他们就是智力没有很好发展的人。

在过去的学校中,教师往往要求学生死读呆背。这就使学生只运用自己的记忆力,而不需要运用观察力、想象力,尤其不需要运用独立思考的能力。这种种认识力或智力,因为在学校中并不运用,缺乏锻炼,所以就得不到发展。把发展学生的认识力列为智育任务之一,这就要求教师在教学过程中,注意培养我们的学生,使他们习惯于聚精会神的学习(注意力),喜欢并善于观察外界事物(观察力),具有丰富的想象力,善于对事物或学习的材料进行分类、比较、分析、综合(思考力),善于运用正确的记忆方法(死读呆背事实上不能发展学生的记忆力,因为机械背诵是不正确的记忆方法)。

学生发展智力的过程和学生掌握知识的过程是不能分开的。我们不需要、也不应该在授予学生以知识的过程以外,另做一套培养学生智力的功夫。在教学过程中,只要教师注意运用与贯彻正确的教学原则和教学方法,就能够同时以知识武装了学生,也发展了学生的智力。以上是讲学生认识力的发展离不开科学知识的掌握。另一方面,学生的认识力发展得不好,科学知识的掌握是困难的。死读呆背只能使学生机械地、形式地掌握知识,而不能真正地掌握知识。

过去我们不注意智育的这方面的任务,今后要特别强调这种工作。至于怎样进行教学才能更好地发展学生的认识力,在以后几讲中会讨论到的。

第三个任务是初步培养学生的科学世界观的基础。科学的世界观即是辩证唯物主义的世界观。世界观是人们对整个世界上的事物的总的看法,具有科学的世界观的人就是对整个世界的总的看法与理解是唯物的、辩证的。培养科学的世界观,对小学生来讲,自然只是"初步"的打一些"基础",不能有过高的要求。例如,儿童在自然课上,获得了疾病原因的知识,教师就有可能使儿童初步掌握世界上事物的因果规律性的观念,可以破除儿童的迷信思想。教师也可以在自然科中以世界的"物质性"的观念——不能向儿童提出"物质性"这三个字——初步印入儿童的思想中。关于地球、太阳、月亮的知识,关于动植物发生、发展的知识,可以帮助儿童初步获得世界上的事物是运动的、发展的、世界上的事物是相互依存的等等观念。

像学生的认识力的发展一样,学生科学世界观的初步培养是跟科学知识的掌握结合起来进行并以科学知识之掌握为基础。但这不等于说,教师把科学知识教懂了学生,学生的科学世界观就自然而然地得到了培养。对于智育的这一项任务,是需要教师有意识、有系统地在教学过程中实现的。

为什么在我们的教育当中要有智育?社会主义社会、共产主义社会为什么要特别强调智育?这首先是因为,社会主义、共产主义社会的生产建筑在科学的最高成就的基础上。没有科学,就不能够有高度发达的生产力,就没有社会主义与共产主义社会。所以,以系统的科学知识武装学生,应该是智育的一个首要任务。

其次,一个社会主义社会、共产主义社会的建设者必须是一个共产主义者。共产主义是以辩证唯物主义为哲学基础的。每个社会主义社会的建设者必须具有辩证唯物主义的世界观。因此,科学的世界观基础的培养在以培养社会主义社会建设者为目的的教育中,占着一个重要的地位。

第三,一个社会主义社会的建设者必须具有一定的科学知识,更重要的,他必须善于把科学知识应用于实践。从死读呆背中得来的知识,应用的范围是很狭窄的。一个社会主义社会的建设者不能在工作中依样画葫芦,墨守成规;他应该随时动脑筋、找窍门、革新技术、提高生产,所以更需要有高度发达的智力,包括注意力、观察力、想象力、独立思考力。

上面讲过,一个社会主义社会的建设者必须是一个共产主义者。但怎样才能使儿童接受共产主义呢?列宁教导我们,青年人要学习共产主义,生吞活剥小册子、口号标语,是不行的。他必须经过自己的深思熟虑,使自己觉得,从现代科学知识的观点看来,共产主义是不可避免的结论。要深思熟虑就是要运用自己的独立思考。从死读呆背中获得的科学知识,不可能从科学知识中的观点转化为信念、为世界观。因此,为了培养一个社会主义社会的优秀的生产劳动者,为了培养一个具有辩证唯物主义世界观的共产主义者,在智育中必须给予认识力的发展这一项任务以一个重要的地位。

(二)德育

我们所提倡的是共产主义道德教育。列宁教导我们,共产主义道德是服务于社会主义社会、共产主义社会之建设事业的。德育的总的任务是培养年青一代，使他们具有一个社会主义社会的建设者所应具备的高尚的道德品质。

共产主义道德教育的内容，根据苏联教育学，主要有下列几种。

首先是爱国主义教育。它的任务是使我们的学生热爱祖国，并乐于为建设祖国与保卫祖国而贡献出自己的一切。具体的讲，要教育我们的学生，爱祖国的国土；爱祖国的人民，首先是劳动人民；爱祖国的过去，爱它光荣、优秀的历史传统；爱祖国的今天，即是爱革命胜利的果实，爱我们优越的社会制度；尤其要爱祖国的明天，即社会主义、共产主义的明天；要教育我们的学生热爱中国共产党和毛泽东同志，热爱中国人民解放军。

新中国的爱国主义与苏维埃爱国主义一样，是和国际主义结合起来的。所以我们要对年青一代进行中苏友好、中国与各人民民主国家以及全世界各国的劳动人民之间的国际友爱的教育；进行国内各民族之间的团结、友爱的教育。

在教育我们的学生热爱祖国、热爱祖国的人民的时候，同时要教育他们对祖国及祖国人民的敌人怀有无比的仇恨。

第二是劳动教育。社会主义社会的生活是美好的，但社会主义社会是用广大劳动人民的自觉而积极的劳动建立起来的。所以，学校必须对年青一代进行劳动教育，培养他们对劳动的社会主义态度：尊敬劳动和劳动人民，热爱劳动，尤其是体力劳动，愿意用自己的劳动在祖国的国土上建设起一个伟大的社会主义社会来。

对学生进行劳动教育，首先是培养他们的劳动观点，使他们认识到劳动的伟大意义，尤其在新社会中的伟大意义，认识到好逸恶劳、躲避劳动、鄙视体力劳动与体力劳动者是一种可鄙的资产阶级剥削思想。对于劳动的意义的认识必须伴随之以劳动的实践：应该组织学生参加他们力能胜任的一些体力劳动，包括照顾自身的劳动、家庭服务、替班级或学校服务，校外的生产或其他形式的劳动服务，校内的实习工作等等。使学生在实际劳动过程中，培养出真正热爱劳动的感情，并养成一些初步的劳动技能。

第三是自觉纪律教育。学校进行纪律教育是为了保证学校教学工作顺利进行；但更重要的是为了在年青一代身上培养出一种高度的组织性与纪律性，而这种品质，对任何建设岗位与战斗岗位来说，都是绝对必要的。

学校要培养儿童遵守纪律的习惯，而且要自觉地遵守纪律。为什么我们现在要强调自觉纪律的培养呢？列宁说过，工人要建立社会主义社会，必须要有铁的劳动纪律。但是这种劳动纪律与过去的纪律不同，这种纪律是自觉的，不是强制的。没有这种自觉的劳动纪律,社会主义生产就不可能好好地进行。我们培养的儿童将来都应该是能够自觉遵守劳动纪律的人。在学校中,要儿童自觉地遵守规则,遵守学习纪律。学习纪律也可以说是劳动纪律的一种。我们强调自觉纪律,因为这对于未来的社会主义建设者是必要的。

第四是集体主义教育。一个社会主义社会的成员必须是一个集体主义者。为了克服人们意识中的自私自利、损人利己的个人主义,为了克服小资产阶级的自由散漫、无组织、无纪律的自由主义,我们都要强调集体主义。

对小学生进行集体主义教育,应该是"由近及远"的。为了克服儿童的自私、小气,跟别人合不来等坏习气而对儿童进行同学之间的同志友爱、团结、互助的教育,是集体主义教育的第一步。教师的最重要的任务之一是把一个班级培养为一个真正的集体,使儿童在这集体中养成集体的观念与感情,以及在集体中生活与工作的习惯。

培养儿童集体的观念与感情即是使儿童感觉到自己是属于集体(最初的形式是班级)的,自己的行为应对集体负责,集体的荣辱就是自己的荣辱。苏联的先进教育经验,以及我们自己的优秀教师的经验都证明了一点:搞好班级的自觉纪律教育,其决定性的关键是把班级培养成为一个集体,使每个学生对班级发生集体的荣誉感与个人对集体的责任感。

教师要教育儿童,在实际的集体活动中体验到:个人的力量是薄弱的,集体的力量是巨大的,个人的力量只有在作为集体力量之一部分,并服务于集体的利益时才能发挥重要的作用,并从这种认识出发,使儿童习惯于集体活动中的个人服从集体,少数服从多数,并与同志团结互助。

在学校里养成了这些集体主义的道德品质,学生们将来在工作与生活中就能够有整体观念,以个人利益服从国家利益,局部利益服从整体利益,并能以自己的力量作为集体力量之一部分,为集体的目的而发挥作用。

在苏联教育学中,讲共产主义道德教育,还包括下列几种道德品质的培养:坚强的意志性格(布尔什维克意志与性格的教育),对人的尊重与关心(社会主义人道主义教育),忠诚老实,谦虚,批评与自我批评等等。

关于目前中国中小学的道德教育的内容,我们可以从中央人民政府政务院在1954年4月间通过的《关于改进和发展中学教育的指示》中获得指示。《指示》说:"政治思想教育的任务,是树立社会主义的政治方向,培养辩证唯物论世界观的基础和共产主义的道德。""政治思想教育,应根据学生现存的思想情况,继续努力培养'爱祖国、爱人民、爱劳动、爱科学、爱护公共财物'的国民公德,并注意培养集体主义精神，自觉的纪律，及坚韧、勇敢、谦逊、诚实、节俭、朴素等品质。目前应特别着重加强爱国主义教育、劳动教育和自觉纪律教育。"这部分指示对小学的道德教育，也同样是适用的。

　　在小学里，教师要对儿童进行爱国主义教育，以培养他们"爱祖国"、"爱人民"，首先是劳动人民的国民公德；对儿童进行劳动教育，以培养他们"爱劳动"的国民公德。"爱护公共财物"这一种道德品质的培养，在苏联教育学书本中，有时列入劳动教育中，有时列入自觉纪律教育中。不管列入劳动教育或者自觉纪律教育，总之我们应在道德教育中给予"爱护公共财物"这一道德品质的培养以一个重要的位置。我们的宪法这样规定着："中华人民共和国的公共财产神圣不可侵犯。爱护和保卫公共财产是每一个公民的义务。"宪法的颁布也对学校提出了加强学生的守法教育的要求。培养学生遵守社会秩序与国家法律的品质，应该是自觉纪律教育的一项重要任务。

　　根据目前的具体情况，我们固然要特别强调爱国主义教育、劳动教育和自觉纪律教育；但这并不是说学校对其他的共产主义道德品质，就可以漠不关心了。

　　以上几种道德教育的内容不是互相孤立的。集体主义教育与自觉纪律教育之间的关系已经指出过了。劳动教育与爱国主义教育也是不可分开的；愿意用自己的劳动把祖国建设成为一个社会主义国家，这是"爱劳动"，同时也是爱国主义的感情。以个人利益服从国家利益，这是集体主义的品质，也是爱国主义的品质。

（三）体育

　　一个全面发展的人不但是才德兼备，而且是体魄健全的人。有了强健的体格，我们才能很好地从事生产劳动或保卫祖国。

　　作为全面发展的教育之一个构成部分的体育，还负有在年青一代身上培养刻苦耐劳、坚忍不拔、组织性、纪律性这些道德品质的任务。

　　因为"健全之精神，寓于健全之身体"，所以体育任务之完成，也帮助着智育任务的完成。

　　强健的身体是个人的生活幸福的一个重要源泉。《小学暂行规程（草案）》[①]中规定着，体育的目标之一是使儿童具有活泼愉快的心情。

　　我们的党和政府对年青一代的体育的重视是在毛泽东同志的"健康第一"

[①]《小学暂行规程（草案）》于 1952 年 3 月 18 日颁发试行。——编校者

与"三好"号召中表现出来的。

在小学的教学计划中规定着有体育一门学科。但体育的范围却远不限于这门学科；它实在是包括着整个的健康教育。除了在体育课上对学生进行体育外，学校教师还必须：(1)经常注意儿童身体的发育与健康状况；(2)以卫生的基本知识和习惯武装学生；(3)指导学生建立合理的作息生活制度；(4)组织学生课外的游戏、运动和体育活动；(5)组织学生参加力能胜任的体力劳动；(6)注意学校的环境卫生以及学校的卫生、体育设备。

(四) 美育

美育的任务在使儿童对于各种形式的自然美与艺术的美具有理解、欣赏的能力与习惯，并初步培养他们对于各种形式的艺术的创作的能力（如绘画、唱歌）。一个全面发展的人必须是一个具有审美兴趣的人；凡对美的事物漠然无动的人，他的个性的发展是受了限制的。

可能，大家觉得，美育是好的，但是，为什么美育对于社会主义社会的建设者和保卫者有必要呢！加里宁有一次在一个工科大学演讲，叫学生要学习文学、艺术、音乐。他说，你们或许感到很奇怪，你们出去当工程师，管理机器，对音乐、美术有什么关系？他指出，未来的工程师固然要管理机器，同时也要组织人，就是要发生群众关系。一个工程师不仅单单对付机器，还应该作为一个人的组织者、领导者。这样，艺术修养就有重要的作用。艺术不仅对工程师是重要的，对任何工农生产部门的劳动者，健康、优美、富于思想性的艺术都能起着组织与鼓舞的作用。

美育对于年青一代的道德的培养、政治认识的提高能起很大的作用。

我们说，一个人的政治觉悟提高了，这是指两个方面：第一是理智方面，另外是感情方面。艺术作品是反映客观现实的，但它不是通过科学概念，而是通过具体事件或人物的形象来反映客观现实或世界，——在这种形象中体现着客观现实（社会生活）中的主要的、本质的、即典型的东西。因为艺术作品是通过具体、生动的形象来反映现实或世界的，所以最能影响人的感情。看了《顿巴斯矿工》中两个世界的形象的对比，我们认识过去的社会是不好的，在这认识里就同时有了感情与理智。我们给儿童、青年实施美育，就是要使他们不仅在理智上认识世界，而且也要在感情上认识世界。

在小学里，我们要培养儿童接近各种形式的艺术的习惯与能力。儿童通过文艺、图画、音乐认识了资本主义制度的丑恶，就会发生要为摧毁这种丑恶的制度而奋斗的热情。儿童通过艺术认识了社会主义、共产主义制度是无限美好的,就会发生将来要为实现这种优美、崇高的理想而奋斗的热情。这样,美育就帮助了儿童的政治认识的提高。

儿童在艺术作品中,看见了各种人物的品格与行为的形象。对于那些正面人物的优美、崇高的品质与行为,他们会发生拥护、赞美的热情,并产生在自己的生活中摹仿这些优良、崇高的品质与行为的意愿。对于反面人物的卑鄙恶劣的品质与行为,他们会有反对与鄙夷的强烈感情,因而也不让自己在工作与生活中表现出他们所鄙视、痛恨的那些品格与行为。这样,美育就帮助着年青一代的道德的培养。

我们现在所讲的美育或艺术教育,跟资本主义国家的学校中所进行的美育或艺术教育,是有着本质的不同的。有一位当代的反动资产阶级哲学家,他的地位与反动哲学家杜威与罗素相等,名叫怀德海特①,他主张在小学里应该加强"美育"。他认为,今天的小学学生就是明天的广大人民;他们将来在经济生活上面,获得满足的机会是很少的。在小学里给他们打好了爱好艺术的基础,他们将来在生活上可以得到精神上的满足,以补偿他们在物质生活上的不满足。这说明了,在资本主义国家的学校里,"美育"是用以麻痹人民对现实生活的不满与反抗的。在我们的学校中对学生进行美育,是教学生通过艺术形象去认识世界,为了进一步去改造世界。我们把文学或其他艺术作品,理解为以共产主义精神教育年青一代的有力手段。在我们所给予学生的艺术作品中,高度的艺术性是应该与高度的思想性结合起来的。

资产阶级的文学艺术理论喊出了"为艺术而艺术"的反动口号;意思是说,艺术不应服务于任何政治或社会目的。其实,这是资产阶级的谎言。这句反动口号的意义是要求艺术成为引诱人民逃避现实斗争的手段。因此,我们在对学生进行美育或艺术教育时,应该特别注意艺术的政治思想性的要求,以免使自己的工作坠入"为艺术而艺术"的圈套。

唱歌、图画、语文(其中的文艺部分)是和美育有直接关系的。在自然、地理中也有丰富的美育因素。地理可以通过描写、通过图片展示,使儿童理解祖国河山之美,自然可使儿童多接触自然界的美。

教师在课堂教学中进行美育以外,还可以,而且应该在课外活动中对学生

---

① 今译怀特海(A. N. Whitehead, 1861—1947),英国数学家、哲学家和教育理论家。"过程哲学"的创始人。——编校者

进行美育：组织与指导学生的文艺阅读、各种艺术小组活动，听音乐，看戏等等。班级布置的整洁美观，整个学校环境的美化，对学生美育的培养也是有帮助的。

审美兴趣包括对自然美的欣赏。凡一切美好的东西，都能使人的感情趋于高尚。苏联革命领袖之一捷尔任斯基的一段话，很足以说明这一点："当你来信告诉我，耶西克渐渐喜欢起树木的苍绿、鸟儿的歌声和一切的生物，我看到，如果生活的条件能把这种美丽的情感跟必须努力使人类的生活变成特别美丽与庄严的认识结合起来的话，他已经有了在将来建设这一座伟大赞美歌的大厦的材料……"①

（五）综合技术教育

在苏联讲全面发展的教育，一向包括综合技术教育这一项内容。目前他们正在普通学校（中小学）中全面推行这种教育。在中国目前，还没有正式提出推行综合技术教育；可能人家对这个名称，还比较生疏。

"综合"两字是对着"单一"而言的。我国目前有着许多初级和中等技术学校。在这类学校中，对学生进行着的是单一的技术教育，例如纺织学校给予学生以纺织这一种职业方面的技术训练。这就不能称为综合技术教育。综合技术教育是在普通学校（中小学）中进行的，作为普通教育中的一部分内容。它并不给予学生以某一种特定职业方面的技术教育，而给予学生以一般的技术教育，这种技术教育，不论他日后从事哪一种生产部门的工作或职业，对他都是有帮助的。综合技术教育的任务是：

（一）使学生了解全部生产过程的基本原理。

（二）使学生学会运用一切简单的生产工具。

综合技术教育所要给予学生的是现代化生产部门的科学原理、技术原理方面的教育，一般应该是与机器生产结合起来，或是与在科学知识的基础上进行的一些生产劳动结合起来。所以，它与劳动教育是有区别的。洒扫房间，洗衣服，缝纫，修建操场，搬运砖瓦……这些都是劳动教育，但不是综合技术教育。木工、竹工以及其他手工生产劳动或不与科学知识结合起来的农业生产劳动，也只能算劳动教育，不能算综合技术教育。

综合技术教育主要是通过各科教学来实行的，特别是自然学科的教学。为了在教学中实现综合技术教育的任务，在各科的教学大纲及教科书中应该包括

---

① 捷尔任斯基等著，王家骧、杨永译：《家庭与学校》，人民教育出版社1954年版，第31页。——编校者

介绍生产的科学法则、科学原理在生产上的应用以及现代工农业的成就的材料,也要把一定的生产技术工作列入有关学科的实验、自习工作中去。组织学生课外的小组活动,尤其是技术小组的活动,以及有目的、有计划地参观工厂、矿山、机耕农场、发电站和水利工程建设,也是实行综合技术教育的重要手段。

马克思在谈到未来的教育时,主张教学应与生产劳动结合起来。他指出,这种结合,可以提高社会的劳动生产力,也可促进人的全面发展。以后列宁又具体化了、发展了这个思想。综合技术教育在全面发展的教育中是必不可少的一个组成部分,因为它体现着教学与生产劳动的结合。没有综合技术教育,脑力劳动和体力劳动、工业劳动和农业劳动之间,即使对立消灭了,但本质的差别还是存在的,因此人的发展还会带有一定的片面性。没有综合技术教育,人们势必终身束缚在一种职业上,这也就会影响他们的全面发展。斯大林在他的《苏联社会主义经济问题》中指出了,从社会主义过渡到共产主义所必须实现的第三个基本的先决条件是:"必须使社会达到这样高度的文化水平,以致能够保证社会一切成员全面发展他们的体力和智力,使社会成员都能获得足以成为社会发展中的积极活动分子的教育,都能自由地选择职业,而不致由于现存的劳动分工而终身束缚于某一种职业。"[1]他又指出了,要培养体力、智力全面发展的人,其条件之一,是实施普及、义务的综合技术教育。

已经讲过,在中国目前,还没有正式提出综合技术教育。但综合技术教育可以结合在智育中进行。我们的教育应该贯彻理论与实际一致的精神,各学科、主要是自然学科的教学,就应该尽量结合工农业生产技术上的问题。我们也可以在劳动教育中,体现出综合技术教育的因素。因为,综合技术教育与劳动教育的一部分内容是相同的。学校中的农场或植物园地的实习,应该、也可以与米丘林[2]生物学结合起来的,它是劳动教育,同时也是综合技术教育。作为一种社会公益活动,学生帮助农业生产合作社或互助组的农业生产劳动,假使在这种劳动中应用拖拉机、收割机……应用化学肥料,那它的综合技术教育的作用就更大了。化学、物理方面的实验、实习工作是劳动教育,同时也是综合技术教育。参观工厂、农场,看有关现代技术的电影,阅读有关现代技术的书刊是综合技术教育,但这种教育措施也有助于学生的劳动观点、劳动热情的培养。

---

[1] 斯大林:《苏联社会主义经济问题》,人民出版社1952年版,第61页。——编校者
[2] 米丘林(Ivan Vladmirovich Michurin, 1855—1935),苏联园艺学家、植物育种学家,米丘林学说创始人。——编校者

有许多手工劳动固然与现代化生产技术没有直接的关系，但学生在这些劳动中所获得的技能与熟练技巧，对于他日后掌握现代化的生产技术是有帮助的。

* * *

以上我们已经分别把五育的意义、内容，它们在全面发展的社会主义社会、共产主义社会的建设者的培养上的作用，作了简单的叙述。在结束"全面发展的教育的内容"之前，还要补充三点：

第一，这五育是彼此联系，不可分开的。譬如，武装学生以卫生知识是智育的工作，这是智育之有助于体育；而如前所述，体育任务之完成，也保证着智育任务的完成。体育也以培养一些重要的道德品质为自己的任务，在体育中还有着美育的因素，因为它可以促进学生体质、姿态、动作之美。强健的身体对综合技术教育当然是有关系的。又譬如，在劳动教育中，同时可以有智育、综合技术教育、德育、体育的因素。

就在同一育之中，各个方面也是彼此联系、不可分开的。上面已经提到过，智育的三个任务是彼此关联的。爱国主义教育、集体主义教育、劳动教育、自觉纪律教育，也是统一在共产主义道德教育中的。

第二，智育、综合技术教育、德育、体育、美育的实现，主要是通过课堂教学；它们的任务，往往是在教学过程中同时实现的。比如算术教学：假使我们教好了加减乘除四则，我们就是完成了以科学知识武装学生的任务。同时儿童通过算术教学，发生了对数目关系的好奇心，养成了思维的习惯，发展了逻辑思维，这就培养了儿童的认识力。以上是智育。苏联在革命政权的初期，有的旧教师还没有很好地改造。有一个算术教师出了一个题目，"用七十卢布买进若干斤苹果，后来以一百卢布售出，问赚了多少"。学生回答他，赚了三个月的徒刑！这个算术题目就在传布着资产阶级的贪图暴利思想。这可以说明数学里也有政治性与思想性。在中国这类例子也有的。现在苏联的算术题目，用五年计划增加了多少生产，集体农庄的物质生活比往年提高多少等材料做应用题；这样，一方面在教算术，一方面也在教学生认识社会主义制度的优越性，培养儿童对祖国的热爱。这里也就完成了德育的任务了。教师在算术课上，经常要求学生保持作业本子的整洁，书写的整齐美观，在这里面就有美育的因素。算术的知识、技能、熟练技巧又是综合技术教育的基础因素之一。

第三，在五育之间，我们不必强列名次，肯定孰为最重要、孰为第二重要……。凯洛夫"教育学"上曾经肯定在共产主义教育中，智育应居首位。据我的体会，那是因为，五育的任务主要是通过各种教学来实现，是在学生掌握科学知识的基础上实现的。在作为基础的意义上说,智育应占第一位;并不是说,在重要性上,它是第一位的。

毛泽东同志曾经有过"健康第一"的指示。据我的体会,那个指示是在全国青年健康情况不佳,而学校对学生的健康又不够重视的情况下强调提出来的。但"健康第一"的意思当然不是道德或政治第二,学习第三,更不是说,学生在使用时间时,应让体育占第一位,德育占第二位,学习占第三位。

五 结论

(一)我们已经知道,全面发展的教育是整个共产主义的崇高伟大理想的一部分。因此,我们要充分了解全面发展教育的意义,就先要了解共产主义理想的意义。如果我们不了解共产主义理想的意义,我们对全面发展的教育的意义也不能了解完全。通过这个问题的讨论,我们应该进一步明白了共产主义究竟是怎么回事,共产主义所要给予我们将来的是何等幸福美好的生活,共产主义或社会主义是要由具有怎样优秀品质的人才能建设起来。

(二)我们应该加强对人民教育事业的信心,建立终身从事人民教育事业的意念。我们已经明了,现在的社会已经替人的全面发展创造了条件,但是这个条件在年青一代身上的实现,尚有待我们教师的努力。我们的国家正在逐步实现社会主义工业化和对农业、手工业和资本主义工商业的社会主义改造,以便过渡到社会主义去。在这一点上,我们是有保证的。但这不是说,我们可以坐在家里等待享受社会主义、共产主义。我们要建设社会主义、共产主义。我们教育工作是担任社会主义社会建设工作的一部分,而且是重要的一部分。我们是"建设"建设人才的人,要把年青的一代培养成为全面发展的社会主义社会的建设者和保卫者。所以这个工作是光荣的。斯大林说:世界上最宝贵的资本是人才。我们是"建设"人才的工人。好像造房子的时候,如果材料不合规格,这个建筑就会受到影响。我们今天对国家建设所提供的材料是人才,如果我们所提供的人才不合要求或规格,这就是损害了国家的社会主义建设事业。我们的规格是什么?就是全面发展的人才。

关于全面发展的教育是伟大的共产主义事业的一部分的认识,关于全面发展的教育工作就是建设社会主义社会的伟大工程中的一个重要部分的认识,对我们每个教育工作者是很重要的。苏联心理学家告诉我们:"一个人对事业活动的态度,以及他如何来完成这种活动,大部分决定于他对自己所执行的任务的前途能够看得多远。"苏联的大教育家马卡连柯特别强调"前途"的意义：教师要时时以"明天的欢乐"鼓舞学生、组织他们的努力。教师对学生如此，对自身也应如此。我们一定要对自己的事业前途看得很远，从我们的日常教育工作中看到在过渡时期总路线的照耀下的社会主义建设的前途，一直看到社会主义社会建设成功，并逐渐向共产主义过渡的伟大前途；我们对教育工作就能发生无比的热情与动力，我们的教育工作就能做得更好。

（三）肯定了人民教育事业的重要意义，也就是加重了人民教师的责任感。假使我们不能把教育事业做好，那就是对国家损害了人才。天下最大的浪费，就是人才的浪费。凡是人都是人才，至于他将来是否成材，那就看我们工作做得好不好；做得不好，就会把优材变成劣材，大材变成小材。因而也就影响了伟大的社会主义建设事业。我们教育工作的任务是培养全面发展的人才，这个任务不是简单的。因此，我们必须要好好地进行学习，主要的是苏联先进教育经验的学习。这个学习包括方法、技术的学习，也包括系统理论的学习。

（四）对年青一代进行全面发展的教育，首先要求教师树立教育工作中的全面观点。我们要对学生的智育负责，同样也要对学生的健康、思想、道德负责，甚至要对学生的美育、综合技术教育负责。即以智育而论，我们不但要武装学生以知识，也要注意学生的认识力的发展，辩证唯物主义世界观基础的形成。再譬如，在体育中，只注意学生的运动、游戏、体育锻炼，而不注意学生的卫生习惯，不注意学校的环境卫生也是片面的。

全面发展的教育主要是通过课堂教学来实施的。但是，说"主要"就意味着不是"全部"。教师要在课堂内对学生进行全面发展的教育，也应在课堂外，在学生的课外活动中，进行全面发展的教育。《小学暂行规程（草案）》规定，教师对学生的课内课外活动都要负责指导的。

（五）有的教师同志认为，"全面发展"的理想是好的，但那是属于共产主义社会阶段；中国今日，实现这种理想，条件还不具备。当然，新中国今天的条件和苏联的条件不同，苏联今日已经在由社会主义社会逐渐过渡到共产主义社会，中国今天是在由新民主主义社会逐渐过渡到社会主义社会。但这并不是说，"个性全面发展"的理想一定要到共产主义社会里才能开始实现。就在社会主义阶段的苏联，"个性全面发展"的理想就已经逐步实现，就在逐步向社会主义过渡的新中国社会中，也在初步实现这种理想了。

苏联并不是到了向共产主义过渡的今天才对学校教育提出培养年青一代使他们成为全面发展的共产主义社会的建设者和苏维埃祖国的保卫者的任务，

而是在十月革命以后就提出这个任务的。同样,我们的党和政府,就在向社会主义过渡的新民主主义社会阶段的今天,就已经向我们提出了全面发展的教育的任务了:要求学校培养全面发展的社会主义社会的建设者与保卫者,以服务于党和国家在过渡时期的总任务。

在学校方面,进行全面发展的教育,物质条件不是主要的,主要的条件是思想条件;那是一个思想认识与重视的问题。对学生进行爱国主义教育、社会主义思想教育,进行卫生习惯的教育,……是不需要什么物质条件的,对教师的时间也不是什么了不起的负担;假使需要任何条件的话,那是需要教师在这类问题上多开动些脑筋。

(六)有些教师同志有这种顾虑:教师自己不是全面发展的人,教师自己没有受过全面发展的教育,怎么能对学生进行全面发展的教育呢?这种想法是很好的。但这并不说明,我们可以不进行或暂缓进行全面发展的教育,而是说明我们做教师的有加紧自我改造与提高的必要。自己没有爱国主义热情,对学生进行爱国主义教育,自己厌恶劳动,鄙视体力劳动者,要对学生进行爱劳动的教育,当然是难以奏效的。自己不讲卫生,要培养学生的卫生习惯当然有困难的。教师自己要提高自己的文艺修养,才能很好的通过文艺作品对学生进行美育。我们的党和政府早已号召"每个人民教师必须成为马克思主义者"。我们要改造思想,不断提高自己的政治思想水平,使自己成为一个马克思主义者,才能很好地对年青一代进行社会主义思想、共产主义道德的教育。在我们要对学生进行全面发展的教育的时候,我们应该牢记马克思的名言:"教育者自身必须受教育"!

第二讲　教育、教养与教学

一　教育学上三个基本概念的意义

在我们学习苏联教育学，阅读苏联教育文献的时候，我们会经常碰到"教育"、"教养"、"教学"三个名词。这是苏联教育学上的三个基本概念。我们对这三个名词的意义的理解是有困难的，这是因为：

第一，译名前后有更动。最初的译法是"教养"、"教育"、"教学"；后来改译，把"教养"与"教育"的位置对调，成为"教育"、"教养"、"教学"。在我们目前所能接触到的苏联教育书籍的译本中，较后出的大多改用新译法，较早出的大多用旧译法。这就造成了读者理解上的混乱。

第二，苏联教育学上，对这三个名词的解释，尤其对"教养"这一名词的解释，跟我们中国语文习惯上所理解的不同。因此，在应用这三个名词，尤其"教养"这个名词时，我们往往感觉到有些别扭。

第三，关于这三个名词的意义，在各本苏联教育学书籍上，意见并不一致，提法互有出入。因此有这样的情形，看了一本书，似乎懂得了这三个名词的意义，再看第二、第三本书，又感觉困惑了。

因为我们在阅读教育书刊的时候，会经常碰到这三个名词，所以我们对这三个名词的意义有搞清楚的必要。在下面，我们要替这三个名词，作一个通俗、简化的说明。

先说"教学"。教师平日上课、指导学生实习、实验等等，都是教学工作。你上了45分钟的课，你就是做了45分钟的"教学"工作。但你还不能说，你已经做了45分钟的"教养"、"教育"工作。教学应该起教养的作用，教育的作用。教学进行得好，它可以起教养作用及教育作用；进行得不好，就不能起教养作用、教育作用。例如，教师在"我们的首都——北京"这个题目上了三堂课。假使上课的结果，学生对祖国的首都有了明晰的认识，确实掌握了关于"北京"的系统知识，我们说，在这三堂课上，我们已经完成了教养的任务，这三堂课已经起了教养的作用。所以，"教养"是与系统的科学知识连在一起的。说得更完全一点：教养是指知识、技能、熟练技巧的掌握。假使我们上了这三堂课的结果，提高了学生对我们伟大祖国的热爱，对历代劳动人民的感激和对中国共产党、人民政府的爱戴，我们说，在这三堂课上，我们已经完成了"教育"的任务，这三堂课的教学已经起了"教育"的作用。所谓"教育"是与政治思想教育连在一起的。但"教育"的意义还不限于政治思想教育。它同时包括认识的培养。所以,说得完全些,"教育"是指科学(辩证唯物主义)世界观基础的形成,社会主义政治方向、共产主义道德的培养和认识力的发展。

教育学上为什么要区别这三个名词呢？这是为了要大家随时注意：上每堂课都要完成两种任务,起两种作用——教养、教育,缺一不可。假使今后我们在上课时,随时想到要完成这两方面的任务,可以说,我们是已经了解这三个名词了。我们不要以为教养的任务简单。要使学生确实掌握系统科学知识是并不简单的。例如,有一个小学高年级教师,在地理课上,教学生知道,从上海到北京要经过几个大站。以后学生能够回答上了。可是,教师问,从北京到上海有几个站,学生就答不上来了。这种教学就是没有完成教养的任务。假使我们不但使学生知道了从上海到北京有几个大站,而且通过这种知识的讲授,引起了学生对我们祖国的辽阔广大、美丽富庶的自豪感,我们说,这种教学是起了教育的作用。

我们现在上课要编教案(或称课时教学计划)。教案上面有一个项目是"教学目的"。教学目的一般分为两方面：一个是知识教育目的,一个是思想教育目的。"知识教育"目的相当于"教养"目的,"思想教育"目的相当于"教育"目的。不过,"教育"的范围比"思想教育"还要广泛,它还包括认识力的发展。所以,从科学性方面来讲,用"教养目的"、"教育目的"是较妥当的。由于我们对"教养"、"教育"这两个名词不很习惯,为了简单化起见,我们不妨把教养目的与知识教育目的等同起来,把教育目的与思想教育目的等同起来。但我们不要忘记,教师在教学中,在培养学生的政治思想、道德品质以外,还有发展学生认识力的这一项任务。

以上,我们说明了教学、教养、教育的意义。现在要进一步说明它们三者之间的关系。教养的任务与教育的任务,主要是在教学的过程中完成或实现的,所以教学是教养、教育的基础。学生在课外活动中也可获得一些教养与教育；但应该肯定,教学是教师给予学生以教养、教育的主要途径。

教育是在教养的基础上进行的。我们在第一讲中已经指出,学生认识力的发展离不开科学知识的掌握,学生的科学世界观基础的形成也是以科学知识的掌握为基础。现在补充说明,学生的社会主义政治方向、共产主义道德品质的培养,也主要以科学知识之掌握为基础。

说教养、教育应以教学为基础,教育又应以教养为基础,并不是说,在时间上,我们应该先来教学,教学搞好了搞教养,教养搞好了再搞教育。教养、教育的任务是在教学的过程中同时实现的。我们虽然可以把教学目的分列为教养与教育两方面,但这并不要求我们在教学工作上做两套功夫,即以一部分时间完成教养任务,以另一部分时间完成教育任务。教养与教育是统一的,统一在同一的教学过程中。

在有的苏联教育学书上,把科学世界观基础的培养列在"教养"范围之内,有的把科学世界观基础、共产主义道德品质的培养,认识力的发展,既列入教养的定义中,又列入教育的定义中。这正是说明了教养与教育之统一不可分性。教师同志会问,究竟科学世界观基础的培养,应该列入"教养"的范围呢,还是列入"教育"的范围?我以为列入哪一边都可以,同时列入两边也可以;最重要的一件事情是我们应该记得,在我们进行教学时,要完成培养学生科学世界观基础的任务!

还有一点需要说明的,即"教育"一名词,在苏联教育学中具有广、狭两义。我们在上面解释"教育"时,把它与"教养"并列起来理解,那是"教育"一名词的狭义的用法。"教育"一名词的广义的用法是把教学、教养,连同狭义的"教育"都包括在内的。假使我们说,我们要在学校中加强劳动教育、自觉纪律教育工作,我们可以说,我们要在学校中加强"教育"工作。这"教育"两字是狭义的用法。在我们说到,"教育应为过渡时期的总任务服务","过渡时期新中国的教育是社会主义性质的教育","共产主义教育的目的是培养年青一代,使他们成为全面发展的社会主义或共产主义社会的建设者与保卫者"时,我们就是把教育两字作广义的用法的。

我们还要进一步分析各门学科的教养、教育(狭义的)意义。通过这种分析,我们对教学、教养、教育三个名词的意义的了解可以更为具体与深刻些。

二 学科的教养、教育意义

小学里应设置哪些学科或科目是规定在小学的"教学计划"中的。教学计划是一种国家文件,是由教育部门颁布的。这种文件规定着:(一)学科的门类。在小学规定着有八门学科。(二)各门学科的教学顺序。例如,在小学中,自然、历史、地理三门学科,规定自第五年开始讲授。(三)每门学科的教学时数,包括每周时数、全年时数、几年合计的时数。(四)学年的编制。在这里面规定着每年上课的周数。

小学中(中学也是一样)学科设置,是以教育的总目的为根据的。每门学科要完成一定的教养任务、教育(狭义的)任务;各门学科的教养、教育任务之完成,综合起来,应保证"培养年青一代,使他们成为全面发展的社会主义社会的建设者与保卫者"的总的教育目的与任务的完成。至于各门学科的具体的教养任务、教育任务是什么,那是规定在各科的教学大纲中的。

教学大纲也是一种国家文件,也是由教育部门颁布的。这种文件,规定着每门学科的具体内容与范围,并按照教学计划中所规定的时数,规定了各部分教材的教学顺序与时数。教学大纲的结构包括两大部分。第一部分是说明书,在这里面有着对每门学科的性质与教学目的、任务的说明,还有一般教学法方面的指示。第二部分是大纲本文。它把一门学科的内容,按章按节,依先后次序排列,并规定了它们的教学时数。

每门学科的教养意义与教育意义具体规定在说明书中。一门学科的教养内容,更具体、详尽地规定在大纲本文中。目前中国小学的各科教学大纲,颁布的还只有算术一种(小学算术教学大纲草案)。现在就先以算术为例:

大纲草案在"说明"中指示我们:小学算术教学的任务是保证儿童自觉地和巩固地掌握算术知识和直观几何知识,并使他们获得实际运用这些知识的技能。更具体的规定是儿童在算术中应该获得五方面的知识和技能:1. 整数四则运算(包括不名数和名数)的巩固知识,口算和笔算的熟练技巧。2. 市用制和公用制度、量、衡计算法以及时间计算法的巩固知识和实际应用的技能。3. 分数、小数、百分率的初步知识和简单小数四则的计算技能。4. 直观几何的基本知识和实际应用这些知识的技能。5. 解各种整数应用题的技能。

以上就是算术这门学科的教养内容,即是它所涵有的教养意义。那么,它的教育意义是什么呢?

大纲草案在"说明"中也指示了:"算术教学应该培养和发展儿童的逻辑思维,使他们理解数量和数量间的相依关系,并能做出正确的判断","学习解答应用题,除了能发展儿童逻辑思维以外,还可以激发他们的爱国主义情感"。"应该利用算术知识使儿童理解我们祖国建设的基本知识与其伟大的意义,并培养儿童对劳动有自觉的态度"。"小学算术教学,还要求培养儿童自觉的纪律性,工作的明确性与准确性等优良品质"。"在算术教学中,还应培养儿童善于钻研、创造、克服困难、有始有终等意志和性格"。

由此可见,算术这门学科,一方面要以某些方面的、一定数量的知识、技能、熟练技巧武装学生,这是它的教养意义。另一方面,它应该,而且可以对学生的认识力的发展、科学世界观基础的形成、共产主义道德品质的培养有所贡献,这是它的教育意义。

其次,我们来分析一下语文的教养意义与教育意义。

小学语文教学的任务,第一是训练儿童,使他们能够理解和运用祖国语言,并有阅读和表达的能力;第二是训练儿童使他们能够领会和欣赏适合儿童阅读的文学作品。在初级小学阶段,在语文教学中还要进行关于自然、地理、历史等初步科学知识的教学。以上是语文的教养意义。

语文是一门教育意义特别丰富的学科。首先,儿童语言的发展与思维的发展是分不开的。教师在以语汇与语法的知识武装儿童,并训练他们正确地应用语汇和语法于说话和写作中时,他同时也在发展他们的思维,以正确思维的初步方法武装他们。因此,语文教学应该,而且可以起发展学生认识力的作用。

语文一科,在培养学生的社会主义政治方向、共产主义道德品质方面的作用是特别巨大的。语文教学可以培养学生对祖国语言和文学的爱好与自豪,这也就是培养了学生的爱国主义感情。在文艺性课文的教学中,反映进步的思想、人物和事件的艺术形象,是培养儿童的社会主义思想、共产主义道德的重要手段。就在科学性课文的教学中,关于自然、历史、地理的知识也有助于学生的科学世界观基础的形成、社会主义思想、共产主义道德的培养。

艺术性课文使儿童接触了各种形式的文学作品。就是科学性的课文也能给予儿童以纯洁、优美的文学的范例。这是大有助于儿童的美育培养的。

第三是地理。人民教育出版社主编的《高级小学课本地理第一册教学参考书》,是供高级小学地理教师参考用的。这本书在第一部分"小学地理教学法概论"中的第一节"小学地理教学的目的和任务"中向教师指出了,小学地理教学的目的和任务应着重六项,其中第一、第二项是泛指地理这一科的教养意义,从第三项到第六项则告诉教师应怎样在教养的基础上实现地理这一学科的教育意义。现在扼要介绍如后:

(三)从各种简单的自然地理现象的发生、发展、相互联系以及人们和自然界的关系中,教育儿童认识世界的物质性,认识地理事物发展的规律,以树立儿童的辩证唯物主义的基础。

(四)从人们利用自然,改造自然,征服自然的伟大地理事实中,……使儿童理解创造财富与文化的是人们的劳动,在新社会里,劳动是英勇豪迈的事业,以培养他们尊重劳动,敬爱劳动者,并且乐于参加劳动建设祖国的旨趣。

(五)从祖国疆域辽阔广大,河山壮丽,资源丰富,人口众多,各民族自由平等,新中国成立以来的伟大成就,人民民主制度的优越性以及它在逐步过渡到社会主义社会的事实,教育儿童认识祖国的伟大和光辉的远景,以培养他们的民族自豪感和热爱故乡、热爱祖国的情感。

(六)从世界地理教学中,使儿童认清和平民主阵营和帝国主义侵略阵营的形势,祖国在世界上所处的地位,以培养他们坚决站在以苏联为首的社会主义一边,保卫世界和平,反对侵略,同情被压迫民族的解放运动的正义感和国际主义思想。

第四是自然。自然的教学对于儿童认识力的发展,尤其是观察力、思考力的发展有着特别重要的贡献。使儿童认识祖国自然界的形形色色,能够培养儿童爱国主义的感情。使儿童知道人类怎样在与自然的斗争中征服自然,使自然服务于人类的目的,这对于共产主义道德品质的培养是有帮助的。自然教学的又一重要的教育意义是在武装儿童以一些简单的自然界事物的规律的基础上,初步形成他们科学世界观的基础。

第五是历史。历史的教学也是有助于儿童的科学世界观基础的形成的。假使自然这一学科可以使儿童对自然界现象初步有辩证唯物主义的看法,那么,历史这门学科可以使儿童对人类社会生活初步有历史唯物主义的观点。

历史这一学科的最突出的教育意义,在于它是进行爱国主义教育的重要手段。因为,历史教学的基本任务是使儿童认识祖国的过去——它的伟大成就,它的英勇斗争,尤其是近百年来祖国人民的英勇斗争,以及祖国人民怎样在中国共产党领导下,终于取得了反帝国主义、封建主义、官僚资本主义的人民革命的伟大胜利。历史的教学不但可以使儿童热爱祖国的过去,也会使他们热爱祖国的今天,热爱祖国社会主义的明天。

祖国的伟大人物的事迹对于儿童的意志、性格、志趣,也能起极大的教育作用。

以上,我们介绍了小学的五门学科的教育意义。可以看出,每门学科,对于儿童的认识力的发展、科学世界观基础的形成、社会主义政治方向、共产主义道德品质之培养,都是有所贡献的。但各门学科在其教育意义上也各有其特点。能够,而且应该发展学生的认识力的并不仅仅是算术与自然;历史与地理也同样能够,而且应该起这种教育作用;但算术与自然两门学科在这方面的教育意义是比较特别重要的。每门学科都能有助于儿童的爱国主义思想的培养,但历史与语文的爱国主义教育意义是比较特别重要的。

每个教师都应很好地钻研有关各科的教学大纲。在钻研教学大纲的时候,他应该首先钻研各该学科的教学目的与任务,从这中间,他就可以看出这门或那门学科的教育意义。目前我们的教学大纲还只有一种草案,其余的正在制订中。但我们已经有了苏联小学的各科教学大纲的译本多种。另外,苏联小学的各科教学法译本也出版多种了,其中有各该科的教学目的与任务一章,都可以供我们参考学习,从而体会其精神,以指导我们自己的教学工作。

三 怎样在教学中实现各科的教育意义

我们说,每门学科都应该有它的教养意义和教育意义。这就对教师提出了在教学中实现每门学科的教养、教育意义的任务。我们说,每门学科都可以有它的教养意义、教育意义。但在教学中实现这种教养意义、教育意义,是需要教师的努力的。

关于怎样在教学中实现各科的教养意义,我们在下面各讲中会详细讨论的。现在我们要把我们的讨论集中在怎样在教学中实现各科的教育意义上面。

在教学中实现教育意义或起教育作用,在苏联教育学中称为"教学的教育性"或"教学的培养性"。教学的培养性或教育性问题,可以说,就是我们所讲的在教学中贯彻政治思想教育的问题。但教学的培养性或教育性的涵义比在教学中贯彻政治思想性教育这一提法的涵义更为广泛。要实现教学的培养性或教育性,教师除了贯彻政治思想教育以外,还要注意发展学生的认识力。

我们怎样能使各科的教学起教育或培养作用?我们怎样能在教学中实现各科的教育意义?

(一)通过教材 各科的基本教材是规定在教科书中的,教科书是根据教学大纲来编写的。教科书应该根据教学大纲中所指定的教养范围与教育意义来选择教材。教科书的取材固然要符合于学科的教养意义方面的要求,同样也要满足学科的教育意义的要求。在目前,学校为了更好地为国家在过渡时期的总路线、总任务服务,应该加强对学生的社会主义思想、共产主义道德教育。在教科书的取材上,就应该充分反映这方面的要求。譬如,现在我们要加强劳动教育。在语文教科书中就应该包括足够分量的有关劳动的课文;在其他各学科的教科书中,也要增加具有劳动教育因素的材料。

但是,有了好的教科书、好教材,还不足以解决教学的培养性或教育性的全部问题。实现各科的教育意义的重要的保证是教师对教材的充分与彻底的掌握。

因此,为了通过教材,在教学中实现各科的教育意义,教师应该很好地钻研教材。

先以语文为例:为了在语文教学中对学生进行政治思想教育,教师必须钻研课文,明确它的主题思想或中心思想。这对于文艺性课文尤其重要。在明确主题思想的基础上,教师可以确定教学的重点,着重发挥课文中的最足以体现出主题或中心思想的部分。假使教师没有掌握或者掌握错了课文的主题或中心思想,他就不可能发挥教材的政治思想教育作用。

在科学性课文中,教师也应发掘其政治思想教育的因素。例如,在初小语文第2册第12课《栽树》这一课文中,教师可以在武装学生以关于树木对人类生活的功用的知识的基础上,培养儿童爱护树木的品德。

关于在语文教学中对学生进行政治思想教育,存在着两种错误的倾向。有一些教师无视语文教学中的政治思想教育意义,以为把课文中所要求的知识教给了学生,就是完成了教学的全部任务。这种教学工作中的"非政治"倾向是不可容忍的。另一类教师离开教材,牵强附会地进行政治思想教育。应该明确:语文教学中的政治思想教育因素应该存在于教材本身,不应求之于外加的材料。应该重复说明:教育必须在教养的基础上进行。教师不应该在教养任务以外,孤立地搞一套进行政治思想教育的工夫。

苏联教育专家普希金在一次小学语文观摩教学会上的发言中,对于在语文教学中进行政治思想教育的问题曾经有过指示:在每一门学科的教学中都应该有着政治思想教育的目的和成分,但在有的课上,这种成分比较多,有的课上比较少。在这种成分比较少的课文上生硬地进行政治思想教育,那是不正确的。

再以历史为例。如前所述,历史这门学科的教育意义是很丰富的。为了在教学中实现历史的教育意义,教师必须用正确的历史观点去钻研教材。有了正确的历史观点,教师才能体会教材中对历史事件是怎样分析的,对历史人物是怎样评价的。没有正确的历史观点,教师会误解教材的精神,因而在对待历史事件与历史人物上会给予儿童以错误的教育。

教师掌握教材并不限于正确地理解课文内容。教师还应该在正确理解课文的基础上选择适当的补充与解释课文的材料。例如,教历史时要补充一些历史故事或其他史料来说明教材。这种补充材料,选择得当的话,可以起很大的政治思想教育作用。教师教任何学科都不能照本宣读,都必须补充些材料。教师应该重视这部分材料的政治思想教育意义,但不能因此而加重学生的负担。

在地理、语文、自然课上联系实际,尤其是联系祖国社会主义建设实际(学生思想实际的材料),乃至语文课上解释新字、新词所用的例子、算术应用题中所引的材料,都应该,而且可以具有丰富的政治思想教育意义的。

(二)通过教学方法　教师掌握教材是教师在教学中实现教育性或培养性的重要的条件,但它不是唯一的条件。另一个重要条件是教学方法。教师用错误的教学方法,例如,叫学生死读呆背的教学方法,不能完成发展学生的认识力的任务,这点是显然的。那么,教学方法对于学生的思想意识、道德品质,能够有什么影响呢?

假使教师不顾学生的接受水平,在教学中对学生宣讲一些抽象、空洞的政治道理,道德议论,即使他所讲内容,在政治、思想上完全正确,还是不能起任何政治思想教育作用的。反之,教师能根据学生的接受水平,甚至针对他们的生活与思想情况,用学生所能理解的语言,生动、具体地讲述同样一部分教材,他的教学就能起很大的政治思想教育作用。

在语文教学中,假使教师已经正确地掌握了课文的主题思想,这还不一定能够保证这堂课的教育效果。重要的事情不是教师自己掌握了这个或那个主题思想,而是教师通过教学,使学生在思想、感情上明确这个或那个主题思想。假使教师教条式地对学生交代了主题思想,这种教学的教育效果是不会很大的。假使教师能用适当的教学方法,启发学生的思维与想象,使他们在思想上、在感情上接受了这个主题思想,这样的教学,对学生的政治思想的提高、道德品质的培养,才是大有帮助的。

我们说,系统科学知识应该,而且可以帮助着学生的科学世界观基础的形成。但我们也已经在第一讲中指出过,机械、形式地掌握的知识,是不能形成学生的科学世界观基础的。只有经过学生自己深思熟虑、融会贯通的知识,才能真正"说服"学生,使知识能够从观点转化为信念,而最后则形成为科学世界观的基础。只有正确的教学方法才能使学生自觉地,而不是机械、形式地掌握知识。

(三)通过教学工作的组织条件　教师应该很好地掌握课堂教学的各部分工作,使自己的教学工作表现高度的计划性、明确的目的性。这样,他就能使学生习惯于学习工作中的纪律性与组织性。教师对自己工作的严格要求,对学生的学习与品德的严格要求,是影响学生性格与意志的重要力量。教师对学生作业的检查、评定上的严肃、认真,可以培养学生工作中的计划观念、负责态度以及奋勉、顽强、不向困难低头、而善于克服困难等等道德品质。

（四）通过教师的人格　实现各科教学中的教育意义或作用的最重要的、决定性的条件是教师本身的人格，他的知识、智力水平，他的政治思想水平，他的教育科学业务水平，他的道德品质。

教师自己不善于思维与想象，他显然不能应用正确的教学方法，教会学生正确地进行思维与想象，从而发展学生的认识力，并在自觉地掌握科学知识的基础上，形成科学世界观的基础。

学生的信念，往往是在教师自己的信念感染之下形成的。对于一种政治道理，教师本身首先必须被说服，他才能用这种道理去说服学生。

一部分教师在钻研语文教材时，苦于不易发现课文中的政治思想教育因素。一部分的原因是业务水平的限制。更大一部分原因是教师自己的政治思想水平。艺术性课文的教学，要求教师"有感情地"讲述、"有感情地"讲读。对于"有感情地"这一点，部分教师觉得很难办到。这不是一个语言技术的问题，这主要是一个思想认识、阶级感情的问题。我们碰到一篇课文，内容是讲一个劳动人民忘我地工作以完成国家生产计划的故事。假使我们没有一点爱劳动、爱劳动人民、爱国家的社会主义事业的感情，我们在钻研教材时就很难体会课文中人物的思想感情，因而也就难以通过教学使学生感染这种思想感情。

再譬如，在教学中对学生进行爱国主义教育。这首先要求教师自己成为爱国主义者。同样两个教师，讲同样的话，一个是出自爱国主义的真诚，一个是口是心非，两个在教学态度上，一定是不同的，收效也一定不同。关于在教学中结合爱国主义教育，有的在上课时先讲几分钟时事，结果效果并不好。一个真正的爱国主义者进行教学时，遇到适当的时机、场合，自然会结合政治，而且结合得一定自然。应该多讲的多讲，该少讲时就少讲。话不在于多少，在一个地方几句话可以贯彻的，就不必拉得太多。应该结合的地方，固然要结合，不应该结合的就不必勉强去结合。国家对我们的要求是培养下一代成为社会主义社会的建设者与保卫者。如果我们自己不努力提高自己的社会主义思想意识，要完成这种光荣的任务是有困难的。

以上的话指向一个结论：为了对学生进行政治思想教育，实现教学的教育意义，教师必须加紧自我改造、政治学习，以不断提高自己的政治思想水平！

第三讲　苏联的基本教学原则

一　为什么要学习苏联的基本教学原则

教学原则在苏联教育学中是"教学理论"的一部分。"教学理论"或译"教学、教养论",或译"教授学"。教育学中的教学理论这一部分是讨论一般教学工作中的基本问题的。具体的讲,它要讨论这些问题:一、什么是教学?二、教学过程是怎样的一种过程?三、教学工作要遵循哪些原则?四、要教些什么、学些什么?五、怎样去教?六、教学工作要怎样组织起来?第四个问题即是教学内容问题,我们在第二讲中已经简单的提到过一部分(教学计划、教学大纲、教科书)。第五个问题(教学方法),第六个问题(课堂教学制度),我们都将在下面几讲中分别专题讨论。这一讲主要是讨论第三个问题(教学原则),也要附带谈一谈第一个问题与第二个问题。要了解第三个问题,不先了解第一、第二个问题是有困难的。

资产阶级国家也各有其自己的教学理论体系,包括教学原则的理论。我们现在要研究的是苏联教育学中的教学理论与教学原则。为什么我们要研究苏联的教学理论与教学原则呢?

(一)苏联是最重视教学理论的研究的。苏联所研究出来的教学理论,包括我们所要讨论的教学原则,是今天世界上最进步、最科学的教学理论。旧中国所学的一套教学方法和教学原则主要是从美国学来的。我们首先要弄清楚,苏联教学方法和教学原则与资本主义国家的教学方法和教学原则有本质的差别。表面上看,两者之间,有些地方是类似的。关于资本主义国家教学方法和教学原则与苏联教学方法和教学原则在本质上的差异,以后我们还要讲到。现在我想先提出一点来说,就是美国是以什么态度对待教学方法和教学原则的研究的?苏联又是以什么态度对待教学方法和教学原则的研究的?

我们知道,美国的教育学也是很讲究教学方法的。但他们是为什么去研究教学方法的?所研究出来的是哪一种教学方法?显然,资产阶级对劳动人民的子弟的教学质量是不关心的;不但是不关心,而且不愿意劳动人民学习真正的科学知识,知道很多东西的。他们有一个假定,认为劳动人民的子女不需要学习很多东西,也不可能学习很多东西,因为他们的智慧很低。那么,在资本主义国家的学校里做些什么事情呢?杜威说过一句话,学校不是学习的地方,儿童进学校基本上不是去学习,而是去"做"或者去"活动"的。美国的统治者对他们自己的教师所提出的要求,并不是把很多很好的知识教给学生,而是给予儿童以种种随兴的活动。为了使学校的秩序容易维持,教师应该想出种种花样,让学生搞各种形式的、不符合于教学目的的活动。这是在美国的教育当中,特别注重教学方法、注重儿童兴趣的阶级根源。至于提高教学质量,使儿童学得更多的东西,资产阶级的统治者并没有这个要求。

与此相反,苏联是以什么态度对待教学理论的研究的呢?苏联的小学固然讲究教学法,中学也讲究教学法,乃至于大学也讲究教学法。苏联为什么要重视教学法呢?因为社会主义国家要求提高教学质量,要求教师帮助学生学到更多更好的东西。苏联教育的目的在于培养新生的一代,使他们能够最后建立共产主义社会。共产主义社会必须建立在高度的生产力水平,即是建立在高度的技术、科学水平的基础上。苏联教育目的要培养共产主义的建设者,这类建设者必须掌握现代科学知识。因此,对于学生学习结果的好坏、高低,国家是密切关心的。资产阶级国家根本不关心人民大众的知识水平与科学水平的提高,所以学生学习得好与坏,国家并不注意。在社会主义国家中,学校把学生教得好不好、教得多不多,国家不能置之不理。假使学校教得不好,它们将是向各个生产建设部门输送出不好的各种劳动者或各级建设干部。这会直接影响到社会主义和共产主义的建设事业,也就是直接会损害共产主义革命利益。因此在苏联,"为提高教学质量而斗争",成为一个斗争的口号、一个群众性的口号。一句话,苏联的教育,要求教师帮助学生学得更多更好。要使学生学得更多更好,那就要讲究教学法的研究。我们从苏联、美国怎样对待教学法的研究的对比中,说明了我们所要学习的苏联教学方法和教学原则,在本质上不同于资本主义国家的,主要是美国的教学方法和教学原则。

(二)苏联的教学理论是世界上最先进、最科学的教学理论。因为它是:一、建筑在科学的辩证唯物主义的认识论的基础上的。关于这点,下面就要说到。二、它是批判地接受了过去人类教育史上的文化遗产中的有用部分,克服了它们的片面性的。三、它是在长期的苏维埃学校教学工作实践的丰富经验中确立起来,在实践中经过考验,证明它是正确的、有效的。我们要明确认识,苏联教学理论是唯一科学的、正确的,因而是最有效力的。只要我们肯全心全意地学习,明了它的意义、精神,用以指导我们的实践,我们在教学工作中,一定可以取得辉煌的成绩。

附带要说明一点:这一讲以及下面几讲的内容都属于教学"理论",这一讲讨论的主要内容是教学"原则"。据我了解，部分同志，在学习苏联先进教育经验时，对"理论"与"原则"不大有兴趣，认为它们不能解决当前的实际问题，对自己的工作没有什么帮助。所以我提请大家在学习苏联先进教育经验时，要注意理论与实践一致的原则。所谓理论与实践一致包括两个方面：一方面要克服空谈理论，不用理论去指导日常教学工作的教条主义；一方面要纠正专讲实践、不研究理论、轻视理论的经验主义偏向。斯大林说："没有实践的理论是空洞的理论，没有理论的实践是盲目的实践。"这两句话最简单扼要地说明了理论与实践的一致性。经验主义的另外一个名称叫做手艺主义或者手艺作风。手艺工人多半只凭一己的经验做工作，不能把经验提高到科学原理原则上去。可是我们今天是大机器工业生产的时代，大机器生产一定要建立在科学的原理原则上。在苏联，教育工作中的手艺作风是不能容许的。苏联要求每个教师都能精通教育科学理论。凡是科学必然是有理论的。我现在把这个问题提出来，希望我们今后在学习苏联先进教育经验时，要防止轻视理论的偏向。

二 什么是教学

根据苏联教育学书本中解释"教学"一词的精神，我们可以替"教学"下这样的一个定义：

教学是教师依照共产主义教育的目的，在学生的自觉与积极参加之下，以知识、技能、熟练技巧的体系武装学生的过程，同时并在这基础上，发展学生的认识力，培养学生辩证唯物主义世界观的基础和共产主义道德品质。

我们可以分三方面来说明这个定义的意义。

（一）教学是教师以知识、技能、熟练技巧的体系武装学生的过程。定义的这一部分告诉了我们教学工作的基本内容是什么。

知识是关于事物的观念、概念、规律和概括。技能是应用知识的能力，熟练技巧是知识之应用到了熟能生巧的程度。

比如，我们教学生乘法。让他们知道，3×4就是三的四倍，让他们知道九九表，这就是教师以知识武装了学生。但是知识一定要能应用。儿童在学了乘法九九表以后，一定要能应用它去解答问题，包括式题与应用题，尤其是应用题。知识能够应用，就转化为技能。技能的应用在重复多少遍以后，就会"熟能生巧"，形成自动化，那就成为熟练技巧。比如，小学生在初学九九表时，做算术时常常要翻翻九九表，这就是他还没有把应用乘法九九表的技能运用到熟练的地步。我们教学生学习，必须使他把所学的东西，从知识达到技能，由技能达到熟练技巧。学语文不仅是要他懂得一些语法规则，而也要他能够应用这些规则于自己的语文中，而且要他应用得熟能生巧，即是不假思索就可以把语法规则应用到他的语言文字中去。

凡是知识必须要它能够应用，因此知识一定要转化为技能。不是说有一种知识可以变成技能，有一种知识不能变成技能。在资产阶级的教育学中，有的学科称为知识学科，有的叫做技能学科。在苏联教育学中，凡是知识都要转化为技能，因为知识必须能应用；而人对知识必须经常反复应用，知识经过反复经常的应用，就转化为熟练技巧。在另一方面，技能必须以知识为基础。在这知识、技能、熟练技巧三者之中，知识是中心环节。不应该有不以知识为基础，不受知识指导的技能、熟练技巧。定义的这一部分，告诉我们要怎样把知识、技能、熟练技巧区别开来，更重要的是怎样在教学工作中把它们统一起来。我们教师一定要指导学生应用知识，转化知识为技能，而且是不止一次地应用，要多次反复地应用，使它变为熟练技巧。我们在教学生的时候，要常常检查我们有没有注意到这点——把知识与技能、熟练技巧统一起来。

在教学工作实践中，一般教师对技能与熟练技巧的培养，注意不够，因此往往使学生所掌握的技能落后于知识，熟练技巧落后于技能。这种落后的恶果是什么呢？第一，学生的知识不能应用。第二，学生掌握的知识容易遗忘。第三，学生不能以技能与熟练技巧为工具进一步更顺利地获得新知识。

（二）教学是教师在学生的自觉与积极参加之下，以知识、技能、熟练技巧的体系武装学生的过程。定义的这一部分告诉我们教师与学生在教学过程中的地位及其相互关系。

所谓教学，总归有两方面，即：教师的教和学生的学。单有一方面是进行不起教学的。若单有教师教而没有学生学，或者单有学生学而没有教师教，这都不行，这两者是缺一不可的。在这两方面中，哪一方面是起决定性作用的呢？在苏联的教育学上已经肯定：起决定性作用的是教师的教。学生的学是在教师的领导之下进行的。这就是教师的领导作用。但是，不要忘记，要教得好，有教师的活动，同时也必须要有学生的活动。假如片面地强调了学生的活动，一切让学生决定，就是放弃或取消了教师的领导作用，对教学工作将造成损害；如果片面地强调了教师的领导作用，而忽视了学生的积极性、自觉性，就会变成注入式的教学，对教学工作也将造成损害。教师的领导与学生的自觉性、积极性应在教学过程中很好地结合起来，统一起来；而在这两者之中，起决定作用的是教师的领导作用。学生学习中的自觉性与积极性，基本上是要由教师组织、保证的。定义的这一部分告诉了我们教师的"主导"作用的意义。

（三）教学是教师依照共产主义教育的目的，……以知识、技能、熟练技巧的体系武装学生的过程，……定义的这一部分告诉我们，教师的教学工作应服务于共产主义教育目的。共产主义教育的目的是培养年青的一代，使他们成为全面发展的社会主义社会、共产主义社会的建设者。一个全面发展的人必须是掌握了科学知识的，所以教学的直接任务是以知识、技能、熟练技巧武装学生。一个全面发展的人又必须是智力发达的人，具有科学的世界观与共产主义道德的人，所以在以知识、技能、熟练技巧武装学生的基础上，教学还应该以发展学生的认识力，培养他们辩证唯物主义的世界观基础与共产主义的道德品质为自己的任务。定义的这一部分告诉了我们，教师必须在教学工作中实现教学的培养性或教育性作用。关于这点，在第二讲中已经讨论过了，不再重复。

三 教学过程的分析

教学原则是我们进行教学工作时所应该遵循的基本方向或方针。这种方向或方针之确定，以对于教学过程的分析为根据，以从教学过程的分析中所得出的规律为根据。

马克思主义者肯定着世界一切事物都有它的规律性；其次又肯定着一切规律都是可以知道的，可以给我们掌握的。我们掌握了客观事物的规律，然后利用它来指导我们的工作，那一定能使我们的工作做得好。科学规律固然独立存在于我们主观之外，但是认识了它，掌握了它，按照它办事，就可以为我们的目的服务。我们现在说的教学原则也是这样。教学过程也是有它的规律的，这些规律是可以知道的，可以掌握的。我们知道了这些规律，根据这些规律去制定原则，用它们去指导我们的教学工作，一定可以把教学工作做好，把教学质量不断提高。教学原则的意思就是这样，为什么我们要研究教学原则的理由也是这样。

所以，我们在讨论教学原则之前，要对教学过程作一个简单的分析，以说明各个教学原则的来历或根据。

教学过程是教师指导学生获得知识的过程。要了解学生是怎样在教师指导之下获得知识的，首先要了解人类在历史过程中是怎样获得知识的。所以，我们在分析教学过程之前，要分析一下人类获得知识的过程，简称认识过程。

马克思主义对于人类获得知识的过程,作了唯一科学的分析。这种分析总结在列宁的反映论里面,也在毛泽东同志的《实践论》中获得了天才的阐述与发展。马克思主义认为人类认识世界,获得知识,最初必须通过感觉器官,用眼睛看,用耳朵听,用鼻子嗅,用手摸……这是认识的第一个阶段。毛泽东同志把它叫做感性认识。所谓感性认识,就是用我们的感觉器官和客观事物接触的阶段。例如,我们要知道梨子,就要把梨看一下,摸一下,嗅一下,最好尝一口。从来没有见过、摸过、嗅过、尝过梨子的人,怎么能够知道梨子是什么呢?所以认识的第一个阶段,要通过我们感觉器官,这个基础是必要的。列宁所说的"生动的直觉",毛泽东同志所说的"感性认识",就是我们认识客观事物的第一个阶段。

第二个阶段是从感性认识提高到理性认识。这就是列宁所说的要"由生动的直觉到抽象的思维"。大家知道,在感性认识阶段,我们已经初步认识了客观事物;但在这个阶段中,人们所认识的仅仅是现象,不是本质。通过感觉器官掌握的知识是片面的,不是全面的;我们感觉器官所能掌握的,仅仅是现象之间的外部的关系,而不是它们内在的联系——规律。在第二个阶段,我们的知识掌握到事物的本质、全体以及内在的联系(规律)。所以严格说来,真正科学知识一定开始在第二个阶段。比如,人类在历史上早已接触过各种植物,但关于植物的科学知识是到了近代才获得的。关于植物发生、发展的规律,如植物与环境之间的统一这一条规律,是人类的感觉器官所不能直接认识的,要依靠抽象思维才能掌握这条规律。知识不同于常识。我们讲的知识是科学的知识,科学知识一定是从感性阶段提高到理性阶段的认识,一定要从活的,即具体的、生动的直觉提高到抽象的思维,才能获得与掌握。

从感性认识到理性认识就是有了科学理论。不过认识过程到此还没有完结。科学理论是为了指导实践的,所以又从抽象的思维回到具体的实践。这是列宁说的,"从生动的直觉到抽象的思维,再从思维到实践"。这也是毛泽东同志的公式:"实践、认识、再实践、再认识。……"人类接触客观世界,是为了改变它,为了实践的目的。所以,人类获得理性知识,即是科学理论以后,就要利用它来指导实践。这就是毛泽东同志的实践论,就是列宁的反映论,就是马克思列宁主义的认识论对人类认识发展过程的基本看法。

这是人类掌握知识或认识世界的一般过程。那么,教学的过程又是怎样的呢?教学过程基本上与人类认识过程是一致的。就是说,儿童掌握知识、认识客观世界的过程,基本上与人类认识过程是一样的。首先要有具体、生动的直接感觉。第二步,要把感性认识提高到理性认识,即是通过儿童的抽象思维活动,在现象的基础上,获得关于现象的内部规律的认识。第三步,儿童一定要应用已经获得的知识。这样三个步骤基本上就与一般人认识世界、掌握知识的过程是一致的。

不过,两者之间也有一些不同的地方。儿童掌握知识是在教师指导之下进行的。其次,儿童获得知识的过程比起整个人类获得知识的过程是更经济的,因为,他可以把前人获得的知识的总结、结晶接受下来。用毛泽东同志的话来说,我们人类获得知识有两方面,一方面是直接经验,一方面是间接经验。我们指导儿童学习,其中有很大部分是利用间接经验的。儿童缺乏经验,通过教师的指导,接受了前人总结出来的知识,可以不必重来一套、重新摸索,可以不走弯路。

此外,教学过程与人类认识过程之间还有一些不同:1. 在教学过程中要做巩固知识的工作。2. 成人在智力方面是完全成熟了的,儿童还没有成熟,没有发育完全,因此在教学活动中要照顾儿童的年龄特征。3. 在教学过程中,教师还须发展儿童的智力,培养他们的科学世界观基础和共产主义道德品质。

苏联教育学,根据对于人类认识过程与教学过程的分析,认为一个完整的教学过程,应包括如下几个环节,这些环节称为"教学过程环节"。

1. 使学生接触具体事物,以养成学生对事物的感性认识。为了使学生对事物具有感性认识,教师应该组织学生观察具体事物,在学生不可能观察事物本身时,使他们观察事物的模型、图片等等。如果讲授的不是具体的物体或现象而是历史事实或语法时,那么,教师应以事实和例子介绍给学生。学生在这个环节的阶段上所认识的或知道的东西,教育学和心理学上称为"观念"或译作"意象"。

2. 教师指导学生对教材进行分类、比较、分析、综合、归纳、演绎,以区别事物的异同,明确其主次的关系,找出其相互作用或因果关系。

3. 教师指导学生得出概念、规律或结论。

4. 教师指导学生做记忆教材的工作。

5. 教师指导学生做各种练习,以培养和提高学生的技能和熟练技巧。

6. 教师指导学生应用已经获得的知识于作业中,用实践来检验知识。

关于教学过程环节,在以后的"课堂教学制度"一讲中还要提到。现在只说明两点:1. 这几个环节是彼此紧紧衔接的,有时是彼此渗透的。例如,教师在全部教学过程的各个环节上,几乎都要注意到知识的巩固。2. 这几个环节的排列次序不是一成不变的。假使在学生的生活经验中,对新教材中的某一事物已经具有感性认识,这一环节就可以略去。有时候,在讲授新教材时,可以直接从学生已经掌握了的概念或规律出发的,数学课上就常有这类例子。

四 教学原则

教学原则的数目可以是很多的,一般教育学中所讲的是几个主要的原则即基本教学原则。

在苏联的教育学中,一共有多少基本教学原则呢?这个数目在各本教育学书上,是有些出入的。不过,这只是在数目上的出入,精神并没有什么两样。我们今天所讲的教学基本原则或基本教学原则,是以凯洛夫"教育学"中所举的五个教学原则为准。

(一)直观原则

直观教学原则要求教师在进行教学时,要使学生用感觉器官去接触,主要用眼去观察具体的事物,使他们对有关事物获得感性认识。这就相当于人的认识过程中的第一个阶段,生动直觉的阶段。儿童在学校中掌握知识,主要是通过语言文字;他们从词、句中获得前人所累积起来的各种经验,这些经验对儿童说,都是间接经验。词句是代表具体事物及其关系的,为了使儿童掌握语言文字中的意义,应该先使他们对语言文字所代表的事物,有着感觉基础,所以,教师在教学时要尽可能让学生看到具体实在的东西。假定实在的东西办不到,利用实物的近似的形象也可以,如标本、模型、图画幻灯片、电影、照片、图表等。在教学中应用实物或直观教具,可以称为直观教学。

为什么在苏联教育学中要强调直观教学原则呢?

它是符合于人类认识发展及儿童心理发展过程的。儿童对客观世界的认识是从具体的形象开始的,不是从抽象的概念开始的。这是规律,教学工作必须遵守这个规律。直观教学在各级学校中都有它的地位,在小学尤其是低年级的教学中,直观性要求特别高。儿童思维发展过程是从具体形象开始。不过,这不是说他一点抽象思维也没有。那样想是错误的。只是他在这个阶段上的思维,偏于具体形象。因此,在教学中,教师要尽可能把具体实在的、儿童可以在感觉上掌握的东西教给他,作为他的知识的基础。

在教学中遵循直观原则,有哪些好处呢?

第一,它能帮助理解。儿童对抽象的事物理解比较困难,接触到了具体事物就易于了解了。对低年级学生进行加减法的算术教学,不用直观教具是很困难的,用了直观教具,儿童就容易理解;对较高年级儿童进行小数、分数的教学,尤其如此。

第二,它能保证着学生高度的注意与学习兴趣,引起学生对有关事物的钻研的热忱。

第三,它使学生对所学习的东西印象深刻,因此有助于知识的记忆、巩固。苏联心理学家曾经做过一种实验:同一教材,有的附着插图,有的没有插图。学生学习这两种不同的教材时,读附有插图的比读不附插图的,记忆效果强一倍多。

在各种不同学科的教学中,应该应用哪些直观教具,应该怎样运用直观原则,这在各科教学法中有详细、具体的说明。我们在这里只能一般地讲一讲在运用直观原则时应该注意的几点。

第一,直观教学应用的适当性。这就是什么时候用实物或教具,什么时候不必用实物或教具的问题。在这方面,有的时候是容易发生偏差的。这包括两种情况:一种情况是在儿童生活中过去已经有过经验的事物上仍然用直观教学。其次,可以用实物时,不用实物而用模型、图画、图片、挂图等等。究竟什么时候用实物、什么时候用实物的近似的形象,这是大家应该注意的。例如,过去大家熟悉的教育家裴斯泰洛齐,他常用的方法就是在黑板上画图,这对于教学是有帮助的。但是,有一次,他在教儿童"窗"字的时候,就在黑板上画了一扇窗,结果儿童不看黑板上画的窗,却在看旁边的真正的窗。这个例子虽然很简单,但是说明究竟怎样适当掌握直观教学并不简单,需要我们深思熟虑。什么时候应该用图画或挂图呢?在外面实际生活中接触的往往是整个东西,而对于事物的科学知识要求我们分析研究其一部分。比如,猫的身体各部分的分析研究,就需要用图画来帮助正确的了解。所以并不是说,凡是实际生活中已经接触过的东西,都不应该用直观教学。儿童都知道盐,但是对盐的性能还没有掌握,因此,在苏联教自然科时,还是要把盐放在课堂上让学生观察,而且把盐做种种实验。在这个场合,儿童虽然在过去对盐有过感性认识,但是还需要运用直观原则于盐的教学中。

第二,教师的领导作用。两个教师同样用一种实物或直观教具进行教学,效果不一定相同。这是决定于教师的教学艺术的。我们拿出来一样东西,指导儿童进行适当的观察,哪几部分是主要的,哪几部分是非主要的,这是需要教师指导的。教师提示的问题、做的说明,都有很大的关系。教师发问、指导适当,就可以引起很高的效果。在苏联教学理论中,这类成功的典型例子很多,以后我们在学习苏联的各科教学法时,应常常留意学习这一套东西。我个人看了这类文字介绍,有两个深刻印象:一点是,直观教学的组织、设计很精巧;还有一点,就是在执行的时候,教师讲话与发问有高度的艺术性。比如,要在空气的教学上应用直观原则是很困难的,因为空气看不见,也摸不着。苏联教师是这样做的:要证明空气是可以感觉到的,教学生拿一把扇子扇一下,脸上感觉有风。空气是没有颜色的,那么,怎样使学生从视觉上感知空气的存在呢?他把几张玻璃片叠在一起,显出浅蓝色,就告诉学生,天空的天蓝色与玻璃叠片中所显现的颜色一样。空气是没有颜色的,但因是厚厚的一层,就出现了蔚蓝色。我们头顶上蔚蓝色的天空——这就是日光照耀着的厚层的空气。他要证明空气是可以为我们的听觉所感知的,把一只充气的皮球挤出气来,就会发出一种声音。空气是占有空间的,把杯子倒转来,平放在水上,水不容易进去;必须把它侧转来,让空气出去,水才能进入杯中。用这些办法说明空气的物质性。在全部过程中,教师是循循善诱的,把例子一步步说下去。我举这个例子,就是要说明:有了直观教具还不够,最重要的是教师的教学艺术修养。

第三,学生的积极作用。在教学中应用实物或直观教具,一般能引起学生的注意与兴趣。但教师还必须有意识地唤引学生对实物或教具的积极注意。保证学生在直观教学过程中的高度积极性的办法:1. 要造成学生的等待心理。在苏联教学中有这样一个例子:教师在讲授到松鼠。教师先讲了一个松鼠的故事,然后把松鼠的标本展示出来,这就引起了学生对这标本的最大的注意与兴趣。所以,在展示教具之前,教师要使学生有思想准备,造成一种等待心理,这就可以保证学生观察时的高度积极性。展示直观教具,有时在讲授新教材之前,有时在讲授过程之中,无论在哪一种情况下,教具应在讲到材料的有关部分时展示出来,事先则把它遮盖起来。2. 直观教学,固然以诉诸学生的视觉为主,但尽可能使学生接触直观教具时,动用其他感觉器官,如用手、用鼻,就能增加学生对待实物教具的积极性。3. 应使学生对教具不是消极地看看,而是积极地观察。儿童的感觉器官接触了事物,就能形成"知觉"。但知觉可能是无目的、无意识地形成的,也可能是有目的、有意识地形成的。观察就是有目的、有意识地去知觉的过程,观察力是需要培养的。指导儿童有目的、有意识地知觉,就是说,要使儿童不是泛泛寓目,而是有选择的观察,注意事物的基本的、有关的部分,并且在观察时动用脑筋。所以教师在展示教具之后,要留出足够的时间,让学生细细观察与思考,不要急于说明或讲解,以剥夺儿童积极观察与思维活动的机会。4.直观教具不但在讲授新教材时运用,在巩固与复习的时候也应尽量运用。例如,应使学生利用标本、图表……来说明问题,这是对学生的积极性的进一步的要求。

第四,直观教学是一个开始,不是终结;是手段,不是目的。它是以过渡到科学概念与规律的知识为目的的。资产阶级教育有时也讲直观教学的。那是为直观而直观。现在我们在采用直观教学的时候,要注意启发儿童的思考能力以及一般认识力,从而使儿童的认识从感性阶段提升到理性阶段。苏联教学法书籍中举过一个例子,这个例子可以说是直观教学的例子,也可以说是以后几个教学原则的例子。自然科教师在秋天拿一枝番茄,连根带果给学生看。事先已经讲过番茄有花、有叶、有茎、有根。他问学生还有什么,学生说还有番茄。老师的意思是说还有果实,他告诉了学生。第二步,他又把黄瓜等等其他果实拿给学生看,问这两样东西是否一样。学生说,形状是不一样的,颜色、大小是不一样的。但是形状与颜色不是本质的东西。问学生共同地方在哪里。学生说,它们都是可以吃的。但是教师说,那么饼子不是也可以吃吗?所以还不能说明它们的本质。再进一步,把番茄和黄瓜都剖开来,里面有种子。老师说,凡是果实,形状、颜色虽有不同,但有一个本质,就是里面都有种子。这样儿童对果实就有了一个正确的概念。这种直观教学是为了使学生获得一个科学的概念,不是满足于停留在感性知觉的阶段,不是为直观而直观。这个例子说明,教师应用直观教学,只是起点,为了达到后面的目的。因此,教师应用直观教学原则,应与其他教学原则统一起来、联系起来。这就说明了各个教学过程环节要紧紧衔接并相互渗透的道理。

以上指出了在教学过程中运用直观原则时应该注意的事项。在下面再提一下有关直观教学的两个问题。

第一,关于直观教具问题。进行直观教学是需要一定的物质条件的,即是直观教具的配备。直观教具,一部分应由学校购置,一部分应由教师自制,并且应该鼓励学生量力参加教具的制作。教师在黑板上绘图——教学绘图,也可以起很好的直观作用,但除了黑板粉笔外,不需要什么物质条件。购置与制作直观教具是重要的,但更重要的是教师适当地应用直观教具。教师要根据各课的教学目的、教材性质来决定应用哪些直观教具,并怎样去应用它们。有了直观教具,没有能够应用或应用不当,不符合于教材性质,不服务于教学目的的例子,在实际教学中是不少的。

第二,关于有没有不采用实物或直观教具以开始教学的场合的问题。根据我们在上面所作的教学过程环节的分析，在进行教学时，不可能应用实物乃至实物的近似的形象的情况是存在的。在这情况下，教师要尽量应用生动、具体、形象化的语言，以事实、例子告诉学生，或用语言引起学生对类似形象的联想，以济直观教学之不足。也在教学过程的分析中说过了，在有的情况之下，是不需要应用直观的，那就是：学生对新教材中所涉及的事物已有感性基础，或者，新教材的教学可以直接从学生已经获得的概念、规律中过渡过去。

（二）自觉性、积极性原则

什么是积极性呢？积极是相对于消极、被动而言的。上面已经讲过，教学过程是教师以知识、技能、熟练技巧武装学生的过程，但它必须是在学生的主动、积极参加之下。学生在教室里，不应仅仅消极地听教师讲，而应积极参加到教学过程中去。苏联的教育专家们，参观了中国中小学的课堂教学，几乎有一个一致的批评，在我们的学校中，只看见教师向学生"注入"知识，向学生"讲演"，而看不见学生的活动，他们说，他们看见了教师的积极性，没有看见或很少看见学生的积极性。

教学中的积极性原则要求教师发挥学生在掌握知识过程中的主动性、积极性，使他们积极地参加到教学过程中去。举例来说，教师在讲述中穿插些问题，要学生回答，这比起教师一人独白来，就使学生表现了更大的积极性。教师把课文的分段提纲告诉学生，学生是消极的接受。假使教师要学生自己做提纲，或者通过谈话方式师生一起做提纲，那么，这里面就体现了更多的积极性了，因为这样做，要求学生的积极思维活动。

什么是自觉性呢？苏联教育学中讲到学生掌握知识时，坚持着要自觉地掌握知识，而坚决反对形式主义地掌握知识。学生可以用生吞活剥、死读呆背的方式知道一些教材，但他对教材的内容意义，是知其然，不知其所以然，这就是形式主义地掌握教材。学生自觉地掌握教材，这就是说，学生对教材要开动脑筋，做思想上的加工，把它消化，把它融会贯通，不但知其然，而且知其所以然。

列宁在论共产主义青年团的任务时，要求青年学习共产主义。他说，学习共产主义不应该生吞活剥的学习。他要求学生深思熟虑，使他们自己觉得，从现代科学知识的观点看来，共产主义是必然的结论。这种经过深思熟虑而得出的结论或知识才能进入到人的血肉中去。一种知识或结论，只靠人家告诉你，你只能在语言文字上重复一遍而不能了解它的意义，这种知识不是真正的知识。我们反对形式主义的教学，理由就在于此。举一个例子：在某次举行教育调查时,调查人看到一个中学教师讲生产力与生产关系,同学表示都不懂。以后调查人问那位教师为什么同学都不懂,他说他自己也不懂。他对于生产力与生产关系的了解只是文字上的、形式上的。教师自己不懂,自己没有知识,当然学生也不会懂,也不会通过教学而掌握了这方面的知识。

教学中的自觉性原则,要求教师在进行教学时,指导学生对所学习的东西都经过深思熟虑,多开动脑筋,得出自己的结论。

教学中的积极性与自觉性是密切不可分离的。只有在学生发挥了高度的主动性、积极性时,他才能自觉地掌握教材。

在教学过程的各个阶段上都需要贯彻积极性、自觉性的要求。我们讲直观原则时,已经指出,学生要获得感性知识已经需要一定程度的积极性。以后我们即将讲到,在知识的应用这一阶段,也体现着自觉性原则的要求。这又一次的说明了各个教学过程环节是彼此渗透的。

但积极性、自觉性原则主要应体现在第二、第三教学环节中,即是体现在理性认识的阶段。要自觉地掌握教材,主要是在理性认识的阶段上,即是在概念、规律、概括的阶段上掌握教材,这是要求学生作高度紧张与积极的思维活动的。

学生怎样才能把自己的认识从感性阶段提高到理性阶段,即是从知觉或观念阶段提高到概念、规律、概括阶段呢?他需要作一系列的复杂的积极思维活动,包括比较、分类、分析与综合、归纳与演绎等。概念(例如,太阳系)与规律(例如,植物与环境之间的统一关系)是抽象的,学生只有通过上述一些思维活动,才能自觉地、即是真正地掌握它们。

教师在讲述某种植物时,先说明它的一般特征,再叙述植物的各个器官与机能,而在叙述各别器官与机能时又必须说明它们与整个机体的联系。教师这样做时,他就应用了分析与综合统一的方法。又如,要学生掌握一篇课文,教师指导学生将整篇分析为段落,然后综合各段落的意义得出整篇的大意。这也是分析与综合的统一。在苏联学校中,很注意学生做段落分析、立标题、做提纲的工作。这样做对于培养学生的分析与综合的能力是很有帮助的。

什么叫归纳与演绎呢?所谓归纳,就是从研究个别现象得出一般的结论。譬如研究我国历史上的农民战争,一次一次的失败了,从个别的现象得出一般的结论,即:凡是农民自己发动的斗争最后一定会失败,农民必须得到工人阶级的领导才能取得革命的胜利。这个结论是怎样得来的呢?是通过归纳的活动得来的。也就是由个别的现象找出一般的结论来。所谓演绎就是从一般的原则到个别的运用。我们说凡是水果都有核子,当我们辨别一个东西是否是水果时，就看它有没有核子，这便是从一般规律推演出个别结论。我们对事物及现象进行了比较、分类、分析、综合、归纳和演绎等抽象思维，我们才能认识到事物及现象的本质及其内在的联系，我们才能掌握关于事物及现象的概念、规律和概括。

自觉性、积极性原则要求学生能够独立地应用知识于实践。对学生讲，知识的应用包括：复述课文，解答习题，创作（如作文），实际工作（如实习实验作业，解决生活实践中所遭遇的问题……）。

知识的应用是以知识的自觉掌握为基础的，只有彻底理解了的知识才是能够应用的知识。另一方面，知识的应用帮助着知识的自觉掌握。在应用知识的过程中，学生对知识的理解会更深入、更透彻。所以，教师要注意培养学生在应用知识上的积极性、自觉性。有些学生做习题只能按照书本或教师所做例题照样死搬，这是应用知识上的自觉性不足。教师应要求学生去解答一些跟已经读过、讲过的问题形式有所不同，条件略有变化的问题。复述课文，假使只是按书本机械背诵，那不能算是知识的应用。教师应要求学生以自己的语言复述课文内容。假使学生能用自己的层次结构、举自己的例子说明问题，那么，他所表现的应用知识上的自觉性就更高了。

教学中的自觉性原则也要求着学生对学习之自觉的态度，对完成学习任务的高度责任感。为了使学生对学习具有自觉的态度，教师应使学生明确学习的目的：他们为什么而学习的？为什么要学习这门学科？这一堂课将要讲些什么东西？学习的目的性明确了，学生在学习上的积极性就容易提高，这对教材的理解与知识的应用都有帮助的。

一般教师同志对积极性、自觉性原则，感觉不易捉摸，要贯彻它时，不知从何着手。现在，作为小结，我们列举几条自觉性、积极性原则对教师所提出的具体要求：

1. 要反对注入式的、填鸭式的教学方法。苏联教学理论一再强调，儿童不是容器，知识不是可以硬灌进去的液体。知识一定要由儿童自动与积极地去掌握的。

2. 要注意学生掌握知识即学习的方法，反对学生死读呆背的读书方法。要求学生多开动脑筋，多应用各种认识力。

3. 在课堂教学中要给予学生以较多的积极活动，让他们有机会动嘴，动手，更重要的，让他们多动脑筋。

4. 要注意培养学生逻辑思维的能力，即应用分类、比较、分析与综合、归纳与演绎等思维活动方式去理解教材的能力。首先,教师在自己的讲述中,要有系统的进行这些思维方式的示范。其次,在学生的作业中指导学生做这类逻辑思维的练习(例如,布置一些要求学生做分析与综合功夫的问答题)。

5. 要注意学生的知识的应用,加强对于学生课内、课外的独立作业的指导与检查。

6. 要使学生明确学习的目的性,以养成他们自觉的学习态度。

(三)系统性与连贯性原则

教学的直接任务是以科学知识武装学生。科学的知识一定是有系统的,有系统的知识一定是前后连贯的;不但是前后连贯,而且是左右连贯的。资产阶级教育家杜威提倡"从做中学"。他认为,儿童进学校以行动为主,知识是在"做"的过程中获得,那是附带的。例如,造飞机模型,要量尺寸,就去学数学;飞机上要画彩色,于是去学图画;做好以后,还要登一篇启事,要学语文。这种学习,虽然也能得到一点知识,但那是零碎的、片段的、不成系统的。中国过去有人提倡活教育、生活教育,就是受了杜威教育学说的影响,强调儿童的"从做中学"。这种办法是损害了整个知识的系统性与连贯性。苏联在过去也曾走过这样的弯路,损害了教学质量,所以特别强调教学的系统性。这是我们应该接受的经验教训。

系统性、连贯性原则首先应该贯彻在教学计划、教学大纲、教科书中。小学教学计划规定着小学各年级应该学习些什么科目以及学习各门科目的先后程序、时间总数。教学大纲规定着每门学科每年应教些什么内容。在教学计划中所规定的学科门类与教学的先后顺序,在教学大纲中所规定的教学内容,以及各单元之间的教学先后顺序,应该符合着科学系统性的要求,而教科书是根据教学大纲编订的。这个原则对教师的要求是:

1. 教师要明了教学计划的意义,掌握教学计划的精神。

2. 教师应该知道自己任教的学科与同年级的其他各门学科之间的联系性与前后学年各学科之间的连贯性。

3. 对每门学科的教学大纲、教科书,先要有一个整个的认识,不能教一课预备一课。那样做,就要把一堂课孤立起来,损害它的系统性、连贯性。这要求我们在开学前对整个教学大纲、整本教科书,好好地研究一下。

其次,系统性、连贯性原则应该贯彻在教师的讲授中。在讲授新教材的时候,教师要讲得层次分明,条理清楚;要随时注意新旧教材之间的连贯,各部分教材之间的联系。

第三,教师对学生作业的布置也要讲究连贯性、系统性。教师在布置复习、练习时,不仅仅取材于当前所学过的东西,也要有计划地包括过去阶段上所学过的东西,以保证知识、技能之连贯性。

第四,教师在讲授与组织学生的独立作业时,都要特别注意知识系统化的工作。譬如做文书工作的,每天收到文件很多,日子一久,就有大量的文件。他必须建立档案制度,把文件分门别类的归档,要应用的时候,一找就可以找到,我们教给学生的知识材料,也是这样。必须要教学生能从线索、系统上去掌握知识,把所获得的各种知识,提纲挈领,组织成为完整的体系。指导学生做课文提纲,定期举行各科的阶段复习,都可以起知识系统化的作用。

(四)巩固性原则

巩固性原则,要求我们不仅要把学生教懂,而且要使学生记牢。过去我们的教学的最大缺点之一,学生往往是边学边忘,或者前学后忘;现在的教学,要求我们边学边巩固。

在苏联学校中,也在今天我们的学校中,一门学科,一学期要教多少东西,是由国家规定的。我们教完规定的东西,才算完成了国家交给我们的教学任务。但是考核教学任务是否完成的标准,不是我们教过了规定的东西没有,而是学生记住了所规定要学的东西没有。例如,二年级的语文教师,一学期要教多少生字,教师都教过了,而且当时学生也学会了。但假使学生事后忘记了一部分乃至大部分生字,那我们就没有完成教学任务。

苏联的党和政府要求苏联教师使学生不仅自觉地掌握知识,而且要巩固地掌握知识。只有巩固地掌握了的知识才是有用的知识。边学边巩固,这就是说,巩固工作要随时进行。前面的知识、技能没有巩固,后面的新知识、新技能的获得是没有基础的。这情形在算术教学中表现得最为清楚。前面有一部分没有搞清楚,或者掌握得不够牢固,以后就愈学愈糊涂。

知识与技能的巩固,主要是通过复习与练习来进行。我们在"教学方法"中将要讨论到这两种方法。现在谈一下除了系统的复习与练习之外,哪些条件是有利于知识的巩固的。

第一,深刻的印象。直观教学的运用,教师生动的讲解,学生高度的注意力,这是有助于记忆的。

第二,理解。记忆不理解的东西就是强记,强记是困难的,记住了也不能持久。凡学生彻底理解了的东西是容易记忆的,并且比较能持久地记忆。学生在一种教材上,经过自己的深思熟虑,思想加工,记忆比较牢固。

第三,知识的系统化。杂乱无章的东西是不容易记忆的,有系统就容易记忆。所谓记忆力的好坏,很大一部分是决定于有无把知识系统化的能力和习惯。

第四,程度分量的适中。程度不太深,分量不太多,便利着知识的巩固。

由此可见,巩固性原则与其他各教学原则是有联系的。直观原则、自觉性、积极性原则,系统性、连贯性原则做好了,知识的巩固也就获得了初步的保证。但巩固性原则的贯彻,主要依靠系统的复习、练习工作。这在目前引起了部分教师同志的思想顾虑。他们以为,要顾到巩固就不能保证进度。究竟是要完成进度呢？还是要巩固？这个问题之所以提出,正说明了在我们过去的教学工作中,知识的巩固是不占任何地位的。巩固性原则要求教师在课堂教学中,精简一部分讲授时间,用在教材的巩固工作上,于是教师感觉到在时间上增加了负担。这是一个暂时感觉到的困难。假使我们逐步改进教学方法,提高教学质量,我们是可以挤出些课堂讲授时间来做巩固工作的。假使教师在最初会感觉到巩固与进度之间的矛盾,这矛盾会在提高教学质量的过程中被克服的：旧教材的巩固工作做得愈好,新教材的掌握愈方便,所以最后是保证着进度的。假使不顾巩固,但求进度,那么,教师可以完成教学"进度",但没有完成教学"任务"。

但这个巩固与进度之间的关系的问题也牵涉到一个精简教材的问题。教材太多了,的确会替教师造成巩固与进度矛盾的情况。精简教材当然要先由教学大纲、教科书着手。教师不能在教学大纲或教科书以外,补充过多的教材,以增加学生的负担,并影响知识的巩固。

(五) 通俗性与可接受性原则

可接受性原则的意思是说,教师教学生,要衡量学生的接受能力,所以或译量力性原则。至于通俗性,那是保证教材教法之可以为学生接受的条件。

在教学过程的分析中曾经指出了,教学过程与人类认识过程不同点之一,在于学生在智力上是没有发育完全,是不成熟的。这就要求我们在教学时要照顾学生身心发展的阶段或年龄特征。

科学知识是系统化的知识,掌握系统化的知识必须是循序渐进的。新知识的获得要以先前知识的掌握为基础。所以,为了保证教学的可接受性,除了照顾儿童的身心发展水平以外，我们还要注意他们的知识水平。

各科教材的深度与广度，知识、技能的范围，基本上规定在教学大纲及教科书中。因此，在编订教学大纲与教科书时，首先要注意可接受性原则。学科与科学是有区别的。学科取材于有关科学，但并不包括有关科学的全部内容，而只包括其中的一些基本的知识。在学科中，材料的安排、处理与表达方式也是与科学不同的。

但学生是不能直接从教学大纲、教科书中接受知识的。教材可接受性的最重要的保证是教师。这就要求教师了解所任教班级的学生的年龄特征以及他们的知识水平，即现有的程度。

除了掌握学生的一般智力水平与知识水平，教师的另一种责任是了解个别学生的智力与知识水平。对于个别有困难、落后的学生要给以特殊的照顾，使他能逐渐赶上一般的接受水平。对于程度高出于一般水平的学生，也应注意给以补充的独立作业，以发展他的智力，扩展他的知识。

为了贯彻可接受性原则，教师在教学中必须注意循序渐进，由已知到未知，由易及难，由简及繁，由近及远，由具体到抽象等教学规则。现在就循序渐进、由具体到抽象两点加以说明：

学生对当前教材不能接受，往往因为前面的知识没有搞清楚或者遗忘了。因此，经常检查旧教材，不断巩固，不让知识的长链中有缺失的环节，这才能保证知识掌握上的循序渐进，也就是保证了教材的可接受性。在这里，我们看出了可接受性原则与巩固性原则、系统性原则之间的密切联系。

说到从具体到抽象，这就使我们联系到直观教学原则。应用实物或直观教具能够帮助理解。因此，直观原则的贯彻对可接受性原则是有帮助的。在不便或不能使用实物或实物的近似形象进行教学时，教师应用形象化的语言，也是有助于教材的可接受性的。教师应尽可能用生动、具体、形象化的描写或叙述来说明一种概念或道理。有的学科，如语文、地理，尤其是历史，应用直观教学比较困难，更应广泛应用形象化的语言。这种语言可以有下列几种形式：1. 例子，2. 比喻，3. 故事，4. 一般形象化的语言。往往一个道理说起来太抽象，可是用一个具体形象的例子，很快就把问题说明了。例如，地理课讲到中国地大，一共有多少万平方里，儿童不易掌握。教师可把中国比哪一些国家大多少倍作比较。教师要讲述远方的和过去的事物时，假使不能应用直观教具，就可以用形象化的描写、叙述，使儿童通过这些他们所熟知的形象，用联想、类比，去理解那远方的或过去的事物。再例如，我们要讲解放军可爱，解放军怎样爱护人民、纪律严明、作战英勇,最有效的办法就是用生动、具体、形象化的语言,描绘出解放军怎样对待人民,在战场上怎样英勇作战的事例。我们不必正面说解放军多么可爱、多么英勇,儿童自然会从生动具体的故事中了解解放军是可爱的、英勇的。不仅是语文教师应该注意形象化的语言,就是教历史、地理以及其他学科的教师也应该在教学中广泛运用。

为了使教材易于为学生接受,教师应注意语言之通俗易晓。但是,通俗不同于粗俗。通俗性原则并不放松了对教师的语言纯洁、正确性的要求。通俗也不同于庸俗。凡低级趣味、比拟不当、离题胡扯、违反科学性的解释,都是庸俗而不能算是通俗。教师运用通俗易晓的语言,是"深入浅出",为了说明科学的概念与道理。

在对待可接受性原则时,教师可能发生的一种偏向是把学生的智力与知识水平估计不足。但估计不足,跟估计过高一样,是违背可接受性原则的。我们在教学上,对儿童不能要求太低,不能跟着儿童跑,儿童说太难,我们就讲得慢一点、浅一点。我们不能在教学中无原则的迁就儿童。当然,教材太难了,儿童不可能接受,但太容易了,儿童也会感觉到没有兴趣。有时候课堂纪律不好,这也是一个原因。教材一定要包含一点困难,不过不是不可以克服的。

教师太迁就儿童,什么东西都要使儿童一点困难没有,好像教师嚼烂了食物喂没牙齿的婴孩一样,这是不好的。加里宁说,有的教师讲话只有四分之一是真正的材料,其余四分之三都是水。加里宁的意思是叫教师少说废话。假使我们在上课时精简废话,我们教学的分量就可以加多;这会加重一些学生接受教材上的负担。但是,只要不过度的话,让儿童多接受些结实的东西、接受一点困难的东西,是可以促进儿童在学习上的消化机能,增进他们的文化食欲的。

五 结论

(一)各个教学原则的统一性 我们分别讨论了各个教学原则,我们不可误会,以为这些原则是可以彼此孤立地来理解与运用的。正像教学过程中的各个环节是紧紧衔接、互相渗透一样,这几个教学原则是互相关连、不能孤立的。直观原则与自觉性、积极性原则之间的关系,与可接受性原则之间的关系,前面讲过了。在讨论巩固性原则时,我们看到了,直观原则,自觉性、积极性原则,系统性原则的贯彻怎样有助于知识的巩固。反过来,我们在讲可接受性原则时,也曾经指出,巩固性原则,对于知识的系统化,对于教材的可接受性,都是有帮助的。

我们在教学中,只注意直观原则而忽视自觉性、积极性原则是不行的;贯彻了直观原则、自觉性、积极性原则而不讲系统性、巩固性原则,教学质量也不能提高。系统性原则与可接受性原则,彼此孤立起来运用,都要发生流弊的。

(二)新旧教学理论的不同　有人认为,这几个教学原则,在过去都有过的,没有什么稀奇。这个意见,过去在苏联教育界也发生过的。关于这一点,我们要有一个正确的了解:这几个教学原则的名词,过去旧教育学中都曾经有过的;但其涵义是彼此不同的。例如巩固性原则。过去中外教学中流行着死读呆背的方法,这似乎能巩固知识,但与我们今天所讲的巩固性原则,便毫无相同之处。直观原则过去也有的,上面提到过的裴斯泰洛齐就是提倡直观教学的。但资产阶级教育学是把直观原则孤立起来。我们说的直观原则,是要跟其他教学原则,如巩固性、自觉性与积极性原则联系起来、统一起来的。

杜威主张"做",与苏联教学法中知识的应用是不同的。杜威片面强调学生的自发活动,实质上并不是我们今天所讲的自觉性和积极性。过去教学法中,在儿童本位思想指导之下,提倡学生自发的积极活动。新教育学把学生的自觉性、积极性与教师领导作用结合起来,与系统性、巩固性结合起来,那是过去没有的。杜威主义中的教学理论的祸害正是使知识片段化、零星化,更不讲知识的巩固。各位把过去的算术教科书与新编算术教科书比一下就可以明白的。

下面约略谈一下兴趣与努力的问题。那是在旧教育学中长期争论、始终不能解决的一个问题。苏联教育学把教学中的兴趣与努力真正统一起来了。苏联教育学也讲兴趣,但那是在教师指导之下的兴趣,不是儿童自流自发的兴趣。第二,兴趣不是外来的,兴趣的培养,不是靠外来的因素,而是各个教学原则在教学过程中贯彻的自然结果。第三,我们要唤起儿童学习的兴趣,同时也要求儿童对学习的责任感。学习不是一种游戏,学习是一种劳动,一种创造性的劳动。劳动有时候是要遇到一点困难麻烦的。所以教师应使儿童了解,学习有时候是没有兴趣的,需要自己主观的努力去克服困难。我认为,在苏联教育学中,讲到兴趣的最高结论,就是学生对共产主义建设事业的关心,也就是,对学习的高度的责任感。假如我们对学习有了这种高度的责任感,学习中的兴趣不是一会儿来,一会儿去,而是持久的兴趣。这种兴趣与努力是不相矛盾的。相反的,它保证着努力。斯大林教导我们说:"伟大的精力只是为了伟大的目的而产生的。"这也同时说明了,在苏联教育中的努力,不同于过去的强迫命令、注入的努力,而是自觉的努力。

（三）教学原则的贯彻　教学原则在实际教学工作中如何贯彻,这是教师同志们最关心的一个问题。教学原则所告诉大家的只是进行教学工作时的一些指导方针或精神,决不是一套套具体的办法。那么,各个教学原则是究竟怎样贯彻的呢?

1. 贯彻在教材中。首先,教学大纲的编订、教科书的编写是要根据各个教学原则的。教学大纲中所规定的、教科书中所包含的教学内容(教材),要照顾学生的年龄特征,注意到由具体到抽象,由浅入深,由已知到未知。……教学大纲与教科书对知识的巩固,技能、熟练技巧的培养是有规定的。它们还规定着复习与家庭作业的次数、时间乃至题目。在教学大纲的说明书中有"教学法指示"这一部分,告诉我们应该怎样根据各个教学原则来进行教学。我们掌握了教学原则的理论,可以使我们更好的掌握教学大纲、教科书的精神,并在教学中发挥教学大纲、教科书的更大的作用。其次,教师在根据教学大纲、教科书而自己选择与组织教材,决定学生的作业时,也要随时考虑到各个教学原则。

2. 贯彻在课堂教学组织中。教师在每一堂课中,怎样安排或组织各部分的工作,以及怎样使每一部分的工作做得最好,这是我们在下面一讲"课堂教学制度"中将要详细讨论的。现在预先说明一下：课堂教学的组织是要以教学原则为根据的;其次,教师在进行每一部分的教学工作时,都要注意贯彻各个教学原则。

3. 贯彻在教学方法中。举例来说,在教学方法中,有一种称为讲述法。在我们采用讲述法时,如何贯彻教学原则呢？在讲述的时候或在讲述之前,要尽可能演示实物或教具,语言要生动具体,要有启发性,在讲述的时候,要让学生多积极思维活动,讲述新课时要随时联系旧的教材,在讲解中,重要的地方要着重地讲一下,教师的讲解要尽量系统化,讲的东西不能太深也不能太浅,分量不能太多也不能太少。这就是在讲述中贯彻了直观原则,自觉性、积极性原则,系统性原则,可接受性原则。离开了教学方法,教学原则就成了空洞的东西。在其他方法中如何贯彻各教学原则,不再谈了。

因为教学原则是贯彻在教学内容(教材)、课堂教学组织、教学方法中的,所以以后我们学习了教学内容、课堂教学制度、教学方法时,我们对教学原则的了解会更为具体。假使我们进一步去阅读各科教学法,那么,我们的了解就更具体了,因为在各种教学法书籍中,我们可以看到各教学原则怎样指导着某一学科教材的选择安排,以及课堂教学组织与教学方法上的具体问题的处理的。

从理论上去学习各个教学原则到在实践中贯彻各个教学原则是需要努力、需要学习的。我们要学习别人是怎样在教学中贯彻各个教学原则的。为了这个,我们要留心书刊上介绍苏联教师和我们自己的优秀教师的先进教学经验的报道,也要有计划的去观摩优秀教师的上课,向他们学习。另一方面,我们也要随时用这几个教学原则来检查我们自己的教学工作,并总结我们自己的经验。

总结教学工作经验是提高教学工作质量的一个重要方法。斯大林说,每个布尔什维克都要养成每天作一次总结的习惯。总结并不是每天都要写成长篇大论。我们每天做教学工作,要检查一下,哪些地方是成功的,要把它巩固、肯定下来;哪些地方是缺点,应该设法克服。个人总结是第一步。第二步是集体总结。一个学校要总结全校教学工作有哪些优点、缺点,优点应该推广,缺点应该避免。学校总结出来以后,区再总结一下,再由市教育局总结、提炼与推广。苏联现在提高教学质量的主要方法,就是不断总结先进教学经验,交流与推广它们。我们不能要求教育部对每个教学问题都具体地规定下来。这不但是不可能,而且也没有必要。所以,究竟怎样具体应用教学原则的问题,是要依靠广大教师群众的创造智慧的。把这几个原则结合到具体教学工作中去,开动脑筋,创造先进教学工作法,这个责任在我们广大教师身上。在苏联,凡是教师在教学法上有一点成就,虽然很小,经过总结、交流、推广,就可以发生很大的影响。所以,今后怎样贯彻教学原则,主要靠我们在工作中总结经验,观摩与交流经验。例如,有的教师对课堂提问,总是掌握不好。改进的办法之一,就是看别人上课时是怎样进行课堂提问的;经过分析研究,再结合自己的情况,改进自己的课堂提问。学校中的领导工作主要是组织与发挥教师群众的积极性,以此创造经验,克服困难;不断组织、发现各种先进教学经验,及时总结推广。

我们研究教学理论、教学原则,为了要提高教学质量。应该着重指出:掌握教学理论、教学原则是提高教学质量的一个因素,另一个重要因素是教师业务水平的提高。

例如,前面所说关于证明空气的物质性和果实的例子,就说明了要贯彻直观原则,我们需要懂得很多东西。假使这门学科需要三分本领,我只有二分半,那当然教不好。如果这门学科需要三分本领,我有九、十分,就可以发挥系统性、连贯性,就可以灵活运用教材,也可以创造恰当的直观教学办法。教自然是这样,教历史、地理也是这样。有一位地理教师说,现在不看报不能教地理了,因为地理事实常常有新变化。教历史不接触新的东西行不行呢?也不行。列宁曾经批评考茨基,说他语言无味,像一个历史教师重复着十年前的历史教科书。教历史年年一样,自然要语言无味。所以,每个教师要不断提高自己的业务水平。业务水平不提高,光在教学原则、教学方法上转圈子是不能保证教学质量的改进的。怎样提高自己的业务水平呢？这要靠我们自己不断的努力,也要靠集体,就是用教学研究组的方式来提高。

第四讲 苏联课堂教学制度

一 苏联课堂教学制度的优越性

首先要说明课堂教学制度的意义。

"课堂教学"或称"班级授课"。这个名词可以更好地说明问题。它说明了教学工作的进行,采取教师对学生授课或上课的形式。但教师授课,可以对个别的学生进行,也可以对一个班级进行,"班级授课"就是由一个教师教相当数目的学生,而且把他们当作一个集体来教。为了使班级授课得以顺利地进行,在教学工作中,需要建立一种制度。这制度的内容包括着:固定的教师;固定的学生班级编制(把一定数目的,譬如说,40个或50个年龄、程度大致相同的学生编成一个班级);固定的上课时间(规定着一年中有哪些日子上课,一天上多少节课,每节课有多少时间,两节课之间有多少时间休息);最后,固定的上课(上每一节课)办法。我们在下面要详细讨论的,就是最后的一个方面——上每一节或每一堂课的固定的办法。也许我们觉得,这是没有什么奇怪的,我们过去也有课堂教学制度:在新中国是这样,在过去的旧中国也是这样;在苏联是这样,在资本主义国家也是这样。我要在这里特别说明:固然,对这个工作方式大家都很熟悉,但是也许我们平时对这个制度的意义不十分明了。所以,我想把课堂教学制度的历史意义先说明一下。

课堂教学成为一个制度,把它确立起来,是人类教育史上的一件大事情。在人类教育史上,有很长的一段时间,教学工作并没有采取班级授课的形式——严格的课堂教学制度。过去,我们知道,一个教师只教一个学生或少数学生。在旧中国,一个塾师可以教十几个学生,但是他还是把他们作为个别的学生教,轮流地教每一个学生。所以,虽然一个私塾中有相当数目的学生,但是进行教学工作,基本上不是采取班级形式的。在那时候,固定的上课时间、固定的上课办法也是没有的。把个别授课转变成为班级授课,而且把它规定为一种制度,这确是人类教育史上的大事情。有人说,苏联现在采用课堂教学制度,资本主义国家也是采用这个制度的,那有什么奇怪呢?不错,资本主义国家有课堂教学制度,社会主义国家苏联也有课堂教学制度。但问题在于:苏联的课堂教学制度是最先进的、最科学的、最优越的课堂教学制度。

苏联的课堂教学制度的优越性表现在不同于资本主义国家的课堂教学制

度的特点上。那么,苏联的课堂教学制度的特点是什么呢?

(一)苏联的课堂教学制度贯穿着这样一种精神,就是教师的领导作用和学生的自觉性、积极性相结合的精神。有许多资产阶级的教育家,片面地强调儿童的自发性,片面地强调儿童在学习过程中的积极活动,这就是所谓"儿童本位"。虽然他们还是采取课堂教学,但是这种课堂教学是降低了教师的领导作用的。在旧中国的课堂教学制度中,有"引起动机"、"决定目的"两个步骤。这是要求学生决定自己的学习目的,是受了设计教学法中的"儿童决定目的"、"儿童计划活动"、"儿童执行自己的计划"这一套办法的影响。与此相反,在苏联的课堂教学中,教学的题目、教学的目的和任务,是由教师决定的。其次,在苏联的小学、中学中,学生预习的分量比较小。不是教师未教、学生先学,而是教师教了,学生再去巩固。上课主要是教师"授"课。在高年级,可以来一些预习,那是在教材内容比较容易,学生可以自己领会掌握的条件下才可以这样做。以上说的是苏联课堂教学中教师的领导作用。

另一方面,在封建社会、资本主义社会以及我们过去的半殖民地半封建社会中,采用教师高压的权威教育或者是填鸭式的注入教学。在课堂里,学生只是消极的用耳朵听,而不是积极的用脑筋想。而苏联学校要求着每一教师在每一堂课上,自始至终要吸引住学生的注意力,发动、组织学生学习的自觉性与积极性。此外,在苏联课堂教学中,十分强调学生的独立工作。所以说,在苏联课堂教学中是贯穿着教师领导作用与学生的自觉性、积极性相结合的精神的。

(二)在苏联课堂教学中是贯穿着集体主义与个性发展相结合的精神的。在过去采取个别教学制度的时候,学生的个别照顾是比较方便的。等到采取课堂教学的形式,一个教师要教很多数目的学生,容易形成机械、划一的现象,因为他不易照顾个别学生的特点。苏联的学校固然采取课堂教学,但同时注意个别施教的原则。教师要注意全班,也要注意班上的每一个学生。例如,在提问学生时,在布置家庭作业时,要照顾儿童的个别差异。对比较识钝、胆怯、功课落后的学生,要适当照顾,帮助他克服困难,予以鼓励,树立他的信心,使他逐渐赶上全班的水平;对能力特强的学生则布置补充性的作业,以发展他的智力,扩大他的知识。

另一方面,在资本主义国家的学校中,在过去半殖民地半封建的旧中国学校中,虽然也是采取课堂教学的形式,但不能说,在这里已经有了集体主义的精神。把一定数目的儿童机械地凑合在课堂里进行教学工作,并不足以保证那一群儿童成为一个集体。在那种学校中,教师与学生之间、学生与学生之间,往往是貌合神离,甚至是敌对的。苏联课堂教学中,要求做到师生、同学统一于一个共同的学习任务与目的,这就保证着一个班级成员之间的水乳交融,做到名副其实的集体。举例来说:教师提问时,问题是向全班提出的;指名回答的固然是个别学生,但全班学生要参与这个或那个问题的回答:每个学生都要仔细听别人的回答,随时准备做纠正、补充或复述、引申的工作。苏联学校要求教师把自己的班级培养成为一个真正的集体,即是培养学生对整个班级的责任感,对班级中其他成员的同志情谊与友谊,使每个学生不仅关心自己学业成绩与品德的提高,也关心同学的学业成绩与品德的提高。

(三) 在苏联的课堂教学中有着高度的共产主义思想性与严格的科学性的结合。首先,要求在每一堂课中,贯彻共产主义的思想、政治性。因为课堂教学的全部工作是为了一个目的——培养共产主义社会的建设者,所以,共产主义政治性、思想性的要求贯彻在苏联的一切课堂教学中。而共产主义的思想教育是要在系统的科学知识的基础上进行的。因此,在苏联的课堂教学中,思想性、政治性是与科学性统一的。与此相反,资本主义国家的学校要通过课堂教学,对学生进行资产阶级的思想、政治教育,那就不得不是反科学的。这也是资产阶级在他们的学校中,只能偷偷摸摸、而不敢冠冕堂皇地进行思想教育的理由之一。

苏联对教科书特别重视,世界上没有一个国家,历史上也从无先例,对教科书像苏联那样重视。1934年苏联为了审查中学的历史教科书的提纲,曾经由斯大林、基洛夫、日丹诺夫组织了一个三人小组。他们审查之后发表了一个意见书,其中有一句话是说,教科书上的每一个字、每一个名词都要十分精确,不能含糊苟且,不能像在杂志上发表论文一样随便。这句话并不是说,在杂志上可以随便乱写。不过由此可以看出,苏联对教科书是如何重视。教科书应该一字不苟,因为它是儿童、青年的主要的精神食粮,它的读者最广泛,影响也最深刻。不过,教科书无论编得怎样好,总不能替代教师。苏联对教科书的要求,也就是对教师在上课时的要求:对儿童讲每句话都要负责的、正确的,在思想、政治上正确的,同时在科学上自然也是正确的。

(四) 苏联课堂教学,作为一种制度,有最严密的规定。对每一堂课,从头至尾的进程,要做哪几部分的工作,要注意哪几方面的事情,都有缜密的规定,把他们制度化起来。那种规定是根据教育科学的原则的,也是经过长时间的苏维埃学校工作实践中总结出来的经验;因而这种课堂教学制度都是在工作实践中受过考验、检查,证明它是正确的、有效的。

苏联把课堂教学肯定为教学工作的基本组织形式。教师教,主要的在课堂中教;学生学,主要的在课堂中学。教学工作的顺利进行,教学任务的顺利完成,是要以一定的组织形式、一定的制度来保证的,那就是课堂教学制度。在资本主义国家中,曾经玩过一些破坏课堂教学制度的新花样,如设计教学法、道尔顿制。经验证明,所有这些教学工作方式都是损害教学质量,都妨碍着学生对系统科学知识的掌握。中国过去的"活教育"乃至"生活教育",就是受了资本主义国家、主要是美国的教育花样的影响,现在我们要加以批判的。苏联强调课堂教学制度,肯定它是教学工作的基本组织形式,因而要求教学工作依照着严格规定的课堂教学制度来进行。

二 苏联课堂教学的结构

教师在45分钟的一堂课里,从头至尾要做哪几部分教学工作呢?这就是对课堂教学过程结构的分析。在苏联小学中,每一堂课一般是由下列几个工作部分构成的:(一)组织教学;(二)检查、复习;(三)讲授新课;(四)巩固新课;(五)布置家庭作业。以上几部分教学工作普通称为"课堂教学环节"。现在分开来讲:

(一)组织教学——这部分工作的内容是:教师进课堂,学生行礼,教师答礼,叫学生坐下,检查与登记缺席,叫学生把教科书和文具安放在固定的地方,或者检查学生是否事先已经把教科书、文具安放在固定的地方。这样做的目的在于安定课堂的秩序、集中学生的注意力于新的学习任务。

组织教学这一部分工作是必要的。譬如一支军队接受了一个战斗任务,在出发以前,一定要做准备工作。学生学习也是一种战斗任务,上课是学生在教师率领之下向知识与科学的进军,需要学生做好生理、心理的准备。儿童在上课之前,在课间休息的时候,一般是在户外做体力活动。在很短的时间之内,要从户外活动过渡到户内活动,从体力活动过渡到脑力活动,是需要组织工作的:使学生在身体、精神上做好上课的准备,做好从事学习活动的准备,这就是组织教学工作之所以成为必要。

当然,组织教学工作是随着上课之开始而开始的。但为了做好组织教学工作,在上课之前,教师就应该做一些准备工作了。教师应注意教室的窗户通风,注意教室整洁,并准备好在课堂上需用的东西(粉笔、擦布、教具、图书……),免得临时寻找,影响学生的注意力。

教师进课堂有两种方式，一种是苏联的办法，教师进去先问儿童好，儿童再向教师问好。我们目前采用的办法，是教师等在课堂外面，看着儿童都进去而且站好了，教师再进去，学生行礼，教师以目光巡视全班，叫学生坐下。究竟应该采取哪种形式呢？有人认为，相互问好，中国没有这个习惯，在中国不一定适宜。这两种办法可以产生两种效果。苏联的办法可以增加教师、儿童之间的亲密的气氛；我们的办法可以加强严肃的气氛。也许在低年级，儿童对课堂秩序没有习惯，因为过去很少儿童入过幼儿园，家庭对这方面教育也不够，在这种情形下，采取后一种办法可以更快地安定课堂秩序。以后进行到相当时期，儿童已有遵守课堂秩序的习惯以后，似可学习苏联的办法，以增强教师与学生间的亲密气氛。

检查缺席在过去也做的。但在过去，点名只是例行公事。现在把检查与记录缺席列为组织教学的制度的一部分，是要求我们对儿童缺课现象有高度的关心。苏联教师对儿童学业质量是高度负责与关心的，而且是不放过一个学生的。所以，凡是发生儿童缺席情形，教师都应予以高度的注意，想出补救的办法，即是补足他在系统的知识的长链上所缺失的环节，以保证他今后学习的顺利进行。这样来了解，检查缺席就不是机械的行动，而是含有重要的教学意义的。检查缺席，假使采取教师逐一点名的方式，那会浪费时间；假使由值日生报告缺席人数的话，一连几堂都报告同一些缺席学生的名字，也没有必要。苏联学校的办法，是事先由值日生把缺席学生名单填写在本子上，放在教师桌上；教师利用检查、复习中的空隙时间，把缺席学生的名字记入教室日志中。这样做，为了节省时间，不让有一分钟不必要的浪费。

学生的起立、行礼，教师检查与登记缺席，所有这些动作都应该有助于学生之迅速集中注意力于学习。教师要做到全班学生都已肃静下来，并有注意听讲的准备的情况下才开始讲话。因为，假使教师在一开始时就不能控制学生的注意，以后在整个一堂课的时间内，学生的注意力也难以集中了。

但在有的教师班上，在做了所有一切组织教学工作的形式以后，学生还在喧闹谈话，注意还不集中。这是一个纪律教育上的问题。培养学生自觉遵守纪律的习惯，首先应从培养他们自觉遵守课堂纪律入手。在开学之初，教师应该对学生提出明确的上课纪律的要求，说明道理，进行练习。在练习的过程中，教师要坚持严格的要求。例如，学生起立时，一定要等全体学生都站好，教师才叫学生坐下；一定要等大家都安静下来了，教师才开始讲话等等。经过练习，课堂纪律成为"常规"，学生遵守课堂纪律成为习惯。到那时候，教师在组织教学工作上就不必花大气力,而组织教学工作也的确能够完成其稳定课堂秩序、集中学生注意力的任务了。

组织教学工作,一般说来,是在课堂教学开始的时候进行,因此我们把组织教学列为教学环节中的第一个环节。但这并不是说,除了这一段时间以外,组织教学工作可以不要做。组织教学工作应该贯穿于整个一堂课中,从开始到结束,即是到教师出了课堂,儿童有秩序地走出教室,这里面都有组织教学工作。在课堂教学的进行中,教师随时都要注意维持秩序,即是随时要做组织教学的工作。它的目的既然在于维持课堂秩序,保证学习纪律,集中儿童的注意力,那么,凡是在进行课堂教学的过程中,儿童注意力有涣散的时候,就需要组织教学工作。又比如,教师叫一个学生答问题,另外一个学生在讲给他听,这是违反学习纪律的,教师就应该加以纠正。这也是课堂教学中的组织教学工作。

(二)检查、复习——这个环节包括两部分工作,一部分是对儿童家庭作业的检查,一部分是复习旧教材。有的苏联教育家是把这两部分工作分列为两个环节的。例如,凯洛夫把检查儿童家庭作业之完成列为一个环节,把复习旧课(就旧教材向学生提问)与宣布新课的题目与目的列为另一环节。检查家庭作业只是抽查性质,全部检查与批改是教师课后的工作。因此,在这一课堂教学环节中的检查工作,时间应该是不太久的,紧接下去就是复习旧课工作。

检查家庭作业是重要的,因为家庭作业是重要的。关于儿童的家庭作业的重要性或目的、作用,下面就要说到的。假使教师对学生的家庭作业没有严格的检查制度,会养成学生草率对待家庭作业的习惯,其效果甚至要比不布置任何家庭作业还要坏。

复习旧课在课堂教学中有什么作用?什么目的?这可以分三方面来讲:

第一,检查学生的学习成绩,同时也是检查教师自己的教学效果。我们在上一堂、乃至在过去几堂课上,教给儿童的知识,儿童了解了没有?掌握了没有?掌握到什么程度?教学中还有些什么缺点?这些,只有通过复习检查,才能确定。

第二,复习旧教材,可以起巩固知识的作用,而且温故知新,可使学生对旧教材进一步的系统化与领会。

第三,为新旧教材之间起一个桥梁或过渡作用。这一点要特别强调,因为我们现在的教学原则是讲循序渐进,先后连贯的。学习新课要在原有的知识基础之上进行,这样才能保证儿童对教材可能接受,保证儿童在学习中的自觉性与积极性。

家庭作业可以是口头的,也可以是书面的。检查口头的家庭作业的方式是叫学生背诵课文,或叫学生复述课文,或叫学生回答提问。假使是叫学生回答提问,那是把检查家庭作业与复习旧课结合起来进行了。检查书面家庭作业的方式是教师在学生座位间巡视作业簿子,抽阅其中几本,予以批评并记分。对没有完成作业的学生,要查明不完成的原因,以为事后补救的依据。另外是叫二三个学生上黑板去演算家庭作业中的习题,或者叫一个学生朗诵他的作业,而叫全班学生与自己的作业核对;如果这个学生的作业有错误或不完全,可叫其他学生纠正、补充。在学生扮演的时候,教师或者继续巡视检查作业簿子,或者向全班学生提问;假使是提问学生,那也是把检查家庭作业与复习旧课结合进行。这种结合,可以节省这一环节的时间。

复习的方式以教师提问儿童为主,此外也可以采取指定学生在黑板上演习题,或者采取学生书面解答习题的方式,即是由教师把已经预备好的题目发给学生作书面解答。但后两种方式,在完成新旧教材间的过渡的作用上,比较困难,所以一般以教师提问学生为主。

为了完成新旧教材之间的过渡作用,复习旧课时提问的问题,应该是有系统的,提问完毕,教师要作出总结,以走向新课题的过渡。就是检查家庭作业,也应尽量掌握新旧教材过渡的原则。凯洛夫主张,假使家庭作业是与新课题没有直接关系,检查工作,最好留在一堂课的最后一部分时间中进行。

掌握检查、复习这一环节是比较困难的,儿童对检查、复习的兴趣一般不如对接受新课的兴趣大,注意力比较不易集中。为了克服这些困难,教师要注意:

第一,要面对全班。不要使检查、复习成为教师跟被检查与提问到的个别学生之间的事情,而要使全班学生积极投入检查复习工作中。可以采取的办法,如教师先向全班提出问题,让全班思考一下,随后指名回答;在一个学生回答后叫其余学生复述、补充或纠正;二三个学生上黑板演算习题时,叫全班学生演同样的或不同的习题等等。

第二,检查、复习的面要尽量求其广,人数要尽量求其多。为此目的,需要较长时间作答的问题(苏联是叫学生站在讲桌前面去回答),可与简短问题(就原座位回答)相搭配,检查家庭作业可以与复习提问同时进行。

第三,要当堂评分并分析批评学生的答案或作业。教师这样郑重对待检查、复习,就可以引起学生高度的注意。

(三)讲授新课——在新课进行的时候,先要把教学题目、目的、内容告诉学生,同时说明新课题与旧教材之间的关系。仅仅告诉学生以题目是不够的,还必须告诉学生在这一题目中将要讲些什么（内容），在可能的时候，并且告诉学生为什么要学这个题目（目的）。例如，高级小学地理第一册，《我们的首都——北京》这一课题，分为三课。仅仅把这个题目告诉学生是不够的。应该告诉学生：在上一章学过了《从地图上看祖国》，大家对我们国家的性质、位置、政区、面积、人口、海洋、陆界、地形、河流、湖泊已经有了概括的认识（联系旧教材）。现在要进一步学习各区的地理，了解祖国各地的情况。在学习各区地理之前，首先要认识我们伟大祖国的首都——北京（目的）。接着说明这一章共分三课，第一课题目是《北京是一座历史名城》，告诉学生，在这一课里，他们将要知道北京是在什么地方，北京在过去是怎样的（内容）。

做好宣布与说明新课题的工作可以使学生对即将学习的东西充满兴趣，因而集中注意，积极地参加到教学过程中间。在有的课上，这部分工作做得不够，以致在复习旧课与讲授新课之间，界限不很明确。这种做法的好处在于新旧教材过渡得很自然；但是，也可能因此使学生对新课的学习目的不够明确。

在讲授新课时，教师是根据教学大纲的规定，把有关的知识（事实及事实的结论或概括，事物的现象及事物的规律）武装学生。这就是说，教师要指导学生掌握一定数量的观念与概念。在一堂课中，进行传授新知识时，往往同时包含这两个因素——观念（事实）和概念（事实的结论与概括）。当然，在有些课上，讲授的重心偏于提供学生以事实，在有些课上，重心偏于形成学生的科学概念。

我们又不可把"讲授新课"与"讲述法"混为一谈。在教学方法中，有一种方法称为讲述法，那是传授新知识时所采用的"方法"，而我们现在所讲的"讲授新课"是课堂教学中的一个环节。我们可以用讲述法来讲授新课，也可用其他方法，例如讲读法、谈话法。

（四）巩固新课——这一点，我们在学习苏联先进教育经验时是比较容易体会的，因为这是新旧教学工作之间的最突出的不同之点。苏联教学中对这一部分特别重视。在课堂教学的每一个环节中，都要贯穿着巩固的要求。这还不够，要特为列出这一个课堂教学环节。这部分工作不但在小学要重视，就是中学也要重视。这就是"边学边巩固"。这种办法的教学效果是很高的，因为在刚学习以后，学生的记忆最新鲜，印象最深刻，在这个时候进行巩固，那是事半功倍的。教师在实际工作中，一定会体会到这个道理。

巩固新课的直接目的，在使学生牢固地掌握所获得的知识或技能，但"巩固新课"这一部分工作，还可起另外几种作用：

第一，考查学生领会与掌握教材的程度。在新课讲完之后，紧接着来一些提问、复述、练习等等，可以使教师检查出来，全班学生对新授的知识，了解了没有？掌握了没有？为此目的，教师应多问一些成绩中下的学生，因为成绩优良的学生了解了教材，不能说明全班都了解了教材。

第二，纠正教学中的缺点。在学过以后，中间没有间隔时间，假定有缺点，纠正比较方便，错误也容易改正。

第三，保证集中学生的注意力。学生知道教师讲授新课以后，紧接着就要问他们或要他们做习题，他们在领受新课时，就不得不有高度的注意力。

巩固新课的工作形式是多种多样的，譬如提问、解答习题、阅读课文、复述教材内容、笔记或图表作业、做各种技能方面的练习。

在课堂教学过程中的复习旧课，也有巩固旧教材的作用，而在讲授新课这一环节中，教师的清楚、明确、生动、有系统的讲解，就是这部分教材的巩固掌握的良好条件。那么，巩固新课与复习旧课有什么分别呢？

他们只是在程度上有分别。在巩固新课这一环节中，叫儿童答问题、做练习，要求比较低。复习旧课这一环节，因为安排在巩固新教材工作与家庭作业以后，因此要求的程度要比较高一些。

巩固新课工作，过去我们不重视，现在也做得很差，其具体的表现，是教师在这个环节上，时间支配得很少，而且往往用教师总结课文的方式。其实，教师总结课文，属于讲授新课的范围。假使教师对学生进行了提问、谈话，再来总结，这才算是"巩固新课"的工作。

（五）布置家庭作业——家庭作业是教师指定学生在课后独立进行的学习工作。这类工作的进行，一般在学生家庭内，但也可以在学校内进行。家庭作业的目的，在于教材的再巩固，更在于知识、技能的应用，在于学生对知识、技能之独立的应用。布置家庭作业这一环节的目的与作用，在于保证学生在课后能够很好地完成家庭作业。

应该布置多少分量的家庭作业呢？这要根据儿童的年龄特征。在学生初入学的一年里，一般不要有家庭作业，以后根据年龄逐渐增加。假使一个班级由一位教师"包干"，问题比较简单。假使有科任教师的话，在布置家庭作业上，班主任应与科任教师配合协商，使儿童接受家庭作业的分量不要太多，而且程度要求也不要悬殊太大；要保证分量不多不少，程度不太深也不太容易。叶希波夫、冈查洛夫合著的《教育学》中，列出了一个小学家庭作业的分量标准：一、二年级一天总时数约为45分钟到60分钟，三、四年级约为一小时到一小时半。附带说明一下，苏联小学是四年。这种标准是假定的，在苏联也没有统一的规定,在中国今天更应斟酌具体情况,灵活应用。

布置家庭作业要给学生以充分的指导。教师不仅要告诉儿童做什么,而且要指导他怎样做。这个工作我们过去做得很少,甚至不做。苏联特别强调布置家庭作业中的指导工作,要使儿童明确:1.做什么(任务),2.为了什么(目的),3.怎样完成(方法)——在方法上的指导,包括把家庭作业习题先在课堂举例试演,4.什么时候完成。有的苏联教育家主张,这一部分教学工作也可以放在巩固新课前面,其理由是:缺乏经验的教师,时间控制不好,到后来时间不够,草草收场,布置家庭作业非常潦草。为了防止这种缺点,可以把巩固新课与布置家庭作业的次序颠倒一下,以保证教师有充分的时间布置家庭作业。这也说明了苏联学校对这一部分工作的重视。但是我们要说明一下,这种变动是一种万不得已的办法,不可习以为常。在我们开始学习使用苏联课堂教学制度时,掌握时间没有经验,可以暂用这种办法,以后在时间的控制上有了进步,就不应该,也不需要采取这种办法了。

在苏联教育学中,把家庭作业理解为课堂教学的继续,或者称它为课堂教学的有机构成部分。这意思就是说,学生在家庭作业中所进行的学习,跟他们在课堂里进行的学习是同样重要的。教师对学生的家庭作业应像对课堂讲授一样重视。为了使学生把家庭作业做得好,教师必须做好家庭作业的检查,尤其重要的,是做好家庭作业的布置。做好了家庭作业的布置,可以减少学生作业中的错误,因而也可以附带减轻教师批改家庭作业的分量。

三 关于课堂教学环节的几个问题

第一,关于名称问题。在早些时候,有人误会了苏联课堂教学中的教学环节,称之为"五步教学法"或"五段教学法"。这是不对的。首先,我们不能称它为"教学法",因为它是各个教学工作的部分;而怎样进行这一部分或那一部分工作,要通过各种教学方法。譬如,在讲授新课时,可能要用几种方法,上面已经举过例。现在再举巩固新课为例,可以采用笔记、图表作业的方法,熟读教材的方法,提问的方法,练习的方法。其次,不能称为"步"或者"段"。表面上看,从组织教学到布置家庭作业,是有先后次序的,似乎可以称为步骤。那么,为什么不能称为"步"或"段"呢?因为这几个工作部分的次序是可以颠倒的,不能固定为"步"。最后,也不能称为"五"或者"三",因为数目可以增减。

为什么课堂教学环节的数目可以增减,次序可以颠倒呢?因为,我们要上各种不同性质即不同类型的课。不同性质、不同类型的课有不同的结构,有的课需要的工作部分多一些,有的需要少一些,所以说,数目可以增减。而在不同类型的课中,各个工作部分的安排、配置也是各不相同的,所以说,次序可以颠倒。关于这点,下面还要说到。

所谓课堂教学环节,就是一堂课的构成部分或构成因素。为了通俗化起见,我们在上面一贯说成"工作部分"。这些构成部分或因素可以比喻为各种形状的积木。积木可以依不同的搭配构成不同的建筑。上课的构成因素也可依不同的搭配而构成不同类型的课。

在目前,我们已经习惯于"环节"这个名称了。我们就用"课堂教学环节"来代表一堂课的各个工作部分或构成因素。

第二个问题是课的类型问题。我们在上面已经指出,有不同性质的课就有不同类型的课,不同类型的课就有不同的结构。现在应该把这一点详细说明一下。

凯洛夫在他所著的《教育学》中指示我们:"由于教师对课堂教学所定的目的与任务,由于引用的教材,由于教学的方法以及学生年龄与发展水平的不同,课堂教学的结构也就随之而不同。"①现在先就教学目的与任务一点来说,不同的教学目的,怎样决定着不同类型的课的呢?

包括上面所讲的五个课堂教学环节的课,称为混合课,就是课堂教学的各部分工作全备的课。小学里上课一般采用混合课。我们在上面说过,在苏联小学中,每一堂课一般由这五个工作部分构成,这就是说,混合课是在小学中最常用的一种类型的课。

混合课要完成什么教学目的与任务呢?它的任务不是"单一"的,而是"混合"的,它既要完成讲授新课的任务,也要完成复习旧课,巩固新课,检查与布置家庭作业的任务。

那么,学生的年龄特征、教材与教法是怎样影响着上课类型的决定的?即以混合课为例:这类课对小学最适宜,因为儿童的注意力不能长期集中于一类工作上,需要多样化的活动方式。而小学教材的编排,一般分量不重,可以容许在一堂课内同时进行各种教学工作活动。再如,算术、语文都需要练习,这种教材教法的特点,提出了安排一些练习课的要求。

混合课在苏联课堂教学中虽是最常用的课,但不是唯一类型的课,根据叶

---

① 凯洛夫著,沈颖等译:《教育学》,人民教育出版社1953年版,第132页。——编校者

希波夫、冈查洛夫的分类，我们可以有：第一、讲授知识的课；第二、练习的课（培养与巩固技能与熟练技巧的课）；第三、复习课；第四、检查课；第五、分析学生作业的课（指学生的书面作业）。以上是混合课以外的各个类型的课。

在叶希波夫、冈查洛夫合著的《教育学》中，关于每个类型的课中所含教学环节的数目与它的配合，都有指示，读者可以参考。教师在实际工作中，用什么标准来选择混合课以外的各种不同类型的课呢？主要的标准是教学目的。例如，我们对学生的家庭作业（书面的），平时分析、批评、指正不够，需要专门上一堂课做这种工作。这个目的决定着采用"分析学生作业的课"。又例如，平时上课，每堂都有复习，但功课进行到某一大段落结束时，可以专辟一堂课做一次总的复习。这种目的决定着采用"复习课"这一类型。练习课是为了培养学生的技能和熟练技巧，检查课是为了考查学生掌握知识、技能、熟练技巧的质量。

学生年龄特征与教材性质也是选择的标准。在一课课文分量较重，而其性质上假使分成两节来教，就要影响它的生动性与完整性，在这情形下，可以上一堂"讲授知识"的课，即用一堂课的大部分时间来进行讲授新课。但这类课在小学里应该是不常采用的，因为它不符合于儿童的年龄特征。

混合课以外的其他类型的课可以称为单一课，它们在一堂课内要完成一项主要的教学任务，例如，"讲授知识课"主要是为了完成讲授新知识的任务。但在这类课的构成因素的排列上，我们可以看出，除了完成一项主要任务，它们也还负有其他的教学任务。例如，练习课固然以培养技能、熟练技巧为主要任务，但是在它的结构中也包含复习旧课与检查及布置家庭作业的环节。那么，这类单一课跟混合课有什么分别呢？我的理解是：混合课所要完成的各项教学任务，几乎是同样重要的；而在单一课中，主要的任务只有一个，其余的教学环节只是完成一些次要或附带的任务。

既然混合课是小学中最常用的课，那么我们学习苏联的课堂教学制度就应该集中力量学习应用混合课。既然在小学中也还用得到混合课以外的其他类型的课，那么，我们对这类课也要逐步学习，研究在什么情况之下采用它们，研究在这些类型的课中怎样恰当地支配课堂教学环节。

第三个问题是一堂课中的各个教学环节的时间支配问题。这应该分别两种情况来处理。第一种情况是单一课。在这类课中，代表主要教学任务的一个环节应该支配很多的时间。第二种情况是混合课。凯洛夫的《教育学》中对于混合课的各课堂教学环节的时间，作过一种"假定"的分配：组织教学约一二分钟；查阅家庭作业约3分钟至8分钟；讲解新课题目与目的，确定新课对已学功课的联系,约5分钟至10分钟;讲解新课约10分钟至20分钟;巩固新课约10分钟;布置家庭作业约5分钟至8分钟。当然,这只是一个"假定的、估计性的"分配标准,究竟如何分配,是要根据具体情况的。

虽然这种时间的分配只是"假定的、估计性的",但有一点值得我们注意,即凯洛夫支配给讲授新课的时间只有10分钟至20分钟,而支配给其他课堂教学环节的时间总计超过一堂课的一半;巩固新课就要用10分钟。这样的分配是符合于混合课的目的和要求的。混合课要求着在一堂课内完成好几个几乎同等重要的教学任务,这个要求应该反映在教学时间的支配上。目前我国各地小学都在学习使用苏联的混合课,但在时间的支配上,讲授新课一环节占三四十分钟,其他各环节则各别支配二三分钟,那是聊备一格,聊以塞责。可以说,我们学习了混合课的形式,没有学习混合课的精神。我们自以为上的是混合课,实际上上的都是讲授新知识的课。所有在中国的苏联专家,在评议我们中小学中的课堂教学时,几乎有一个一致的批评,就是教师讲授的时间过多,对复习、检查与巩固新课做得不够。

第四个问题是为什么一堂课要有这几个课堂教学环节。就是说,为什么在课堂教学中要包含这些构成因素。这样的结构有什么根据?据我个人的体会,这是根据教学过程的性质。在这几个"课堂教学环节"中体现着"教学过程节"的要求。教学过程的第一环节是形成学生的观念,第二第三环节是形成学生的概念;这三个"教学过程环节"的任务主要在讲授新课这一"课堂教学环节"中实现的。教学过程的第四、第五环节要求着知识的巩固,技能的培养与提高,这种任务主要是在"巩固新课"这一课堂教学环节中实现。课堂教学中的检查家庭作业与布置家庭作业这两个环节则体现着第六个教学过程环节的要求——教师指导学生应用已经获得知识于作业中。另外,在课堂教学中有两个经常的因素。一个是组织教学,它保证着学生之集中注意,积极参加到教学过程中去。另一个因素是复习旧课,它起着巩固旧知识的作用,也帮助着新的观念与概念的形成。

这样,我们也就说明了"教学过程环节"与"课堂教学环节"之间的区别与关系。全部的教学过程环节所要求的任务可以在一堂课中完成,这种课就是混合课。在其他类型的课上,教师集中力量完成教学过程中的某一个环节所要求完成的任务。但各种类型的课,必须这样安排,使它们综合起来,能够体现全部教学过程环节的要求。

第五个问题是课堂教学环节与教学原则之间的关系。这可以分三方面讲:

（一）课堂教学环节本身就体现着教学原则的精神。复习旧课体现着巩固性原则与系统性、连贯性原则；巩固新课体现着巩固性原则，也体现着系统性原则；组织教学初步保证着学生学习上的自觉性与积极性；布置家庭作业体现着巩固性与自觉性（应用知识的自觉性）原则。至于上课类型的决定、教学环节的搭配，一部分决定于学生的年龄及知识水平，即是体现着可接受性原则。

（二）教学原则应该在各个课堂教学环节中贯彻。先以自觉性、积极性为例，教师在讲授新课这一环节中固然应该贯彻自觉性、积极性原则，在复习旧课时也应该，而且可以贯彻自觉性、积极性原则，其办法是：复习问题要在旧教材的基础上加入些新的内容，问题以新的形式提出；其次，复习多带知识系统化的作用。这样的复习题要求着学生的积极思维活动。同样，先发问后指名，一个学生回答后，要求全班补充、纠正，也体现着自觉性、积极性原则。在巩固新课时，叫学生熟读教材，回答提问，做练习，也应该，而且可以贯彻自觉性、积极性原则，这在我们讲到教学方法时还会提到的。最后，教师也应该使学生在高度注意与积极的状态下接受家庭作业的布置与检查。以系统性原则为例：在讲授新课，在拟复习题，在布置课内课外的练习时，同样都应该，而且可以贯彻系统性的要求的。教师在各课堂教学环节中所做的各部分工作都应照顾学生年龄特征，即是贯彻可接受性原则，那是不待说明的。苏联的学校要求教师们在检查、复习时也尽量应用直观教具，这就说明了直观教学原则的贯彻不应限于讲授新课这一环节。

由此可见，教师上课，在进行每一部分的工作时，都应考虑怎样贯彻各个教学原则，不能以为，某个教学原则只是适用于某个课堂教学环节的。

（三）课堂教学环节须通过教学方法而实现。而在各种教学方法中都要求贯彻着各个教学原则。以讲授新课为例：讲述法要求尽量应用直观教具。谈话法中也要酌用直观教具，如看图画等等。讲读法要根据儿童原有的生活经验，根据儿童的观察，根据儿童对事实的直接知识。至于观察、参观、演示诸教学方法，离不开直观教学原则，更不必说了。以上只用直观原则说明，而且只以讲授新课一个环节举例；其余可以参看苏联《教育学》课本中《教学方法》一章及本书的第五、六两讲。

以上三方面的讨论，指出了：我们学习了苏联课堂教学制度，还要进一步学习教学方法，还要复习教学原则。离开了教学原则、教学方法，课堂教学制度的学习与运用将会是形式的、机械的。

四　上课的准备与总结

（一）备课的重要性　我们要学习应用苏联的课堂教学制度，一个决定性的关键是上课前的充分备课。

如果没有充分的课前准备，我们怎能知道这一堂或那一堂课应该安排多少环节，每一环节应该大体上支配多少时间呢？所以教师在上课之前，必须根据教材，仔细研究上课的类型、环节的安排以及每一环节的时间支配。

但备课的更重要的意义还另有所在。苏联教育学中说，"上课"是教学工作的基本组织形式。我们所讲的类型、结构、环节，这些都是进行教学工作的"形式"。我们在一堂课上，决定要进行检查、复习、讲授新课、巩固新课、布置家庭作业，这就是说，我们在一堂课上所做的教学工作要采取检查家庭作业、复习旧课、讲授新课、布置家庭作业等活动形式。假使在我们所上的课上，类型的选择、环节的安排、时间的分配都是恰当的，这只能说，我们在"形式"的意义上上了一堂好课。但决定一堂课的好坏的不是课的形式而是课的内容。形式是服务于内容的。用二十分钟或三十分钟讲授新课，可能讲得很好，也可能讲得很坏；用十分钟进行检查、复习，可能对学生的知识很有帮助，也可能很少帮助。这些都属于课的内容问题。要搞好课的形式已经需要充分的课前准备，那么，为了搞好课的内容，就需要更多的准备功夫了。

还有教学方法的问题。教师把一堂课的组织形式正确地决定了，教材内容充分地掌握了，还不能保证一定上好一堂课。教师运用了恰当的教学方法才能使教材发挥应有的作用。因此，为了研究每一堂课上应该采取哪一些教学方法，并怎样使教学原则贯彻在教学方法中，教师也需要有充分的准备。

（二）课堂教学工作计划　我们现在做一切工作都要照计划办事，做教学工作也不是例外。我们要不上无准备之课，也就是说，不做无计划的课堂教学工作。我们备课的结果是定出课堂教学工作计划，然后按照这种计划去进行课堂教学。

我们的课堂教学工作计划可以采取下列几种形式。

第一是各科的学期教学进度计划。教师在学期开始之前，就应根据教学大纲和教科书，结合班上学生的情况，拟定这种进度计划。在这种计划上应该规定着教学的课题、每一课题的教学时数、起讫日期；旧教材的复习与课内的自动作业，也应尽可能列入计划中。

第二是每一堂课的教学工作计划，普通称为教案，我们也有称为"课时教学计划"的。在教案里应该写上教学日期、教学题目、教学目的和教学进程或步骤。在教学进程里要写明各部分教学工作以及它们的估计时间,这就反映出了课的类型和结构;在教学进程里还应该列入在各部分教学工作(环节)中准备应用的方法、方式以及准备使用的教学用具。更重要的,在教案里面,应该反映出教材内容的轮廓,包括讲授新课中所用的主要内容和检查家庭作业、复习旧课、布置家庭作业时所用的题目,甚至连准备向他们提问的学生姓名也应列进去。

教案有详有简。太简略的教案不起作用,太详的教案类乎教师的讲稿,把教师预计在课堂上讲的话逐句逐字写下来,也没有必要。一般地讲,教案应该是简明扼要的,但简明以不遗漏上面所举的各个项目为限度。教师讲述的内容应该提纲挈领地把要点写明在教案上,不可遗漏科学的定义、规则、定律、公式和结论,乃至一些重要的事实和例子。

第二是课题教学计划。教师定教学工作计划时可以按个别的一堂课来定计划,也可按照由几个课所组成的一个课题来订计划;在后者的场合,定出的计划就是课题教学计划。例如,《我们的首都——北京》是一个课题,包括三课。就这整个课题定一计划就是课题教学计划。

在一个课题以内的每一个别的课不应该是孤立的,而是整个课题中的一环,应该与前后其他各课密切联系起来。孤立地来计划每一堂课的教学会损害各堂课之间的内在逻辑联系,损害教学内容的系统性。就是在考虑课的组织形式,考虑各课的环节安排与时间支配时,也必须以整个课题为考虑对象,才能处理恰当。在以一篇课文进行好几堂课的情况下,尤其不能孤立地看每一堂课的组织与结构。

教师并不需要既做每堂课的教案,又做整个课题的教学计划。我们做了课题教学计划,就不必再做每堂课的教案(目前我们常把课题教学计划称为"教案")。做课题教学计划需要一次花很多的时间。但在做课题教学计划时多花了时间,在准备每一堂个别的课时就可以少花时间,甚至不花时间了。

课题教学计划的形式与内容跟教案是相同的。但它只要列出一个总的题目,一般也只需列出一个总的教学目的;至于其他项目,还是需要各课分列的。若一个课题题目较大,内容较多,则应在总题目之下,在各课分列细目。教学目的是总的,尤其教育方面的目的,往往只能列一个总的,要每堂各列是很困难的,也不必要的。

假使我们仍然采用个别课的教案,而不用课题教学计划,那么,在编订每一堂课的教案时也应注意各该课在整个课题中的地位,注意它与前后各课之间的联系。

（三）备课的几个方面　写教案或课题教学计划已经是备课工作中的最后一步了，可以说是备课工作的结果。在写定教案或课题教学计划之前，教师要从哪几方面进行备课工作呢？

首先，他要明确教学目的。教师要深入钻研课文内容，以便决定在这个或那个课文中可以，而且应该实现哪一些教养目的与教育目的，教学时就可以有的放矢。

规定教养目的，就是说，要规定在某一堂课中要求学生掌握的知识、技能、熟练技巧是什么。教养目的中也应该包括教师对学生所作的知识、技能、熟练技巧的检查与评定。

确定教育目的，就是说，要规定这一堂或那一堂课，在提高学生的社会主义政治思想、道德品质方面，在发展学生的认识力方面要做些什么。

教师要从课文中，确定教学的教育目的比决定教养目的更为困难。教养目的每一堂课都可以定出来，教育目的并不是每一堂课都可列举的。在我们看见的一些苏联教师的各科教案，尤其是算术课教案中，往往只列教养目的而不列教育目的。但在教案中不列教育目的，并不是说在教学中不进行教育工作。在每堂算术课上，都应注意发展儿童的认识力，都应注意在拟订应用题时多用新人新事的材料，以培养学生的爱国主义、社会主义思想；但这种工作应该是在每一堂课上都要进行的经常因素，所以不必每次都列为教育目的。

我们在定教学目的时，虽然可以，而且应该分列教养、教育两项，但应该着重指出，在这两项目的之间有着密切不可分的联系。教育目的是建立在教养目的之基础上面的，这两项目标又是要在同一的教学过程中同时实现的。所以在有的课的教案上，虽然只列一项教养目的，实际上在教养目的中就已经含有教育目的。要求教师在定教案时，分列教养、教育目的有这样一种好处：它可以使教师在钻研教材时，多注意发挥教材的教育性，而这方面正是我们所忽视的。虽然钻研的结果，不一定能在每一堂课中列出教育目的，但这种注意可以使教师把教育工作做得更好。重复一下，定课题教学计划时，教育目的是比较容易确定的。

第二，教师要掌握教材。教师要彻底懂得自己将要教给学生的东西，这是掌握教材的第一着。其次，教师要掌握的知识应大大超过于课文中所规定的知识；这样，他才能"取精用宏"，灵活应用教材，并充分发挥教材内在的教养意义与教育意义。最后,教师还要从学生接受的角度上来钻研教材,研究在教学大纲或教科书中为什么要这样或那样安排教材的。

各科的基本教材是规定在教科书中的,但教师讲授时,一定要在教科书课文以外,补充或多或少的材料。这就要求教师在平时通过阅读报纸、杂志、书籍,也通过参观、旅行等等方式,搜集有关资料。教师应该用做笔记、剪贴、做读书卡片等方式,将这些资料有系统地保存起来,以备随时参考。

教师根据教科书中的课文,加上自己的补充、组织,准备好了对学生讲授的材料。这样的教材应该符合下列一些要求:

1. 它是符合于教学大纲的规定的,不是离题任意发挥的。2. 它是符合于科学性的要求的。这就是说,教师所讲授的东西,必须在科学上是正确的、有根据的。教材应该反映现代科学的最新成就。3. 它是符合于政治思想性的要求的,就是说,教材在政治、思想上必须是正确的,符合于共产主义教育的总目的的。4. 教材的安排,必须是前后连贯的、有系统的。5. 教材应该充分联系实际,尤其是联系国家社会主义建设的实际。6. 教材的深度与广度,必须是学生所能够接受的。

第三是决定课的类型与结构。教师要根据教学目的、教材性质,考虑上课的进行顺序,并考虑怎样安排各个教学工作因素,怎样合理支配各课堂教学环节的时间。

第四是决定教学方法。教师要考虑在进行各个课堂教学环节的工作时应采取哪些最合理、最有效的教学方法。关于教学方法,以后会专题讨论的。现在先说明几点:1. 所选择的教学方法必须是最能实现我们的教育的总目的(培养全面发展的社会主义社会的建设者与保卫者),并符合于教材内容的。2. 所选择的教学方法必须符合学生的年龄特征。3. 要考虑在应用各种教学方法时,怎样贯彻各个教学原则,尤其是自觉性、积极性原则,以保证学生在课上从事紧张、积极的思维活动,从而能自觉地掌握教材。4. 为了贯彻直观原则,教师要考虑好在应用各种教学方法时所需用的教具。

要应用各种教学方法,教师首先要熟悉各种教学方法。教师在掌握一般的教学理论、教学方法的基础上,要进一步钻研各科教学法,并随时注意报刊上有关学科的教学法文献资料。

(四)备课的时间问题 教师在上述几个方面做了充分准备,才能写出好的教案或课题教学计划。备课工作主要是由教师各人自己做的。在教学研究组或教学小组中"集体备课",只能讨论与确定课的总目的与要求,详细的教案应该由各教师参照集体研究的结果来自己拟订。

这样的备课工作是很费时间的,但时间是花费在应该花费的地方。目前全国各学校教师,自从学习苏联课堂教学制度以来,一般重视了备课,在备课上花费了许多时间。但还有一种情况,就是他们在处理家庭作业上所花的时间,远远超过了备课的时间。这情况是有待于逐步纠正的,批改家庭作业是重要的,但备课更重要。假使课没有备好,那么课也教不好,课教不好,学生的家庭作业也是做不好的,教师在批改家庭作业上所费的时间也就不能产生应有的效果。应该着重指出,所谓备课,不仅是准备怎样讲授新课,同样重要的也要准备怎样进行检查、复习、巩固新课,布置家庭作业。

教师应利用寒暑假期做备课工作。国家的其他工作部门、生产企业部门的工作人员都没有像教师一样享有悠长的寒暑假。这寒暑假主要是为教师充实自己提高自己、准备功课用的。教师在假期中对功课做了初步准备,以后在日常备课时就比较省力了。

(五)课的总结与分析　教师备课的结果是写成了教案。教案是教师在上课时的工作计划。但定好了计划还应该检查计划的执行。学校领导,根据教案来听课时,就是进行了这种检查。但学校领导显然不可能听每一教师的每一堂课,检查教师每一个教案的执行。教师本人是每一教案的主要的检查人。教师在每一教案上可以留出些空白地位,以便在课后简要的写上自己的小结:这个教案执行情况怎样?这堂课上好了没有?优点在哪里?缺点在哪里?附注上这种按语的教案,保存起来,将是下一年度再教这一课时的有价值的参考。教师有过去一年或几年内的教案为凭借,备课时就比较省力了。他们凭借于提高了的业务、教学水平,凭借于过去的经验教训,加上又一次的备课,就可以把课的质量大大提高。

在苏联学校中,学校领导要定期听教师的课;在教师间也定期举行着观摩听课,听课以后要举行评议,在评议时要分析一堂课的优缺点。苏联学校认为,这是提高课堂教学质量的重要手段。课的分析、评议,一般是按下列几个项目来进行的。在实际进行课的分析、评议时,并不要把这些项目一成不变地按条硬嵌。但这些项目,为我们指出了一般的方向:应该从哪些方面去鉴定一堂课的好坏?一堂好的课应该符合哪几方面的要求?因此,这些项目不仅可以供我们评议别人的功课、小结自己的功课时做参考,而且也可以做我们备课时的参考。我们在备课时应注意使我们的课具备着这些项目中所包涵的各方面的要求：

1. 教学环境

教室是否整洁？空气是否流通？有无来自教室附近的喧扰？

2. 教学目的

教案中所规定教养、教育目的是否正确？

3. 课的结构

（1）这一堂课与同一课题中的前后各课，联系配合得怎样？

（2）课的类型是否选择得正确？

（3）各个课堂教学环节，安排得合理与否？

（4）各个课堂教学环节时间的支配是否合理？

4. 教学内容

（1）是否符合教学大纲的规定？

（2）教材的科学正确性怎样？系统连贯性怎样？理论与实际的联系怎样？

（3）教材的政治思想正确性怎样？是否充分发挥了教材的内在教育性？

（4）教材对学生的接受程度是太深或太浅？

（5）有没有注意到新旧教材之间的联系？联系得怎样？

（6）教师本人对教材掌握得充分不充分？

5. 教学方法

（1）在各个课堂教学环节上采用的教学方法是否适当？是否符合于教学目的、教材性质、学生年龄特征？

（2）在应用各种教学方法时，贯彻各个教学原则的情况怎样？

（3）直观教具及其他教学设备是否充分？应用得是否充分，是否合理？

6. 学生情况

（1）学生是否表现了充分的自觉性、积极性？他们的注意、兴趣、勤奋程度、守纪律的情况怎样？

（2）在教学过程中学生表现出来的知识、技能和熟练技巧的质量怎样？（主要是表现在学生的答问与练习的质量上，在答问的质量中包括学生语言的质量。）

7. 教师情况

（1）教师掌握全班的艺术怎样？他能否组织全班学生的积极而紧张的学习活动？

(2) 教师的一般态度怎样？是否坚定、有信心、沉着、同时活泼、机敏？

(3) 教师是怎样面对全班而又适当照顾个别学生的？

(4) 教师的语言修养怎样？他的姿态怎样？

8. 教学目的的完成

教师是否完成了预定的教养、教育目的？

五 结论

（一）我们学习了苏联课堂教学制度，一定会有一个突出的强烈印象，就是：要照苏联学校的办法进行课堂教学，教师就得做到在每一堂课上有着明确的目的性与高度的计划性。

首先是总的教学计划。它是政府颁布的文件，规定着各级各类学校（譬如说，小学）的学年的编制，教学科目的种类，各学年各学科讲授的程序，每种学科全部、全年、每周的讲授时数。其次是教学大纲。教学大纲也是政府批准的文件，它规定着一个特定的学科的所应授予学生的知识、技能、熟练技巧的范围，并规定着全部教材的进行程序。而教学大纲中所规定的教学任务，又须通过一堂又一堂的课堂教学而完成。这就需要教师对每一堂课有计划地进行。一门学科共有多少钟点是国家规定的，我们就要很好地支配时间。要教给学生多少东西，这也是国家规定的。我们要设法把规定的东西在规定的时间内教完也教好。如果没有完成，那就是破坏了国家的计划。苏联教育专家告诉我们，如果下课的铃声已响，教师还在讲课，这堂课就算作废，因为没有精确地计算与掌握时间。马林科夫在苏联共产党第十九次代表大会的报告中说，国家的计划就是法律。把这话引申一下，如果没有完成计划，就是对国家的犯法行为。这话也可以应用到教学工作计划上。因此，我们对每堂课都要计划得很好。有人认为，这样做未免太刻板了。但是我们对时间，就是要斤斤较量、精打细算的。国家交给我们多少时间、多少任务，我们一定要按照计划完成。

但定计划首先要明确目的。最高的目的是共产主义教育的目的。其次，对各级各类学校，譬如说小学，要规定着明确的目的。再次，对每门学科的目的、要求、内容，也要有明确的规定。以上几种目的是由国家规定的，但教师应该在思想上把它们明确起来。最后是教师上每堂课的要求、目的，教师都要明确起来。

因此，按照苏联课堂教学制度进行课堂教学，每一教师必须有高度的责任感。教师应该把每一堂课看做国家交给我们的任务。苏联教育专家普希金教授在北京参观学校教学时,常说:教师上一堂课,如果没有完成目的与任务,就是欠了国家一笔债。对于教学工作能有这样高度的责任感,我们才能真正学好苏联的课堂教学制度。

其次,每一教师应树立起计划思想、时间观念。从前我们做教学工作是手艺作风,不讲计划。我们学习苏联先进教学工作方法,就应该重视工作的计划性,郑重地定计划,严格的执行计划。对国家在教学计划、教学大纲中所规定的教学任务,要按预定计划完成。对我们自己所定的每一堂课的教学目的与任务,也要在45分钟内按照计划完成。总的教学目的与任务的完成,是要通过每一堂课的教学目的与任务的完成的。完成国家所交给的计划,不能强赶进度,追逐数量、数字。对教学工作讲,尤其是在质不在量。例如,前面说过,假定在两个月内,语文教学的任务是200个生字。如果教完了,教懂了,但事后检查,却没有巩固起来,这就是没有完成计划。

(二)学习苏联课堂教学制度要防止形式主义的偏向。不明白各种类型的课的性质与意义,不明白各个课堂教学环节的目的性,机械搬用苏联课堂教学的一套办法,这是形式主义。前面已经说过,我们在学习使用混合课时,几个环节俱全,但对检查、复习、巩固新课、布置家庭作业各环节所支配的时间是微不足道,聊以塞责,对这些环节所代表的那几部分教学工作不重视,这是形式主义。对各个课堂教学环节的安排、时间的分配,作了恰当的处理,但在进行各个课堂教学环节的教学工作时,没有贯彻各个教学原则,这是形式主义。各个课堂教学环节都安排妥当,也掌握好了,但没有很好的掌握教材内容,这更是形式主义。假使我们不能克服上述各种形式的形式主义,学习苏联课堂教学制度,不会收获很大的功效的。

(三)我们要改进教学、提高教学质量,首先要从提高与改进教学内容即教材着手。但这并不是说,教学方式方法的改进是不重要的。教材与教学方式方法之间的关系是内容与形式之间的关系。内容决定形式,形式须为内容服务,所以我们改进教学要以改进教学内容、掌握教材为中心环节。但教学方式方法对教学内容也能反过来发生影响。一个教师尽管自己很好地掌握了教材,但不知道很好地组织教学工作,应用教学方法,他还是不能达到使学生自觉而巩固地掌握系统科学知识的目的。由于我们初步采用苏联课堂教学制度——虽然还不免有形式主义的偏向——的结果,我们已经大大加强了备课工作,加强了对于教材的目的性、科学性、思想性……的钻研,这就是形式影响内容的例证。

所以，为了提高教学质量，我们固然首先要改进教材质量，但也应与改进教材同时，相应地改进教学方式方法；我们要研究苏联的教学原则、课堂教学制度、教学方法，以之改进我们的教学。

（四）在目前中国小学中，学习苏联课堂教学制度中的主要问题是怎样更多的名副其实地采用混合课的问题。凯洛夫所给予讲授新课这一环节的时间是10分钟至20分钟。叶希波夫、冈查洛夫认为在个别的场合，这一环节的时间可以延长至30分钟。但无论如何，这种时数都是远远少于目前一般教师用在讲授新课上的实际时间。我们即使不能要求自己一步达到苏联的标准，我们总应逐步向这个标准行进：紧缩讲授新课的时间，增加布置与检查家庭作业、复习旧课与巩固新课的时间。这对于我们是有很大的困难的。讲授新课的时间缩短了，我们怎样能够完成进度呢？检查、复习、巩固诸环节的时间加多了，我们怎样能善于利用这些时间呢？我们对这几部分工作过去是很少有经验的，掌握起来，一般比讲授新课还要困难。

这些困难，只有在我们不断提高我们对教材的掌握，加深我们对教学原则、课堂教学制度、教学方法的钻研——在理论上、在实践上——的情况下，才能逐渐被克服。

正确组织起来或安排好的一堂课，应使全班的每一学生在一堂课上从头至尾都投入紧张的、积极的工作中，不让一个学生有一分钟闲着没事做。学生是紧张的同时也是愉快的、活泼的。附带提一下，在上课时不让一个学生有一分钟闲着，也是维持课堂纪律的最基本的条件。教师当然不是马上就能做到这点的。这需要教师多开动脑筋，在工作实践中不断提高自己的教学艺术水平。我们虽然明了了苏联课堂教学的结构轮廓，但是怎样具体运用、灵活掌握，有待于教师们发挥高度的创造性。加里宁说："教学是科学，同时也是一种艺术。"科学也好，艺术也好，都要经过努力才能有造诣的。我们要不断提高，在工作实践中，在学习中（包括政治学习与教育业务学习）不断提高。这样，我们就能逐渐具备高度的教育科学与教育艺术水平，用这高度的教育科学与教育艺术的水平，去更好地完成国家交给我们的教学任务！

第五讲 教学方法(上)

一 绪论

（一）教学方法的意义

简单地说,教学方法就是教师为了完成教学工作的目的而采用的工作方法。这里我们需要把这句话加以说明。

教学目的与我们以前所讲过的教育目的,两者是不能分开的。但是它们还是有区别的。过去我们讲的教育目的就是培养智育、综合技术教育、德育、体育、美育全面发展的社会主义社会的建设者和保卫者。这是我们全部教育工作的总目的。我们讲的教学目的,是指在每一堂课上所要完成的目的。具体地说,在一堂课45分钟中,可能完成哪些教学目的？我们可以完成传授新知识的目的,也可以完成巩固知识的目的,也可以完成培养熟练技巧的目的,也可以完成复习或检查已经学过的知识、技能与熟练技巧的目的,也可以完成指导学生进行独立作业的目的。

要完成上述各种教学目的中的任何一个项目,都需要采用一定的方法。重复一遍,所谓教学方法,就是教师为了完成教学工作的目的而采用的工作方法。

（二）教学方法与教学内容之间的关系

这个关系就是教材与教法之间的关系。我们讲的教材或教学内容是研究教什么东西,而我们研究教学方法就是研究怎样去教。

教什么与怎样去教,这两方面是不可分开的,他们互相有依存的关系。我们教师一方面要掌握教材,一方面也要掌握教学法。以为教师只要掌握教材,即教学内容,就可以把书教好,或者,与此相反,不讲究教材,专门注重教学方法,两者同样是错误的。我们今天所学习的苏联教育学,对教材掌握与教学法的掌握是同样重视的。我们不能离开教材的掌握,空谈教学方法的改进,也不能只注意教材的掌握而忽略教学方法的改进。这两方面的偏差都是需要纠正的。

（三）教学方法与教学原则之间的关系

在讨论"教学原则"时,我们已经指出,教学原则要具体贯彻在教学内容、课堂教学组织、教学方法中;否则,教学原则将会是空洞的。我们也已经举例说明了各个教学原则是怎样贯彻在教学内容、课堂教学组织、教学方法中的。现在我们要详细讨论各种教学方法,我们对于各个教学原则怎样贯彻在教学方法中的理解,会更加丰富而具体。

另一方面,我们研究教学方法,不要忘记教学原则。因为教学方法是要以教学原则为指导的。我们要判断各种教学方法应用成绩的好坏,有一个重要的标准,就是这种或那种方法是否合乎教学原则,是否贯彻了教学原则的要求。

二 选择教学方法的标准

教学方法是多种多样的,有好的教学方法,也有坏的教学方法。同样一个好的教学方法,在这个场合适用,在另一个场合也可能不适用。所以,我们要根据具体教学情况,选择采用适当的方法。选择是有标准的;选择教学方法的标准,同时也是我们判断教学方法的好坏的标准。

(一)教育目的的标准

我们知道,教育目的是决定于社会性质的。不同的社会有不同的教育目的;有不同的教育目的,也就决定着不同的教学方法。这里我所说的教学方法不是这种或那种个别的教学方法,而是一般教学方法的基本精神。比如,在封建社会中,教学方法,一般地说,是教条主义、形式主义、死读呆背的。这是封建社会教学方法的基本精神。它的根源是什么呢?就是封建社会的教育目的。封建社会的统治者,并不要求受教育者能够发展他们的独立思想,而是要求他们盲目地、无条件地接受权威。在资本主义社会中,教学方法,一般地说,比较封建社会高明一些。但是,由于它的社会性质,教学方法有如下的特点:一部分还是保留了封建社会的教学方法的精神——教条主义、死读呆背。另一方面,它与过去封建社会有所不同的地方,却有一种所谓经验主义、实用主义的教学方法。所谓经验主义或实用主义,在教学工作上的表现,简单地说,就是片面强调学生的个人、直接的经验,而不注重知识的科学系统性;就是为了满足狭隘的"功用"要求,不惜牺牲系统的科学知识。具体的表现就是取消或忽视了严格的系统的课堂教学,而采用投合儿童的自发、偶发趣味的、花样很多的活动,在这些活动中,进行"学习"。这种方法,我们知道就是在美国提倡而在中国也部分实行过的"设计教学法""单元教学法"以及被批判了的"活教育"等。这些都是资本主义社会的教学方法。

苏联和我国今天的社会,本质上不同于过去的封建社会、资本主义社会,因此我们有不同的教育目的,这也就决定了不同的教学方法。我们教学方法总的精神,首先就是大家所熟悉的"理论与实际一致"。这是我们教学方法的总的精神,这种精神是应该贯穿在各种教学方法中的。为什么我们今天的教学方法要理论与实际一致呢?这是因为,我们今天的教学工作是服从这样一个教育目的的——培养一批社会主义社会的建设者。我们要求我们的学生掌握科学知识,为了应用科学知识去建设社会主义社会。因此,在我们的教学方法中,理论必须联系实际。空谈理论、记诵教条的学生是不能担当社会主义社会的建设任务的。况且,我们建设的社会主义社会,是要建筑在高度发展的生产技术的基础上的。因此,我们要求学生掌握的不是狭隘的、对他们个人或目前有用的知识,而是要掌握作为高度发展的生产技术的基础的系统科学知识;因此,我们不能专讲应用,不讲系统的科学理论。我们要求的理论与实际一致,一方面要反对教条主义,一方面也要反对经验主义、实用主义。这是决定于我们的教育目的的,就是说,我们的教学工作是为培养社会主义社会的建设者这个总的目的服务的。

其次,我们的教学方法必须保证能够发挥学生学习上的高度的自觉性和积极性。这个要求也决定于我们的教育目的。社会主义社会的建设者必须是自觉的积极的建设者。因此,我们要用足以激发学生的自觉性和积极性的教学方法,要用这种精神去教育学生。

再次,我们的教学方法必须是最能保证系统的巩固的科学知识的掌握。假使一种教学方法,是不利于系统的科学知识的掌握而且是巩固的掌握的,这就是一种有害的方法。这个要求也决定于我们的教育目的。因为,我们的教育目的是培养社会主义社会的建设者,社会主义社会的建设必须依靠系统的科学知识,而系统的科学知识一定要掌握得非常牢固,才能应用在社会主义社会的建设工作上面。

以上所讲的是第一个标准的三个方面。我们可以拿这三点来判断这种或那种教学方法是不是好的方法。我们要选择的教学方法必须是符合于上述三方面的要求的。

(二)教学方法的标准

教学方法很多,至于有哪些方法,后面就要讲到的。不同的教学方法可以为不同的教学目的服务。

教学目的之一是传授新知识。如一堂课里面以20分钟传授新知识,为了达到这个教学目的,要采取适当的教学方法(究竟应该采取什么方法,这是我们要在第三部分中讲的)。另外一个教学目的就是巩固知识,这个也要采取适当的教学方法;另外一个教学目的是培养学生的技能与熟练技巧,再有一个教学目的,是复习已经学过的东西,符合于这个教学目的的也有另外一些方法。最后一种教学目的是指导学生进行独立作业。

我要提醒大家:在一堂混合课中,45分钟需要完成各种教学目的。我们既要复习过去学过的知识,又要讲授新知识,又要巩固新知识,又要指导学生怎样去做家庭作业。就是说,在同一堂课当中,教学工作要为好几个教学目的服务。这就初步向我们说明一点,即在同一堂课里面,可能要采用各种不同的方法。因为教学目的有好几个,采用的方法也应该有好几种。究竟应该采用什么方法,就要看我们要完成哪种教学目的。

(三)教学内容的标准

这又可分为两方面。第一是学科性质,比如,语文、算术、自然、音乐、历史、地理……不同的学科要求不同的教学方法。比如,算术需要做很多练习,这是根据它这一科的性质决定的。我们在算术教学当中,就应该采取大量的练习的方法。再比如,在教学方法当中,有一种叫观察法,还有一种叫实验法,主要用在自然学科;历史就不需要,也不适用。第二方面是课题的性质。例如,地理教学讲到某一题目时,需要来一次参观,就采用参观法。但并不是一切课题都需要或适用参观法的。

我们还应该初步说明一点:一门学科,甚至一门学科中的一个课题,往往需要用好几种方法来进行教学。例如,在算术教学中,既有练习,也有讲解及谈话。反过来说,同一教学方法可以应用在各种不同的学科中,例如观察、演示,固然广泛应用于自然教学中,也可以应用于其他学科的教学中。

(四)年龄特征的标准

我们在小学采用的方法,应该与中学不同。同在小学,低年级与高年级也应该有所不同;即使采用同样的方法,其方式也应该有所不同。比如,小学低年级应该比较多采用谈话法。因为低年级学生的注意力不能长期集中,教师讲得很久,学生不易接受下去,所以在低年级比较应该多采用谈话法。就是采用讲述法,讲述时间也应该比较短。至于像中学高年级采用的讲演法是不符合于小学学生的年龄特征的。再如,在中学的自然学科中,广泛采用实验法,在小学则采用实验法比较少,主要是由教师把实验做给学生看。一部分原因是由于年龄特征,因为小学学生一般还缺乏独立进行实验的能力。

上面讲了四个标准,我们要根据这四个标准,从多种多样的教学方法中,选择最好、最适合的方法来采用。

三 传授新知识的方法

叶希波夫、冈查洛夫合著的《教育学》中所讲的教学方法,第一类是为传授新知识教学目的服务的方法。为这种教学目的服务的教学方法是最多的,因为学校教学工作中最重要的工作就是讲授新知识。我们要讨论的有如下几种:第一、讲述法;第二、谈话法;第三、讲读法;第四、演示法;第五、观察法;第六、参观法。还有一种传授新知识的方法是讲演法。叶希波夫、冈查洛夫合著的《教育学》中没有列上它,因为如上所述,它不符合于小学学生的年龄特征,它要到中学高年级才能采用,所以我们将不去讨论它。

由此可见,不同的教学目的固然需要用不同的教学方法,就是同一种教学目的,也可以,而且需要用各种不同的教学方法去完成。

(一)讲述法

1. 意义 什么叫讲述法?所谓讲述法,就是教师有系统地向学生讲明白教材的内容。这种方法最能够发挥教师的指导作用,也最容易保证教学的系统性。这种方法不论在小学或中学都应用得很广,如历史、地理、自然就要用很多的讲述法;语文一部分也可以用讲述法。

2. 结构 首先,我们要分析一下,在讲述工作里面,可能包含的成分有哪一些。比如,教师上课以20分钟来讲述,在这20分钟的讲述里面要包含着什么成分呢?可能有四种成分。

(1)叙述。就是把故事或一件事情有头有尾的讲。这种成分是大家所熟悉的。比如,对小学生讲故事,开头是"从前有一个人……";学生一定会接下去问"以后怎样呢"?叙述一个历史事件也是有头有尾的。

(2)描写。讲地理上某一个地域的形势、风景、物产、人口等等,这就是用描写来讲述。叙述是交代事件,描写是说明现象。例如,说明水冷到一定程度则结冰,热到一定程度则成气体,也属于描写的性质。

(3)解释。教师在向学生说明字或句的意义,说明语文、算术或自然中的一些概念、法则时,既不是叙述,也不类描写,事实上他是在向学生解释。一般苏联教育学书上,都是把"解释"并入"描写"中理解的。

(4)讨论或议论。就是以较长的时间来讲明一个问题或一种道理。

这里要请大家注意：我们在每一堂课的讲述当中，差不多四种成分都是有的，很少一堂课是清一色的叙述或清一色的描写或解释，不过它们之间的比重可以有大小。有时候以叙述为主，就是比较偏重在故事与事件的叙述。有时候以描写为主，比如讲地理。以讨论或议论为主的讲述，在小学一般是不用的，中学应用较多。在有些课上，教师所用的方法，偏重于解释。因此，有的苏联教育家，在讲述法之外，另列一种讲解法，即指这种以解释为主的教学方法。但一般苏联教育学书本上，是把讲解法列入讲述法中的。我们说明讲述的四种成分，为了使大家注意，在采用讲述法时，要仔细考虑这四种成分的比重分配，还要考虑好什么地方用哪种成分。

3. 类型　讲述可以分作两类：一类是科学性课文的讲述。比如，自然课上讲一种动物或植物，或讲一种疾病。这方面的科学知识，用平铺直叙的方法，把它讲清楚就好了。第二类是艺术性课文的讲述，讲述时要有声有色、有感情。比如，讲诗歌或故事。应该说明一下：科学性课文的讲述并不限于自然科的讲述。凡以平铺直叙的方式，把有关的科学知识讲给学生听，不管讲的是自然、历史、地理，这都是科学性课文的讲述。同样，艺术性课文的讲述，也不限于语文中的文学部分的讲述。例如，在讲历史事件或历史人物时，讲地理描写祖国河山之美的时候，也可以，而且应该讲得栩栩如生、有声有色。这也就属于艺术性形式的讲述。

4. 过程　教师在讲述前应有充分的准备，做好讲述计划，作为教案的一部分。在讲述计划中，应该包含：一、讲述题目；二、教学目的；三、讲述内容，这是可详可略的，假使是简略的，那是把内容提纲式的写下来；四、讲述时间；五、假定讲述时要采取直观教具，也应该列入计划中；六、检查讲述效果的办法。

讲述内容，应该是前后连贯、线索分明的。在较高年级，讲述内容较多，最好在开始讲述的时候以提纲的形式写在黑板上，使学生看了可以初步掌握讲述的线索。每个部分讲完以后，教师应该作一个小结，不一定要用文字，可以用口头小结。在讲完一部分以后，小结一次，看看学生已经掌握了，再讲下一部分。最后要作一个全篇总结。这是指科学性课文的讲述，不是艺术性课文的讲述。一般讲起来，我们要求学生笔记的分量不应该过多，因为讲述时的笔记工作过多，会打破学生完整的印象。在讲述完毕以后，要检查一下学生掌握了所讲的东西没有。这可以采取谈话方式。检查以后，还要做巩固工作，可以采取练习、阅读课文、笔记作业等等方式。

5. 要求　采用讲述法对我们有什么要求？这可以分为两方面：内容方面，

形式方面。

在内容方面:第一,我们所讲的东西,应符合于教学大纲的规定,不是东拉西扯,离题很远的。第二个要求是科学性的要求。这就是说,教师讲述的内容,必须是在科学上有根据的、正确的。其次,科学性要求包含着讲述内容要有科学的系统性、科学的逻辑程序。讲述一定要是系统的、连贯的。最后,教材必须是能够联系实际的。第三个要求是思想政治性的要求。每门学科的教学工作都要完成思想政治教育的任务;因此,教师在讲述每一部分教材的时候,首先要求讲述的内容在思想性上是正确的,政治性上是可靠的。第四个要求是可接受性要求。教师讲出来的东西应该使学生能够接受。这就要求我们讲述的深度要适合学生的程度;在广度方面,就是在内容分量方面,不要讲得太多,也不要讲得太少。讲述分量的多少,当然要以教学大纲中的规定为范围,并且以教科书中的课文为主要根据。但教学大纲中规定的仅仅是一个"大纲",而且教师对教科书也决不能照本宣读。讲述的具体材料是由教师自己组织的。一般地讲,在教学大纲规定的范围以内,教师在选材时要注意做到"宁可讲少些,但要讲好些"。最后,可接受性也包含语言应该通俗,应该为学生所能懂得。第五个要求是生动性与具体性的要求。我们知道,儿童认识事物都是从具体形象开始的,所以我们在讲述的时候,应该尽量把具体的经验、事实、现象、事件告诉学生。至于生动性,不但对艺术性课文的讲述有必要,就是对科学性课义的讲述也有必要。科学性课文的讲述,虽然可以平铺直叙,但是内容也应该而且可以具体生动。比如,讲地理课时,引用旅行家的叙述或记载,就可以讲述生动,使学生有身临其境的感觉。

在形式方面,第一,语言要简单明了,要少用生字与专门名词。第二,讲话速度应该快慢适中。第三,音调方面应该有抑扬顿挫。第四,讲话时应该精神饱满。我们都有这个经验,如果我们上课时精神不贯注,就不能吸引学生的注意力。最重要的要求,就是教师讲的时候,要带有真实感情。在教学中间,我们应该随时贯彻思想性政治性。怎样贯彻呢? 一方面要在教材内容中贯彻,更重要的是要在教师的语言情感中贯彻。如果我们讲述时平铺直叙,以旁观者或第三者的态度出发,不管教材的思想性政治性多么强,还是不能起作用的。我们要完成爱国主义、社会主义思想政治教育的任务,在讲述的语言情感方面,应该特别注意。

6. 如何应用 联共(布)中央在1932年8月25日的《关于中小学教学大纲和教学制度》的决议中,指示着"教师必须负责有系统地、连贯地讲述他所教的科目"。这指示对中小学都是适用的,包括小学的低年级。这说明了讲述法在小学教学中的特别重要地位。

但在小学低年级进行讲述法要面对儿童注意力不能长期集中的这个年龄特征。因此,在应用讲述法时,要特别注意可接受性原则:讲述的内容应该是具体、生动、富于兴趣的,讲述的形式应该是通俗易晓的;讲述的时间应该是不很长的,年级愈低则愈短;讲述应尽量结合直观演示。这样的讲述,儿童是能够接受,并乐于接受的。儿童不是自幼喜欢听成人讲故事吗?因此,艺术性课文的讲述,时间可以长一些,科学性课文的讲述,时间要短一些。

讲述法并不是填鸭式、注入式的教学方法。讲述主要是由教师讲,但这并不是说讲述的时候可以用填鸭的办法。要把讲述法运用得好,一定要贯彻各个教学原则,尤其是自觉性、积极性原则。教师要使自己的讲述,多带启发性。在讲述时,可以穿插一下提问,学生也可以向教师提出问题,以保证学生对讲述之自觉而积极的接受。

关于系统性原则,我们应该防止一点偏向,就是把系统性原则曲解,以为既然是系统的讲述,一定要一气呵成。这样的讲述就不替学生的独立思考留余地,容易陷于注入式、填鸭式教学的老路。因此,在苏联教学法中,容许在讲述中间穿插提问谈话。

另外一个问题,在我们应用讲述法时,究竟是应该整篇讲述还是分段讲述呢?这个问题就是整体与部分之间的关系问题。究竟如何处理,要看课文长短与难易来决定。假定课文很长,内容很难,可以分段讲述;否则可以整篇进行。假使分段进行讲述,一定要从部分回到整体;假使整篇进行,一定要从整体到部分。这种整体与部分相结合的办法,就是分析与综合相结合的办法。举例来说明:比如,讲一个历史时期或事件,先说明这时期或事件的各个阶段的轮廓,然后分别讲述各个阶段,最后则作一总结。

(二)谈话法

1. 意义　所谓谈话法,就是教师用师生间的问答对话的方式进行教学。谈话法的作用,就是要教师通过问答谈话,指导学生得出自己的结论。谈话法要在哪种条件之下采用呢?其条件有三:1.学生对这部分教材已经有一点知识基础;2.以前对这部分教材有一点个人或直接经验;3.假定既没有知识基础,也没有个人经验,在进行谈话之前,应先进行观察。比如教地理,事先可以把图片给学生看。假使这三个条件都不具备,应该采用讲述法。

谈话法在小学里面广泛采用，尤其在低年级，尤其在算术、自然科里应用更加广泛，在语文科中一部分也可以采用。

我们在第四讲研究课堂教学制度时，曾经说过，复习旧课可以采取问答谈话的方法。这里所说的谈话法，不是复习已经学过的旧课，而是通过谈话，使学生获得新的知识，比如，苏联一年级语文课本上讲到夏天，教师问："夏天的天气怎样？"学生回答说："很热。"再问："夏天的雨怎样？"学生回答说："下得很多。"再问："夏天的树木怎样？"学生说："长得很茂盛。"……通过这种问答，教师就指导了学生，得出关于夏天的科学的结论，即是获得了关于夏天的新知识。

2. 程序　（1）复习一下旧课并从学生已经掌握的旧教材中引出谈话的题目；（2）进行谈话，有系统地按照预定的程序问答下去；（3）问答后应该作出结论；（4）巩固工作。

3. 要求　（1）提出来的问题一定要明确，意义不含糊，使学生一听就懂。如果问学生："苏联的欧洲部分有些什么东西？"这样的问法就不适宜，因为苏联的欧洲部分东西很多，学生无从讲起。

（2）问题要有启发性，学生可以根据这个问题来开动脑筋。有启发性的问题就是"为什么"，"由于什么"，"结果怎样"……一类的问题。问题应有启发性，这是作为传授新知识的方法的谈话法的基本要求。因为，假定问题没有启发性，教师就不能完成指导学生自己得出结论，获得新知识的任务。我们提问题固然要带启发性，但不应该有暗示性。比如，拿一把尺问学生，尺是不是量长短的，这种问题就带有暗示性，因为答案已经包含在问题里。

（3）问题怎样提出？第一，先提出问题，然后指定学生回答。先提出问题，并且问题是对全班提出的，所以每个学生都要开动脑筋想问题。假使先指定学生，再提问题，有些学生就会不去开动脑筋。第二，应该郑重考虑提问的对象。究竟是多问成绩好的学生呢，还是多问成绩差的学生？对于后者，问题应该难一点呢，还是容易一点？这里有许多地方是可以考虑的。一般地讲，谈话应该有普遍性，不能尽问成绩好的学生。一般地讲，对成绩较差的同学，问题应该容易些，使他能够答出来，以树立自己的学习的信心。但有时也应问些比较困难的问题，答不出的话，可以使他认识自己在学习中的缺点，激发他纠正缺点、克服困难的决心。因此，要采用谈话法，教师应在事先决定这一堂课预备问哪几个学生，提哪些问题。第三，有些问题，可用学生举手，指名回答的方式。在讲授新课时的提问都是不计分的。

（4）对学生的回答，应该耐心听取，特别对成绩差的学生。如果他回答有错误或有困难,不能马上制止他发言,可以提一些辅助性的问题,或者改变一个方式问他。

(5)要注意语言的正确性。在小学,这个任务比中学更来得重要。对学生的回答不仅要求内容正确,还要求语言正确,要求学生用完整而文法正确的语言来回答。

4. 如何应用　第一,教师用谈话法进行教学比用讲述法来进行教学,一般讲是更为困难。在采用谈话法时,教师首先要注意的,它是否具备上面讲过的三个条件,如果不具备就不能采用。就是说,教师要很好地掌握"由已知到未知"这一条规定。

在算术科的教学中,比较能多用谈话法,因为算术上的新东西,往往是从已经学过的旧东西上面推演、发展出来的,所以教师通过问答谈话,可以启发学生,从已知到未知,自己"发现"新的东西。其次,在自然科的教学上也可广泛应用谈话法,那是根据学生对有关的自然界事物、现象的观察与知识。至于在历史、地理的教学上,只有在演示了适当的图片或进行其他形式的直观教学的基础上,才可酌量应用谈话法以传授新知识。

第二,谈话法的主要优点是比较最能保证学生在学习中的自觉性和积极性。但谈话的内容假使缺乏启发性,那就不能引起学生的积极思维活动;或者谈话的内容只能引起学生对零星、个别问题上的思维活动而不能引起学生连贯的、系统的思维活动。这就要求教师在采用谈话法时,特别注意系统性、连贯性原则。应用谈话法时,应特别注意教师在谈话过程中的领导作用。我们教学法上的谈话不是漫谈。教师应该很好掌握谈话的线索,应该抓住主题。问题要有系统、有步骤地提出,才能充分保证教师的领导作用与教学的系统性。否则,谈话是容易成为漫谈,不会产生好的效果。我们在应用谈话法时,怎样把学生自觉性和积极性跟教师领导作用和系统性原则很好地结合起来,这个需要我们教师高度的教学艺术。谈话法运用得好,效果很大;运用得不适当,效果就要受限制。

第三,进行谈话后,教师一定要做好总结,接着是巩固工作,这在上面已经提到。现在要指出一点,即在巩固新课时,不宜再用提问的方式。假使我们在复习旧课时用提问,讲授新课时用问答,巩固新课时还是用问答,这样问答谈话太多了,学生的注意力就会松懈。所以在应用谈话法后,巩固新课应采用学生复述结论、阅读教材或笔记、图表作业等方式。

第四,在进行谈话的过程中,也应结合教师的解释以及直观演示或观察,甚至可以指定学生阅读部分课文。

(三) 讲读法

1. 意义　所谓讲读是有讲有读,讲教科书、读教科书。所谓有讲有读,包含着教师讲、教师读,也有学生讲、学生读。讲读法的作用是使学生能够正确地自觉地领会课文,深入掌握课文内容,而且要使学生有表达课文内容的技能。所谓自觉地领会是对机械、形式的领会而说的。有时候,学生把书背得很熟,但不理解课文的意义,这就是机械地掌握课文,形式地掌握教材。学生要把课文内容消化了,作为他自己的东西,不但知其然,而且知其所以然,这才叫做自觉地领会教材。表达课文内容的技能有两方面。第一是课文的朗诵,在苏联小学中,要求做到"正确、流畅、有表情"。第二是用学生自己的语言表达课文内容,同样也要做到正确、流畅、有表情。这两方面都必须以学生对课文的自觉的领会为基础。

讲读法在各科中都可以采用,在语文科中尤其应该采用;其他各科像地理、历史、自然中,也可以部分采用。因为,这些学科也都要阅读教科书的。

2. 类型　一种是科学性课文的讲读,像地理、历史、自然与语文(因为小学低年级没有自然、历史、地理,这些内容都是包含在语文里面的)的讲读。第二是艺术性课文的讲读,像讲读诗歌、故事等。教师首先应要求自己,其次也应要求学生,读课文时不但要能达意,而且还要能表情。这在艺术性课文的讲读中尤其重要。讲读结果,应该使学生不但理解,而且感动。在对学生进行思想政治教育方面,这是特别重要的。

3. 过程　在研究讲读进行的程序之前,先要解决一个问题,就是:全篇讲读呢,还是分段讲读? 决定的标准有二:第一是课文的长短难易。课文不太长也不太难,应先讲读全文,然后再分段讲读。如果课文太长而且太难,可以一开始就分段讲读。假使教科书编得好的话,太长太难的课文应该是不太多的,因此,更重要的一个标准是讲读的类型,是艺术性讲读还是科学性讲读。一般说,艺术性讲读尽可能从整篇讲读开始,从整篇到部分,再从部分回到整体。科学性讲读可以多用从部分到整体的办法,即是先分段讲读,然后总结全文。

叶希波夫、冈查洛夫合著的《教育学》,替两种不同类型的讲读规定了不同的程序。①

---

① 叶希波夫、冈查洛夫著,于卓译:《教育学》(上册),人民教育出版社 1952 年版,第 231—232 页。——编校者

（1）科学性课文的讲读：第一、预备谈话。首先是说明大意，但不能说得太详尽，只要说明题目以及这题目的概念就够了。此外，还要解释一些生字、名词、短句；如果这些字、词、句在以后讲读过程中去解释的话，会破坏学生对接受课文的印象的完整性。第二、学生分段讲读课文，解释其中个别的字和句。第三、反复读整篇，只读而不讲。第四、谈话问答，教师提问，看讲读结果学生掌握了课文没有。最后一个步骤，教师根据课文主题思想的提纲，叫学生复述课文内容。这种提纲，是教师在谈话中间，也可能还在谈话以前，已经写在黑板上的。教师按照提纲上的项目，叫学生用自己的话讲一遍。有的课文需要在这五个步骤之前先让学生进行预备观察，即是先让学生看些实物或其他直观教具。

（2）艺术性课文的讲读：第一、预备谈话。把故事轮廓介绍出来，也不能说得太详尽，只要求做到引导学生注意要讲的作品的题目，并引起学生对作品的兴趣。第二、阅读。可以整篇读，也可分段读，但应以整篇读为原则；可以由教师读，也可以由学生读。第三、谈话。主要的要通过谈话更加明确主题思想、课文内容以及有关的语法修辞方面的问题。第四、复述课文。用学生自己的话讲出来，也可谈谈自己读后的意见。

此外，在奥哥洛德尼柯夫、申比廖夫合著的《教育学》中所介绍的讲读程序，有些不同，也可以提出来供大家参考：①

第一、教师读全文。相当于我们的范读。第二、学生分段读，要逐句地读。第三、谈话。在进行谈话中，教师应注意学生对一段中的字句理解没有，有困难就加以帮助。第四、在学生已经理解了全段句子以后，指定学生把一段读一遍，读了以后复述一下内容。每一段的讲读，都按这种程序进行。各段读完后，最后一个步骤是读全文。

4. 如何应用　（1）究竟全文讲读还是分段讲读？上面已经说过，一般是艺术性课文的讲读应多用全文讲读，科学性课文的讲读应多用分段讲读。但例外也可以有的，那主要决定于课文的长短难易。不过，无论先分段读或先整篇读，要注意的就是掌握全篇的思想线索、基本内容；就是说，总是要部分与整体相结合。

（2）字句处理，特别关于生字处理。根据我们对苏联教育学的理解，一部分可以在预备谈话中处理，但另外一部分是在分段阅读中处理的。

---

① 申比廖夫、奥哥洛德尼柯夫著，陈侠、熊承涤译：《教育学》，人民教育出版社 1955 年版，第 203—204 页。——编校者

(3) 究竟先由教师读还是先由学生读？我们的了解，两者都可以的，要看情况决定。如果要学生先读，就应该指定程度好的学生来读。

(4) 苏联讲读法中，强调复述内容，要学生用自己的话讲一讲。这可以纠正学生很容易犯的机械、形式阅读的毛病，我们应该学习。

(5) 苏联教学法，在讲读法中都有谈话问答，总的精神在帮助学生自觉地掌握教材。自觉掌握教材，包括教材的整体与教材的部分。个别生字、字句要掌握，基本精神、主题思想也要掌握。

（四）演示法

1. 意义　教师配合讲述、配合谈话、配合讲读，把教具、实物与实验表演给学生看，这就是演示法。

2. 种类　演示的种类很多，决定于我们把什么东西给学生看：(1)实物，如一个番茄，一只兔子。(2)标本，就是动植物的标本。(3)模型，如地理模型。(4)图片，包括课本中的插图，以及课本以外的照片、画像。(5)图表，包括历史、地理的挂图。(6)幻灯。(7)电影，这是指的专为教学目的而摄制的教育影片。(8)教学画图，是指教师讲课时在黑板上所作的绘图。(9)实验。

3. 要求　(1)要尽量使学生的各种感觉器官都能接触。固然，演示要拿东西给学生看，主要的是诉诸学生的视觉。但假使同时让学生看到、摸到，不但用眼，而且用手，那效果就更大。

(2) 要学生注意看到东西的本质的、重要的方面，不要使他的注意力分散在非本质的地方。

(3) 在演示进行时，要配合谈话，一边演示，一边问答，最后要总结出一个明确的概念。我们在第三讲讲教学原则时所举的番茄与果实的例子可以说明这一点。

(4) 要尽可能使学生观察发展、变化、活动的东西，比如，给学生看种子从发芽到生长的情形。

(5) 使每个学生都能看见所演示的东西。

(6) 使儿童按照自己的能力制造教具，可以帮助学生对所学的事物发生更大的兴趣，有更深刻的了解。制造教具，包括动、植、矿物标本的搜集与制作。

4. 如何应用　(1)要记住上面说过的一个规则：演示必须与其他方法，例如讲述、谈话配合进行，不能孤立进行。边演边讲，效果是最大的。比如，在上课前把挂图先挂在黑板上，不如讲到需要用挂图演示的部分的教材时，临时挂上去或临时揭示出来。教师作教学画图,也应该边讲边画。

(2) 注意学生的积极思维活动。一定要应用谈话,帮助学生分析内容,得出自己的结论。教师不能包办代替,一切讲给学生听。

(3) 教师固然要把教具演示给学生看,但将来学生回答问题时也应要求他能应用教具。例如,在地理课上,要求学生用挂图说明问题。

(4) 演示的东西是多种多样的。究竟演示哪些东西,要求教师发挥主动性、创造性。首先,我们要尽量备置直观教具。其次,要争取对已有的直观教具作最好的利用。

(五) 观察法与参观法

在这里,我们把这两种教学方法,合并在一起讨论。

观察可以在课堂以内进行,也可以在课堂以外进行。在课堂以内进行的观察,那就是上面讲过的演示。课堂以外的观察,可以在学校农场或园地上进行,也可以到校外去进行。在校外去进行观察,那就是参观了。例如,参观自然界中的河流、山岳,参观动物园、博物馆。

观察有短期的,即在一堂课的时间以内一次可以进行完毕的;有长期的,例如,关于气候,关于植物生长的观察。观察一般是对事物本身所进行的直接研究。教师也可使学生在实验中进行观察,观察在实验过程中所产生的事物现象。

观察法的程序:1. 教师向学生说明观察的任务以及观察时所应注意的问题。2. 学生进行观察,根据教师所提出的问题,找答案,作结论。3. 根据观察的结果,进行谈话。教师可以在谈话中提出补充问题,并要求学生进行补充观察。4. 以精确的文字,作出结论。5. 学生把观察所得的资料与结论记入笔记簿。

关于参观法:教师可以带学生到自然界中去参观,可以到生产部门去参观,可以到博物馆中去参观。参观,按照它的性质,可以分为三种。一种是预备性参观或事先参观。这是指在进行某一课题的讲授之前,先去参观课题中所要讲到的东西,以为后来的讲授打好感性基础。第二种是在某一课题(包括好几堂课)的教学过程中举行的参观。第三种是总结性参观,或事后参观。那是指在一个课题讲授完毕之后,再去看看课题中所讲的东西,那是属于知识的印证与巩固的性质。作为传授新知识的方法,参观应该是预备性的。

不管是预备性的参观或总结性的参观,参观法有三个构成部分:第一是事先的准备。准备工作是多方面的,最重要的是明确参观的目的与要求。教师自己要弄明确，也要向学生说清楚。其他的准备工作，包括时间的计划，交通工具的安排，携带物品用具的准备。在参观之前，教师最好先去参观一次。第二是参观过程的本身。参观要按预定计划，有组织、有步骤地进行。教师要充分发挥领导作用，随时注意学生是不是在看他们应该看的东西，是否在搜集他们所应该搜集的东西，例如，植物、矿石标本、图片或文字说明资料。在参观过程中，教师自然应该对学生进行讲述或解释。但也不能讲得太多，免得一切都说清楚了，不让学生有自己观察和"发现"的余地。第三是作参观总结，主要是将参观计划中所规定的问题与参观所得的资料核对一下。在参观中带回的材料，加以整理，可以充作学校的直观教具。

观察法、参观法与以上所讲的演示法，最明显地体现着直观教学原则的精神。让学生通过观察，对将要学习或正在学习中的知识，取得一定的感性经验，对于新知识的传授，可以起巨大的帮助作用。我国小学一般尚少采行参观、观察、演示；就是说，过去我们对直观教学原则是不够重视的。现在我们学习苏联，就要在这方面多努力。

以上我们讨论了传授新知识的六种教学方法。在结束之前，我们要指出一点。

在小学中传授新知识、即讲授新课时，我们不是采用一种单一的教学方法，而往往是各种方法结合采用。例如，观察、演示一定要结合谈话，讲读时也要结合谈话，讲述最好配合演示，穿插谈话，在进行谈话法时，也要结合演示和讲述。当然，在各种方法结合使用的时候，有一种方法是基本的、主要的，其他的方法则起着配合、辅助的作用。例如，采用讲述法时，基本的方法是讲述，演示或谈话只起辅助的作用。教师在讲授新课之前，要决定一种适当的基本教学方法，也要考虑决定其他配合的教学方法。就像叶希波夫、冈查洛夫合著的《教育学》中所指示的："在一定场合所采取的各种基本的教学方法，要和其他各种教学方法非常便利、非常合适地结合起来。"[①]而所有一切传授新知识的教学方法的最后目的，是以系统的科学知识武装学生，并与此同时，培养学生的共产主义思想意识，发展学生的认识能力。

[①] 叶希波夫、冈查洛夫著，于卓译：《教育学》（上册），人民教育出版社1952年版，第217页。——编校者

第六讲　教学方法（下）

上一讲，我们讲的是传授新知识的教学方法。这一讲，我们要讨论的是为达成其他教学工作目的而采用的教学方法，包括：巩固知识与培养技能与熟练技巧的方法，复习的方法，指导学生进行独立作业的方法。

一　巩固知识与培养技能与熟练技巧的方法

首先，关于知识的巩固：通过了上次所讲的传授新知识的教学方法的运用，教师使学生掌握了知识。但掌握了知识是不够的，还必须巩固知识。所教的知识不仅要使我们的学生学会、学懂，而且要使他们记牢。只有巩固了的知识才是有用的知识。假使我们教学生许多知识，而学生前学后忘，或则边学边忘，这样的教学工作，就像伟大的俄罗斯教育家乌申斯基所讲的醉汉赶车的故事：醉汉把许多货物装上车子，但没有把它们捆扎好。他一路赶车，车上面的东西一路掉下，等到回到家里的时候，车子上已经一无所有了。

其次，关于技能的培养：我们在学习教学原则的时候，已经说过，技能是知识的应用。例如，我们认识了一个字，这是知识；我们要能正确地念这个字、写这个字，这就是技能。在算术课上知道了计算的方法，这是知识。应用这些方法去进行计算，不论心算或笔算，这就是技能。一切知识都可以，而且应该转化为技能，但有些学科对于技能的要求特别高，例如：语文与算术。所以，关于读、写、算的技能的培养，在这些学科中，有头等重要的意义。还有，像音乐、体育、图画，这些学科也要求着大量的技能的培养。至于在地理、历史这一类学科中，知识的应用是采取应用地图、测量方位、复述课文内容、解答问题等方式。

再次，关于熟练技巧的培养：熟练技巧是技能的进一步的发展。技能经过反复应用，到了熟能生巧的程度，就成为熟练技巧。熟练技巧是从技能的基础上产生的。熟练技巧与技能不同的地方在于：（1）技能阶段的动作需要意识的参加，是费心思的；而熟练技巧阶段的动作是自动化的，不加思索的动作。例如，小学生学写字是很费力的，要集中注意力。我们成人写字，例如在听报告时做笔记，边听边写，对于个别的字的写法是不加思索的。（2）知识的应用在技能的阶段是效力比较低而且常常会犯错误的，例如小学生最初应用"九九表"的情形就是这样。到了熟练技巧的阶段，动作就有高度的正确性，而且效力十分高，速度十分快。教师可以用这两个标准来检查,我们学生应用知识,是在技能的阶段,还是在熟练技巧的阶段。仅仅培养了技能是不够的,还必须在技能的基础上,发展技能成为熟练技巧。

最后,我们谈一下知识、技能与熟练技巧之间的关系。在这三者之中,知识是主要的一环,因为技能与熟练技巧必须以知识为基础。学生一定要掌握了语法上的规则,才能有正确地写作语文的技能与熟练技巧。但知识的应用必须通过技能与熟练技巧的方式,凡不能转化为技能与熟练技巧的知识就是无用的知识。其次,更多的更高级的知识的掌握,需要以技能与熟练技巧为工具。学生养成了读、写、算的技能与熟练技巧,就能通过阅读和算法的运用,获得更多的更高级的知识。不论是知识、技能或熟练技巧,都是由简单到复杂,由低级到高级,前面的基础不稳固,后面的知识、技能与熟练技巧的掌握是不可想象的。所以,我们做教学工作,要注意学生知识、技能与熟练技巧的层层巩固。

我们说明了知识的巩固、技能与熟练技巧的培养的意义,也就是说明了它们的重要性。因此,在教学上我们要采取一定的方法,保证这方面的教学任务的完成。过去我们对这方面的工作是注意不够的,只注意知识的传授,不注意知识的巩固;只注意知识,而不注意技能与熟练技巧;结果,学生连对于知识,也不是真正能够掌握的。下面就讲巩固知识与培养技能与熟练技巧的几种方法。

(一)笔记和图表作业

学生学了一课书,让他做一些笔记工作,可以使他对课文做一番思考功夫,这就可使他对所学的东西有更深刻的了解。其次,学生把课文中所包含的知识的重要部分记录下来,他对这部分知识的印象自然要深刻得多。因此,做笔记是巩固知识的有效手段之一。

小学学生做笔记,主要在高年级,而且分量应该是轻的,内容应该简短。笔记的内容应该包括:1.重要的概念或结论。2.说明各种重要概念、法则的典型例子。3.在课文中选择要重的东西做摘录,或者根据课文做提纲。4.教科书上面的或教师所提出的重要问题的答案。小学生做笔记,其方式应该与中学生有所不同。中学生尤其是高年级学生,可以边听边记。小学生是不能一面听讲,一面笔记的。小学生进行笔记的方式是:教师写在黑板上,学生抄录入笔记簿;或者是教师口授,学生逐字记下来;或者是学生自己做笔记,例如,摘录课文或做课文提纲;这只限于小学高年级学生。

在自然课上教学生画一些关于所学的东西,例如,关于一种植物的结构,可以帮助学生对于所学知识的记忆。在地理课上可以教学生画地图或风景图。在语文课上,图画可采取连环故事画的方式。图画或插图总是附在笔记中的。

在目前,我们小学中,这类巩固知识的方法是采用不多的。学生虽然有笔记簿做笔记,进行的时候,往往只求形式,有时分量太重,内容类于抄书。以后我们要逐渐注意这方面的工作。教师对学生的笔记作业必须是有指导的;对小学学生讲,教师指导的要求特别大。事先的指导是把笔记的具体要求,就是要记些什么,以及进行笔记的方法,就是怎样记法,明确告诉学生。事后的指导,是对学生的笔记作业的及时批改,并做分析批评,指出学生作业中的错误、缺点以及改进、提高的方法。

（二）熟读教材

熟读教材有两种方式：一是背诵,二是有选择的记忆。背诵是一字不改的全文再现,只限于语文课中的一部分文艺作品,应用比较少。有选择的记忆是选择课文中的重要的、基本的东西来记,再现的时候最好运用自己的语言；这就是苏联学校中采用的复述方法。

不论是全文背诵或摘要记忆,都应该以理解为基础。学生所记的一定是要他们确实理解了的。我们反对死读呆背,因为那是机械的、形式的记忆。但我们应该重视理解的记忆,因为这是知识的巩固。

目前在我们学校中,学生的知识的巩固或教材的记忆,成绩比较差。学生前学后忘,边学边忘的情况有时是相当严重的。分析其原因,主要的是部分教师对各个教学原则认识不足,掌握不够。例如：

1. 自然科的教学,不用或少用直观演示,不用或少用观察和实验；教师一味填鸭式的讲述,抽象空洞,不具体、不生动,所以不容易记忆。这就是没有掌握好直观原则。

2. 算术科教学,教师讲解太多,启发谈话太少,学生在课堂上没有发挥独立思考的作用,所以当场听懂,事后忘记。这是没有掌握好自觉性和积极性原则。

3. 地理科知识的记忆,学生最感困难,成绩最差。这是因为教师不善于运用直观教具,即是地图图片的应用,也因为教师在讲述时,不用或少用联系的方法(例如：说明气候与物产之间的关系)、比较的方法(例如：各个地区气候异同的比较)、笔记图表的方法(学生自己做提纲、做图表)。——这也是没有掌握好自觉性和积极性原则。

4. 教师的讲述缺乏系统,学生抓不住系统,找不出线索,分辨不出什么是主要的、本质的,什么是次要的、非本质的。这是没有掌握好系统性原则。讲述内容太多太深,这是没有掌握好可接受性原则。

5. 部分教师对知识的巩固、记忆工作,不够重视,以为巩固工作会浪费时间,影响进度。这是没有很好地了解巩固性原则的意义。

由此可见,记忆工作的好坏,在传授新知识的时候,已经部分决定了。但我们还是可以研究一下帮助学生记忆的一般条件:

1. 要使学生充分理解教材。我们不能要求学生强记。强记是记不牢的,记牢了也不能持久,记住了也没有用处。理解的记忆才是持久的记忆、有用的记忆。记忆工作的好坏,多半决定于学生对教材的充分理解。教师的责任在于使学生彻底了解所学的东西。

2. 要使学生掌握知识的系统。记故事最容易,因为它本身自成系统,有头有尾。因此,要改进学生对其他教材的记忆,就要使学生注意教材各部分之间的内在联系,新旧教材之间的联系。教师的指导在这方面是有决定意义的。教师应帮助与指导学生,分析段落,做提纲,掌握段落大意。在这里,笔记工作可以起很大的作用。

3. 要使学生有记忆的准备。听报告的人如果准备回去做传达,一定记忆得比较好。因此,教师要告诉学生,哪些是必须记忆的。这就是使学生有记忆的准备。课堂教学制度中的复习旧课和巩固新课这两个环节是重要的,因为它们使学生觉得,他们随时有被教师问到的机会,也就是说,他们随时有记忆的准备。

4. 要多给学生应用教材的机会。知识愈应用愈巩固。解答问题是一种应用。但最好要用学生自己的语言来回答,用自己的组织(层次)来回答,那么,应用的意义就更大。要尽可能使学生把知识应用在自己的实际生活和活动上面。例如,写信给志愿军叔叔,应用算术和自然课上的知识去解决他们实际生活同工作中的问题,或者去解决他们所熟悉的实际生活中的问题。

5. 要边学边巩固,随时巩固。学过就温习,时间隔得愈近,成绩愈好;所费的时间少,而记得比较牢。在课堂教学制度中,讲授新课之后,紧接着巩固新课,就是根据着这个原则。新学的东西要随时巩固,过去所学过的也要随时再巩固。

(三) 练习

以上所讨论的笔记、图表和熟读教材,主要的是巩固知识的方法。而练习是主要的培养技能与熟练技巧的方法。

上面已经讲过，一切学科的知识，都需要转化为技能与熟练技巧。这也就是说，在一切学科的教学中，都要有一定分量的练习。但语文、算术两科对技能与熟练技巧的要求特别高，因此在这两个学科的教学中，练习法应用的分量特别大。其次是图画、音乐、体育，也需要大量的练习。自然科中的观察、实验和实习，也需要练习的。

练习是在教师指导之下进行的。练习的步骤包括下述几个：（一）教师向学生说明这一次练习的目的和要求。（二）教师向学生示范指导。例如，在算术课上，教师先把例题试演给学生看，在体育课上，教师先对学生表演动作姿势。（三）学生按照着教师的指示和示范，尝试着自己做，教师随时纠正其错误与缺点，指出改正的方法。（四）学生反复做练习，到熟练为止。

练习是培养学生的技能与熟练技巧的方法。练习要很好地完成这种教学的任务，还必须遵守下面一些原则，这些原则是保证练习发生最大效力的条件：

1. 自觉性　教师指导学生进行练习，首先要让学生知道为什么他要做这种练习，要使他有进行这种或那种练习的愿望与热情。练习不应该是被动的、强迫的，而应该是主动的、自觉自愿的。例如在语文课上，学生写错了字或犯了语法上的错误，要求学生重写、重做是必要的。但假使教师用处罚的方式叫学生重写重做，学生以被动的心情甚至抗拒的心理进行罚抄罚写，那效果是不会好的。在罚写的时候是写对了，但在以后的写作中，仍会老毛病复发的。教师的任务在于唤起学生在练习上的自觉与积极的态度。

2. 目的性　教师给学生指定练习作业，首先要向学生指出这种或那种练习的目的或要求；具体地说，就是替学生树立练习的标准；而这种标准是为学生所能够理解的。学生应该知道教师所要求他的具体的标准是什么。这样，他才能知道，他的哪一些动作是合乎标准的，因而是正确的；哪些动作是不合乎标准的，因而是错误的。这样，学生在练习的过程中，可以知道自己接近了标准没有。在学生觉得自己作业的质量逐渐靠近教师所提出的标准时，他会感觉到成功的欢喜。这会使他在自己的练习上得到鼓舞。在学生发现了缺点时，也可以及时纠正。假使教师没有替学生指出努力的目标、方向，不让他知道什么才算是正确的、好的，怎样做才能做得正确、做得好，这种练习就是盲目练习：教学生暗中摸索，尝试错误。目前我们部分学校中的学生练习作业，就是这种盲目性的练习。这是违反了练习的目的性的要求。

3. 注意力　学生进行练习时，假使心不在焉，注意力不集中，那么，多做练习也不会有良好的效果。教师的任务是观察学生的练习作业,多注意和接触注意力涣散的学生,也要照顾学生的疲劳情况。练习作业假使还在技能的阶段,那是比较吃力的,容易引起疲劳,而在疲劳的情况下,注意力是不容易集中的。因此,教师对练习作业的分量与时间要有合理的支配。此外,教师还要保证学生有比较安静的练习环境,使学生的注意力不至于分散到旁的地方去。

4. 系统性与经常性　技能与熟练技巧的培养是由简及繁,由低级到高级。因此,练习作业也必须依照这种程序进行。布置练习,要注意旧的与新的技能与熟练技巧之间的联系,低级的与高级的、简单的与复杂的技能与熟练技巧之间的联系,因为后者是以前者为基础的。这也就是对于练习的经常性的要求。在进行到后面的练习作业时,仍应适当地反复练习前面所学过的东西,以免遗忘。这就要求教师对于练习作业的有计划的布置。

5. 多样性　练习通常是同一或相似动作的反复试做,一般是比较单调的,因此容易引起疲劳。所以,学生的练习作业,应该尽可能在多种多样的方式下进行,不可千篇一律。这可以保证学生对练习的更高的兴趣和更集中的注意力。例如,做算术练习时,可以适当采取算术游戏和游戏竞赛的方式。做语文练习时,可采用造句、填充、听写、默写、问答等等方式。在多种多样的方式下进行练习,还有一种好处,就是使学生习惯于在各种不同情况下应用同一种知识、技能与熟练技巧。这样,他们对于知识、技能与熟练技巧的掌握就愈加深刻,记忆愈加持久。

6. 时间支配的合理性　练习时间的分配,应该分散,不宜集中。假如一星期规定学生有三小时的写字作业,应该分布为六次,每天一次,各半小时,不应该集中在一天三小时;这是大家所知道的。练习作业最忌孟子所说的"一日曝之,十日寒之"。每次的练习作业,时间过长,是事倍功半的;但时间太短,效果也不好。这要求教师根据不同的具体情况,合理分配练习的时间。另一方面,时间多少的分配,应随练习性质的难易而转移;比较困难、复杂的教材,学生容易犯错误的作业,应该多分配些练习时间。

以上所讲的六个练习的原则,指向一个结论,就是教师指导的重要性。教师对学生的练习作业要有一般的指导,也要有个别的指导。这首先要求教师掌握全班和个别学生在练习作业上的优缺点的材料,进行分析研究;然后以此为根据,对于练习成绩特别好和特别坏的学生,可以因材施教。对于成绩坏的学生,可指导他们在练习时注意纠正缺点与错误。对成绩特别好的学生,可指定个别的补充性的练习作业。对于学生练习中的优缺点,教师应该心中有数,做好记录。

（四）创造性作业

创造性作业是练习的一种，但与一般练习不同；其不同之处在于它要求着较大量的组织力与想象力。例如作文，一方面固然是语文知识、技能与熟练技巧的练习，但同时要求着学生对已经学过的语文知识、技能与熟练技巧做创造性的重新组织功夫。除了作文，演算比较复杂的算术应用题，学生自编算术应用题，学生制作直观教具，也都属于创造性作业的范围。现在集中谈作文：

1. 题目的选择　作文命题是一种复杂细致的工作。好的作文题目应该达到启发学生的观察力、想象力、思考力，培养学生的组织力、表达力的教学目的。所谓想象力、思考力，不是什么神秘空洞、不可捉摸的东西。他们是以学生已有的生活经验、知识储藏为基础、为原料的；否则，思考就是胡思乱想，想象成为想入非非了。想象力、思考力和学生的观察是有直接关系的。学生对周围环境观察愈多，他的想象力愈丰富，思考力也愈强。除了直接的观察，学生可以从阅读课外书籍中丰富自己的生活经验、知识储藏，因而，课外阅读帮助着学生的想象力、思考力的发展。至于组织力和表达力，不仅是语文方面的问题，而且也是逻辑思维方面的问题。凡不善于合逻辑地思维、有条理地思维的人，就是不善于组织材料、表达思想的人。

目前在我们的学校中，部分语文教师出作文题目不够郑重。有的甚至在进教室前的几分钟内临时想出题目；题目往往大而无当，不根据儿童的生活经验与兴趣。这种"成人化"的题目就不能发挥儿童的想象力、思考力，也不能要求儿童对周围环境的观察。作文是应该建筑在学生的语文知识、技能的基础上面的；而有些教师出题目很少与语文课配合，所以学生的组织力与发表力受到了限制。许多学校中的语文教师出作文题偏于时事方面，用意在于加强思想政治教育。但对儿童进行思想政治教育是要照顾儿童的年龄特征。超过了儿童的理解程度的时事题目，只能使学生养成搬弄教条的习惯，不能起真正提高学生思想政治水平的作用。苏联小学低年级学生的作文，是从复述故事，或根据图画构思故事开始，这是符合于儿童年龄特征的。而在这中间，还可以很好地完成思想政治教育的任务。

2. 作文的指导　学生一切的课堂内的独立作业，都应该在教师指导之下进行，作文也是一样。目前部分语文教师，在作文课上，除了做学生的"生字顾问"之外，几乎是什么都不管的。教师在作文课上对学生的指导，可能采取的方式是指导学生找材料、立提纲、分段落。例如苏联小学高年级的作文课上，教师替学生编定典型的作文提纲一个或几个，供学生参考，同时告诉他们，这些提纲是可以改变的，学生可以依照自己所想的提纲来写作。其次，是学生写作时教师的课桌间的巡视。在巡视中，对学生的提纲、段落和标点符号等等，可予以适当的个别指导。

3. 作文的处理　凡用笔写的作业，我们习惯说是"书面作业"。教师对学生的一切书面作业，都应该有分析与批评。拿作文来说，应在一定时间，将批改好的课卷发还给学生，并在课上分析一般作文中的优点和缺点，分析个别学生作文（全部或一部分）中的优点和缺点等等。目前部分学校的语文教师，对于学生第一堂上做的作文课卷，要到上第二次作文课时才发还给学生。教师既不作分析批评，学生连阅读教师对自己作文所作的批改的时间都没有，一般只让学生看看评分。这样的批改，对学生的作文就一点不起指导作用。在这种意义上，可以说，教师所用在批改上的时间精力是浪费的。

二　复习的方法

（一）复习的意义　复习就是温习，它是巩固已经获得的知识的方法。但它的意义还不止此。第一、它可以"温故而知新"，提高与改进已有的知识的质量。第二、它可以使知识系统化，因为复习是需要学生在已经学过的知识上做一番整理功夫的。

（二）复习的种类　在苏联教学法中有下列几种复习：1. 学年开始时的复习，复习过去一学年乃至过去几学年中的功课的一部分，主要的是与将要讲授的新功课有直接关系的那一部分材料。这种复习的时间是不应该太长的。2. 平时课堂复习，这是在各个课堂教学环节中都可以进行的：在检查复习这一环节中，当然是进行着复习。在"讲授新课"中，也可适当联系旧教材，这也就是对旧教材的复习。在巩固新课，在家庭作业中也多包含着复习的意义。3. 在"复习课"中的复习。这是一种以复习旧课为主要教学目的的上课类型，适用于教学进行到一定阶段的时候。复习课的教学环节是这样安排的：1. 组织教学。2. 教师将教学目的告诉学生，有时候连教学程序也告诉学生。3. 按照预定计划，顺序提问学生。4. 教师对学生的答案加以补充。5. 总结批评学生在这堂课上所表现的成绩，并指定家庭作业。最后一种复习是学年结束前的总结性复习，复习过去一年所学的最基本的东西，而同时是学生在掌握上还有困难与缺陷的东西。

（三）复习的方法　复习通常采用下列几种方法：1. 问答式的谈话。2. 概括性谈话。3. 练习，尤其是语文、算术方面的练习。4. 各种方式的实习作业。

问答式的谈话是最常用的一种复习方法。应该说明，作为复习方法的谈话，是与作为传授新知识方法的谈话不同的。后者启发学生获得新知识，前者使学生再现旧知识。在这两种不同的谈话中，问题的性质应该有所不同。但即使是在作为复习方法的谈话中，问题也应多带启发性，要含有发展学生思考力与组织力的成分。叶希波夫、冈查洛夫合著的《教育学》上举了很好的一个例子，问学生："什么土壤最易渗水——沙土呢？还是黏土？"不如问学生："雨后在什么样土壤的地方干得比较快？"[①]前面一类的问题只不过要求学生简单的判定事实，沙子还是黏土。后面一类问题要求着学生开动脑筋，运用思考力。

可能学生对提问的兴趣不很高，这样就使课堂提问变得形式与机械。为了提高学生的兴趣，可以在复习旧东西中加入一些新成分：第一是形式上的变化。上面所举的"雨后在什么样土壤的地方干得比较快？"例子就是属于这种变化。教师所提问题，要尽可能不用课文上原有的文句。第二是程序、组织上的变化。例如，地理课上，原来的教材程序，是在各个地区中分别讲它们的气候、雨量；复习时要求学生比较或综合各个地区的气候与雨量情况，这就是程序组织上的变化。第三是内容上的变化，这就是在复习中加入些新的例子与材料。

部分教师认为，现在试行苏联课堂教学制度，课堂提问似乎太多了些。复习旧课固然要提问，讲授新课、巩固新课也要提问。他们以为这样多的提问是浪费时间，而且儿童的兴趣并不高。

当然，我们要承认，课堂提问是相当难以掌握的一种艺术。经验比较缺乏的教师，在课堂提问上是会感觉到一些困难的。我们还是开始学习，在这方面遭遇些困难是可以想象的。但通过练习，我们可以提高自己的提问的艺术水平，逐步克服在课堂提问中所遭遇的困难。在原则上讲，我们对上面的那种疑问应该有这样的理解：第一、已经说过，作为讲授新知识的谈话，与作为复习旧知识的谈话，性质是不同的；因此，所提问题的性质也应该是不同的。巩固新课这一环节中的提问，与复习旧课时的提问，也应该有所不同，前者的要求比较低，问题可以简单些。第二、也已经讲过，假使讲授新教材时用了谈话法，巩固

---

① 叶希波夫、冈查洛夫著，于卓等译：《教育学》（上册），人民教育出版社1952年版，第261页。——编校者

新课时就尽量不要用谈话法。第三、复习的方法不限于课堂提问一种,例如我们可以采用当堂板演、书面练习等等方式。第四、最重要的事情是怎样选择适当的问题,这是我们要在下一讲中加以说明的。

复习的方法,如上所述,除了问答谈话、练习以外,还有概括性谈话、实习作业。实习作业是指学生在学校农场、校园、实验室、工作室中的作业。例如,让学生在校园中亲手栽植一些植物,观察它的各个阶段的发育生长,这对于学生在有关这些植物、乃至一般植物方面的知识的巩固上,可以起很大的作用。此外,学生参观,假使是事后的或总结性的参观,也有巩固已经学过的知识的作用。"概括性谈话",在叶希波夫、冈查洛夫合著的《教育学》一书上,没有说明它的涵义。据我个人的理解,是就课文的"全部"知识内容进行谈话,与一般复习旧课中的问答谈话之以课文中的"部分"知识内容为题目者不同。进行这种谈话,需要将课文中所包含的各个"部分"的知识加以系统综合,使之成为一个整体。所以概括性谈话就是总结性谈话,相当于我们所知道的复述课文大意。这类"总结"是要由师生共同做出的,它可以帮助学生掌握、记住课文中最基本、最重要的东西。

三 指导独立作业的方法

学生独立作业(或称自动作业)有两种:一种是在课堂内,在教师的直接指导下进行的,例如,课堂内的作文和算术练习。一种是在课外进行的,一般称为家庭作业。

独立作业,不论是前一种或后一种,主要的目的,就是巩固已经获得的知识,并通过知识的应用,培养技能与熟练技巧。其次,独立作业的目的是训练学生怎样去独立地获得与应用知识,而学生的独立获得与应用知识是学校教学工作的最后所要达到的目的。第三,独立作业的目的还在于培养学生从事脑力劳动的技能、熟练技巧和从事脑力劳动的道德品质,如目的的明确性、工作的正确性、进行工作时的坚决顽强性、克服困难的意志、系统工作的习惯。

(一)课堂独立作业

有一类课是专为进行独立作业的,如作文课或其他以通过练习去培养技能与熟练技巧为主要目的的课。这类课的进行程序是:1.组织教学。2.检查复习,就是检查学生的家庭作业,收集学生的家庭作业簿,并复习将要作为这一堂作业的对象的教材。3.说明独立作业的目标,并进行一些讲解。4.儿童进行独立作业。5.收集学生的作业簿。

在一般课上,尤其在混合课上,每一课教学环节中都有学生独立作业的成分。例如,在检查、复习这一环节中,要学生板演应用题或书面解答问题,这些都是学生的独立作业。在讲授新课这一环节中,有时要求学生进行观察,记笔记,阅读课本;巩固新课时,有时亦采取做练习、阅读课文、笔记作业、解答应用题的方式,这些也是学生的独立作业。在我们已经学过的各种教学方法中,都有或多或少的独立作业的成分。例如,在参观、观察、实验、讲读中有学生独立作业的成分是显然的。甚至在讲述和谈话中也都需要学生一定分量的独立作业,例如记笔记、查阅地图等等。

教师上课的艺术,在于把教师的指导作用与学生的独立性、积极性正确地结合起来。一方面,在教师讲授的时候,要尽量启发学生的独立性,多替学生的独立工作留出地位。一方面,在学生进行独立作业的时候,教师不应该放弃他的指导的责任。

教师怎样去指导学生的独立作业呢?第一、是作业的选择。教师要选择适当的作业题目,这类作业必须是学生力能胜任的,但同时要包含一些困难的因素,要通过学生的努力而加以克服的。第二、要对学生明确说明作业的任务或目的、要求。第三、给学生以方法上的指导,包括预先替学生解决一些困难问题。例如,在学生阅读课文前,预先替学生讲解一些难字难句。第四、先由教师指导学生试做,由教师加以检查、分析、再指导,然后学生完全独立地做。第五、教师课桌间巡视,对学生,尤其是有困难的学生和不用功的学生进行检查与指导。

在苏联学校中,有专以分析批评学生独立作业(书面或口头的)的课。这类课的进行程序一般是这样的:(1)把教学目标告诉学生;(2)把检查过的学生作业的结果告诉学生;(3)分析许多学生在作业中所犯的错误;(4)分析个别学生作业(全部或一部分)中的优缺点;(5)进行复习性练习,必要时教师作补充说明;(6)学生订正错误,教师指定新的作业,叫学生当堂完成或带回家中去做。

(二)家庭作业

1. 家庭作业的种类　家庭作业按照它的性质,分为下列三种:(1)复习性的,旨在巩固知识(例如熟读教材)和培养技能、熟练技巧(如算术练习与习字)。(2)创作性的,如比较复杂的算术应用题、制作图表。(3)实习性的,如制造直观教具,在实验室、工作室或学校农场上进行实习工作。(4)预习性的。在小学里一般是不要求学生进行预习的,只有在两种条件下才可以要求学生进行一些预习:第一、教材浅显,学生阅读上困难比较少。第二、新教材和以前学过的教材性质相类似。

2. 家庭作业的方式　第一、熟读教材,包括背诵课文。第二、解答习题,尤其是算术应用题。第三、练习,尤其是书法练习。第四、其他,例如叫低年级学生在家中构思故事;还有,上面所讲过的实习性的作业等等。

3. 家庭作业的指导　这是在布置家庭作业这一环节中进行的。要有充分的时间进行这种指导,通常是在混合课上的最后一个环节中进行的。在第四讲里讲课堂教学制度时,曾经说过,缺乏经验的教师,因为不能正确掌握时间,可以把布置家庭作业这一环节移置在前面。现在再强调说明一下,这是一种万不得已的办法,不可成为定例。因为,这样的移置,在上课结构的逻辑上讲是不通的。

学生家庭作业的具体指导,与学生课堂独立作业的指导大体相同:郑重选择作业题目,向学生做充分说明,让学生知道为什么要这样做,要做些什么,当堂给学生一些方法上的指导,例如试解应用题、教笔顺等等。

关于家庭作业的分量问题,在第四讲里曾经讲过,不宜过重。据说在目前不少学校中布置家庭作业有过重现象,这是应该加以注意、纠正的。

4. 家庭作业的要求　学生的家庭作业,要产生良好的教学效果,必须达到下列要求:

(1) 自觉性、独立性的要求。学生对于所指定的家庭作业,要充分了解它的重要性与必要性,因而有争取完成的意愿与热望。其次,家庭作业一定要学生自己做,不可依赖别人。抄袭同学的作业固然是不可以的,父母和家庭中的其他年长成员也不应助长学生在工作上的依赖性。学生在作业上有困难,要尽量让学生自己去克服。再次,学生做家庭作业,一定要多开动脑筋,不能机械、形式地进行工作。最后,学生要养成自我检查的习惯,就是在作业完成之后,要自己检查一下,是否符合要求,是否有错误。

(2) 计划性、系统性的要求。家庭作业的布置,在分量上、在内容上,要有计划、有系统。例如,布置练习,固然以刚才学过的东西为主要题材,但也应酌量加入过去学过的东西。也要根据学生对有关知识、技能的掌握情况。如学生对某一部分特别弱,特别感觉困难,就应该多布置些这方面的练习。同时,学生进行家庭作业,要在固定时间、固定地点如期完成,以养成他们系统工作的习惯。

(3) 正确性的要求。教师对学生的家庭作业,不能允许"粗枝大叶",不能满足于"差不多"。在这方面，教师对学生应有严格的要求。要养成学生精确工作的习惯，同时还要坚持学生作业的整洁、美观的要求。在这点上，教师本人的示范作用，是很重要的。

5. 家庭作业的检查与处理　通常，家庭作业的检查，是在"检查、复习"这一环节中进行的；接下去就是讲授新课。附带提一下：在第四讲里讲课堂教学制度时，曾经说过，在讲授新课之前，先来一个复习旧课，其作用之一，是联系新旧教材。现在要说明一下，这种联系不要机械，不要形式。在教科书的编排上，假使有好几课前后连续，在这种情况下，新旧教材之间的联系是很自然的。假使上下两课的教材，实在联系不上，那就不要勉强。在适当的情形下，联系更早一些时候所学过的一些东西，或联系一些学生的生活经验，也是可以的。

检查的方法：(1)教师在课桌间的巡视。在巡视的时候，对一部分作业本子，要当场批评与评分，这可以引起学生对检查家庭作业的重视。(2)分析批评个别学生的作业，叫其他学生根据它对比自己的作业，或者叫个别学生朗诵自己的作业，叫其他学生对比自己的作业后，提出补充或修正。(3)叫少数学生上黑板去复演家庭作业中的习题，这可以检查出学生做家庭作业的过程是怎样的，也可以检查出学生对待家庭作业的态度是否老实。

以上讲的是当堂检查家庭作业。但绝大部分的家庭作业，需要教师带回去在课后检查。这就是作业的批改问题。

目前教师在批改作业上，包括家庭作业与课堂独立作业，所费的时间是相当多的。如何使这方面的工作分量不致过重，当然是一个重要问题。在奥哥洛德尼柯夫、申比廖夫合著的《教育学》中，曾经提到这个问题：有些作业可以在课堂上查阅，例如图画、图表作业。部分作业可以当堂改正，例如算术应用题；可以问个别学生如何解答应用题，得出了什么答数。这样就可以当场校正了若干本。学生也可按教师的指示自己改正错误。

上面曾经提到，教师应养成学生自我检查的能力与习惯：做完了作业，要自己检查一下，改正错误，然后由教师检查。在教师指导之下学生自己改正错误或学生相互检查的办法，也可定期行之。但无论如何，教师必须自己经常批阅所有作业簿子。在不能批阅全部作业簿子的时候，对成绩落后学生的作业，还是要抓紧检查。在当堂检查家庭作业或课堂独立作业时，也应多多注意这一类学生。

教师在批改作业上，所以负担特别重，大部分是因为学生在作业中的错误多。假使学生能在作业中少犯错误，教师的批改负担就可大大减轻了。使学生减少作业中的错误的办法是：做好讲授新课的工作，使学生的家庭或课堂独立作业，是在确实掌握了有关部分的知识的基础上进行的。学生还没有懂得教师所讲的东西，怎能把家庭作业或独立作业做好呢？其次，就是上面已经讲过的做好家庭或课堂独立作业的指导。最后学生之所以在作业中多犯错误，因为前学后忘，知识没有巩固。教师在教学中加强知识与技能的巩固工作，也可以减少学生的错误，因而可以减轻批改的负担。批改作文需要教师花去的时间是最多的，但如果作文题目选择得适当，而在作文时，教师对学生有适当的指导，那么教师批改时，就可以少花一些时间。教师在这方面花的时间特别多，一部分的原因，是教师删改太多。这对于学生，是有害无益的。

对于批改作业问题，教师第一应该考虑的，不是如何减轻自己的工作负担，而是如何使学生在作业中获得最大的益处，如何使家庭作业或课堂独立作业产生最大的教学效果。批改了作业，一定要有分析、批评，使学生可以知道自己优缺点的所在，从而巩固与发扬自己的优点，纠正与克服自己的缺点。假使没有分析批评，那么，批改工作就是劳而无功的工作。

四　结论

（一）以上我们讨论了各种巩固知识与培养技能、熟练技巧的方法。就是复习的方法、指导独立作业的方法，也是以知识之巩固与技能、熟练技巧的培养为主要教学目的。在结束之前，我们可以谈一下资产阶级教育学中对知识与技能、熟练技巧的巩固与培养是怎样看法的。以过去对旧中国的教育影响最大的杜威来讲，他是反对练习、复习乃至考试的。他荒谬地主张，学生只要"领会"了知识，到应用时自然会应用，不必经过复习与练习。这种教学主张的作用是降低广大人民对知识的掌握，这是有利于统治阶级的。我们的学校，在过去不必说了，甚至在现在，还有一部分教师不重视知识的巩固与技能、熟练技巧的培养，甚至认为是时间的浪费。这多半是杜威的教育思想在新中国的残余表现。我们要把在这一讲中所讨论的各种教学方法进行得好，首先要求我们肃清思想中的杜威主义的毒素，要求我们在思想上重视知识的巩固与技能、熟练技巧的培养的工作！

（二）从这一讲中关于巩固知识与培养技能、熟练技巧的方法、复习的方法、指导独立作业的方法以及上一讲的关于传授新知识的方法的讨论中，我们可以得出这样的结论：

第一,在同一堂课上,要采用好几种教学方法。更具体些讲:(1)一堂课要完成几个教学目的,所以需要用几种教学方法。在课堂教学的每一教学环节,如复习旧课,讲授新课,巩固新课,都代表着不同的教学目的。所以不同的教学环节,往往要求不同的教学方法。(2)就在同一教学环节中,为了完成同一类教学目的,例如,讲授新知识,也可能采用各种不同的教学方法,这是根据学科性质、课题性质、学生年龄特征而决定的。(3)在完成各种教学目的,尤其在完成传授新知识的教学目的时,往往不能采用一种单一的教学方法,而是各种教学方法配合使用的。

第二,一种教学方法,可以用以完成不止一种教学目的,例如,谈话法既可用以传授新知识,也可用以巩固知识或检查知识;预备性的参观或在课题教学进程中举行的参观是传授新知识的方法,但总结性的参观就是一种巩固知识的方法了。我们根据不同的教学目的替各种教学方法分类,这是按照叶希波夫、冈查洛夫的办法。并不是所有的苏联教育家,都以此标准来分类的。我们不要把这一分类看成绝对,以为一种教学方法,既然属于某一类,就只能用以完成那一种教学目的。

(三)以上讲的只是普通教学法。至于讲得更具体、详细,那是各种教学法,例如,地理教学法,算术教学法。

第七讲 学业成绩考查与五级制记分法

一 学业成绩考查

（一）学业成绩考查的意义

1. 学业成绩考查是检查或鉴定教学效果的一种手段。学生究竟学好、学会、学懂了没有，是需要我们加以检查、鉴定的。不仅是教师对学生的学习效果需要加以检查、鉴定，而且学校领导对教师的教学效果也需要检查与鉴定；进一步，我们国家对各校的教学效果也要有检查与鉴定。比如，一个工厂，对生产的成品，要经常检查它的质量是否合乎规格。我们教学工作也需要作这样的检查，通过检查来鉴定学生的学习质量好不好，教师教学工作好不好，整个学校办得好不好。这是成绩考查的第一个意义。

2. 学业成绩考查也是鼓舞学生学习的一种手段。这里我们要讲清楚，学业成绩考查不限于学期、学年终了时的一次考试，也包括对学生学习效果的经常考查。经常的考查是对学生的经常的督察，有了经常的督察，学生就会更认真、更系统地进行学习。所以，它是鼓舞学生学习的一种手段。

其次，成绩考查可以替学生在学习上指出一个努力的具体目标。我们通过成绩考查，使学生知道，什么是最好的成绩，自己的学习效果与最高的学习效果还有多少距离。成绩好的，会感觉自己的成绩已经接近最高目标，他会感觉到胜利的愉快，他要继续努力学习；成绩不好的，他可以明确自己不好在什么地方，要达到更好，乃至最好的标准，还有多少距离，他可以在思想上明确自己努力的目标，急起直追，改进学习。

3. 学业成绩考查是鼓舞教师提高教学质量的手段。通过成绩考查，教师可以掌握学生学习情况，可以了解学生在学习上存在的问题与困难；根据这个，想出补救办法与解决方案。通过成绩考查，教师也可以明确自己教学工作究竟做得好不好，假定不够好，就要努力改进自己的教学。教师从成绩考查的结果中，可以分析自己教学工作的优点、缺点，作为今后改进的根据。

4. 总之，我们要明确成绩考查的目的性。整个地说，它是提高教学质量的一种手段，特别是和不良成绩作斗争的一种武器。我们不是为成绩考查而成绩考查，我们是为了提高教学质量、消灭不良成绩而进行学业成绩考查。因此，我们的学业成绩考查工作，必须与一般的、全部的提高教学质量工作联系起来。

我们不要孤立地来学习苏联的学业成绩考查制度,要把学业成绩考查工作与整个改进教学、提高教学质量的工作联系起来,统一起来。

再则,要明确认识,成绩考查不仅是教师考查学生,也是教师考查教师自己,也是国家考查教师的工作。因此,我们要以严肃认真的态度,对待学业成绩考查工作。

(二)学业成绩考查的种类与方式

成绩考查可以分为平时成绩考查与学年考试两种。在平时成绩考查中包括总结性成绩考查。我们过去对成绩考查的了解是狭义的,以为只是在学期或学年终了时举行的一次考试,再加上期中考试,就是学业成绩考查的全部。这种认识是不完整的。现在我们所了解的学业成绩考查,包括学年考试,也包括平时的考查,而在平时考查中又包括学季、学年末的总结性考查。苏联的学校对学生学业成绩的平时考查是很重视的。联共(布)中央对学业成绩考查曾经有过一个指示:学业成绩考查必须根据教师对学生学业成绩所进行的日常的、个别的、有系统的考查。因此,我们要先来谈谈平时考查。

平时考查有以下几种方式:

1. 上课的观察 观察学生在上课时是否静心听讲,认真学习,注意力是否集中,是否有积极的思维活动。如果我们发现有部分学生注意力涣散,不安心听讲、不认真上课,并没有积极的思维活动,教师可以采取适当方式唤起他的注意力。例如,其中有一个方式,是在讲述中间提一两个问题,询问这类学生,看他注意了没有。这种课堂观察,也是课堂教学制度中的组织教学工作的一部分。这种观察或考查的结果是不评分的。

2. 课堂独立作业观察 我们在前一讲中曾经说过,学生的独立作业有两种:一种是在课堂里进行,一种是在家庭中进行。我们现在要讲的就是教师对学生的课堂独立作业的观察。学生在课堂里做习题时,教师可以,而且应该在课桌间巡视,观察学生是否在做习题,做得是否完整,是否正确,有什么错误,有什么困难,随时对学生加以帮助、指正。教师通过课堂巡视,也可以掌握学生的学业情况。这种考查的结果,也是不评分的。

3. 检查家庭作业 这个工作是在上课时检查复习的环节中进行的。学生把家庭作业做好了,带到课堂里来。这种作业,一小部分可以当堂检查,一部分要带回办公室或家中去检查。假如在课堂上检查,对检查过的作业不但应该当场评分,并且要告诉学生作业的好坏。不管在课堂上或带回去检查,教师对学生的家庭作业都必须有总结、有批评,对每个学生的家庭作业都要记分数。教师还要把每个学生在家庭作业中所表现的学业上的优点、缺点、困难、错误的地方记录下来。

4. 课堂提问　在苏联学校的课堂教学制度中,提问占着一个重要的地位。上次讲过了,我们在复习旧课中有提问,那是复习旧课的主要形式;而我们在巩固新教材,乃至在讲授新教材中,也可以有提问。我在前一讲中已经讲了复习的方法。我们说,复习有几种目的或作用：第一、巩固已经获得的知识;第二、改进已经获得的知识;第三、使已经获得的知识系统化。这里我还要补充说明：复习还有考查学业成绩的作用,因为教师对学生进行复习工作,同时也是对学生进行成绩考查工作。所以,我们讲到学业成绩考查时,还是可以把课堂提问研究一下。

课堂提问是这一讲的重心,因为在苏联学校中,是把课堂提问当作和不良成绩作斗争、提高教学质量的重要手段的。

关于课堂提问,我们要注意如下几个问题：

(1) 问哪几个人？我们不应该随便问学生,要事先准备好问哪些学生。提问的对象要普遍,不能集中在少数学生身上。我们不可能在每一堂课上问到每一个学生,但在一学期中,我们总要问到每一学生几次,而且次数越多越好。另一方面,我们也不能采取平均主义的办法,每个学生,一学期一定要问多少次。哪些学生应该问得次数多一点？一般说,比较不用功的、成绩差的、注意力不集中的学生,可以多问一点。不过,原则上提问不能集中在少数人身上,每个学生在一个学期中都要有机会被问到几次。此外,还要防止一种弊病：假使教师在这一堂课上问了一个学生,第二、第三次一定不问,一定要隔了多少次才问,学生掌握了教师的这种"规律",就会疏忽平时对功课的准备。因此,教师对同一学生提问的前后次数之间的日期的间隔,应该是不规则的。这可以使学生有一种感觉,他们每堂都有被问到的机会。

总的说来,究竟问哪些人,教师应在事先考虑决定,而且要把名字写入教案中。

(2) 问些什么？问题有好几种。我们可以问一些基本问题,也可以问一些补充问题;我们可以问前一堂课的内容,也可以问前几堂课上已经讲过的内容,也可以问刚在本堂课上学过的东西。关于最后一类提问,是在巩固新课这一课堂教学环节里进行的。这种提问,一般说来,要求比较低,问题比较简单,也并不记分。虽然不记分,这类提问的学业成绩考查的作用还是有的。有的问题是前后有系统的;有时候,问题不一定前后有连贯性。关于以上所说的各种问题,我们要根据具体情况作很好的安排、选择。

关于问题的种类,更应该注意的就是:有一种问题是记忆性的,另外一种是启发性的。我们并不是说,记忆工作不重要,因而记忆性的问题不能提问。但一般地讲,教师应尽量多提启发性问题。尤其在目前,提问时比较容易犯的毛病是偏重单纯记忆的问题。所以,我们更要特别强调启发性的问题。学生要回答启发性的问题,还是需要记忆以前所学过的东西的;并不是有了启发,就没有记忆。启发性问题有怎样的构造,我们可以举一些简单的例子来说明:

1.要求作比较的问题。一般的比较或特殊的比较。例如:在自然课中,讲到消化器官的传染病,讲到痢疾,一种是虫痢,一种是菌痢。我们可以问虫痢与菌痢有什么不同,这就是一般的比较。假使问虫痢与菌痢在病象上有什么不同,这是某一方面的比较,就是特殊的比较。2.要求确定因果关系的问题。例如,上地理课,讲到我们国家的气候。我们可以问学生,为什么我国北部的气温低,南部较高、中部适中?要学生说明其原因。3.说明事物特征的问题。例如,历史课上,讲人类的原始时代。我们可以问,原始人的生活情况怎样?他们吃些什么东西?住在什么地方?这类问题就属于说明事物特征的一类。4.要求学生进行分析的问题。例如,地理课上,我们讲到苏联,要学生分析苏联的人口、土地、面积,它的社会、经济制度,这是分析性的问题。5.综合性的问题。这类题目要求学生对已学过的知识作系统化或综合工作。也以地理课为例:我们学习中国各个地区时,关于它们的雨量、物产都学到了。我们可以出一个题目问学生,中国几个地区的雨量是怎样的?物产是怎样的?这就是综合性的问题。6.应用已经学过的知识去说明新事实的问题。例如,我们在自然课上,讲到了黑色金属。学生已经学过了生铁、熟铁与钢的性质。我们问学生:为什么铁钉不是用生铁或钢来做?这就是应用知识说明新问题的问题。7.应用知识去解决实践问题的问题。例如,在自然课上,讲完了空气,可以问:玻璃瓶塞很紧,用什么方法把它开启?以上就是有启发性的问题的几种类型。

(3)怎样问法?有一部分,前面已经讲过了,例如,先发问,后指名,例如,要耐心听取学生的答案。现在再补充几点:首先,要多问一些学生。这当然与时间的掌握有关,需要事先有很好的准备。为了达到在一定的时间以内多问一些学生,可以采取"平行"提问的办法:一面叫一个或二三个学生板演,一面向全班提出问题,而指名一个学生回答。也可以采取主要问题与辅助性问题,需要较多时间回答的问题与简短的问题交错或搭配提问的办法。更重要的,要使全班学生都参加到问答中。采取的方法：一个人答过以后，再叫第二人补充纠正，或另一人复述。假使第一个学生答得不好，可以叫比较优秀的学生来回答，叫第一个学生站着听，等到第二个学生答好了，或教师修正好了，再叫他复述一遍。学生在答问时有困难，可以提一些辅助问题，以启发他的思路。我们要使学生自觉地回答问题。所谓自觉地回答是对形式主义的、机械的回答而言。要求自觉的回答是要学生把以前学过的东西融会贯通，作为自己的东西，用自己的语言来回答。

其次，在复习旧课时，我们对学生的问答，一般是要评分的。不但给分数，而且要指出为什么给这个分数，还要指出这个答案的优点和缺点。

最后，要注意学生语言的培养。教师不但要求学生的回答，在内容上正确，在语言形式方面也要求合乎文法与逻辑。教师要纠正学生在这方面的错误。其次，教师应要求学生回答时声音响亮。

5. 书面考查　考查学生的学业成绩，也可以不用口头提问，而要学生用纸笔回答。这就是书面考查。书面考查的优点，在于它能在比较短的时间内，用比较多的问题来考查全班学生。课堂提问只能问到个别学生，而书面考查可以考查到全班学生。

书面考查一般说，应该在讲完教学大纲中所规定的一个段落以后进行。这种书面考查可以使学生事先认真地准备。但是也有一种可能发生的流弊，就是使学生对它采取突击应付的方式。尤其在我们学校中，平时少做或不做其他方式的成绩考查（如课堂提问），往往要在教学进行到相当长的时间以后才举行一次考查，这样，容易使学生对学业成绩考查采取突击的方式来应付。书面考查有它的必要性，我们可以，而且应该举行书面考查，尤其像语文、算术、历史、地理，都应该采用书面考查的方式。同时，我们要明确：我们必须把书面考查作为我们平时的学业成绩考查的方式之一，作为其他方式的平时学业成绩考查的一种补充。如果平时没有任何其他形式的成绩考查，而要在期中或期末时才来一次书面考查，那就不是作为平时成绩考查的方式之一的书面考查了。

书面考查可能用一堂课的时间，也可以用一堂课上的一部分时间进行。

书面考查的结果，除了要评分以外，还要进行分析、批评。教师应该把学生在书面考查中所表现的学业上的优点、缺点指出，尤其是把缺点指出来，使这些缺点以后可以避免。

以上讲了各种平时学业成绩考查的方式。前面已经说过，平时考查，在苏联是特别重视的。联共（布）中央对这个问题的指示，要教师对学生进行日常的、有系统的、个别的考查。我们应该体会这种精神,特别注意"日常的"、"有系统的"几个字。假定我们不做,或没有做好以上各种形式的平时成绩考查,而单凭期终的总结性考查或学年考试,那么,学业成绩考查就不能发挥其作为提高教学质量的重要手段的作用了。

现在再讲总结性的考查。总结性考查是在学季(在苏联学校中,一学年分为四学季)、学年终了时举行的,用总复习课的方式来进行。因为复习课同时也就是检查(考查成绩)课。我们在四十五分钟的一堂课内,对学生进行了复习、提问,也就是对学生进行了学业成绩的考查。

关于复习课的结构,即是它的教学环节的安排,在讲复习的方法时已经说明过了。

教师在学季之末,从以上各种形式的平时成绩考查(包括总结性考查)中所得的分数中,总结出"学季评分";在第四学季终了时,以第四学季的"学季评分"为主要根据,参考以前三个学季中的学季评分,得出"学年评分"。虽然苏联把总结性考查,列入平时成绩考查之内,但在这种总结性考查中的分数,在总结评分中,可占较大的比重。所以,总结性考查事实上相当于我们过去的期中或期末考试。

但在苏联学校中,"考试"的意义跟我们过去所了解的不相同。在苏联中学低级里,在学季、学年评分(其中包括学季、学年的总结性考查评分)之外,要举行学年"考试"(升级考试或毕业考试)。小学的最初三年只有学年评分而不举行考试。苏联学校考试时,有的科目用口试,有的用笔试,不论口试或笔试,题目都由教育行政机关拟发。

我们的《小学暂行规程(草案)》第五章第二十四条规定着,第一、二、三、四学年各班,由教师于学年终根据儿童平时成绩的发展情况,酌定分数,作为学年总成绩,不举行学年考试;第五年举行毕业考试(当时是五年一贯制),考试记分和第五学年的学年成绩结合起来,作为毕业总成绩。这是根据苏联的成绩考查制度的精神而制定的。不过,在苏联小学校中,虽然没有学年考试,但期末时有总结性考查,而这种考查的分数应在学季及学年评分中占较大的比重。

二 五级制记分法

不管是平时考查或学年考试,考查、考试的结果,都是要评分的。在苏联中小学里面,评分采用五级制记分法。关于五级制记分法,分以下几点来说明:

（一）五级制记分法的优越性　五级制记分法的优越性，对我国讲，是比较过去的百分记分法来讲的。

（1）百分记分法是没有客观标准的。例如，给五十九分或六十分，这一分之差，究竟根据什么标准，是无法确定的。过去有一种考试方法，在部分小学中采用过的，就是从美国学来的所谓"客观测验法"，或称"新法考试"。在这类考试或测验中，题目很多，一堂课的时间内可以答一百多个题目。答题的方式是多种多样的：有画正负号，就是对的画一"＋"号，错的画一"－"号；有填充空白；有选择答案，就是在题目下附有几个答案，其中有一个是正确的，叫学生把他认为正确的答案的数目字填入括弧中；……这类考试中的题目是有标准答案的，每一题目，分别给分，加起来就成总分。因为有标准答案，而且计算很刻板，所以不同的人阅卷，不会打出不同的分数。美国人自以为这类考试，给分有客观标准，所以自称为"客观测验法"。但这种考试方法只能测验学生凭机械记忆的零碎、片段的知识的数量，不能考查学生知识的真正质量。在这种测验方法中，只能用记忆性的题目，不能用启发、理解性的题目。这是所谓"客观测验法"的根本缺点。

五级制记分法——五分、四分、三分、二分、一分代表五个等级。在两个不同的分数等级之间，有一个相当大的距离。因此，两个不同分数的决定，是有充分的客观标准的。同时，采用五级制记分法，我们对学生考查或考试的题目，必须是启发性、理解性的问题，而不能用单纯记忆性的问题。它主要的是要考查知识的质量。这是五级制记分法的第一个优点。

（2）百分制记分法是平均主义的计算方法，五级制记分法却要看发展趋势。例如，一个学生在一个学期内有十次分数，以前几次比较差，以后有进步了，最后特别好。我们应该多肯定这个学生好的几次分数；我们应该以这个学生最后几次，尤其是最后一次的总结性考查分数作为主要根据。以最后一次的总结性考查的分数为主要根据，还因为，在最后一次的考查中是包括过去所学过的全部知识内容的。不过，我们也不能专讲最后一两次。这样会鼓励学生平时不用功，到了最后用突击的方式，狼吞虎咽地吃下去。一句话，教师打分数，并不是机械的，要灵活掌握。而这正是有力地说明了五级制记分法对百分制的优越性。

附带还要说明，假使采用五级制记分法，是不讲各科平均分数的，每门学科都有它独立的分数。

(3) 百分制是讲名次的,这会助长个人主义的竞争。五级制记分法不是讲名次的。用百分制,名次决定于一分之差,乃至小数点之差。不可能每个人都是顶好。五级制记分法可以达到全班都是五分。这是苏联教师努力的方向——争取全班学生都达到五分。假使讲竞争,那是个人对自己过去的成绩的竞争。这不是个人主义的竞争,而是集体的提高。因此,五级制记分法是鼓舞全体学生提高学习质量的一种手段。

(二) 记分标准 五级制记分法所用的五分、四分、三分、二分、一分究竟代表什么意义呢?这是有一定的标准的。标准一共有以下五个方面:(一)学生掌握知识的广度的标准,即学生了解是否全面;(二)知识深度的标准,即学生了解得透彻不透彻;(三)应用知识的能力的标准,即学生是否能把学到的知识应用去解决新的问题;(四)表达知识的能力的标准,包括口头的和书面的表达;(五)学生所犯错误的性质与数量的标准,即错误的性质是否严重,错误的数量多不多。

怎样才给五分?它代表什么意义?就是:学生对教学大纲中所规定的全部教材,了解得特别好,特别牢固,对问题的回答很正确,而且能够自觉地回答。他能够把他学到的知识应用在实际的习题中去。他能够用正确的语言表达,没有语文上的错误。这样,给五分。

怎样才给四分?学生能掌握教学大纲中所规定的全部教材,了解得很好,但不是特别好,也相当牢固;对问题解答并不感觉困难,能够应用已经学过的知识来解决许多实际习题上的问题,在表达上没有大的错误。这样的成绩给四分。

什么是三分?学生对教学大纲中所规定的基本内容是掌握了,应用知识有一点困难,但是教师稍稍加以帮助,就可以克服,语言有小的错误。这样的成绩给三分。三分是及格的分数。

什么是二分?不熟悉大部分教材,基本内容没有掌握。

什么是一分?对教材完全不了解。

(三) 实行五级制记分法的条件 实行五级制记分法应具备下列条件:

(1) 要有明确的要求:这就是要明确所要考查的知识、技能的范围。这种范围根据什么来确定呢?首先、也主要是根据教学大纲。教学大纲规定着某个年级、某门学科、一学期、一学年之内学些什么东西。其次要根据教科书,教科书中所规定的知识、技能的内容,比教学大纲更详细。再次,要根据教师的讲授。当然,主要的根据是教学大纲,因为教科书是要根据教学大纲编写的,教师的讲授也不能离开教学大纲,自搞一套。

我们采用五级制记分法,首先要求教师对教学大纲中所规定的知识、技能的范围,做到心中有数,也要使学生明确,他们所应该掌握的是哪些知识、技能和熟练技巧。部分教师考学生,往往不管怎样教,只管怎样考,这是不可以的。我们教什么才能考什么,考什么须要根据教什么,而教什么是根据教学大纲的。目前我国小学的各科教学大纲草案,只颁布了算术一种。假使我们采用五级制记分法,我们应该根据什么? 应该根据教科书,根据讲授提纲。考查或考试的范围,应该由各校教师,在教研组中共同拟定。这是在政府没有颁布各科教学大纲以前,为了明确对知识范围的要求,我们应该做的工作。

(2) 客观标准:上面所讲的掌握知识的广度、深度等五方面的标准,是一般的标准,不能解决具体问题。所以,还需要各校对各个年级、各门学科,分别拟定具体标准。比如,二年级语文,应该达到什么标准? 什么情况下给五分;四分;三分;二分? 每个年级,每门学科,应该有它自己的具体标准。这种标准在原则上应该是全国统一的。例如,甲地某校某一学生二年级算术得五分,与乙地某校同年级学生所得的五分,应该代表着相等的质量。否则,各地各校评分标准不一,国家就无从根据分数的统计来考核各校的教学工作质量。当然,在目前的中国,这个要求还是太高。但我们也应该尽量做到有客观具体的标准。

(四) 推行五级制记分法中的问题 《小学暂行规程(草案)》第五章第二十三条规定着,小学的学业成绩考查,应逐步采用五级制记分法,在未采用前,得暂用百分记分法。目前全国各地小学,对采用五级制记分法是很热心的。但在采用的过程中,发生了许多问题与困难。

在采用五级制记分法的过程中,之所以会发生问题与感觉困难的主要原因,是我们狭隘地理解了苏联学校的学业成绩考查制度。五级制记分法是苏联的整个学业成绩考查制度中的一部分。我们在热心地学习采用五级制记分法,认为它有许多优点。这些优点无疑是存在的,但它们是整个学业成绩考查制度的优点,不是孤立的五级制记分法的优点。我们不照苏联的办法来进行学业成绩考查,单照五级制记分法来进行成绩评定,那是没有什么好处的。苏联学校的学业成绩考查,着重在对学生的日常的、个别的、有系统的考查。我们不学习这点而学习五级制记分法,其结果必然是把百分折算为五级分,换了形式,没有改变内容。假使我们平时很少评分,我们怎能从"发展趋势上"去评定学生的成绩,根据什么去进行学期或学年总评分?

我们在采行五级制记分法时的困难就发生在平时评分,尤其是对学生的口头提问时的当堂评分,因为我们过去没有根据学生口头回答而当堂评分的习惯。症结在于:我们对学生提出的问题,往往是太简单,在对于简单问题的简单答案上,我们只能评定它"对"或"不对",而不能断定答案质量的等级(三分,四分,或五分……)。在中国的苏联专家们参加我们中小学的观摩教学时,常有一种批评,说教师对一个简单而不费力的答案给五分是不应该的。反过来讲,对一个简单的答案,给一分、二分也往往是不公平的。要解决当堂评分的困难,我们应提出一些或一系统的需要学生用较长时间回答的问题,需要作比较全面、系统的回答的问题,需要多开动脑筋去回答的问题。教师还可以提一些补充问题。这样,教师评分时,就比较有把握了。我们已经讨论过"记分标准"。假使学生就简单问题作简单回答,我们怎能断定他所掌握的知识的深度与广度,他的应用知识的能力,表达知识的能力,以及所犯错误的数量与质量呢?有时候我们需要提一些比较简单的问题,对这类问题的答案,一次评分是没有把握的;教师可以自己记录结果,累积几次,再予评分一次。

我们往往感觉用五级制评分困难。其实,问题不在五级制本身。假使我们难以区别三分与四分之间的界限,要区别六十九分与七十分之间的界限不是更为困难吗?

对简单问题的回答,往往是机械背诵性质的回答。苏联的中小学中,要求学生对问题作自觉的回答。教师对机械背诵的回答,即使答对了,也不给高的分数。只有在需要较长时间回答,系统、全面的回答的问题上,我们才能看出,学生对知识究竟是机械、形式地掌握了呢,还是自觉地掌握了呢?这也就牵涉到教学中的自觉性、积极性原则的问题。

要对学生提出需要作系统、全面回答的问题,就要增加复习旧课这一课堂教学环节的时间。在这个环节上只支配二、三分钟,是没有办法把提问做好,也无法克服当堂评分上的困难的。

以上的讨论可以使我们得出这样的结论:我们不能孤立地来学习应用五级制记分法,而应该把五级制记分法作为苏联学校的整个学业成绩考查制度中的一部分来学习应用;而我们对苏联的学业成绩考查制度又必须把它与苏联的教学原则、课堂教学制度联系起来学习应用。

我们也要学习苏联教师对待评分的认真严肃的态度。教师评分不要太宽纵,也不能太严。分数太宽,失却鼓舞学生认真学习的作用;太严会打击学生学习上的信心与热忱。教师要以同情、关怀的态度对待学生的成绩：对于学生在分数上的进步，要有由衷的欣慰，对于学生的不好的分数要感觉遗憾。学生是敏感的，他们会由于教师对他们的关怀而感奋，从而更好地学习。

我们也要培养我们的学生像苏联中小学生一样重视评分。苏联学生，对班上每一同学获得的好分数，当作全班的光荣而欢欣；对不好的分数，当作全班的不光彩而遗憾。

苏联的家长也用十分认真的态度对待学校的评分。这是我们从许多教育文艺作品以及一张名画《又得了二分》中可以看到的。

要学生和学生的家长重视评分，首先要求教师以认真严肃的态度对待评分，使自己评出的分数确实能代表学生掌握知识、技能、熟练技巧的质量，并使自己的评分能成为提高学生学习成绩和培养学生道德品质的手段。

三　结论——与不良成绩作斗争

与不良成绩作斗争——这是苏联教师的群众性的斗争口号。所谓群众性的斗争口号，就是说，这是苏联教师自己提出的努力的方向、斗争的口号。这个口号的消极提法是"为消灭留级（不及格）现象而斗争"，积极的提法是"为提高教学质量而斗争"。教学质量具体表现在分数上，而分数的评定是要经过学业成绩考查的。所以，我们要拿这个口号作为这个报告的总结，甚至作为过去几个报告的总结，因为我们讲教学原则、课堂教学制度、教学方法，最后都是为了达到这个目的——消灭留级（不及格）现象，提高教学质量！

目前在上海的小学中，留级、不及格现象是相当严重的。一般地说，不及格人数要占全数30%。这个比例是不算小的。对于我们祖国来说，这是一个很大的损失。因此，我们要重视这个问题——怎样消灭不及格、留级现象。首先，我们要分析造成留级、不及格现象的原因：

（一）教师方面的原因：(1)教师的责任感不够，教学不够认真负责；(2)对教材的掌握有问题，业务水平比较低；(3)教学工作组织不够好，不知道正确应用几个教学环节；或者只能形式地应用，不能掌握每个环节的目的性和它的意义；(4)没有能够在教学工作中贯彻各个教学原则，尤其在目前，最大的缺点是不能贯彻自觉性、积极性原则；(5)没有采用适当的教学方法。

（二）家庭方面的原因：(1)家庭物质环境不够好，例如，没有适当地让儿童进行家庭作业的设备；(2)父母对子女的学习关心不够，或对子女的要求不高；

(3)家庭没有正常的生活秩序;(4)家庭成员间有不和睦的现象;(5)父母对子女起消极的作用,或者对子女太宽纵。这些情况都是可以影响儿童的学业成绩的。

(三) 学生本身的原因:(1)健康方面,因患病缺课,造成成绩落后;(2)即使没有严重疾病,但一般健康水平不好,也足以影响学习;(3)智能方面,可能有个别学生,智能比较迟钝一点;(4)意志薄弱,不能对自己有严格的要求,注意力不能集中,没有系统工作的习惯,不能很好完成家庭作业。

原因指出来以后,那么,怎样去消除这些造成成绩不良的原因呢?谁去消除呢?我们说,要消除学生成绩不良的原因,主要的责任应该由教师负担。固然,家庭方面要负一部分责任,因为家庭可以影响学生的成绩。但是,就在这方面,教师也是有责任的。教师应该注意家庭联系工作,争取家庭的合作,关怀儿童在家庭中的困难。教师的工作做得好,学生本身的缺陷也可以弥补的。例如,在健康方面,教师应平时注意学生的健康情况,发现了问题时,应该联系家长,及时给他补救、治疗。在智能方面,教师可以对学生作深入的个别的了解研究,找出他的困难的原因,决定帮助的办法。关于学生意志方面的弱点,教师的责任,就是要很好地联系家长,并建立学生集体,通过学生集体,给他督促、纠正。当然,教师对这类学生,采取严正、不妥协的态度,坚持严格的要求,是更重要的。

上面所讲的,是学生学习成绩不良,由于学生本身及学生家庭所造成,通过了教师的努力,可以得到补救。至于由于教师本身的原因而造成了学生的成绩不良,那么,更要依靠教师本身的努力来解决问题了。首先,教师要提高自己的业务水平。教师没有办法可以把自己也不懂的东西教懂学生。教师自己懂得越多,他越能教懂学生。

其次,教师要很好地组织自己的教学工作,就是说,要很好地学习应用苏联的课堂教学制度、教学环节;不是形式的应用,而要在掌握了每个环节的目的性、意义的基础上来应用。我们要重视组织教学工作,要安定课堂秩序,集中学生的注意力,要提高讲授新课的质量,要加紧课堂复习与巩固新课的工作,重视家庭作业的布置与检查工作。假定这些都做好了,学生成绩不良及留级的可能性一定会大大缩小。

再次,要贯彻各个教学原则,以及应用根据各个教学原则而来的各种适当的教学方法。在这里,我们就该温习一下前面所究研过的教学原则:我们要充分运用直观原则,使我们的讲授生动而具体;要运用系统性原则,使我们的讲授有条理、有组织,以减少学生理解上的困难;要运用巩固性原则,重视新旧知识的巩固工作;我们的讲授,要符合于学生的接受程度。更重要的是自觉性和积极性原则。要善于启发学生学习上的自觉性和积极性,首先要启发学生的求知欲,培养他的独立思考的能力、兴趣和习惯。

苏联的教育学告诉我们,预防成绩不良比在发现成绩不良之后加以补救,更为重要。以上所说,教师提高业务水平,正确应用课堂教学制度,贯彻教学原则,应用适当的教学方法,是预防成绩不良的基本条件。但教师在教学工作中,即使做到了上面所说的几点,个别成绩落后的学生还是有的。教师对这种学生的补救,在于平时检查家庭作业、复习提问时,多抓紧他们。有的学生因患病缺课而成绩落后。在苏联学校中,同班学生会自动组织帮助,作为自己的"社会工作"。教师也应在课后组织对落后学生的帮助。但教师不宜在这种场合,把上课时所讲的重讲一遍;那样做,会养成学生上课不静心听讲、等待课后补习的依赖心理,而且对教师也是太重的负担。教师应该分析研究落后学生困难的所在,针对具体困难,予以帮助;在这帮助过程中,要使学生有自己克服困难的决心与信心,在克服困难的过程中自己要尽最大的努力。

要不断提高自己的业务水平,要很好的组织课堂教学工作,要贯彻各个教学原则,应用适当的教学方法,要给予个别落后学生以帮助——所有教师这几方面的努力的最后的保证就是提高教师自己的责任感。这就是我们在第一讲——"全面发展的教育"中讲到的教师的责任感。已经说过,目前在各学校里,留级的学生数目相当大,对祖国造成很大的损失。我们做教师的,应该用教师责任制的观点来检查、批评自己的工作。我们消灭不良成绩或留级现象的最后一个保证,就是教师在工作上的高度责任感。高度的责任感从什么地方来呢? 就是对教育目的的明确认识,对我们任务的必要性、重要性的明确认识。而什么是我们的教育的目的,为什么我们的任务是重要的、必要的,这是我们在"全面发展的教育"那一讲里已经说明的。我们必须联系"全面发展的教育"那一讲的内容来学习后面所讲的一些问题。因为,学校教学质量之能否提高,最后决定于教师责任感的高低,而教师的高度责任感,是从充分认识教育的目的中来的;我们的教育目的是培养新生的一代,使他们成为全面发展的社会主义社会的建设者与保卫者!

曹孚著作目录

1. Marden，O. S.（著），曹孚（译） 学校以外之教育 民间旬刊 1931年第29期

2. 马尔腾著 曹孚译 励志哲学 上海：开明书店 1932年

3. 曹孚 克柏屈克之动的教育观 教育学期刊 1934年第1期

4. 曹孚 谈谈中国教育改造问题 教育学期刊 1934年第2期

5. Gibson，C. R.（著），曹孚（译） 脑与记忆 商务印书馆出版周刊 1935年新第143期

6. 伦哲 E.（Lengyel，E.）著，曹孚译 希特勒 上海：世界书局 民国24年[1935]

7. 几卜生，C. R.（Gibson，C. R.）著，曹孚译 科学发见谈 上海：商务印书馆 民国24年[1935]

8. 曹孚 中国生产教育问题 教育杂志 1936年第26卷第10期

9. 曹孚 中国教育之生命线 浙江教育 1937年第2卷第2期

10. 高尔基等（著），伍蠡甫 曹允怀（合译） 苏联文学诸问题 黎明书局 1937年5月

11. John Gunther（著），曹孚（译） 英国首相鲍尔温（特译稿） 文摘杂志 1937年第5期

12. Minot，R.（著），谢德风 曹孚（合译） 第二次帝国主义战争（未完） 动员（诸暨） 1939年第1期

13. Minot，R.（著），谢德风 曹孚（合译） 第二次帝国主义战争（续） 动员（诸暨） 1939年第2/3期

14. 谢德风 曹孚（合译） 最近国际政治的总分析，法西新型战争的总清算：第二次帝国主义战争 战鼓周刊 1939年第39—40期

15. 谢德风 曹孚（合译） "征服苏联"的迷梦的幻灭 教育短波 1939年第22期

16. 曹孚 突尼斯问题的发展 文摘 1939年第41—42期

17. 曹孚 揭穿日本谣言攻势 文摘 1939年第59期

18. 曹孚 开展中的反苏战争 文摘 1940年第64—65期

19. 曹孚　抢救大学教育　大公报（重庆）　1941 年 9 月 23、24 日

20. 曹元恺　二十年来之法国（又名《法国失败史》）　独立出版社　1942 年

21. 曹孚　人生兴趣　光亭出版社　民国 32 年［1943］

22. 曹孚　教育与民主　宪政　1944 年 8 月第 7—8 期

23. 曹孚　谈安身立命　中央周刊　1944 年第 6 卷第 36 期

24. 曹孚　狂狷与乡原　中央周刊　1944 年第 6 卷第 39 期

25. 曹孚　人的创造　人生画报　1945 年第 2 期

26. 曹孚　中国教育之前途　新中华　1945 年第 4 期

27. 曹孚　青年要修养些什么　中学生　1945 年第 89 期

28. 曹孚　免于恐惧之自由　中学生　1945 年第 91 期

29. 曹孚　为万世开太平　中学生　1945 年第 93 期

30. 曹孚　论文化人　中学生　1946 年第 171 期

31. 曹孚　学与用　中学生　1946 年第 181 期

32. 曹孚（译）　缩食以救灾苦（中英文对照）　国光英语　1946 年第 1 卷第 2 期

33. 曹孚　生活艺术　上海：开明书店　民国 35 年［1946］

34. 曹孚　丰富的人生　上海：开明书店　民国 36 年［1947］

35. 曹孚　文艺的教育　中学生　1947 年第 188 期

36. 曹孚　免于匮乏之自由（上）　中学生　1947 年第 189 期

37. 曹孚　免于匮乏之自由（下）　中学生　1947 年第 190 期

38. 曹孚（上）　海外来鸿——××兄：弟此次出国不获与诸老友畅谈，又未能至各长者……　复旦同学会会刊　1947 年第 12 卷第 2 期

39. 曹孚　The Individual and Social Dimensions of John Dewey's Philosophy of Education（杜威教育哲学中的个人与社会）　科罗拉多大学博士学位论文，1949 年

40. 曹孚　《关于费尔巴哈的提纲》第三条与教育　新教育（上海）　第一卷第 4 期（1950 年 6 月）

41. 曹孚　论"人"的教育　新教育（上海）　第二卷第 2 期（1950 年 10 月）

42. 曹孚　杜威批判引论（上篇）　人民教育　1950 年第 6 期

43. 曹孚　杜威批判引论（下篇）　人民教育　1950 年第 7 期

44. 曹孚　所谓"美国生活方式"　宁波时报　1950-11-15

45. 曹孚　美国是机会之国土吗？（我看美国之一）　中学生　1950 年第

219 期

46. 曹孚　美国是民主的吗？（我看美国之二）　中学生　1950 年第 220 期

47. 曹孚　美国的社会意识形态（上）（我看美国之三）　中学生　1950 年第 221 期

48. 曹孚　美国的社会意识形态（下）（我看美国之三）　中学生　1950 年第 222 期

49. 曹孚　美国经济生活三数事（上）（我看美国之四）　中学生　1950 年第 223 期

50. 曹孚　美国经济生活三数事（下）（我看美国之五）　中学生　1950 年第 224 期

51. 曹孚　美国人怎样看中国？（我看美国之六）　中学生　1950 年第 225 期

52. 曹孚　美国"人民"的性格（我看美国之七）　中学生　1950 年第 226 期

53. 曹孚　怎样搞好学习　中学生　1950 年第 227 期

54. 曹孚　说摩托车文明（我看美国之七）　中学生　1950 年第 227 期

55. 曹孚　向劳模学习　中学生　1950 年第 228 期

56. 曹孚　美国的政治（我看美国之八）　中学生　1950 年第 229 期

57. 曹孚　美国——"最大"的悲剧（我看美国之九）　中学生　1950 年第 230 期

58. 曹孚　美国的教育思想　文汇报　1950－11－27

59. 曹孚　对于新学制的认识　新中华　1951 年第 21 期

60. 曹孚　杜威批判引论　上海：人民教育出版社　1951 年

61. 曹孚　活教育"批判"　新华月报　1952 年第 2 期

62. 曹孚　腐朽反动的美国文化　北京：开明书店　1952 年

63. 曹孚　全面发展的教育（小学教育讲座第一讲）　文汇报　1952－12－5

64. 曹孚　苏联先进教学基本原则（小学教育讲座第二讲）　文汇报　1952－12－18

65. 曹孚　苏联课堂教学制度（小学教育讲座第三讲）　文汇报　1953－10－03

66. 曹孚　实行教学改革必须创造性地学习苏联先进经验　文汇报　1953－01－04

67. 曹孚　"小学教育讲座"学习中的几个问题　文汇报　1953－02－11

68. 曹孚　我们要顽强地学习,耐心地学习！——与中学同学谈中学生的学习任务　文汇报　1953－04－08

69. 曹孚 怎样学习凯洛夫《教育学》(一、二、三) 文汇报 1953-07-26、27、28

70. 曹孚 教学内容(中学教师业务学习讲座) 文汇报 1953-08-18

71. 曹孚 小学教育讲座 北京：人民教育出版社 1953年

72. 曹孚 教育学通俗讲座 北京：人民教育出版社 1953年

73. 曹孚 关于劳动教育的几个问题(上) 教育工作 1954年第22期

74. 曹孚 关于劳动教育的几个问题(中) 教育工作 1954年第23期

75. 曹孚 关于劳动教育的几个问题(下) 教育工作 1954年第24期

76. 曹孚 什么是共产主义道德教育(一、二、三) 文汇报 1955-04-23、24、25

77. 曹孚 劳动教育问题 武汉：武汉人民出版社 1955年

78. 曹孚 批判实验主义教育学 新建设 1955年第2期

79. 曹孚 批判实验主义教育学(一) 教育工作 1955年第4期

80. 曹孚 批判实验主义教育学(二) 教育工作 1955年第5期

81. 曹孚 批判实验主义教育学(三) 教育工作 1955年第6期

82. 曹孚 批判实验主义教育学(四) 教育工作 1955年第7期

83. 曹孚 批判实验主义教育学(五) 教育工作 1955年第8期

84. 曹孚 对教育参考书和小学教科书的意见 编辑工作 1955年第9期

85. 曹孚 批判实用主义教育学关于教育的作用和目的的谬论 人民教育 1955年第9期

86. 王铁，曹孚 我们对于几个中等师范学校教育学、心理学教学工作的意见 人民教育 1955年第11期

87. 曹孚 基本生产技术教育(综合技术教育)问题 编辑工作 1956年第11期

88. 曹孚 批判实用主义的教学理论 教育工作 1956年第2期

89. 曹孚 实用主义教育思想批判 上海：新知识出版社 1956年

90. 曹孚 对于"全面发展的教育"问题的看法 人民教育 1956年第10期

91. 曹孚 中小学教师，向科学进军！ 教师报 1956年第12期

92. 曹孚 "全面发展"并非"平均发展" 文汇报 1956-10-26

93. 曹孚 中华人民共和国的教育与教育学 写于 1956—1957年

94. 曹孚 坚定不移的学习苏联教育经验 教师报 1957年第8期

95. 曹孚 关于写教案的问题 教师报 1957年第16期

96. 曹孚 纪念大教育家夸美纽斯 教师报 1957-11-15
97. 曹孚 "现代教育之父"—夸美纽斯 文汇报 1957-11-26
98. 曹孚 教育学研究中的若干问题 新建设 1957年第6期
99. 曹孚 关于纪律教育问题 文汇报 1957-02-23
100. 曹孚 对"教育学研究中的若干问题"一文的检讨 新建设 1958年第2期
101. 曹孚 论勤工俭学 争鸣 1958年第5期
102. 曹孚 美国的师资培训 中央教育科学研究所编《国外教育简报》第12号（1960年2月）
103. 曹孚 英国的师范教育 中央教育科学研究所编《国外教育简报》第12号（1960年2月）
104. 曹孚 法国的师资培养制度 中央教育科学研究所编《国外教育简报》第12号（1960年2月）
105. 曹孚 关于纪律教育问题的历史资料 写于1960年9月
106. 曹孚 关于纪律教育问题的历史资料（补充） 写于1960年9月
107. 曹孚 两次世界大战之间各主要资本主义国家的教育思想 写于1962年
108. 曹孚 两次世界大战后主要资本主义国家的教育思想 写于1962年
109. 曹孚 两次世界大战后主要资本主义国家的教育 写于1962年
110. 曹孚编 外国教育史 北京：人民教育出版社1962年
111. 曹孚 现代资产阶级教育思潮简介 写于1962—1963年
112. 曹孚 当代英国教育思潮简介 写于1962—1963年
113. 曹孚 当代法国教育思潮简介 写于1962—1963年
114. 曹孚 有关英国的中学学制及课程设置 写于1962—1963年
115. 曹孚 教育工作者要学点教育学 文汇报 1963-02-24
116. 曹孚 教育学的性质和任务 1963年6月13日在吉林师范大学（东北师范大学）的学术报告记录之一
117. 曹孚 教学改革的历史观 1963年6月14在吉林师范大学（东北师范大学）的学术报告记录之二
118. 曹孚 当代资产阶级教育思潮 1963年6月17在吉林师范大学（东北师范大学）的学术报告记录之三
119. 曹孚 实用主义教育思想批判 1963年6月18在吉林师范大学（东北师范大学）的学术报告记录之四

120. 曹孚 关于教育学的编写问题 1963 年 6 月 18 在吉林师范大学(东北师范大学)关于教育学编写问题的座谈会上的发言记录

121. 曹孚 关于外国教育史问题 1963 年 6 月 20 在吉林师范大学(东北师范大学)关于外国教育史问题的座谈会上的发言记录

122. 曹孚 美国的职业教育 中央教育科学研究所编《教育资料》第 11 期(1963 年 6 月)

123. 曹孚 现代资产阶级教育理论的几个流派 中央教育科学研究所编《教育资料》第 20 期(1963 年 9 月)

124. 曹孚 美国"教育改革"剖视 中央教育科学研究所编《教育资料》第 23 期(1963 年 11 月)

125. 曹孚 教育史上的资产阶级人道主义 1964 年 4 月 17 日在天津市教育学会举办的学术报告会上所做报告的记录稿

126. 曹孚 我对教育革命的认识 中央盟讯 1965－06－20

127. 曹孚等编 外国古代教育史 北京：人民教育出版社 1981 年

128. 曹孚 第二次世界大战后主要资本主义国家的教育思想 华东师范大学学报(教育科学版) 1988 年第 4 期

129. 曹孚著,瞿葆奎 马骥雄 雷尧珠编 曹孚教育论稿 上海：华东师范大学出版社 1989 年

130. 曹孚 民国学术文化名著丛书：丰富的人生 长沙：岳麓书社 2011 年